Silke Pasewalck (Hg.):

Shared Heritage – Gemeinsames Erbe.
Kulturelle Interferenzräume im östlichen Europa als Sujet der Gegenwartsliteratur

I0800755

Schriften des Bundesinstituts für Kultur und Geschichte der Deutschen im östlichen Europa
Band 88

DE GRUYTER
OLDENBOURG

SHARED HERITAGE – GEMEINSAMES ERBE

KULTURELLE INTERFERENZRÄUME IM ÖSTLICHEN EUROPA ALS SUJET DER GEGENWARTSLITERATUR

Herausgegeben von

Silke Pasewalck
unter Mitarbeit von Jan V. König

DE GRUYTER
OLDENBOURG

Bibliographische Information der Deutschen Bibliothek
Die Deutsche Bibliothek verzeichnet diese Publikation in der Deutschen Nationalbibliographie; detaillierte bibliographische Daten sind im Internet über http://dnb.d-nb.de abrufbar.
Library of Congress Cataloging-in-Publication Data
A CIP catalog record for this book has been applied for the Library of Congress.

© 2023 Schriften des Bundesinstituts für Kultur und Geschichte der Deutschen im östlichen Europa (BKGE), Oldenburg

Das Werk einschließlich aller Abbildungen ist urheberrechtlich geschützt. Jede Verwendung außerhalb der Grenzen des Urheberrechtsgesetzes ist ohne Zustimmung des BKGE unzulässig und strafbar. Das gilt insbesondere für Vervielfältigungen, Mikroverfilmungen und die Einspeicherung und Bearbeitung in elektronischen Systemen.

Satz und Layout: Oliver Rösch
Umschlaggestaltung: Lennart Hoes – legraph.de http://legraph.de
Druck und Bindung: Florian Isensee GmbH, Oldenburg

Der Umschlag wurde gestaltet unter Verwendung des Plakats zur gleichnamigen Veranstaltungsreihe.

Veröffentlicht durch den Verlag De Gruyter/Oldenbourg, Berlin-Boston 2023

ISBN 978-3-11-113580-9

Inhalt

Silke Pasewalck

Einleitung

> „Die Menschen, mit denen man einen Raum teilt (auch in einer anderen Zeit), werden zu mehr als nur Vorgängern – sie sind Nachbarn in der Zeit. Es bildet sich eine Art Gemeinschaft heraus, manchmal sogar eine unerwünschte, die man jedoch weder verleugnen noch einfach für nichtig erklären kann. Die Niederschlesier mit den alten deutschsprachigen Friedhöfen, mit den feuchten Mietshäusern [...] sind sich mehr oder weniger dessen bewusst, dass sie auf den Überresten einer Welt leben, die nach dem Zweiten Weltkrieg zwar unwiederbringlich vergangen ist, die aber auf irgendeine Weise noch immer besteht, und deren Geschichte weit über die Kette der einander folgerichtig ablösenden Ereignisse [...] hinausgeht."[1]

Die polnische Schriftstellerin Olga Tokarczuk konstatiert in ihrem Essay *Das Schneewittchen-Syndrom und andere niederschlesische Träume* eine Verbindung zwischen den heutigen und den früheren Bewohnern Niederschlesiens, derer man sich häufig nur latent bewusst sei. Das Verhältnis zueinander sei – wie bei Nachbarn – durch ein Gemisch aus Fremdheit und Vertrautheit, eine – zuweilen unerwünschte – Nähe gekennzeichnet. Sie vergleicht diese Erfahrung mit jener, die Schneewittchen im gleichnamigen Märchen macht: an einen Ort zu kommen, der bereits besetzt, bewohnt, eingerichtet ist, mit den Möbeln, dem Geschirr und den Grabsteinen von ‚Anderen'.[2]

---

1 Aus: Tokarczuk, Olga: Das Schneewittchensyndrom und andere niederschlesische Träume. Aus dem Polnischen als Gemeinschaftsarbeit von Breslauer Germanistinnen und Germanisten. In: Hałub, Marek; Weber, Matthias (Hg.): Mein Schlesien – meine Schlesier. Zugänge und Sichtweisen. Teil 2. Leipzig 2014 (Schlesische Grenzgänger 6), S. 164–175, hier S. 171. „Ludzie, z którymi dzieli się przestrzeń (nawet w innym czasie), stają się kimś więcej niż poprzednikami – są sąsiadami w czasie. Tworzy się jakiś rodzaj wspólnoty, czasem może nawet niechętnej, której jednak nie da się ani zaprzeczyć, ani po prostu unieważnić. Dolnoślązace ze starymi niemieckojęzycznymi cmentarzami, z wilgotnymi kamienicami, [...] są mniej lub bardziej świadomi, że życią na pozostałościach świata, który co prawda bezpowrotnie przeminął po drugiej wojnie światowej, lecz w jakiś sposób wciąż trwa, a jego historia daleko wykracza poza ciąg konsekwentnych, następujących po sobie zdarzeń". Tokarczuk, Olga: Syndrom Królewny Śnieżki i inne sny dolnośląskie. In: Hałub, Marek; Weber, Matthias (Hg.): Mój Śląsk – moi Ślązacy. Eksploracje i obserwacje. Cześć 2. Leipzig 2014 (Schlesische Grenzgänger 6), S. 157–166, hier S.163. Der Essay ist wiederabgedruckt in der Broschüre „Shared Heritage – Niederschlesien erzählen. Ein Gespräch mit Olga Tokarczuk". Hg. vom Bundesinstitut für Kultur und Geschichte der Deutschen im östlichen Europa. Oldenburg 2022.

2 Mit der Anspielung ruft Tokarczuk insbesondere die Stelle des Märchens auf, als Schneewittchen auf ihrer Flucht in den Wald das Haus der sieben Zwerge findet, dort niemanden antrifft und sich dann an jedem Teller ein wenig bedient und jedes der sieben Bettchen ausprobiert – also sich als Flüchtende in einem fremden und verlassenen Hause einrichtet, eine Anmaßung, die die Zwerge nach ihrer Heimkehr zunächst berechtigt befremdet, die Schneewittchen jedoch aufgrund ihrer Schönheit zu-

Verarbeitet Olga Tokarzcuk dieses Phänomen in fiktionalen Texten, hat die polnische Autorin und Übersetzerin Karolina Kuszyk Interviews mit Zeitzeugen geführt und auf deren Grundlage eine Mentalitätsgeschichte in Form einer literarischen Reportage geschrieben, die den Erfahrungen und Geschichten rund um das polnische Wort *Poniemieckie* [das ehemals Deutsche] soziologisch auf den Grund geht.[3]

Was bei beiden zum Schreibanlass wird, lässt sich über Nieder- und Oberschlesien und die anderen ‚ehemals deutsch' geprägten Regionen im Westen Polens (Pommern, die Neumark, West- und Ostpreußen) hinaus auch auf andere Regionen im östlichen Europa beziehen, die von politisch erzwungenen Bevölkerungstransfers und vom gewaltsamen Verschwinden oder sogar der Auslöschung ganzer Bevölkerungsgruppen im Zuge des deutschen Vernichtungskrieges geprägt worden sind. Im Sinne eines multidirektionalen Erinnerns[4] können auch unterschiedliche Erfahrungen ihren Platz finden und sich aufeinander beziehen, ohne die jeweilige Eigenheit (die spezifische historische Erfahrung und perspektivische Erinnerung) verblassen zu lassen oder zu verdrängen. Zumeist handelt es sich um Regionen, in denen vor dem Zweiten Weltkrieg Menschen mit unterschiedlichen Gruppenzugehörigkeiten in unmittelbarer Nachbarschaft gelebt haben: Böhmen, Siebenbürgen, Galizien, Niederschlesien, die Bukowina, das Baltikum, das Wolgagebiet und andere mehr. Bevor sie zu Nachbarn in der Zeit wurden, waren sie jahrhundertelang Nachbarn im selben Raum.

Die in diesem Band behandelten Texte kreisen um Fragen, die sich denjenigen stellen, die heute in diesen Regionen leben, und jenen, deren Vorfahren im und nach dem Zweiten Weltkrieg unterschiedliche Gewalterfahrungen gemacht haben – nicht selten fällt beides in persona zusammen. Zumeist sind es die Nachgeborenen, die sich auf Spurensuche, häufig nach ihrer familiären Herkunft, begeben, oder sich mit fremdem Erbe[5] ihrer Heimat konfrontiert sehen. „[U]nd ich errichtete mir auf genau diesem Plunder/ein Leben" schreibt der aus Opole (Oppeln) stammende Tomasz Różycki in seinem Gedicht *Totemy i koraliki* (2007) [dt. Totems und Glasperlen][6] und zeigt damit auf, welche Herausforderung es bedeutete, sich in einer unbekannten Region, einem fremden Haus, mit zurückgelassenen Sachen der einstigen Feinde einzurichten und heimisch zu werden. Misstrauen und Distanz

gestanden wird – unter der Bedingung, dass sie sich fortan um das Haus kümmert. Indem Tokarczuk das Kunstwort ‚Schneewittchen-Syndrom' bildet, deutet sie an, dass die der Flucht geschuldete Anmaßung und die Verantwortung zur Pflege des Hauses eine psychologische Störung beinhalten.

3 Kuszyk, Karolina: In den Häusern der Anderen. Spuren deutscher Vergangenheit in Westpolen. Aus dem Polnischen von Bernhard Hartmann. Berlin 2022. Dies.: Poniemieckie. Wołowiec 2019.

4 Zu dem von Michael Rothberg geprägten Begriff der multidirektionalen Erinnerung siehe S. 15 dieser Einleitung.

5 Der zentrale Begriff des Erbes wird in den nachfolgenden Abschnitten näher erläutert.

6 Różycki, Tomasz: Totemy i koraliki. In: Ders.: Kolonie. Kraków 2007, zitiert nach Kuszyk, In den Häusern (wie Anm. 3), S. 6. Polnisches Original: „[Z] tego mi wypadło/wybudować ojczyznę", zitiert nach Kuszyk, Poniemieckie (wie Anm. 3), S. 6.

verschwanden erst durch den Generationenwechsel und wichen der Spannung zwischen Eigenem und Fremdem, Vertrautem und Unheimlichem, Verlorenem und Rekonstruierbarem, die literarisch produktiv gemacht werden kann. So ist es zu erklären, dass sich heutige Autorinnen und Autoren der Gewaltgeschichte dieser Regionen und den Hinterlassenschaften ihrer ehemaligen Bewohner mit neuer Aufmerksamkeit zuwenden und sich in ihren literarischen Texten des ebenso gemeinsamen wie geteilten Erbes bewusst werden bzw. dieses darin mitteilen.

Zu beobachten ist dieser Trend seit gut zwanzig Jahren in Texten der polnischen, tschechischen, deutschen, russischen und ungarischen Sprache – um nur die Literaturen zu nennen, die in diesem Band berücksichtigt werden. In welcher Weise eignen sich Maja Haderlap, Ulrike Draesner, Jaroslav Rudiš, Ádám Bodor, Katja Petrowskaja, Gusel Jachina, Sabrina Janesch, Olga Tokarczuk, Kateřina Tučková, Radek Fridrich und viele mehr das Erbe dieser Räume an? Zahlreiche dieser Autorinnen und Autoren sind Enkelinnen und Enkel der Erlebnisgeneration: Sie wenden sich aus einem zeitlich distanzierteren Blickwinkel ihrem Erzählgegenstand zu; sie thematisieren Kriege, Zerstörungen, Vernichtungen, Vertreibungen, Flucht oder Deportation, aber auch Neuanfang und Eingliederung auf neue Art und Weise. Erstaunlich ist dabei die Offenheit, mit der die Texte die Grenzen des eigenen Denkens und Erinnerns hinter sich lassen und das historische Erbe des kurzen 20. Jahrhunderts antreten. So behandeln die Texte beispielsweise auch das Verschweigen, sei es in Form des Verstummens oder des Verkapselns in Narrativen. Der Offenheit gegenüber tabuisierten Themen entspricht die Offenheit der Form. Dokumentarisches und Fiktionales, Erinnerung und Imagination gehen oft Hand in Hand, unterbrechen sich oder bleiben unverbunden nebeneinander stehen, um so das Bruchstückhafte des Erinnerten in den Texten zu kennzeichnen. Olga Tokarczuk spricht – bezüglich der jüdischen Vergangenheit Polens – von einer „Welt des Mangels" und findet dafür zugleich das Bild von einem „leeren Teller":

> „Indem ich mir vor Augen führte, dass die jüdische Welt in demselben Raum existiert hatte […], entdeckte ich, dass das Vergangene noch immer real sein, noch immer seine Wirkung ausüben konnte, auch wenn es keinen Bestand mehr hatte.
>
> Es war keine Begegnung mit der Vergangenheit, wie sie die Nostalgie hervorbringt. […] Ich […] hatte einen leeren Teller vor mir. Es war eine Welt des Mangels, eine Lücke war in das Ganze gerissen, wir konnten die Botschaft der Vergangenheit nicht mehr lesen, und mit diesem Defizit, dieser Beeinträchtigung würden wir für immer leben müssen."[7]

7 Tokarczuk, Olga: Zur Psychologie der literarischen Erschaffung der Welt. Wie die *Jakobsbücher* entstanden. Aus dem Polnischen von Lothar Quinkenstein. In: Dies.: Übungen im Fremdsein. Essays und Reden. Zürich 2021, S. 185–213, hier S. 188. Polnisches Original: „Przez uzmysłowienie sobie, że żydowski świat egzystował w tej samej przestrzeni […], odkryłam, że to, co przeszłe, wciąż może pozostawać realne i wywierać wpływ, chociaż przestało istnieć. Nie było to jednak zwykłe spotkanie

Das Erbe, die nicht vergehende Zeit derer, die in den erwähnten Regionen gelebt haben, ihrer Orte, Landschaften, Häuser, Wohnungen, ist ein vergessenes, verschwiegenes, ein umstrittenes, häufig ein strittiges Erbe. Es ist den heute davon Schreibenden nur mehr lückenhaft zugänglich und muss wie bei einem Palimpsest als Schicht(en) freigelegt werden. Das setzt zuweilen eine neue Fabulierkunst frei, es entstehen sogar umfangreiche Generationen- und historische Romane, Texte zwischen Dokumentation und Fiktion, etwa (Reise-)reportagen oder an der Familiengeschichte orientierte (Auto-)biografien. Die nur latente Zugänglichkeit sowie die Mehrschichtigkeit des Erbes werden darüber hinaus in audiovisuellen Ausdrucksformen wie Text-Foto-Collagen und Graphic Novels thematisiert.

Von großer Relevanz ist, dass in diesen aktuellen literarischen Bearbeitungen das Erbe (einer Ortschaft, einer Familie, einer Gruppe etc.) als geteiltes inszeniert wird: geteilt zwischen den Generationen, zwischen den Zeiten und zwischen den Kulturen; geteilt sowohl im Sinne von ‚gemeinsam' (*shared*) als auch von getrennt (*divided*), wie im Folgenden näher ausgeführt werden soll.

1. Das Shared Heritage-Konzept in der Kunstgeschichte

Der Begriff *gemeinsames Kulturerbe*[8] stammt aus der Kunstgeschichte, genauer gesagt aus der Denkmalpflege. Geprägt wurde er von dem polnischen Kunsthistoriker Andrzej Tomaszewski, um auf der Grundlage einer jahrzehntelangen Zusammenarbeit zwischen polnischen und deutschen Kunsthistorikern[9] zu verdeutlichen, wie

z przeszłością, które rodzi nostalgię. […] Przede mną stał pusty talerz. Był to świat braku, dziury niszczącej całość, uniemożliwiającej nam odczytanie przesłania z preszłości i czyniący nas na zawsze nie doinformowanymi i w jakimś sensie upośledzonymi." Dies.: Psychologia literackiego stwarzania świata. Jak powstały *Księgi Jakubowe*. In: Czuły narrator. Kraków 2020, S. 180–207, hier S. 183.

8 Der Begriff ‚Kulturerbe' wird durchaus unterschiedlich verwendet und unterliegt im Laufe der Begriffsgeschichte einer Dynamik. Lag beispielsweise in der Haager Konvention von 1954 zunächst der Fokus auf materiellen Kulturgütern (unbeweglichen wie etwa architektonische Bauten oder archäologische Stätten und beweglichen wie etwa Bibliotheksbeständen), wurde dieser in der Welterbekonvention von 1972 um das Naturerbe und im Jahre 2003 um immaterielles Erbe erweitert. Während der Begriffsumfang erheblich ausgedehnt wurde, bleibt der Begriffsinhalt, wonach das Kulturerbe über Generationen hinweg fortbesteht, stabil. Die erkannte identitätsstiftende Funktion erwies sich dabei als äußerst spannungsgeladen: Im Sinne des Weltkulturerbes bezieht es sich auf alle Menschen, im Sinne von Herkunft und Zugehörigkeit auf eine spezifische kulturelle Gemeinschaft und im Konfliktfall auf mehrere Gemeinschaften. Siehe zum Begriff auch Gesa Bierwerths Artikel *Kulturerbe*. In: Online-Lexikon zur Kultur und Geschichte der Deutschen im östlichen Europa: https://ome-lexikon.uni-oldenburg.de/begriffe/kulturerbe (22.08.2023).

9 Die deutsch-polnische Wissenschaftskooperation sucht in Umfang und Tiefe der Auseinandersetzung ihresgleichen; nach Meilensteinen wie der gemeinsamen Schulbuchkommission (gegründet im Jahr 1972) und dem Deutschen Polen-Institut (gegründet im Jahr 1980) konnte sie nach dem Fall des Eisernen Vorhangs und der Öffnung der ostmitteleuropäischen Archive in den 1990er Jahren

„kulturelle Erbschaften, die die einen zurücklassen mussten und die den Nachfolgenden fremd, manchmal sogar feindlich erschienen, nunmehr als verbindende Elemente wirken, für deren Erhalt man gemeinsam Sorge trägt."[10] Dabei wird die Aufgabe sogar noch grundsätzlicher gefasst, wenn sich die deutsch-polnische Kooperation in der Denkmalpflege und Bauforschung als Arbeit an einem „gemeinsamen europäischen Kulturerbe" versteht.[11] Der Begriff etablierte sich zur Zeit der Osterweiterung der Europäischen Union, des Beitritts ehemaliger Warschauer Pakt-Staaten wie der drei baltischen Staaten, Polens, Tschechiens, der Slowakei und Ungarns. Die Rede vom gemeinsamen Kulturerbe (*wspólne dziedzictwo*) ist dabei Ausdruck eines „immer stärker ausgeprägten Bewusstsein[s] der Existenz von ‚bi- bzw. multikulturellen Gebieten'",[12] die Andrzej Tomaszewski in weiten Teilen Europas, insbesondere allerdings im östlichen Europa verortet.[13] Hier zeichnet sich ein Wandel im Raumverständnis ab von „territorialem Besitztum" zu einem „gemeinsamen kulturellen Raum", wie Olga Tokarczuk dies in dem Gespräch „Niederschlesien erzählen" so treffend formuliert hat.[14] Dieser Wandel wird deutlich, wenn man sich daran erinnert, dass nach dem Zweiten Weltkrieg gerade solche Gebiete in der staatlichen Propaganda ebenso wie in der Wissenschaft und der historisch-kulturellen Bildung über Jahrzehnte als monokulturell verstanden wurden: Sprach die eine Seite von urpolnischen, „Wiedergewonnenen Gebieten" (*ziemie odzyskane*),[15] so kam es umgekehrt auf der anderen Seite zu einer Ausblendung slawischer oder polnischer

eine neue Intensität erreichen und sich in Gründungen wie dem Deutschen Historischen Institut in Warschau im Jahr 1993 und dem Zentrum für Historische Forschung der Polnischen Akademie der Wissenschaften in Berlin 2006 weiter institutionalisieren.

10 Tomaszewski, Andrzej: Deutsch-polnische Kooperationen bei der Erforschung und Erhaltung von Kulturgütern. Europäische Perspektiven. In: Bundesinstitut für Kultur und Geschichte der Deutschen im östlichen Europa (Hg.): Das gemeinsame Kulturerbe im östlichen Europa. Denkmalpflegerisches Engagement der Bundesregierung 1993–2003. Oldenburg 2004, S. 18–23, hier S. 22. Siehe hierzu die umfangreiche zweisprachige Publikation: Arbeitskreis deutscher und polnischer Kunsthistoriker „Das gemeinsame Erbe" (Hg.): Das gemeinsame Kulturerbe. Die deutsch-polnische Zusammenarbeit in der Denkmalpflege 1970–2000 – Grupa robocza polskich i niemieckich historyków sztuki „wspólne dziedzictwo" (Hg.): Wspólne Dziedzictwo. Polsko-niemiecka współpraca konserwatorska 1970–2000. Warszawa 2001.

11 Tomaszewski, Deutsch-polnische Kooperationen (wie Anm. 10), S. 21.

12 Ders.: Das gemeinsame Kulturerbe von Deutschen und Polen in Europa und seine Erhaltung – eine gemeinsame Aufgabe – Wspólne dziedzictwo kultury Polaków i Niemców w Europie i jego wspólna ochrona. In: Das gemeinsame Kulturerbe. Die deutsch-polnische Zusammenarbeit in der Denkmalpflege (wie Anm. 10), S. 11–30, hier S. 13.

13 Ebd.: „Der größte Teil der Gebiete ‚mit doppelter Kultur' befindet sich indes in Mitteleuropa".

14 Olga Tokarczuk im Gespräch mit Olga Mannheimer. In: Bundesinstitut für Kultur und Geschichte der Deutschen im östlichen Europa, Shared Heritage – Niederschlesien erzählen (wie Anm. 1) S. 6–14, hier S. 11.

15 Siehe hierzu Borodziej, Włodzimierz: „Ostforschung" aus der Sicht der polnischen Geschichtsschreibung. In: Zeitschrift für Ostmitteleuropa-Forschung 46 (1997), S. 405–426; Żytyniec, Rafał:

Gesichtspunkte und zu einer einseitigen mythischen Verklärung der Kultur des „Deutschen Ostens", der „unter polnischer Verwaltung" stünde.[16]

Mit dem Bewusstsein für die kulturellen Interferenzen in Regionen wie Schlesien, Böhmen, Galizien, Siebenbürgen etc. steht das Konzept des gemeinsamen Kulturerbes für „gemeinsames Interesse und gemeinsame Verantwortung", wie die Kunsthistorikerin Beate Störtkuhl betont.[17] „Die Konservierung, Restaurierung, der Wiederaufbau und die Pflege des Kulturerbes stellen einen gemeinsamen Auftrag dar", so Tomaszewski.[18] In dieser Prägung durch polnische und deutsche Kunsthistorikerinnen und Kunsthistoriker sowie in seiner Weiterentwicklung auf europäischer Ebene – spätestens mit dem Europäischen Kulturerbejahr 2018 unter dem Motto „Sharing Heritage" – steht das Wort für ein ideelles Konzept, das eine Brückenfunktion impliziert.[19]

Im Kontext des postkolonialen Diskurses finden um den Begriff Debatten statt, die sich zwar (zumeist) auf andere Fragestellungen bzw. historische Zusammenhänge beziehen, aber hier gleichwohl angerissen seien. So veranstaltete 2018, also im selben Jahr, die UNESCO eine Konferenz zu der Frage, wie Zugang und Umgang mit kulturellem Erbe neu gedacht und geregelt werden kann.[20] Denn in der Denkmalpflege, den Museen und in der Kulturpolitik gilt es, sich der problematischen Verlagerungen von Kulturgütern[21] insbesondere aus Kriegen und im Rahmen kolonialer Herrschaft bewusst zu werden und Orte und Art der Präsentation sowie der Aufbewahrung neu zu verhandeln. Zu Recht wird die Auseinandersetzung insbesondere mit dem außereuropäischen kolonialen Erbe eingefordert und vor der Fortschreibung

„Sozialistische Repolonisierung". Die ‚Wiedergewonnenen Gebiete' im sozialistischen Realismus – der sozialistische Realismus in den ‚Wiedergewonnenen Gebieten'. In: Nordost-Archiv 16 (2007), S. 348–363.

16 Vgl. Weber, Matthias: Einleitung: Deutschlands Osten – Polens Westen. In: Ders. (Hg.): Deutschlands Osten – Polens Westen. Vergleichende Studien zur geschichtlichen Landeskunde (Mitteleuropa – Osteuropa. Oldenburger Beiträge zur Kultur und Geschichte Ostmitteleuropas 2). Frankfurt/M. 2001, 7–13, hier S. 10. Die Wendung „unter polnischer Verwaltung" geht auf Kapitel VIII des Potsdamer Abkommens (1945) zurück.

17 Störtkuhl, Beate: Das Bild Schlesiens in Darstellungen zur Kunst- und Kulturgeschichte nach 1945 – vom „wiedergewonnenen Land" zum „gemeinsamen Kulturerbe". In: Bingen, Dieter; Loew, Peter-Oliver; Popp, Dietmar (Hg.): Visuelle Erinnerungskulturen und Geschichtskonstruktionen in Deutschland und Polen seit 1939. Warschau 2009 (Das gemeinsame Kulturerbe 5), S. 47–66, hier S. 58.

18 Andrzej Tomaszewski zitiert nach Bierwerth, Kulturerbe (wie Anm. 8).

19 Siehe die Webseite zum Europäischen Kulturerbejahr 2018: https://sharingheritage.de/ (10.08.2023).

20 Die Konferenz fand unter dem Titel „Circulation of cultural property and shared heritage: What new perspectives?" statt. Nähere Informationen hierzu finden sich unter: https://en.unesco.org/events/circulation-cultural-property-and-shared-heritage-what-new-perspectives (21.08.2023).

21 Problematisch ist dies, weil das kulturelle Erbe dem Prinzip nach zwar jenseits von Eigentumsverhältnissen besteht, jedoch der Herkunft nach sowie aufgrund seiner identitätsstiftenden Funktion einen Ort und eine Zugehörigkeit besitzt.

von Machtasymmetrien im Umgang mit kulturellem Erbe gewarnt. Was mit besten Absichten zum Weltkulturerbe erklärt und für schützenswert befunden wird, wird damit implizit zu einem gemeinsamen Besitz erklärt, obgleich es ebenso als geraubtes Kulturgut betrachtet werden kann.[22] Die Literaturwissenschaftlerin Sigrid Weigel versteht Shared Heritage daher auch, kritisch gewendet, „als Konfliktforschung am Objekt", was „eine intensive Zusammenarbeit mit Vertretern der Herkunftskulturen und eine Forschung im Dialog" erfordere, um Konflikte auszutragen und Wunden der Geschichte nicht zu verdecken.[23] Auch wenn das Verständnis des gemeinsamen Erbes im Sinne Tomaszewskis impliziert, über Konflikte zu sprechen und Geschichte aufzuarbeiten, wird nun doch stärker als zuvor der Diskurs selbst als eigenes Problem betrachtet. Neben die Sorge und Verantwortung für die Objekte des Kulturerbes tritt die Sensibilität für damit verbundene Machtdiskurse; ein machtfreier Dialog wird als Weg zum gemeinsamen Erbe betont. Ähnlich argumentieren die Kunsthistorikerinnen Stephanie Herold und Ingrid Scheurmann, die auf den Unterschied zwischen *Shared* Heritage und *Sharing* Heritage aufmerksam machen und damit betonen, dass ein gemeinsames Erbe als Prozess zu begreifen sei, der einer Teilhabe aller daran beteiligten Akteure bedarf. Dabei bedenken sie auch die Gefahr der Instrumentalisierung mit, die die Rede vom Shared Heritage bedeuten kann. „Erbe und Erbegemeinschaften" sind, „nicht statisch oder hermetisch zu begreifen, sondern als deutungsoffene Sinnzusammenhänge".[24]

2. Shared Heritage als Sujet der Gegenwartsliteratur

Mit dem vorliegenden Band wird der Versuch unternommen, das Konzept aus der Kunstgeschichte bzw. Denkmalpflege in die literaturwissenschaftliche Diskussion um das kollektive Gedächtnis und die spezifische Erinnerungsleistung von Literatur einzubringen und somit auf literarische Texte zu beziehen.[25]

---

22 In dem Dokumentarfilm *Verkaufte Götter* (Deutschland 2019) stellt Peter Heller genau diese Frage. Der Untertitel lautet bezeichnenderweise „getauscht / geraubt / gerettet".

23 Weigel, Sigrid: Shared Heritage. Das geteilte Erbe. In: Der Tagesspiegel. 13.10.2016 https://www.tagesspiegel.de/kultur/das-geteilte-erbe-3764143.html (09.08.2023).

24 Herold, Stephanie; Scheurmann, Ingrid: „Shared Heritage" oder „Sharing Heritage"? Perspektiven auf das kulturelle Erbe in Europa. In: Herold, Stephanie; Randla, Anneli; Scheurmann, Ingrid (Hg.): Renationalisierung oder Sharing Heritage? Wo steht die Denkmalpflege im Europäischen Kulturerbejahr 2018? Heidelberg 2020 (Veröffentlichungen des Arbeitskreises Theorie und Lehre der Denkmalpflege e. V. 28), S. 155.

25 Der Terminus taucht in der Literaturwissenschaft im Kontext der Erbetheorie der marxistisch-sozialistischen Literaturtheorie auf, beinhaltet dort jedoch eine andere Bedeutung und ist ansonsten nicht einschlägig. Vgl. Würffel, Stefan Bodo: Erbetheorie. In: Braungart, Georg; Fricke, Harald; Grubmüller, Klaus; Müller, Jan-Dirk; Vollhardt, Friedrich; Weimar, Klaus. Reallexikon der deutschen Literaturwissenschaft: Neubearbeitung des Reallexikons der deutschen Literaturgeschichte. Bd. I: A–G. Berlin-Boston 2007, S. 488–490.

Hierbei gilt es zunächst zu beachten, dass gemeinsames respektive geteiltes Erbe in literarischen Texten andere Implikationen als bei Bauwerken und anderen Gegenständen der Kunstgeschichte und Denkmalpflege hat. Es geht nicht primär um materielles Erbe und damit um Fragen gemeinsamer Sorge und Verantwortung für dasselbe. In literarischen Texten meint das geteilte Erbe einerseits die weltliche bzw. historische Referenz, auf die sich die Texte beziehen, und zum anderen die Bedeutung, die die Texte erzeugen. Wie wird erinnert, wie wird davon erzählt? Dies sind zentrale literaturwissenschaftliche Fragestellungen an Shared Heritage-Texte.

Erinnerung wird hierbei zur zentralen Kategorie und ruft zwei wirkmächtige Begriffe auf, die für die Analyse der aktuellen Erinnerungsliteratur, nicht zuletzt mit Ausrichtung auf das östliche Europa, relevant sind. In der maßgeblich durch Jan und Aleida Assmanns grundlegende Arbeiten zum kulturellen Gedächtnis und zur Erinnerungsliteratur etablierten literaturwissenschaftlichen Erinnerungsforschung[26] stößt man aktuell auf dynamische und dialogische Konzepte, insbesondere die Konzepte des Postmemory und der multidirektionalen Erinnerung.

Ausgehend von Marianne Hirschs Aufsätzen und ihrer Studie *The Generation of Postmemory. Writing and Visual Culture after the Holocaust* aus dem Jahr 2012 wurde das Phänomen des Nach-Erinnerns als Form des fremden Erinnerns thematisiert. Gemeint ist damit, dass etwas erinnert wird, das selbst nicht erlebt wurde, jedoch indirekt beispielsweise über Geschichten oder Bilder, vermittelt durch Erziehung oder Verhaltensweisen der Erlebnisgeneration, auf nachfolgende Generationen (postgeneration)[27] der Kinder und Enkel weiterwirkt. Die geerbte Erinnerung (inherited memories)[28] ist dabei derart tief in die Psyche einer Person eingegangen, dass sie als eigene Erinnerung erfahren wird und damit zudem durch die Spannung zwischen dem Eigenem und dem Anderen belastet ist. Im Anschluss an Susan Sontag[29] stellt Marianne Hirsch für die Nachgeneration die Frage: „How do we regard and recall […] the ‚pain of others'? […] How can we best carry their stories forward, without approriating them […] without having our own stories displaced by them?"[30]

Die Beschäftigung mit postmemorialen Texten setzt die Begriffe Trauma und Nach-Erinnerung zueinander in Beziehung, wie der von den Slavistinnen Yvonne Drosihn, Ingeborg Jandl und Ewa Kowollik herausgegebene Band „Trauma – Generationen –

26 Siehe aus der Fülle der Arbeiten nur die folgenden grundlegenden: Assmann, Jan: Kollektives Gedächtnis und kulturelle Identität. In: Ders; Höscher, Tonio (Hg.): Kultur und Gedächtnis. Frankfurt/M. 1988, S. 9–19; Assmann, Aleida: Erinnerungsräume. Formen und Wandlungen des kulturellen Gedächtnis. München 2018.

27 Hirsch, Marianne: The Generation of Postmemory. Writing and Visual Culture after the Holocaust. New York 2012. Hirsch entlehnt den Begriff der „postgeneration" von Eva Hoffmann. Ebd. S. 3.

28 Ebd.

29 Vgl. Sontag, Susan: Regarding the pain of others. New York 2003. Dies.: Das Leiden anderer betrachten. Aus dem Englischen von Reinhard Kaiser. München-Wien 2003.

30 Hirsch, Generation of Postmemory (wie Anm. 27), S. 2. Siehe auch Hirsch, Marianne: The Generation of Postmemory. In: Poetics Today 29/1 (2008), 103–128.

Erzählen" exemplarisch zeigt. Darin gehen die Herausgeberinnen „der Relation der beiden Schlüsselbegriffe Trauma und Nacherinnerung nach [...], denn diese Relation kann als Grundvoraussetzung einer sich als transgenerational verstehenden Literatur angesehen werden."[31]

Neben Marianne Hirschs Begriff des Postmemory, der den Fokus auf das Transgenerationale und Individuelle legt, richtet sich das Konzept des multidirektionalen Erinnerns von Michael Rothberg auf eine transnationale Erinnerungskultur und damit letztlich auf kollektive Erinnerungen. Es hat sich nicht nur als wirkmächtiges dynamisches und dialogisches Erinnerungsmodell etabliert, sondern – vor allem in Deutschland – auch hitzige Debatten ausgelöst.[32] Ausgehend von der Absicht, Erinnerungsnarrative in ihrer nationalen oder kulturell geprägten Isolation für andere Erinnerungskulturen zu öffnen bzw. den Kampf um Erinnerungen aufzulösen, suchte der Literaturwissenschaftler und Holocaustforscher Michael Rothberg nach Zeugnissen in Texten und Kunstwerken, in denen jenseits von Erinnerungskonkurrenzen unterschiedliche historische Gewalterfahrungen bzw. Erinnerungen daran in Bezug zueinander gesetzt werden.[33] Dabei geht es nicht um neue historische Erkenntnisse, sondern um die Erweiterung der kulturellen Narrative auf andere Erinnerungsgeschichte(n) und die Frage, wie diese miteinander in Beziehung gesetzt werden können, ohne sich gegenseitig zu verdrängen oder zu verdecken. Diese gegenseitige Bezugnahme, die Rothberg über Zeiten und Räume in Kunstwerken – auch mit Gegenwartsbezügen und offen für Erinnerungen kolonialer Gewalterfahrungen – hermeneutisch nachzeichnet, verstärkt sich seiner Ansicht nach durch die multidirektionale Wahrnehmung, anstatt dass sich die Erfahrungen gegenseitig relativieren oder im öffentlichen Raum gegeneinander ausspielen. Das Konzept wurde inzwischen in der Literaturwissenschaft verschiedentlich angewandt, etwa im von Urania Milevski, Tom Vanassche und Lena Wetenkamp herausgegebenen Band zu „Literatur und Erinnerung".[34]

---

31 Drosihn, Yvonne; Jandl, Ingeborg; Kowollik, Ewa (Hg.): Trauma – Generationen – Erzählen. Transgenerationale Narrative in der Gegenwartsliteratur zum ost-, ostmittel- und südosteuropäischen Raum. Berlin 2020, S. 11.

32 Siehe Michael Rothbergs Entgegnung auf die in Deutschland geführte Debatte: „Multidirektionale Erinnerung": Missverständnisse und gezielte Verschleierungen. In: Frankfurter Rundschau. 14.02.2022 https://www.fr.de/kultur/gesellschaft/multidirektionale-erinnerung-missverstaendnisse-und-gezielte-verschleierungen-91347607.html (21.08.2023).

33 Rothberg, Michael: Multidirectional memory. Remembering the Holocaust in the Age of Decolonization. Redwood City 2009; Ders.: Multidirektionale Erinnerung. Holocaustgedenken im Zeitalter der Dekolonisierung. Aus dem Englischen von Max Henninger. Berlin 2021.

34 Milevski, Urania; Vanassche, Tom; Wetenkamp, Lena (Hg.): Literatur und Erinnerung / Literature and Memory. Transphilologische Analysen / Transphilological Readings 2022 (Philologie im Netz Beiheft 29). Siehe https://web.fu-berlin.de/phin/beiheft29/b29i.htm. Ein weiteres Beispiel für die literaturwissenschaftliche Analyse von aktueller Literatur mithilfe von Rothbergs Ansatz ist die Dissertation von Britta C. Jung: Komplexe Lebenswelten – multidirektionale Erinnerungsdiskurse.

Bei der Übertragung des Shared Heritage-Konzepts aus der Kunstgeschichte und Denkmalpflege in die Literaturwissenschaft können Überlegungen von Hirsch und Rothberg aufgegriffen werden, wobei es auch signifikante Besonderheiten der Literatur des geteilten Erbes gibt. So rekurriert das gemeinsame respektive geteilte Erbe nicht in erster Hinsicht auf Erinnerungen bzw. kulturelle Narrative, sondern ist von Vorneherein umfassend gedacht: Es verweist auf – mit Ute Rassloff gesprochen – „kulturelle Interferenzräume“,[35] wobei der Blick dem östlichen Europa gilt, prinzipiell jedoch auf alle Regionen übertragen werden kann, die sich historisch durch kulturelle Überlagerungen auszeichnen. Kulturelle Verflechtungen sind in diesen Räumen vorausgesetzt, und mit dem kulturellen Erbe solcher Interferenzräume beschäftigt sich Shared Heritage-Literatur. Das Erbe kann dabei gemeinsam und geteilt in unterschiedlichem Sinne sein: Geteilt kann es sein, weil in einem Raum jahrhundertelang unterschiedliche Kulturen neben- und miteinander lebten wie etwa die polnischen Juden und Christen. Neben der synchronen Teilung eines Raumes ist auch eine diachrone denkbar wie etwa bei den Wolgadeutschen, die das Wolgagebiet für einige Jahrhunderte prägten, aber dort den Fortbestand dieser Prägung nicht mehr leisten können, so dass sich die Frage stellt, wer sich dieses fremden Erbes annimmt. Dabei kann es sich um ein äußerst schwieriges Erbe handeln, weil die kulturelle Überlagerung mit Machtasymmetrie verbunden war wie etwa bei den deutschen und russischen Einflüssen in Estland und Lettland, wo die indigene Bevölkerung jahrhundertelang unterdrückt war. Hier geht es in der Literatur sodann um den Umgang mit fremdem oder auch mit verweigertem Erbe.

So unterschiedlich die Ausgangslagen sind, so divers sind auch die literarischen Herangehensweisen, die in den letzten zwanzig bis dreißig Jahren innerhalb der jeweiligen Literaturen und Regionen zu beobachten sind, deren Hintergrund vor allem mentalitätsgeschichtliche Entwicklungen sowie die Dynamik in den jeweiligen Erinnerungskulturen sind.[36] Inwiefern sich langfristig in solchen Regionen, in diesem Falle des östlichen Europa, eine gemeinsame Verantwortung im idealen

---

Jugendliteratur zum Nationalsozialismus, Zweiten Weltkrieg und Holocaust im postmemorialen Wandel. Göttingen 2018 (Deutschsprachige Gegenwartsliteratur und Medien 24).

35 Rassloff, Ute (Hg.): Wellenschläge: Kulturelle Interferenzen im östlichen Mitteleuropa des langen 20. Jahrhunderts. Stuttgart 2013 (Forschungen zur Geschichte und Kultur des östlichen Mitteleuropa 41). Bei dieser Publikation handelt es sich um eine kooperative Monographie, die von Anna Veronika Wendland, Lenka Řezníková, Borbála Zsuzsanna Török, Gabriela Kiliánová, Laura Hegedüs, Matteo Colombi, Andreas R. Hofmann und Ute Rassloff verfasst wurde. Sämtliche Wissenschaftlerinnen und Wissenschaftler arbeiten dabei mit dem Begriff der kulturellen Interferenz.

36 Wie an den Beiträgen dieses Bandes deutlich wird, hat die polnische Literatur bereits in den 1990er Jahren begonnen, das Phänomen des ehemals Deutschen, des *Poniemieckie*, literarisch zu entdecken und imaginativ auszuleuchten (vgl. hierzu näher die Aufsätze von Katarzyna Śliwińska und Joanna Jabłkowska). Die tschechische und die deutsche Literatur haben das geteilte Erbe als Sujet erst später zu thematisieren begonnen (siehe hierzu die Aufsätze von Jan V. König und Aleksandra Burdziej).

Sinne von Shared Heritage durchsetzen wird, muss sich zeigen. Bemerkenswert ist jedenfalls die steigende Anzahl der Texte, die sich mit dem geteilten Erbe beschäftigen. Noch überwiegt das Phänomen des schwierigen Erbes, des fremden oder auch verweigerten Erbes, was angesichts der Gewaltgeschichte des östlichen Europa im 20. Jahrhundert nicht weiter verwunderlich ist.

Das ausgeschlagene und das angetretene Erbe, die Annahme des Erbes im Sinne eines lebendigen Erbes und dessen Verweigerung im Sinne eines vergessenen, beschwiegenen oder abgelehnten Erbes, hängen, so diametral unterschiedlich sie erscheinen, enger miteinander zusammen als gedacht. Das eine kann in das andere umschlagen, und vielleicht, so ließe sich vorsichtig behaupten, könnte gerade im Austragen dieser Spannung auch eine der Stärken der aktuellen Shared Heritage-Literatur bestehen: dass sie einen Diskursraum, eine Teilhabe am Erbe über einen literarischen Dialog eröffnet. Literatur erweitert den Diskurs, indem sie mögliche Vorstellungswelten eröffnet und durch die Vielfalt der Erzählinstanzen die Pluralität der Haltungen in einer Gesellschaft und damit auch unterschiedliche Erfahrungen aufzeigt. In diesen Sammelband sind deshalb bewusst auch Beiträge integriert, die kritisch nach einem gemeinsamen Erbe fragen und literarische Texte einbeziehen, in denen Regionen einstiger plurikultureller Prägung gerade nicht als kulturelle Interferenzräume, als Kontakträume verstanden werden.[37]

Literatur ist ein zentrales Medium der Auseinandersetzung mit der Vergangenheit und der Verarbeitung von Erinnerungen – nicht zuletzt von besonders belastenden –, da sie Gewalterfahrungen, Krisen und Konflikte multiperspektivisch darzustellen vermag. Diese Fähigkeit verleiht der Literatur eine wichtige Rolle im kulturellen Austausch: Über physische und mentale Grenzen hinweg kann sie gemeinsame Erfahrungshorizonte evozieren, vergessene Verflechtungen freilegen und neue Verbindungen entstehen lassen. Literarischen Texten, die aus der Feder der Nachgeborenen stammen, ist daher auch häufig ein Bewusstsein für das in den jeweiligen Räumen Stattgefundene eingeschrieben, das als geteiltes Erbe – im doppelten Sinne als *gemeinsam* und *getrennt* – begriffen wird. In der dadurch realisierten Spannung kann Literatur, auch und gerade weil sie Erbe als schwieriges inszeniert, im Idealfall eine Brückenfunktion zukommen; sie kann Verständnis wecken und den Horizont weiten.

Da dieser Band nach dem 24. Februar 2022 im Druck erscheint, ist es unerlässlich, das Konzept des geteilten Erbes auch vor dem Hintergrund des mit diesem Datum einhergehenden Bruchs zu reflektieren. Wird nach dem russischen Angriff auf die gesamte Ukraine weiterhin (so zahlreich) Shared Heritage-Literatur geschrieben werden können, wie dies für die ersten zwanzig Jahre des Milleniums konstatiert werden kann? Oder sind Texte, die sich dem geteilten Erbe zuwenden, nicht vielmehr auf den Rückblick angewiesen, auf (emotional-psychischen) Abstand zu dem,

37 Siehe hierzu dezidiert die Beiträge von Joanna Jabłkowska und Michaela Nowotnick.

worauf sie literarisch zugreifen? Ist daher zu vermuten, dass sich die Zeitenwende auch auf das Erzählen auswirken wird? Es steht jedenfalls zu befürchten, dass in akut von Krieg dominierten Orten und Zeiten deutlich weniger Texte entstehen, die sich des Erbes einer Region, einer Ortschaft, eines Landes oder einer Familie mehrdimensional und multidirektional annehmen. Beispielhaft sei auf die ukrainische und in Österreich lebende Autorin Tanja Maljartschuk hingewiesen, die ihr postmemoriales Romanprojekt zugunsten von dokumentarisch-protokollarischer und essayistischer Literatur im Angesicht des Krieges hintangestellt hat.[38] Zugleich lässt sich mit dem Blick in literarische Shared Heritage-Texte der letzten zwanzig Jahre aber auch hoffen, dass die Literatur, gerade auch die ukrainische, diese Rolle erneut beanspruchen kann und wird – und dass darin letztlich eines ihrer Potentiale besteht.

3. Entstehung und Aufbau des Bandes

Dieser Band geht auf die gleichnamige Konferenz zurück, die vom 19. bis 21. November 2020 im Literaturhaus Berlin stattfand – im Rahmen einer Veranstaltungsreihe im Kulturprogramm der EU-Ratspräsidentschaft Deutschlands, zu der zahlreiche Autorinnen und Autoren zu Lesungen und Gesprächen eingeladen waren. An diesen begleitenden Veranstaltungen haben etwa die österreichisch-slowenische Autorin Maja Haderlap, die russische Autorin Gusel Jachina, die tschechische Schriftstellerin Kateřina Tučková, der rumäniendeutsche Autor Thomas Perle sowie die polnische Autorin Olga Tokarczuk[39] teilgenommen – um nur diejenigen zu erwähnen, die in den Beiträgen dieses Bandes näher behandelt werden. Die vorliegende Publikation dokumentiert somit gleichermaßen Tagung und Lesungsreihe, die auf die engen kulturellen Verflechtungen der europäischen Regionen am Beispiel des östlichen Europa aufmerksam gemacht haben.[40]

38 Vgl. dazu das Interview mit Tanja Maljartschuk: Knoller, Rasso: Ukrainische Schriftstellerin Tanja Maljartschuk: „Ich fühlte mich noch nie so weit von meinen Büchern entfernt". In: Tagesspiegel. 24.04.2022 https://www.tagesspiegel.de/kultur/ich-fuhlte-mich-noch-nie-so-weit-von-meinen-buchern-entfernt-4323877.html (10.08.2023). Darin sagt die Autorin: „Ich habe zwei Jahre lang für einen neuen Roman recherchiert. Diesen Text über den Holocaust in der Ukraine werde ich nicht schreiben können, da der Krieg gegen die Ukraine, vorbereitet durch absurde Nazivorwürfe der russischen Führung, alle historischen Zusammenhänge aus den Angeln gehoben hat. Und wir stehen vor einer neuen Tragödie. Welche Wirkung all das auf mich als Autorin haben wird, weiß ich nicht."

39 Die beiden Veranstaltungen mit Olga Tokarczuk sind in zwei, vom Bundesinstitut für Kultur und Geschichte der Deutschen im östlichen Europa herausgegebenen Broschüren dokumentiert: Shared Heritage – Niederschlesien erzählen (wie Anm. 1) und „Shared Heritage – den Osten übersetzen. Gespräch mit Olga Tokarczuk, Lisa Palmes und Lothar Quinkenstein". Oldenburg 2023.

40 Dieser Auftakt des am Bundesinstitut für Kultur und Geschichte der Deutschen im östlichen Europa (BKGE) durchgeführten Projekts „Geteiltes Erbe als Sujet und Erzählverfahren in der Gegenwartsliteratur" ist in einer Broschüre dokumentiert: Bundesinstitut für Kultur und Geschichte

Das Buch setzt mit konzeptionell orientierten Beiträgen ein, die unterschiedliche thematische Schneisen durch die Literatur des geteilten Erbes in kulturellen Interferenzräumen des östlichen Europa legen: Die polnische Germanistin Katarzyna Śliwińska behandelt das Motiv des *Poniemieckie*, des ehemals Deutschen, und des damit verbundenen Aspekts des Unheimlichen am Beispiel der polnischen Literatur seit den 1990er Jahren (am Beispiel von Tomasz Różycki, Stefan Chwin, Artur Daniel Liskowacki etc.). Der Slavist Hans-Christian Trepte stellt den Topos der literarischen Spurensuche als grundsätzlich und produktiv heraus und behandelt einzelne Beispiele in Hinblick auf ein verlorenes und imaginativ beschworenes Mitteleuropa in literarischen Texten seit der Wende (insbesondere Jaroslav Rudiš's Roman *Winterbergs letzte Reise* und Michal Hvoreckýs *Tahiti*-Roman). Die Germanistin Sabine Kyora arbeitet eine spezifisch literarische Konstruktion kultureller Interferenz in der deutschsprachigen interkulturellen Literatur heraus und geht hierfür auf die Romane von Saša Stanišić (*Herkunft*), Katja Petrowskaja (*Vielleicht Esther*) und Lena Gorelik (*Die Listensammlerin*) ein. Joanna Jabłkowska, Germanistin aus Łódź, pointiert das Spannungsverhältnis von Interferenz und Nation in der polnischen Gegenwartsliteratur der letzten 20 Jahre, wobei sie sich auf Romane von Joanna Bator, Paweł Huelle und Szczepan Twardoch konzentriert und daran eine neuere, abgeklärtere und zugleich ironischere Tendenz herausstellt, über bi- bzw. mehrkulturelle Regionen zu schreiben. In diesem ersten Teilabschnitt wird damit auch eine kleine Literaturgeschichte der Shared Heritage-Literatur en miniature erkennbar, insofern die thematisierten und interpretierten Texte von den 1990er Jahren (Śliwińska) über Mitteleuropa-Imaginationen seit der Wende (Trepte) bis zu Texten aus der jüngst erschienenen Literatur (Kyora und Jabkowska) reichen. Hierbei manifestiert sich ein Entwicklungstrend: von der Entdeckung eines geteilten Erbes (*Poniemieckie*) in Räumen bi- bzw. mehrkultureller Prägung hin zu einer veränderten literarischen Behandlung dieser Regionen angesichts neuer Herausforderungen der Gegenwart: etwa der erneuten Migration oder der erfahrenen Beziehungslosigkeit und Sinnleere in Ballungsräumen.

Der zweite Teilabschnitt fragt näher nach dem Verhältnis zum geteilten Erbe in einzelnen literarischen Texten und damit nach einer Poetik des Shared Heritage. Gudrun Heidemann, Germanistin und Slavistin, geht der motivischen und erzähltechnischen Nähe von Erbe und Palimpsest in drei unterschiedlichen literarischen Genres nach, die sowohl die Latenz als auch die Bruchstückhaftigkeit des Erbes literarisch kenntlich machen, dem Geschichten-Mosaik *Dom dzienny, dom nocny* (dt. *Taghaus, Nachthaus*) von Olga Tokarczuk, dem Poem *Dwanaście stacji* (dt. *Zwölf Stationen*) von Tomasz Różycki und dem Comic *Der Garten/Ogród* von Agata Bara.

der Deutschen im östlichen Europa (Hg): Shared Heritage – gemeinsames Erbe. Kulturelle Interferenzräume im östlichen Europa als Sujet der Gegenwartsliteratur. Veranstaltungsreihe mit literaturwissenschaftlicher Tagung, Lesungen und Diskussion. Oldenburg 2021.

Die Polonistin Alina Molisak zeichnet in ihrem Beitrag kritisch nach, wie sich die polnische Literatur seit der Nachkriegszeit mit dem jüdischen Erbe auseinandergesetzt hat, wobei sie mehrere Entwicklungsschritte bis in die Gegenwart ausmacht und aufzeigt, wie die Frage immer stärker das polnische Selbstverständnis betrifft, zumal in Szczepan Twardochs *Król* (dt. *Der Boxer*), in Mikołaj Łozińskis *Stramer* und in Olga Tokarczuks *Księgi Jakubowe* (dt. *Die Jakobsbücher*).

Die Germanistin und Slavistin Silke Pasewalck richtet den Fokus auf eine bestimmte Spielart von Shared Heritage-Literatur: Ausgehend von Marianne Hirschs Unterscheidung zwischen familiär gebundenen und affiliativen Subformen des Postmemory fragt sie begrifflich nach der Konzeption eines nicht im engeren Sinne auf der Familienbiografie basierenden Erbes. Diese zeigt sie beispielhaft an zwei aktuellen historischen Romanen auf; sowohl Gusel Jachinas *Дети мои* (dt. *Wolgakinder*) als auch Olga Tokarczuks *Księgi Jakubowe* (dt. *Die Jakobsbücher*) sind in Hinblick auf den Beweggrund des Schreibens und auf motivischer Ebene durch Formen der Adoption gekennzeichnet. Die ungarische Germanistin Eszter Propszt geht in einer an Lotmans Semiosphären-Modell geschulten kultursemiotischen Interpretation dem Motiv und der räumlichen Struktur des Erbe(n)s in Zsuzsa Bánks Roman *Schlafen werden wir später* nach. Die in Irland tätige Germanistin Sabine Egger weitet ihre Untersuchung räumlich am stärksten aus, insofern sie sich vergleichend mit literarischen Texten über zwei europäische Erinnerungsräume auseinandersetzt: mit Katja Petrowskajas *Vielleicht Esther* zum ukrainisch-polnisch-deutschen Erinnerungsraum und mit Anna Burns' *Milkman* (dt. *Milchmann*) zum geteilten irischen Erinnerungsraum.

Auf einzelne Regionen im östlichen Europa geht schließlich der dritte Teilabschnitt ein, der sich dem Erzählen über Böhmen/Mähren, Schlesien und Galizien, Siebenbürgen, das Banat sowie Kärnten zuwendet. In den analysierten literarischen Texten werden diese Regionen als ‚gemeinsamer Erzählraum'[41] verstanden, wie die Bohemistin Anne Hultsch dies für Nordböhmen am Beispiel mehrerer tschechischer bzw. deutscher Autorinnen und Autoren (Radek Fridrich, Martin Fibiger, Václav Vokolek, Jörg Bernig, Veronika Bendová) zeigt, die sich alle diesem gemeinsamen Grenzraum zugehörig wissen. Der mehrere Jahre in Tschechien tätige Germanist Jan V. König untersucht drei Erzähltexte der tschechischen Gegenwartsliteratur, die die Vertreibung jeweils aus der Perspektive einer Frauenfigur als zentraler Protagonistin erzählen: Radka Denemarkovás *Peníze od Hitlera* (dt. *Ein herrlicher Flecken Erde*), Jan Štifters *Kathy* und Kateřina Tučkovás *Vyhnání Gerty Schnirch* (dt. *Gerta. Das deutsche Mädchen*). Dabei stellt er Interferenz auf der Ebene der Figuren heraus und liest die drei Frauenfiguren als Figurationen des Shared Heritage.

Die polnische Germanistin Aleksandra Burdziej macht an den Romanen *Katzenberge* von Sabrina Janesch und *Sieben Sprünge vom Rand der Welt* von Ulrike

41 Vgl. zu diesem Terminus den Beitrag von Anne Hultsch in diesem Band.

Draesner eine Wende in der deutschen Erinnerungsliteratur bezüglich Flucht und Vertreibung aus: In beiden Romanen wird mehrperspektivisch von der deutschen und der polnischen Vertreibungserfahrung erzählt und es werden dafür Schlesien und Galizien als Orte kultureller Interferenz aufgerufen. Auch der Germanist Erik Schilling analysiert Draesners Roman in Hinblick auf eine den Roman strukturierende Multiperspektivität, die nach seiner Interpretation mit einem Akzent auf subjektive Zeitwahrnehmung zusammenhängt. Die Germanistin Michaela Nowotnick und der Hungarologe Csongor Lörincz wenden sich beide Regionen im heutigen Rumänien, jedoch aus unterschiedlichen Blickwinkeln, zu: Michaela Nowotnick untersucht das Motiv des rumäniendeutschen Exodus in der neueren rumäniendeutschen Literatur und blickt damit von außerhalb auf das Banat bzw. Siebenbürgen als zurückgelassene (Heimat-)Regionen. Csongor Lőrincz geht am Beispiel des ungarischen Autors Ádám Bodor auf die Latenz und Mehrsprachigkeit des siebenbürgischen Erbes ein. Die Germanistin Jacqueline Gutjahr schließlich wendet sich mit Maja Haderlaps *karantanien*-Gedichtzyklus der slowenischen Region Kärnten zu, die in diesen Gedichten literarisch inszeniert und imaginativ erinnert wird. Dabei stellt Gutjahr heraus, dass Haderlaps Gedichtzyklus in seiner gleichermaßen performativen wie konstruktiven Erinnerungspoetik auf ein dynamisches Verständnis von Shared Heritage zielt.

Der Band versammelt Beiträge aus Germanistik, Slavistik und Hungarologie aus Deutschland, Polen, Irland, Ungarn und Österreich. In seinen Fallstudien werden zentrale Motive und Topoi der Shared Heritage-Literatur herausgestellt wie das Motiv des Unheimlichen (Śliwińska), der Reise und der Spurensuche (Trepte, Jabłkowska, Burdziej), des Familiengeheimnisses (Burdziej, Propst), des Palimpsests (Heidemann, Hultsch), der Adoption (Pasewalck) und anderer mehr. Dabei widmen sich die Beiträge charakteristischen Genres der Shared Heritage-Literatur: der literarischen Reportage – wie etwa Karolina Kuszyks *Poniemieckie* (dt. *In den Häusern der Anderen*) –, dem Generationenroman – zum Beispiel Ulrike Draesners *Sieben Sprünge vom Rand der Welt* und Sabrina Janeschs *Katzenberge* –, dem Reise- und Erinnerungsroman – Jaroslav Rudiš's *Winterbergs letzte Reise* und Katja Petrowskajas *Vielleicht Esther* –, dem historischen Roman – Gusel Jachinas *Дети мои* (dt. *Wolgakinder*) und Olga Tokarczuks *Księgi Jakubowe* (dt. *Die Jakobsbücher*) –, der Graphic Novel – Agata Bara *Der Garten/Ogród* –, aber auch dem Epos – Maja Haderlaps *karantanien*.

Das vorliegende Buch möchte zu weiterer Forschung über Shared Heritage-Literatur anregen und verfügt daher über ein kombiniertes Autoren- und Werkregister zu den Shared Heritage-Texten dieses Bandes sowie zur räumlichen Orientierung über ein Ortsregister mit Konkordanz. Um die Mehrsprachigkeit des Themas anzuzeigen, werden die Literaturzitate sowohl im Original als auch in der Übersetzung angeführt.

*

Mein Dank gilt in erster Linie der Beauftragten der Bundesregierung für Kultur und Medien (BKM) für die Aufnahme der Tagung und Veranstaltungsreihe „Shared Heritage – gemeinsame Erbe. Kulturelle Interferenzräume im östlichen Europa als Sujet der Gegenwartsliteratur" in das Kulturprogramm zur EU-Ratspräsidentschaft Deutschlands im zweiten Halbjahr 2020 und für die damit einhergehende finanzielle Förderung. Seitens des Bundesinstituts für Kultur und Geschichte der Deutschen im östlichen Europa (BKGE), namentlich von dessen Direktor Matthias Weber, hat das Projekt seit Beginn vorbehaltlose Unterstützung erfahren. Von meiner Kollegin, der Kunsthistorikerin Beate Störtkuhl, stammt die konzeptionell wegweisende Idee, den Begriff ‚Shared Heritage' auf die Literatur zu übertragen. Bedanken möchte ich mich außerdem bei meinem Projektmitarbeiter Jan V. König, der einen Gutteil der redaktionellen Arbeit an diesem Buch geleistet hat, und bei Maria Luft, die mit großem Engagement die Lesungen und die Veranstaltungen mit Autorinnen und Autoren organisiert hat. Gedankt sei schließlich allen Teilnehmerinnen und Teilnehmern an der Tagung sowie allen Beiträgerinnen und Beiträgern zu diesem Band.

I. Kulturelle Interferenzräume als Orte des Shared Heritage

Katarzyna Śliwińska

Shared things? Zum Potenzial des Unheimlichen in der polnischen Gegenwartsliteratur über die ehemals deutschen Regionen des heutigen Polen

1. Ehemals deutsch

„Ist es […] nicht erstaunlich“, fragt die Schriftstellerin, Journalistin und Übersetzerin Karolina Kuszyk, geboren 1977 im niederschlesischen Legnica (Liegnitz), heute wohnhaft in Berlin, „[i]st es […] nicht erstaunlich, dass noch niemand untersucht hat, was es für die Psyche des Menschen bedeutet, wenn er sich in den Hinterlassenschaften eines eben noch verfeindeten Volks ein neues Leben aufbauen muss?“[1] Zu ihrem Buch mit dem Titel *Poniemieckie* (2019, dt. *In den Häusern der Anderen*, 2022) wurde die Autorin durch ein persönliches Erlebnis angeregt: die Entdeckung, dass ein vertrauter Gegenstand ihres Alltagslebens, im praktischen, hantierenden Gebrauch scheinbar assimiliert, ehemals deutsch ist – wie so vieles in den Gebieten im Norden und Westen des Landes, vom südlichen Ostpreußen, Gdańsk (Danzig) und Pommern über die Neumark bis hinunter nach Schlesien, die 1945 Teil des polnischen Staates wurden.[2]

Ein Gedicht des 1970 im oberschlesischen Opole (Oppeln) geborenen Lyrikers und Essayisten Tomasz Różycki, das Kuszyk als Motto dient, bringt in poetischer

---

1 Kuszyk, Karolina: In den Häusern der Anderen. Spuren deutscher Vergangenheit in Westpolen. Aus dem Polnischen von Bernhard Hartmann. Berlin 2022, S. 14. Polnisches Original: „Czy to nie zaskakujące, że nikt nie badał jeszcze na szeroką skalę skutków psychicznych konieczności urządzania sobie życia wśród rzeczy niedawnego wroga?“ Kuszyk, Karolina: Poniemieckie. Wołowiec 2019, S. 14. Kuszyk wurde 2019 mit dem Preis ihrer Heimatstadt Liegnitz ausgezeichnet; 2020 erhielt sie den Artur-Kronthal-Preis der Kommission für die Geschichte der Deutschen in Polen.

2 Vgl. Kuszyk, In den Häusern (wie Anm. 1), S. 8f. Das Wörterbuch der polnischen Sprache von Witold Doroszewski vermerkt unter dem Lemma *poniemiecki:* „pozostały po Niemcach (po okupantach niemieckich), należący przedtem do Niemców“ [von Deutschen (deutschen Besatzern) übriggeblieben, früher den Deutschen gehörend]. Doroszewski, Witold: Poniemiecki. In: Słownik języka polskiego. URL: https://sjp.pwn.pl/doroszewski/poniemiecki;5477136.html (03.05.2023). Ein Drittel des polnischen Nachkriegsterritoriums war demnach, wie jeglicher dort zurückgelassene Besitz, ‚ehemals deutsch‘. Vgl. Szaruga, Leszek: Poniemieckie, Pożydowskie. Was nach den Deutschen in Polen von ihnen blieb – ein seltsam fremder Raum für die neuen Bewohner. In: taz am Wochenende. Nr. 4402. 27.08.1994, S. 13f. Wenn nicht anders vermerkt, stammen alle Übersetzungen aus dem Polnischen von der Verfasserin.

Verdichtung zur Sprache, was dies noch für die nachgeborenen Generationen bedeutet haben mag:

> „Alles bei mir war ehemals deutsch – deutsch war die Stadt,
> deutsch waren die Wälder und deutsch waren die Gräber,
> deutsch war einst die Wohnung, deutsch waren die Treppen,
> die Uhr, der Schrank, der Teller, deutsch waren das Auto,
>
> die Jacke wie auch das Glas, die Bäume, das Radio,
> und ich errichtete mir auf genau diesem Plunder
> ein Leben, auf diesen Resten werde ich herrschen,
> werd' sie verdauen, zersetzen, ich soll aus ihnen
>
> ein Vaterland bauen [...]."[3]

Das Zitat fasst annähernd zusammen, was Kuszyk am ehemals Deutschen interessiert. In einer Mischung aus Reportage, ethnographischer Erzählung, Essay und biographischer Erinnerung nähert sie sich dem (mentalitätsgeschichtlich und alltagskulturell aufschlussreichen) Umgang mit den materiellen Hinterlassenschaften aus deutscher Zeit, besonders mit den alltäglichen Gegenständen. Die Autorin schließt damit an eine beachtliche Reihe von Fachpublikationen an, die die komplexen, durch ideologische und kulturpolitische, aber auch sozialpsychologische Umstände erschwerten Aneignungsprozesse in den 1945 übernommenen Regionen untersuchen.[4] Sie setzt allerdings an, wo sie ein Defizit dieser disziplinär breit gefächerten Forschung sieht: Während mittlerweile Studien zum Umgang mit der deutsch geprägten Stadtstruktur und Bausubstanz, mit Denkmälern und Denkmalensembles, mit Museen und Archiven oder Friedhöfen existieren, gibt es, so

3 Kuszyk, In den Häusern (wie Anm. 1), unpag. Der zitierte Auszug in der Übersetzung von Bernhard Hartmann stammt aus dem Gedicht *Totemy i koraliki* [Totems und Glasperlen] aus dem Band von Tomasz Różycki: Kolonie [Kolonien]. Kraków 2006, S. 42. Polnisches Original: „Wszystko mam poniemieckie – poniemieckie miasto/ i poniemieckie lasy, poniemieckie groby,/ poniemieckie mieszkanie,/ poniemieckie schody/ i zegar, szafę, talerz, poniemieckie auto// i kurtkę, i kieliszek, i drzewa, i radio,/ i właśnie na tych śmieciach zbudowałem sobie/ życie, na tych odpadkach, tu będę królował,/ to trawił i rozkładał, z tego mi wypadło/ wybudować ojczyznę [...]."

4 Vgl. Mazur, Zbigniew (Hg.): Wokół niemieckiego dziedzictwa kulturowego na Ziemiach Zachodnich i Północnych [Zum deutschen Kulturerbe in West- und Nordpolen]. Poznań 1997; Ders. (Hg.): Wspólne dziedzictwo? Ze studiów nad stosunkiem do spuścizny kulturowej na Ziemiach Zachodnich i Północnych [Gemeinsames Erbe? Studien über das Verhältnis zum Kulturerbe in West- und Nordpolen]. Poznań 2000; Zalewski, Paul; Drejer, Joanna (Hg.): Kulturerbe und Aneignungsprozesse in deutsch-polnischen Kontakträumen. Motivationen, Realitäten, Träume. Warszawa 2014 (Das gemeinsame Kulturerbe 9). Zu Schlesien u. a. Zybura, Marek: Der Umgang mit dem deutschen Kulturerbe in Schlesien nach 1945. Görlitz 2005; Mańko-Matysiak, Anna; Overgaauw, Eef; Weger, Tobias (Hg.): Das deutsche Kulturerbe in Schlesien. München 2014 (Schriften des Bundesinstituts für Kultur und Geschichte der Deutschen im östlichen Europa 51).

Kuszyk, bislang nur wenige Arbeiten darüber, wie die polnischen Bewohner ehemals deutscher Häuser mit dem Fremden im Eigenen – in der geschützten Sphäre ihrer Häuslichkeit – umgehen.[5]

Das ist tatsächlich überraschend, denn die unmittelbar nach Kriegsende in den ehemals deutschen, nun als urpolnisch reklamierten Gebieten forcierte Tilgung jeglicher Spuren des ‚Deutschtums' beschränkte sich weitgehend auf den öffentlichen Raum. Sie machte oft schon vor Haustoren und Treppenhäusern halt,[6] erst recht vor den Türen der Wohnungen und Häuser, in die polnische Familien eingezogen waren.[7] Nicht selten war dort fast alles noch vorhanden: Mobiliar und Ausstattung, Geschirr, Kleidung und Bettwäsche, Handwerkszeug, Bücher und Familienfotos – komplette oder fragmentierte ‚Sachuniversen',[8] deren relationale Anordnung und Bedeutsamkeit für die Vorbesitzer den neuen Bewohnern oftmals verschlossen blieben.[9] Welche Praktiken, Diskurse und Emotionen waren mit der oft gewaltsamen Inbesitznahme und der Nutzung der fremden Dinge verknüpft? Wie wurde ihre Fremdheit wahrgenommen bzw. konstruiert – und im Wortsinne domestiziert?

---

5 Vgl. Kuszyk, In den Häusern (wie Anm. 1), S. 20f. Vgl. auch Halicka, Beata: Polens Wilder Westen. Erzwungene Migration und die kulturelle Aneignung des Oderraums 1945–1948. Paderborn 2013, S.185. Zum Umgang mit Alltagsgegenständen vgl. Bazuń, Dorota: Veränderungen bei der Beziehung zum Kulturerbe, insbesondere zu Gebrauchsgegenständen, als Ausdruck der „Aneignung" von Geschichte durch die Bewohner der westlichen Grenzgebiete Polens. In: Loew, Peter Oliver; Pletzing, Christian; Serrier, Thomas (Hg.): Wiedergewonnene Geschichte. Zur Aneignung von Vergangenheit in den Zwischenräumen Mitteleuropas. Wiesbaden 2006 (Veröffentlichungen des Deutschen Polen-Instituts 22), S. 145–163; neuerdings Zborowska, Agata: Życie rzeczy w powojennej Polsce [Das Leben der Dinge im Nachkriegspolen]. Warszawa 2019.

6 In einem geheimen Runderlass zur „Intensivierung der Repolonisierungsaktion" vom 26.04.1948 monierte das Ministerium für die Wiedergewonnenen Gebiete, „dass die Auslöschung der deutschen Spuren nicht überall und nicht in vollem Umfang vollendet worden ist". Angemahnt wurde daher die Entfernung deutscher Aufschriften „auch in Privatgebäuden (in Eingängen und Treppenhäusern), in Gaststätten, Cafés, Geschäften und anderen Lokalen". Auf Deutsch zitiert nach Thum, Gregor: Die fremde Stadt: Breslau nach 1945. 2. Aufl. Berlin 2009, S. 373f.

7 Die wiederholten Appelle, nach den nun „völlig von allem Deutschen gesäuberten Straßen" auch „das Innere jeder ehemals deutschen Wohnung [zu] polonisieren", zeugten in ihrer Wirkungslosigkeit eher vom pragmatischen Umgang der neuen Bewohner mit dem Vorgefundenen. Sie zielten ebenso auf die offenbare, aus sozio- und kulturpolitischen Gründen problematische Attraktivität einer bürgerlichen Wohnkultur, die vielfach als „kleinbürgerliche, preußische ‚Gemütlichkeit' [Deutsch im Original]" diffamiert wurde. Vgl. Oczyśćmy nasze mieszkania [Lasst uns unsere Wohnungen säubern]. In: Dziennik Bałtycki. 21.08.1948, S. 1. Auf Deutsch zitiert nach Friedrich, Jacek: Neue Stadt in altem Gewand. Der Wiederaufbau Danzigs 1945–1960. Köln 2010, S. 53.

8 Vgl. Korff, Gottfried: Sieben Fragen zu den Alltagsdingen: In: König, Gudrun M. (Hg.): Alltagsdinge. Erkundungen der materiellen Kultur. Tübingen 2005, S. 29–42, hier S. 32; Hahn, Hans Peter: Dinge des Alltags – Umgang und Bedeutungen. Eine ethnologische Perspektive. In: Ebd., S. 63–80.

9 Kuszyk, In den Häusern (wie Anm. 1), S. 8; Loew, Peter Oliver: Von Gdańzig nach Bresław. Die deutsche Vergangenheit in der polnischen Gegenwart. In: Jahrbuch Polen 2007. Wiesbaden 2007, S. 94–99, hier S. 96.

Welche Orte besetzten sie in den neu konfigurierten Ordnungen von Menschen und Dingen – und mit welchen Bedeutungen und Affekten wurden sie selbst besetzt? Nicht zuletzt: Welche Transformationen durchliefen sie – im täglichen Gebrauch wie in der Literatur?

2. Das ehemals Deutsche als Medium einer (literarischen) Affektgeschichte

Wer Auskunft über die individuellen Umgangsweisen mit dem ehemals Deutschen sucht, wird am ehesten in Zeitzeugnissen und Erinnerungen fündig, die über den schwierigen Anfang in den mit der Westverschiebung zu Polen gekommenen Gebieten berichten.[10] Ein solches Vorhaben wird allerdings durch die Quellenlage erschwert. Viele relevante Materialien liegen verstreut in staatlichen Archiven und den Beständen unterschiedlicher Institutionen;[11] bei den gedruckten Sammlungen von Ego-Dokumenten ist zudem das Wechselspiel von propagandistischer Steuerung, politischer Kontrolle und Selbstzensur zu beachten.[12] Letztere wird in ihrer Wirksamkeit vor allem dort greifbar, wo es um eine weitverbreitete soziale Praxis der unmittelbaren Nachkriegszeit geht – das Plündern, das gerade in den vormals deutschen Provinzen endemisch um sich griff. Hier ist mit Kornelia Kończal auf das frappierende Missverhältnis hinzuweisen, das zwischen dem horrenden Ausmaß der Plünderungen und der geringen Anzahl von Selbstzeugnissen besteht, die jenseits der offiziellen Legitimationsmuster vom Plündern berichten – die meisten Darstellungen der *Szabrowniki* [Plünderer] sind in der Tat Fremdauskünfte.[13] Ein großer Teil der an die fremden Dinge geknüpften, oft systematisch erzeugten Begehrlichkeiten entzieht sich damit einem erfahrungs- und mentalitätsgeschichtlichen Zugang.

10 Zahlreiche Erinnerungsberichte gehen auf Wettbewerbe zurück, die von verschiedenen Institutionen und Zeitungsredaktionen ausgeschrieben wurden (so z. B. Ende 1956, 1966 und 1970 vom Posener Instytut Zachodni [Westinstitut]). Siehe etwa Dulczewski, Zbigniew; Kwilecki, Andrzej (Hg.): Pamiętniki osadników Ziem Odzyskanych [Memoiren der Neuansiedler in den Wiedergewonnenen Gebieten]. Poznań 1963.

11 Vgl. Halicka, Polens Wilder Westen (wie Anm. 5), S. 26–29.

12 Besonders aufschlussreich sind daher Texte, die nicht oder nur zensiert zur Veröffentlichung freigegeben wurden. Vgl. dazu Halicka, Beata (Hg.): „Mein Haus an der Oder". Erinnerungen polnischer Neusiedler in Westpolen nach 1945. Aus dem Polnischen von Maria Albers. Paderborn 2014.

13 Vgl. Kończal, Kornelia: Das Schreiben und das Schweigen über Plünderung des deutschen Eigentums. Die identitätsstiftende Figur des *szabrownik* im Nachkriegspolen. In: Bialik, Włodzimierz; Karolak, Czesław; Wojtczak, Maria (Hg.): Ungeduld der Erkenntnis. Eine Festschrift für Hubert Orłowski. Frankfurt/M. 2014, S. 155–170, hier S. 155 und S. 161. Zum ‚Plünderfieber' in der unmittelbaren Nachkriegszeit siehe auch Zaremba, Marcin: Die große Angst. Polen 1944–1947: Leben im Ausnahmezustand. Aus dem Polnischen von Sandra Ewers. Paderborn 2016, S. 213–244.

Dies gilt ebenso für anders geartete, in der sozialen Praxis durchaus wirksame Affekte wie Ressentiment und Hass.[14]

Die Begegnung mit den fremden Dingen – auf der Suche nach einer Unterkunft, auf Erkundungs- und Beutezügen durch leer stehende Gebäude und Ruinen, beim ‚Organisieren' von benötigten Gegenständen oder auf Märkten, wo Plünderware getauscht bzw. verschoben wurde – ist ein zentrales Motiv in den Zeitzeugnissen und Erinnerungen an die unmittelbare Nachkriegszeit in den vormals deutschen Gebieten. Enumerative Beschreibungen intakter Dingwelten in bürgerlichen Interieurs und Bauernhöfen wechseln sich darin ab mit Inventuren des Zerstörten und Verschleppten; Freude, sogar Überwältigung durch die reichliche Fülle des Vorhandenen mit Schilderungen affektiver Reaktionen angesichts von Schmutz und Abfall; Narrative der Säuberung mit behutsamen Annäherungen an Lebensgeschichten, die in den Alltagsgegenständen der Deutschen inkorporiert zu sein scheinen. Was als wertvoll oder wertlos eingestuft, was assimiliert oder als fremd markiert wurde, hing dabei von einer Vielzahl unterschiedlicher Faktoren ab, die in ihren jeweils spezifischen Konstellationen betrachtet werden müssen (geographische und soziale Herkunft, Bildungsstand, Geschlecht, Alter etc.).

3. Das ehemals Deutsche und die Literatur der kleinen Vaterländer

Im Folgenden soll es aber vor allem um Texte der polnischen Gegenwartsliteratur gehen, die sich auf unterschiedliche Weise mit dem ehemals Deutschen auseinandersetzen. Sie spüren den vielfältigen Imaginationen, Begierden, Ängsten und Phantasmen nach, die sich an die materielle Hinterlassenschaft aus deutscher Zeit knüpfen. Zugleich loten sie aus, in welcher Weise diese Imaginationen und Affekte in den folgenden Generationen nachwirken. Die dingpoetischen Verfahren jener Literatur sind mittlerweile detailliert beschrieben worden. Bereits seit den ersten Rezensionen stehen zudem die zentralen Topoi ihrer Deutung fest: das Lesen von Spuren, die Archäologie der Erinnerung, das Palimpsest als Gedächtnismetapher.[15] So hat Różyckis Gedicht, das Kuszyks Annäherung an das *Poniemieckie* eröffnet,

14 Vgl. hierfür Zborowska, Życie rzeczy w powojennej Polsce (wie Anm. 5), Kap. II: Gościnne przedmioty [Gastliche Gegenstände], S. 137–204, bes. S. 137–157.

15 Vgl. u. a. Czapliński, Przemysław: Rzecz w literaturze albo proza lat dziewięćdziesiątych wobec mimesis [Dinge in der Literatur oder die Prosa der Neunzigerjahre und das Problem der Mimesis]. In: Wysłouch, Seweryna; Kaniewska, Bogumiła (Hg.): Człowiek i rzecz. O problemach reifikacji w literaturze, filozofii i sztuce [Menschen und Dinge. Zu Fragen der Verdinglichung in Literatur, Philosophie und Kunst]. Poznań 1999, S. 207–237; Szydłowska, Joanna: Retoryka rzeczy a proces zadomowienia w przestrzeniach pojałtańskiego Okcydentu [Rhetorik der Dinge und der Prozess der Beheimatung im polnischen Okzident nach Jalta]. In: Anthropos 16/17 (2011), S. 127–141.

bereits einen resümierenden Charakter. In poetischer Verdichtung kommen dort alle Elemente zusammen, die den Diskurs über das ehemals Deutsche seit den späten Achtzigerjahren prägen. Es ist vor allem eine neue Sensibilität für die materiellen Überreste einer fremden Vergangenheit und ihre Transformationen zwischen Ab- und Neubewertung. Nach wie vor ungebrochen manifestiert sich darin das Bedürfnis, gerade auf diesen fremden Resten, auf dem ‚Plunder', Eigenes zu errichten, und zwar ein Eigenes, das konstitutiv von Spuren der Alterität durchzogen ist.[16]

Es waren vor allem die Erzählungen und Romane, Essays und Gedichte von Stefan Chwin (geb. 1949), Paweł Huelle (1957–2023), Olga Tokarczuk (geb. 1962), Artur Daniel Liskowacki (geb. 1956) oder Kazimierz Brakoniecki (geb. 1952), die an der Entstehung und der Konjunktur dieses Diskurses mitgewirkt haben. Sie rückten die komplexe(n) Geschichte(n) kultureller Interferenzräume im Norden und Westen des Landes in den Blick und trieben damit, bald unter das literaturkritische Etikett *literatura małych ojczyzn* [Literatur der kleinen Vaterländer] subsumiert, ein Projekt voran, das auf eine kritische Umkartierung von Zentrum und Peripherie zielte.[17] Die unter dieser Formel zusammengefassten Schreibweisen zeichneten sich inhaltlich durch die Hinwendung zu biographischen Erfahrungsräumen aus, die in ihren heterogenen Schichtungen und Diskontinuitäten (wieder-)entdeckt wurden; im Poetischen durch eine topographische Erzählhaltung und ein empathisches Interesse für das Dingliche, nicht zuletzt für die Bedingtheit von Beheimatung. Mit der Fokussierung auf die Sphäre des Alltäglichen und Privaten, auf die materiellen Bruchstücke eines zerstörten Lebenszusammenhangs, die zum Movens imaginärer Annäherungen an die Biographien von Menschen und Dingen wurden, schufen sie einen Diskursraum, in dem die kollektiven Imaginationen des Deutschen befragt werden konnten.[18] Wenn es also zutrifft, dass die Wiederannäherung der Polen an ihre westlichen Nachbarn nach den traumatischen Erfahrungen des Zweiten

16 Vgl. Szaruga, Leszek: Dochodzenie do siebie. Wybrane wątki literatury po roku 1989 [Zu sich selbst kommen. Zu einigen Motiven in der Literatur nach 1989]. Sejny 1997. Nicht zuletzt artikuliert sich darin die Überzeugung, dass die abgebrochene Geschichte sich gerade im ‚Plunder' – den scheinbar bedeutungslosen gegenständlichen Relikten des Alltags – fassen lässt. Zur Produktivität von Spuren vgl. Assmann, Aleida: Erinnerungsräume. Formen und Wandlungen des kulturellen Gedächtnisses. München 2003, S. 213.

17 Vgl. resümierend u. a. Rybicka, Elżbieta: Małe ojczyzny – projekt zaniechany [Kleine Vaterländer – ein verworfenes Projekt]. In: Dies.: Geopoetyka. Przestrzeń i miejsce we współczesnych teoriach i praktykach literackich [Geopoetik. Raum und Ort in der Literaturtheorie und den literarischen Praxen der Gegenwart]. Kraków 2014, S. 333–338.

18 Vgl. u. a. Czapliński, Przemysław: Dojczland. Obraz Niemców w literaturze polskiej [Dojczland. Das Bild der Deutschen in der polnischen Literatur]. In: Eurozine. 25.02.2010. URL: https://www.eurozine.com/dojczland-obraz-niemcow-w-literaturze-polskiej/ (15.10.2020); Mikołajczak, Małgorzata: Do czego literaturze regionalnej potrzebny jest Niemiec? (na przykładzie twórczości lubuskiej) [Wozu braucht die regionale Literatur einen Deutschen? (am Beispiel der Literatur aus dem Lebuser Land)]. In: Teksty Drugie 3 (2016), S. 251–272.

Weltkrieges mit den Gegenständen aus deutscher Zeit begonnen hat,[19] so ist dies nicht zuletzt jener literarisch vermittelten ‚Lektion der Dinge' zu verdanken.

4. Das Unheimliche als Erfahrungsmodus und ästhetisches Modell

Es bietet sich allerdings an, diese Texte einer neuen Lektüre zu unterziehen und nun auch nach dem Potenzial des Unheimlichen zu fragen, das in der Figur des ehemals Deutschen zutage tritt. Die Geschichte des ‚Unkonzepts', wie Anneleen Masschelein das Unheimliche bezeichnet, und seine vielen Verästelungen (von der Psychoanalyse bis hin zu den neuesten Theorieansätzen) sollen hier nicht ausgeführt werden.[20] Das Nämliche gilt für die vielfältigen Kategorien und Konzepte der Dingforschung.[21] Zwei Gesichtspunkte sind für diesen Beitrag relevant: Zum einen die epistemologischen und politisch-sozialen Dimensionen und Bedingungen, die das unheimliche Erleben in der Begegnung mit den ‚fremden Dingen' konstituieren. Zum anderen das Unheimliche als literarisches Modell, als eine Möglichkeit, jene Aspekte des *Poniemieckie* zu thematisieren, die sich dem aneignenden Zugriff entziehen oder gar widersetzen.

In Sigmund Freuds klassischer Formulierung ist das Unheimliche „jene Art des Schreckhaften", die aus dem „Altbekannte[n], Längstvertraute[n]" hervorgeht.[22] Es ist demnach „wirklich nichts Neues oder Fremdes", worin das unheimliche Gefühl seinen Ursprung hat; vielmehr handelt es sich um das verdrängte und dadurch fremd

19 So Thum, Die fremde Stadt (wie Anm. 6), S. 500. Der Breslauer Literaturwissenschaftler und Lyriker Stanisław Bereś gab 1993 zu Protokoll: „[M]ieszkałem w niemieckim domu, w którym od całych pokoleń rodziły się niemieckie dzieci i umierali starcy. Spałem na niemieckiej kanapie, patrzyłem na niemieckie obrazy, kąpałem się w niemieckiej wannie, jadłem z niemieckich garnków i talerzy. [...] Od dzieciństwa byliśmy wychowywani w nienawiści i strachu przed Niemcami, a jednocześnie cały ten nasz świat, cały ten kosmos życia codziennego, nawet gusta zostały uformowane w obrębie przedmiotów, sprzętów, form i ducha niemieckiego. [...] Myśli Pan, że to w żaden sposób nie wpływa na człowieka?" [Ich wohnte in einem deutschen Haus, in dem seit Generationen deutsche Kinder zur Welt gekommen und deutsche Greise das Zeitliche gesegnet hatten. Ich schlief in einem deutschen Bett, schaute auf deutsche Bilder an der Wand, badete in einer deutschen Badewanne, aß aus deutschen Tellern und Töpfen. [...] Wir wurden von klein auf im Hass und in Angst vor den Deutschen erzogen, gleichzeitig war unsere ganze Welt, dieser gesamte Kosmos des Alltagslebens [...] durch deutsche Dinge, Geräte, Formen, durch deutschen Geist geprägt. [...] Glauben Sie, dass es einen unberührt lässt?] Nowicki, Stanisław [alias Stanisław Bereś]: Amarcord wrocławski. Rozmowa z Sebastianem Lamarck [Der Breslauer Amarcord. Ein Gespräch mit Sebastian Lamarck]. In: Odra 5 (1993), S. 50–53, hier S. 51.

20 Hierzu ausführlich Masschelein, Anneleen: The Unconcept. The Freudian Uncanny in Late Twentieth Century Theory. New York 2011.

21 Als Überblicksdarstellung vgl. Samida, Stefanie; Eggert, Manfred K. H.; Hahn, Hans Peter (Hg.): Handbuch Materielle Kultur. Bedeutungen, Konzepte, Disziplinen. Stuttgart-Weimar 2014.

22 Freud, Sigmund: Das Unheimliche (1919). In: Ders.: Gesammelte Werke. Hg. von Anna Freud. Bd. 12. Frankfurt/M. 1966, S. 227–268, hier S. 231.

gewordene Heimlich-Heimische, das bei seiner Rückkehr Angst auslöst.[23] Die Hypothese der Verdrängung findet sich – kaum überraschend – auch bei Kuszyk. Unheimlich wird das ehemals Deutsche für sie im Anschluss an Freud denn auch vornehmlich dadurch, dass es – genauso wie „das peinliche Geheimnis einer anrüchigen Herkunft" – ein Geheimnis bleiben sollte und dennoch hervorgetreten ist.[24]

Um das Potenzial des Unheimlichen auszuloten, das die einst deutschen Dinge im Erleben der Akteure wie in literarischen Texten entfalten, bietet sich allerdings an, in einem ersten Schritt auf die etymologisch ursprüngliche Bedeutung des Wortes (und damit hinter Freud) zurückzugreifen. Begriffsgeschichtlich ist das Unheimliche zunächst das Gegenteil des Heimlichen, das über das Heimelige mit dem Heimisch-Vertrauten in eins gesetzt wird.[25] Mit dem semantischen Kern ‚Heim', der auch der ‚Heimat' als dem topologischen Gegenbegriff zur ‚Fremde' zugrunde liegt,[26] rücken die vielfältigen Erfahrungen geographischer, lebensweltlich-sozialer und kultureller Entortung in den Blick, wie sie Millionen Menschen im mittleren und östlichen Europa in der Mitte des vorigen Jahrhunderts machen mussten. Das Attribut ‚unheimlich' bezieht sich dann vor allem auf jenen Aspekt dieses vielschichtigen Erfahrungskomplexes, bei dem die Begegnung mit dem Fremden im Vordergrund steht.[27]

In der soziologischen Forschung wird Fremdheit gemeinhin als sozial konstruiert, relational und grundsätzlich kontingent aufgefasst. Sie ist, so Alois Hahn, „keine Eigenschaft, auch kein objektives Verhältnis zweier Personen oder Gruppen, sondern die Definition einer Beziehung", eine Zuschreibung, „die oft auch anders hätte ausfallen können".[28] Folglich gibt es in diesem Zusammenhang „keine Automatismen, sondern nur ‚Bedeutungsinvestitionen'".[29] Fremderfahrungen sind, phäno-

23 Ebd., S. 254; vgl. Masschelein, Anneleen: Zwischen Animismus und Computeranimation. Das Unheimliche als Unbegriff im 20. und 21. Jahrhundert. In: Doll, Martin; Gaderer, Rupert; Camilletti, Fabio; Howe, Jan Niklas (Hg.): Phantasmata: Techniken des Unheimlichen. Wien 2011 (Cultural Inquiry 3), S. 19–44, hier S. 19.

24 Freud, Das Unheimliche (wie Anm. 22), S. 236. Kuszyk zitiert mit der angeführten Formulierung den Breslauer Literaturwissenschaftler und Essayisten Andrzej Zawada und dessen Essayband *Bresław* (1996). Vgl. Kuszyk, In den Häusern (wie Anm. 1), S. 12.

25 Vgl. die Einträge zu den Lemmata ‚heimlich' und ‚unheimlich' in: Grimm, Jacob; Grimm, Wilhelm: Deutsches Wörterbuch. 16 Bände in 32 Teilbänden. Leipzig 1854–1961. Digitalisierte Version in: Digitales Wörterbuch der deutschen Sprache. URL: https://www.dwds.de/wb/dwb/heimlich; https://www.dwds.de/wb/dwb/unheimlich (22.03.2021).

26 Vgl. Müller-Funk, Wolfgang: Theorien des Fremden. Eine Einführung. Tübingen 2016, S. 75–79.

27 Zur Bedeutungsvielfalt des Begriffs ‚Fremde' vgl. Münkler, Herfried; Ladwig, Bernd: Dimensionen der Fremdheit. In: Dies. (Hg.): Furcht und Faszination. Facetten der Fremdheit. Berlin 1997, S. 11–44; Wierlacher Alois: (Hg.): Kulturthema Fremdheit. Leitbegriffe und Problemfelder kulturwissenschaftlicher Fremdheitsforschung. München 1993.

28 Hahn, Alois: Die soziale Konstruktion des Fremden. In: Sprondel, Walter H. (Hg.): Die Objektivität der Ordnungen und ihre kommunikative Konstruktion. Frankfurt/M. 1994, S. 140–163, hier S. 140.

29 Ebd.

menologisch gesprochen, zugleich immer auch „affektiv getönte Widerfahrnisse".[30] Das Fremde, so Bernhard Waldenfels, ist daher mit dem Unheimlichen verwandt: „Teils verlockend, teils bedrohlich gehört es zu den ständigen Herausforderungen einer menschlichen Erfahrung, die in ihrer Welt nie ganz heimisch ist."[31] Virulent wird es aber vor allem dann, wenn in geschichtlichen Umbruchssituationen „Lebensformen aufeinanderprallen […], ohne dass eine übergreifende Ordnung den Übergang regelt".[32]

Dies war der unmittelbare Erfahrungshintergrund der Menschen, die in der prekären Übergangsphase zwischen Krieg und Nachkrieg in den nunmehr polnischen bzw. erst von Polen beanspruchten Gebieten eintrafen. „Alles war dort fremd" – resümiert der Literaturwissenschaftler Marek Zybura – „die Landschaft, die Ästhetik und die symbolische Schicht der Bebauung, das kulturelle Gewebe, die Formen und der Grad der Industrialisierung sowie die landwirtschaftliche Bewirtschaftung",[33] nicht zuletzt die materielle Kultur des Alltags. Dabei mussten die individuellen Fremdheitserfahrungen mit der offiziellen Erzählung vermittelt werden, die den urpolnischen Charakter der ‚wiedergewonnen Gebiete' zu belegen suchte, was zwangsläufig zu kognitiven Dissonanzen führte.

Die „Modi des Fremderlebens"[34] sowie die Strategien im Umgang mit Fremdheit konnten allerdings, wie man aus Zeitzeugnissen und späteren Erinnerungen weiß, erheblich differieren. Dennoch war den ersten Kontakten der polnischen Ankömmlinge mit ihrem neuen Umfeld die Struktur eines latenten Unheimlichen eingeschrieben. Sie zogen nicht selten in komplett eingerichtete Wohnungen und Häuser ein, deren deutsche Besitzer gerade erst geflohen oder vertrieben worden waren. Für die 1968 in Wałbrzych (Waldenburg) geborene Schriftstellerin Joanna Bator war dies eine existentiell verstörende, im Freud'schen Sinne unheimliche Situation,[35] trat man doch – über die Gegenstände vermittelt, die Spuren familiär-intimen Gebrauchs trugen – gleichsam in ein persönliches Näheverhältnis zu den nun

30 Waldenfels, Bernhard: Das Fremde denken. In: Zeithistorische Forschungen 4/3 (2007), S. 361–368, hier S. 363.

31 Ders.: Erfahrung des Fremden in Husserls Phänomenologie. In: Phänomenologische Forschungen 22 (1989), S. 39–62, hier S. 39.

32 Ders.: Topographie des Fremden. Studien zur Phänomenologie des Fremden. Frankfurt/M. 1997, S. 37.

33 Zybura, Marek: Das deutsche Kulturerbe in Polen. In: Lawaty, Andreas; Orłowski, Hubert (Hg.): Deutsche und Polen. Geschichte – Kultur – Politik. München 2003, S. 144–153, hier S. 145.

34 Schäffter, Ortfried: Modi des Fremderlebens. Deutungsmuster im Umgang mit Fremdheit. In: Ders. (Hg.): Das Fremde. Erfahrungsmöglichkeiten zwischen Faszination und Bedrohung. Opladen 1991, S. 11–42.

35 Waligórska, Magdalena: „O Żydzie na strychu i tożsamości mieszańca." Rozmowa z Joanną Bator i Esther Kinsky [„Vom Juden auf dem Dachboden und der Identität des Hybriden". Gespräch mit Joanna Bator und Esther Kinsky]. In: Przekładaniec 29 (2016), S. 265–273, hier S. 271. Im polnischen Originaltext: „Sytuacja egzystencjalnie wstrząsająca, freudowsko niesamowita".

abwesenden Deutschen. Ähnliches hält der zwanzig Jahre ältere Danziger Schriftsteller und Literaturwissenschaftler Stefan Chwin fest:

> „Nach Jalta kamen in diesen Gebieten einige Millionen Menschen in die Wohnungen von Deutschen. Manche schlüpften, und das buchstäblich, in die noch warmen Betten ihrer Vorgänger, die gerade erst […] geflohen waren. Eine furchtbare Erfahrung für beide Seiten: dass jemand sich in fremde Betten legt, in fremde Badewannen steigt, unter fremde Decken schlüpft. Die Repatrianten mit ihrer Sensibilität wurden auch in dieser überaus intimen Sphäre mit dem Geist ihrer neuen Wohnorte konfrontiert."[36]

Es ist diese paradoxe Konstellation von Nähe und Ferne, Intimität und Fremdheit, Anwesenheit und Absenz, die in Zeitzeugnissen und späteren Erinnerungen als unheimlich beschrieben wird.[37] Auch fiktionale Erzähltexte entwerfen solche Szenarien in vielfältigen Abwandlungen. So Olga Tokarczuk in ihrem Roman *Dom dzienny, dom nocny* (1998, dt. *Taghaus, Nachthaus*, 2001). Im Kapitel *Schätze* heißt es:

> „Die Deutschen hatten in ihren Kredenzen Gewürze und Salzstreuer hinterlassen, Flaschen mit Resten von Speiseöl, Keramikgefäße mit Grütze, Zucker und Gerstenkaffee. Sie hatten die Gardinen an den Fenstern gelassen, die Eisen auf der Herdplatte, die Bilder an den Wänden. In den Schubladen lagen alte Rechnungen, Pacht- und Kaufverträge, Fotos von Taufen und Briefe. […] Auf den Dachböden standen Kinderwagen, lagen Stapel alter Zeitungen und kaputte Koffer mit Weihnachtsbaumschmuck. In den Küchen und Schlafzimmern hing immer noch ein fremder Geruch. Er kam besonders aus den Schränken und Wäscheschubladen. Die Frauen öffneten sie zaghaft und zogen Wäschestücke heraus […]."[38]

---

36 Bagłajewski, Arkadiusz: O Hanemannie, tauromachii i trzech samobójstwach [Über Hanemann, Tauromachie und drei Selbsttötungen. Gespräch mit Stefan Chwin]. In: Kresy 1 (1996), S. 115–131, hier S. 116. Polnisches Original: „Po Jałcie na tych terenach parę milionów ludzi weszło do poniemieckich mieszkań, w niektórych przypadkach weszło niemal dosłownie do pościeli, jeszcze ciepłej po ‚tamtych', którzy w ostatniej chwili uciekli przed żołnierzami w błotnych szynelach. Straszne doświadczenie dla obu stron: to wchodzenie do cudzych łóżek, do cudzych wanien, pod cudze kołdry. Wrażliwość repatriancka zderzyła się z duchem nowego miejsca także i w tej – nader intymnej – sferze!"

37 Vgl. etwa Konopińska, Joanna: Tamten wrocławski rok 1945–1946 [Jenes Breslauer Jahr 1945–1946]. Wrocław 1987, S. 53: „Żeby tak można było wysprzątać i wymieść z domu tę obcość, tę niemczyznę wyzierającą z każdego kąta. Zamiast pisać, powinnam biegać po mieszkaniu ze szczotką i ścierką. Obecnie na każdym kroku napotykam na przedmioty należące do kogoś innego, świadczące o czyimś życiu, o którym nic nie wiem, o ludziach, którzy ten dom budowali, tutaj mieszkali, a teraz być może już nie żyją. I jak tu zaczynać nowe życie?" [Wenn man nur dieses Fremde aus dem Haus fegen und wegräumen könnte, dieses Deutsche, das aus allen Ecken hervorblickt. Anstatt zu schreiben sollte ich wohl mit Schrubber und Scheuertuch durch die Wohnung jagen. Ich stoße überall auf Gegenstände, die jemand anderem gehören; sie zeugen von einem anderen Leben, von dem ich nichts weiß, von Menschen, die dieses Haus erbaut haben, hier lebten und nun vielleicht tot sind. Wie soll man hier bloß ein neues Leben beginnen?]

38 Tokarczuk, Olga: Taghaus, Nachthaus. Aus dem Polnischen von Esther Kinsky. 2. Aufl. Stuttgart-München 2001, S. 262. Polnisches Original: „Niemcy zostawili w kredensach przyprawy,

Das Unheimliche ist hier in Form des Heimlichen – des zugleich Verborgenen und Heimelig-Intimen – gleichsam zu Haus. Kleidertaschen, in denen überraschend zusammengeknüllte Taschentücher zum Vorschein kommen; „unbemerkte Verstecke", „übersehene Schubladen", „getarnte Schuhschachteln", aus denen die Milchzähne von Kindern oder abgeschnittene Haarsträhnen fallen[39] – sie alle sind mit Gaston Bachelard als Figurationen von Intimitätsräumen lesbar,[40] die metonymisch für das Abwesende stehen.

Bei Tokarczuk sind es gerade die geringen, für die Vorbesitzer aber anscheinend bedeutsamen Dinge, die mit ihrem plötzlichen Auftauchen dem Absenten eine sonderbar verschobene, sinnlich erfahrbare Präsenz verschaffen. Eine ähnliche Anordnung findet sich in Stefan Chwins Roman *Hanemann* (1995, dt. *Tod in Danzig*, 2005). Auch hier geht von den ephemeren Dingen, gar organischen Überresten – einem Büschel heller Haare im Abflusssieb der Badewanne, Seifenresten, dem Lavendelgeruch im Schrank,[41] mürben Blütenblättern der Heckenrose auf den Leinen – eine affektive Dynamik aus, die für Effekte des Unheimlichen sorgt. Im Gegensatz zu den Narrativen der Säuberung, die ihren Grund in der physischen und psychischen Abwehr des Deutschen haben,[42] sind es bei Chwin gerade die materiellen Spuren, wie sie die Familiarität des Wohnens hinterlässt, die Neugier wecken auf

solniczki, resztki oleju na dnie butelek, porcelitowe pojemniki z kaszą, cukrem i zbożową kawą. Zostawili firanki w oknach, żelazka na blasze kuchni, obrazki na ścianach. W szufladach poniewierały się stare rachunki, umowy najmu i kupna, zdjęcia z chrzcin i listy. [...] Na strychu stały dziecinne wózki, leżały sterty pożółkłych gazet, spękane walizki z bombkami na choinkę. W kuchniach, sypialniach wciąż tkwił obcy zapach. Dobywał się zwłaszcza z szaf i szuflad bieliźniarek. Kobiety otwierały je nieśmiało i wyciągały sztuki bielizny [...]". Dies.: Dom dzienny, dom nocny. Wałbrzych 1999, S. 228.

39 Tokarczuk, Taghaus, Nachthaus (wie Anm. 38), S. 262.

40 Bachelard beschreibt Orte wie Schubladen, Truhen und Schränke als Intimitätsräume, in denen die Grenze zwischen dinglich-materieller und menschlich-psychologischer Innerlichkeit durchlässig wird. Vgl. Bachelard, Gaston: Poetik des Raumes. Aus dem Französischen von Kurt Leonhard. Frankfurt/M. 1975, S. 108f.

41 Mit Bachelard ließe sich sagen, dass der Lavendelgeruch „eine bergsonsche Dauer in die Hierarchie der Leintücher [bringt]. Muß man nicht abwarten, ehe man sie in Gebrauch nimmt, bis sie genügend *lavandés* sind, wie man bei uns sagt?" Ebd., S. 109.

42 Vgl. hierfür Chwin, Stefan: Die Bewertung des erzwungenen Bevölkerungstransfers 1939–1950 – eine Herausforderung für die Literatur. Aus dem Polnischen von Dirk Uffelmann. In: Germanoslavica Vol. 28. 1/2 (2017), S. 57–87, hier S. 76f. Chwin bezieht sich explizit auf die Erzählung *Wotan odjedzie pociągiem* [Wotan reist mit dem Zug ab] von Henryk Worcell (zuerst 1965 in dessen Band *Najtrudniejszy język świata* [Die schwierigste Sprache der Welt]). Der Umzug in den bis dahin von einer deutschen Familie besetzten Teil eines gemeinsam bewohnten Hauses soll für das polnische Ehepaar mit einer gründlichen, ja obsessiven Reinigung der Wohnung (mit Sand, Seife, Sidol, ja mit Feuer) beginnen. Zu Worcell u. a. Dzikowska, Elżbieta Katarzyna; Joachimsthaler, Jürgen: Blick-Wechsel: Deutsche und Polen zwischen Kriegsende und Vertreibung im Werk von Henryk Worcell. In: German Studies Review 2006, S. 515–536.

ein fremdes Leben, das sich in ihnen zugleich zeigt und entzieht.[43] Sie werden als Emanationen eines gelebten Lebens vorgeführt, das jenseits ideologischer Zuschreibungen in seiner Alterität begreifbar gemacht werden soll.

Dagegen gestaltet sich die systematisch betriebene Suche nach den versteckten Schätzen der Deutschen bei Tokarczuk als ein Versuch, das darin eingelagerte bedrohliche Fremde unschädlich zu machen – „als wollten die Suchenden in der Erde die Keime einer fremden, gefährlichen Pflanze aufspüren, die eines Tages emporwachsen und ihnen das nehmen könnte, was sie hatten, und sie mit Schimpf und Schande verjagen könnte".[44] Nicht zuletzt kommt hier in organischer Metaphorik die prekäre Legitimität eines mit historischen Argumenten verbrämten Besitzanspruchs zur Sprache, der tatsächlich in gewaltsamer Enteignung (und einem ebenso gewaltsamen Umgang mit dem Vorgefundenen) gründet.[45] Das Eindringen in die „Häuser der Dinge", wie Bachelard Orte wie Schränke, Schubladen und Truhen bezeichnet,[46] um ihrer habhaft zu werden, zielt, so gelesen, qua Destabilisierung dieser Ordnungszentren darauf, sich der Subjekte zu bemächtigen, sie bloßzustellen und den Wirkkräften der äußeren Unordnung zu überlassen.[47]

Ein anderes Szenario führt Chwin in seinem autobiographischen Essay *Krótka historia pewnego żartu* [Kurze Geschichte eines Scherzes] aus dem Jahr 1991 vor. Das Unheimliche gestaltet sich hier als das affektive Innewerden der Ambiguität dessen, was dem Erzähler bislang als das Eigene galt. Seine Rückschau auf die Kindheitserfahrungen im polnischen Danzig der Fünfzigerjahre beginnt damit, dass das

---

43 Vgl. das Kapitel *Lavendel* in Chwin, Stefan: Tod in Danzig. Aus dem Polnischen von Renate Schmidgall. Berlin 1997, S. 94–100; vgl. auch mit Bezug auf Worcell Zborowska, Życie rzeczy (wie Anm. 6), S. 193.

44 Tokarczuk, Taghaus, Nachthaus (wie Anm. 38), S. 263. Polnisches Original: „jakby tropienie w ziemi zawiązków obcej, niebezpiecznej rośliny, która mogłaby jeszcze kiedyś wyrosnąć i zabrać im to, co mają, i znów wygnać ich na poniewierkę". Dies.: Dom dzienny, dom nocny (wie Anm. 38), S. 229.

45 Vgl. Nowicki [Bereś], Amarcord wrocławski (wie Anm. 19), S. 51: „Czasem przychodziło mi do głowy: ‚Jezus, Maria, przecież my mieszkamy na kradzionych rzeczach'". [Manchmal durchlief es mich: Jesus Maria! Wir wohnen doch auf gestohlenen Sachen!]. Zur Gewaltsamkeit gegenüber Dingen siehe Tokarczuk, Olga: Dwanaście obrazków z Wałbrzycha, Nowej Rudy i okolic [Zwölf Bilder aus Waldenburg, Neurode und Umgebung]. In: Borussia 14 (1997). Sonderheft: Metafizyka miejsca. Ziemie Zachodnie i Północne [Metaphysik des Ortes. West- und Nordpolen]. Hg. v. Kazimierz Brakoniecki, S. 26–28.

46 Bachelard, Poetik des Raumes (wie Anm. 40), S. 108f.: „Im Schrank lebt ein Ordnungszentrum, welches das ganze Haus gegen eine grenzenlose Unordnung schützt. Dort herrscht eine Ordnung, oder vielmehr dort ist Ordnung ein Herrschaftsbereich."

47 Vgl. hierzu Zborowska, Życie rzeczy (wie Anm. 5), S. 194–196. In einem *Odwet* [Vergeltung] betitelten Romanentwurf von Henryk Worcell (1947) heißt es über eine deutsche Familie, die bis zu ihrer Aussiedlung mit einquartierten Polen zusammenleben muss, explizit: „z Hattwigami działo się podobnie, jak z ich rzeczami: ulegli rozbiciu i dezorganizacji" [den Hattwigs ging es ähnlich wie ihren Sachen: sie befanden sich im Prozess der Zersprengung und der Auflösung]. Vgl. Worcell, Henryk: Odwet [Vergeltung]. In: Odra 19 (1947), S. 4.

scheinbar Vertraute, Heimelige plötzlich in sein Gegenteil umschlägt, was zu einem schockhaft erlebten Verlust von Geborgenheit führt. Der Text setzt das plötzliche Hervortreten des feindlichen Fremden, von dem zugleich Bedrohung und Faszination ausgehen, als Ereignis in Szene: Im Wohnzimmer der Familie, das dem Kind als Schlafzimmer dient, kommt unter der sich ablösenden Tapete das Untergründige zum Vorschein:

> „Ich stand neben Vater […] und schaute auf die schwarz gedruckten Firmenanzeigen, Bekanntmachungen und in Fraktur gesetzten Gauleiterverordnungen, und die scharf gebrochenen deutschen Lettern wucherten überall wie schwarzer Efeu. […] Hier hatte ich also viele Jahre völlig arglos geschlafen, während unter der teerosengelb gemusterten Tapete aus Königsberg […] Gauleiter Forster mit der Faust aufs Rednerpult schlug, […] der Panzerkreuzer Schleswig-Holstein […] majestätisch in den Hafen […] einlief und sich anschickte, eine Salve abzufeuern – dieselbe, die den größten Krieg der Geschichte einleiten sollte […].“[48]

Wie in einer poetologischen Urszene sind hier alle Elemente versammelt, die Chwins Verfahren kennzeichnen. Sein Essay etabliert einen kindlichen Blick auf die buchstäbliche Ebene der Signifikanten – eine Wahrnehmung, die sich in die Materialität der Zeichen verstrickt, sodass diese dem Betrachter zu wuchern beginnen.[49] Textuell wird diese „wilde Semiose“[50] durch die hermeneutische Anstrengung des Erzählers gebändigt, der die zeichenhafte Oberfläche zu durchstoßen und ihr (wie auch immer geartetes) Wesen zu ergründen sucht. Dies gilt für die Schriftzeichen ebenso wie für seine dingliche Umgebung. Verunsicherung der bisherigen Wahrnehmungsroutinen, die gerade von dem Übriggebliebenen und Residualen ausgeht, wird dabei als eine genuin ästhetische Erfahrung markiert.[51] Sie wirft zugleich die

48 Chwin, Stefan: Krótka historia pewnego żartu [Kurze Geschichte eines Scherzes]. Gdańsk 2009, S. 16–19, hier S. 18f.: „Stojąc […] obok Ojca, patrzyłem na czarne reklamy firm, na ogłoszenia, na drukowane gotykiem zarządzenia gauleiterów, a dokoła mnie ostre szwabskie litery pleniły się na ścianach jak czarny bluszcz. […] Więc spałem sobie tutaj w błogim spokoju przez tyle lat, a pod tą brązowawą tapetą w herbaciane pekińczyki z Królewca […] gauleiter Forster walił pięścią w dębową mównicę, […] pancernik *Schlezwig Holsztajn* […] majestatycznie wpływał do kanału portowego […] i szykował swoje armaty do salwy, którą miał rozpocząć największą wojnę w dziejach świata […]“.

49 So explizit ebd.

50 Aleida Assmann hält in Anlehnung an Umberto Eco das gegenseitige Ausschlussverhältnis von An- und Abwesendem als eine semiotische Grundregel fest. Ein Zeichen muss demnach „materiell verschwinden“, wenn es in seiner Bedeutung wahrgenommen werden soll. Umgekehrt muss der Blick „die (gegenwärtige) Materialität des Zeichens durchstoßen, um zur (abwesenden) Bedeutungsschicht gelangen zu können. Wer sich in die Materialität der Zeichen verstrickt, kann sie nicht verstehen […].“ Vgl. Assmann, Aleida: Die Sprache der Dinge. Der lange Blick und die wilde Semiose. In: Gumbrecht, Hans Ulrich; Pfeiffer, Karl Ludwig (Hg.): Materialität der Kommunikation. Frankfurt/M. 1988, S. 237–251, hier S. 238.

51 Vgl. Bagłajewski, O Hanemannie, tauromachii i trzech samobójstwach (wie Anm. 36), S. 116.

Frage auf, wie die noch in der Zerstörung faszinierende Schönheit des deutschen Danzig und die von Deutschen begangenen Verbrechen miteinander zu vermitteln seien. Die Erkundungen des eigenen biographischen Erfahrungsraumes setzen so eine interpretatorische Kippbewegung in Gang, die ihre Spannung aus der sinnlich erlebten Ambivalenz des ehemals Deutschen zieht. Der Erzähler spürt solche Ambivalenzen gezielt auf und treibt sie dann in die Aporie, um sie auf diese Weise ästhetisch produktiv zu machen. Sie werden nie gänzlich aufgelöst; vielmehr wird ein Überschuss an Materialität und Dinghaftigkeit suggeriert, der sich dem hermeneutischen Zugriff des Erzählers entzieht.

Die taktilen Genüsse der Berührung, die vielfältige Beziehungsgeflechte zwischen Mensch und Ding stiftet, und die Befremdung angesichts der fremden Gegenstände, denen Spuren eines hantierenden Gebrauchs anhaften, liegen bei Chwin auf irritierende Weise ganz nah beieinander. Fingerabdrücke, Papillarlinien, die der Erzähler überall zu sehen vermeint, erscheinen als körperliche Signaturen des Fremden, das sich (wenn auch nur imaginär) in dem vermeintlich Eigenen in seiner übermächtigen Präsenz zeigt.[52] Chwin schreibt den Dingen in ihrer materiell-stofflichen Beschaffenheit damit ein Moment des Unverfügbaren zu. In *Krótka historia pewnego żartu* ist es vor allem die Materialität der ‚bösen Buchstaben', an der diese Eigensinnigkeit vorgeführt wird. Deutsche Aufschriften in Frakturschrift (sie gilt hier als indexikalisches Zeichen für das Bedeutungsfeld ‚deutsch', das sich für den kindlichen Betrachter wesentlich durch Bilder des NS-Terrors konstituiert) werden [fortgewischt, weggeschrubbt, abgeschlagen, weggeschabt, ausgekratzt, ausradiert, verfolgt, ausgebrannt, mit frischer Farbe übermalt].[53] Ungeachtet aller darauf gerichteten Zerstörungsakte kommen sie immer wieder zum Vorschein, vor allem im Abseitigen, in den Hinterhöfen, und im Untergründigen – in der subterran-aquatischen Sphäre der Keller, Kanalisationsschächte, Regen- und Abwasserkanäle.[54] Die

52 Vgl. insbesondere Kapitel *Dotyk* [Berührung] in: Chwin, Krótka historia pewnego żartu (wie Anm. 48), S. 123–136, bes. S. 129. In Worcells *Wotan odjedzie pociągiem* beginnen mit der erzwungenen Abreise der deutschen Hausbesitzer Erkundungsstreifzüge ins Innere des Hauses – immer tiefer, in der Hoffnung, zu einer Schicht vorzustoßen, wo keinerlei Spuren eines handgreiflichen Gebrauchs durch die Hattwigs mehr zu finden seien. Vgl. Zborowska, Życie rzeczy (wie Anm. 5), S. 193f. Zum epistemologischen Potenzial der Spur vgl. u. a. Kogge, Werner: Spurenlesen als epistemologischer Grundbegriff. In: Krämer, Sybille; Kogge, Werner; Grube, Gernot (Hg.): Spur. Spurenlesen als Orientierungstechnik und Wissenskunst. Frankfurt/M. 2007, S. 182–221.

53 Chwin, Krótka historia pewnego żartu (wie Anm. 48), S. 52. „Wszystko to zmazywano ryżową szczotką, szorowano ścierką, skuwano, wydrapywano druciakiem, wyskrobywano nożem, ścierano, tępiono, wypalano, zamalowywano nową farbą". Aus der Forschungsliteratur vgl. exemplarisch Grębowiec, Jacek: Inschriften im öffentlichen Raum in Wrocław/Breslau. Münster 2014.

54 Vor diesem Hintergrund können Projekte wie *Spod tynku patrzy Breslau* [Unter dem Putz lugt Breslau hervor] (in seinem Rahmen wurden in Breslau neuerdings über 200 deutsche Inschriften erfasst und in Form eines auch online zugänglichen Stadtplans zusammengestellt) durchaus als ein Versuch interpretiert werden, das subversive Potenzial des ehemals Deutschen durch Inventarisierung zu bändigen. Das große Interesse für die Relikte aus deutscher Zeit (gerade im touristischen Kontext)

‚bösen Buchstaben' figurieren hier somit als Medium und Metapher eines Gedächtnisses, das zwar von der manifesten Oberfläche gleichsam exorziert werden kann, in der Dimension der Tiefe aber im Zustand der Latenz überdauert, um sich in gelegentlichen Eruptionen (bei Rohrbrüchen etwa) bemerkbar zu machen. Chwin inszeniert damit die Störung als den Modus, in dem etwas, was dem Blick – und damit der Erinnerung – entzogen werden sollte, in seiner widerständigen Materialität hervortritt.[55]

5. Gespenstische Heimsuchung

In Literatur und Folklore hat sich als Manifestation einer solchen Rückkehr aus der Latenz das Gespenst bzw. der Wiedergänger etabliert, der die Lebenden heimsucht, um Forderungen zu stellen.[56] In den Erzähltexten der polnischen (Gegenwarts-) Literatur, die das ehemals Deutsche verhandeln, verdichtet sich das Verschwiegene und Verdrängte allerdings nur selten zu veritablen Gespensterfiguren. Die Brutalität der polnischen Landnahme 1945 und der spezifisch koloniale Charakter der Diskurse, die sie legitimieren sollten, werden hier teilweise noch mit Imaginationen eines gesetzlosen, vielfach menschenleeren ‚Wilden Westens' kaschiert.[57] Figurationen, Metaphern und Praktiken des Gespenstischen finden sich dagegen zahlreich in der literarischen und künstlerischen Auseinandersetzung mit der Shoah und der polnischen „Zeugenschaft in extremis".[58] Dabei geht es immer auch um den prekären Status des vormals jüdischen Besitzes, für den es im Polnischen ebenfalls ein eigenes Wort gibt: pożydowskie [das ehemals Jüdische].[59]

zeugt allerdings eher davon, dass die daran geknüpfte affektive Dynamik zunehmend nachlässt bzw. transformiert wird. Zum Projekt vgl. URL: https://www.facebook.com/spodtynkupatrzybreslau/ (15.04.2023).

55 Zum Verhältnis von Schrift und Spur vgl. Assmann, Erinnerungsräume (wie Anm. 16), S. 209–213.

56 Vgl. Assmann, Aleida; Jeftic, Karolina; Wappler, Friederike: Einleitung. In: Dies. (Hg.): Rendezvous mit dem Realen. Die Spur des Traumas in den Künsten. Bielefeld 2014, S. 9–23, hier S. 13.

57 Vgl. Chwin, Die Bewertung des erzwungenen Bevölkerungstransfers 1939–1950 (wie Anm. 42), S. 76; Zborowska, Życie rzeczy (wie Anm. 5), S. 148f.

58 Steinlauf, Michael C.: Polen und die Erinnerung an den Holocaust. In: Kirche und Israel 1 (1999), S. 20–31, hier S. 20.

59 Zu den (mit Jacques Derrida gesprochen) ‚hauntologischen' Strategien und Praktiken in polnischer Kunst und Literatur über die Shoah vgl. u. a. Molisak, Alina: Schreiben im Auftrag der Toten. Mediumistische Erzählstrategien in der polnischen Literatur. In: Dies.; Marszałek, Magdalena (Hg.): Nach dem Vergessen. Rekurse auf den Holocaust in Ostmitteleuropa nach 1989. Berlin 2010, S. 181–196; Borowicz, Jan: Holocaust Zombies: Mourning and Memory in Polish Contemporary Culture. In: Popescu, Diana I.; Schult, Tanja (Hg.): Revisiting Holocaust: Representation in the Post-Witness Era. Houndmills, New York 2015, S. 132–148; Waligórska, Magdalena: Healing by Haunting: Jewish Ghosts in Contemporary Polish Literature. In: Prooftexts. A Journal of Jewish Literary History 34/2 (2014), S. 207–231; Braun, Micha: Echo/Ghost. Praktiken gespenstischer

Wohl aber entspricht das in der Topologie des ehemals Deutschen angelegte Spannungsverhältnis von Präsenz und Absenz der Bedeutungskonfiguration des Gespenstischen, wie sie in den gegenwärtigen Konzepten eines *cultural haunting* entworfen wird. Sie manifestiert sich als die paradoxe Anwesenheit eines Abwesenden und wird so mit den transgenerationellen Strukturen traumatischen Erlebens verknüpft. Als Abwesendes kann dabei das kulturell Verdrängte oder eine gewaltsam abgebrochene Tradition figurieren.[60] In Polen geht es nicht zuletzt um die ethnisch-kulturelle Heterogenität, die im Zweiten Weltkrieg unwiederbringlich zerstört worden ist. Sie wird neuerdings als die spektrale Dimension der polnischen Identitätsdiskurse der Gegenwart konzeptualisiert – spektral in der Doppelbedeutung von ‚gespenstisch' und ‚prismatisch'.[61] Mit dem verstärkten Forschungsinteresse an der Persistenz früherer, zumeist politischer Grenzen und territorialer Gliederungen in den heutigen geographischen Räumen im östlichen Europa rücken nun spektrale Metaphern auch in den Diskurs über das *Poniemieckie* ein. So in der Beschäftigung mit Phantomgrenzen, deren Fortwirken sich in Architektur, in städtischen und dörflichen Siedlungsstrukturen, aber auch in Statistiken, Karten zum Wahlverhalten und anderen sozialen Praktiken manifestiert.[62]

Für die Konstruktion phantomhafter bzw. phantasmatischer Räume in der Literatur hingegen liefert die Zeitschrift *Borussia* (1991–2017) aus Olsztyn (Allenstein) zahlreiche Belege.[63] Besonders aufschlussreich hierfür ist ein der „Metaphysik des Ortes" gewidmetes Sonderheft aus dem Jahr 1997.[64] Er versammelt die biographisch-poetologischen Selbstauskünfte von Schriftsteller*innen, die auf fiktionale oder essayistische Weise ihre Erfahrung mit dem ehemals Deutschen explorieren. In seinem Vorwort spricht der 1952 in Barczewo (Wartenburg) geborene Kazimierz

---

Erinnerung bei polnischen Künstlern nach 1989. In: Aggermann, Lorenz; Fischer, Ralph; Holling, Eva; Schulte, Philipp; Siegmund, Gerald (Hg.): „Lernen, mit den Gespenstern zu leben." Das Gespenstische als Figur, Metapher und Wahrnehmungsdispositiv in Theorie und Ästhetik. Berlin 2015, S. 185–204.

60 Vgl. Brogan, Kathleen: Cultural Haunting: Ghosts and Ethnicity in Recent American Literature. Charlottesville 1998.

61 So explizit Kołodziejczyk, Dorota: Postkolonialny transfer na Europę Środkowo-Wschodnią [Transfer postkolonialer Theorien nach Mittel- und Osteuropa]. In: Teksty Drugie 5 (2010), S. 22–39, hier S. 37; ähnlich Saryusz-Wolska, Magdalena: Spotkania czasu z miejscem. Studia o pamięci i miastach [Begegnungen zwischen Zeit und Ort. Studien zu Gedächtnis und Städten]. Warszawa 2011, S. 287.

62 Zur theoretischen Grundlegung des Konzepts vgl. Grandits, Hannes; Hirschhausen, Béatrice von; Kraft, Claudia; Müller, Dietmar; Serrier, Thomas: Phantomgrenzen im östlichen Europa. Eine wissenschaftliche Positionierung. In: Dies. (Hg.): Phantomgrenzen. Räume und Akteure in der Zeit neu denken. Göttingen 2015 (Phantomgrenzen im östlichen Europa 1), S. 13–56, hier S. 18f.

63 Hierzu u. a. Orłowski, Hubert: „Atlantis des Nordens" oder vom Gesamtkunstwerk Borussia. Kulturregionale Aktivitäten im polnischen Ostpreußen. In: Gössmann, Wilhelm; Roth, Klaus-Hinrich (Hg.): Literarisches Schreiben aus regionaler Erfahrung. Paderborn 1996, S. 348–362.

64 Vgl. Brakoniecki, Metafizyka miejsca (wie Anm. 45).

Brakoniecki, bis 1997 Chefredakteur der Zeitschrift, von seiner Generation als der ersten, die [im täglichen Umgang mit den einst deutschen Dingen, Bauten und Landschaften (…) ihr eigenes Atlantis des Nordens entdeckt hat – jenseits aller ideologischen und nationalen Vereinnahmung]:[65]

> „Dies wurde möglich, weil wir hier nicht mehr fremd waren, weil die Dinge ihre Fremdheit verloren hatten, weil unser polnisches Leben in diese Landschaft, in die Gebäude eingegangen war und sich naturgemäß, wenn auch spät, das Bedürfnis einstellte, kulturelle Vielfalt als einen unverzichtbaren Bestandteil der europäischen Zivilisation anzunehmen."[66]

Ähnliches gibt Olga Tokarczuk zu Protokoll: Klingt in den Erzählungen der Älteren noch immer die Befremdung nach, mit der die Neuankömmlinge die verlassenen Häuser der Deutschen mit den noch frischen Spuren eines überstürzten Aufbruchs betreten haben mochten, würden die späteren Generationen – so die Schriftstellerin – dieses Fremde bereits als ihr Eigenes betrachten.[67]

In demselben Sonderheft der Zeitschrift finden sich aber Belege dafür, dass die Fremdheit des ehemals Deutschen auch in Texten der Jüngeren nachwirkt. Genauer gesagt: Sie wird darin als ein das Eigene von innen her aufstörendes Fremdes inszeniert. So spricht der im niederschlesischen Świdnica (Schweidnitz) aufgewachsene Lyriker und Dramaturg Antoni Matuszkiewicz, geboren 1945 in Lemberg (L'viv, Lwów), in explizit spektraler Metaphorik vom [imaginären Leuchten der in den einzelnen Gegenständen inkorporierten Welt].[68] Es ist dieses narrativ vermittelte ‚Haften' eines aus seinen zersprengten Relikten rekonstruierten Lebenszusammenhangs, das den Dingen in der Prosa der Neunzigerjahre einen auratischen Schimmer verleiht – und zugleich für Effekte des Unheimlichen sorgt.[69]

---

65 Ders.: Od Redaktora [Vorwort des Herausgebers]. In: Ebd., S. 5. „To my jako pierwsza generacja – […] obcując z poniemieckimi rzeczami, budowlami, pejzażami […] – odkryliśmy własną Atlantydę Północy poza jakimikolwiek uroszczeniami ideologicznymi i narodowymi".

66 Ebd. „A to dlatego, że już nie byliśmy tu obcy, że rzeczy przestały być obce, bo wsiąkło w krajobraz, w zabytki nasze polskie życie i pojawiła się naturalna, choć spóźniona, potrzeba zaakceptowania wielokulturowości jako niezbędnego składnika cywilizacji europejskiej".

67 Vgl. Tokarczuk, Dwanaście obrazków (wie Anm. 45), S. 27.

68 Matuszkiewicz, Antoni: Historia naturalna [Naturgeschichte]. In: Borussia 14 (1997), S. 41–46, hier S. 44. Polnisches Original: „Lśnienie imaginacyjne zrośniętego z daną rzeczą świata". Die archäologische Spurensuche der Schriftsteller*innen setzt an, wo die Dinge sich ansammeln, nachdem sie funktionslos geworden, abgenutzt, zerstört oder weggeworfen worden sind, nämlich auf der Müllhalde. Diese kann mit Aleida Assmann als ein inverses Bild des Archivs gelesen werden und ist damit ein weiteres Bild für das Latenzgedächtnis. Vgl. Assmann, Erinnerungsräume (wie Anm. 16), S. 22. Zu den eigensinnigen bzw. eigensinnlichen ästhetischen Dynamiken des Übrigen vgl. Lewe, Christiane; Othold, Tim; Oxen, Nicolas (Hg.): Müll. Interdisziplinäre Perspektiven auf das Übrig-Gebliebene. Bielefeld 2016.

69 Das für Benjamins Aura-Begriff konstitutive Spannungsverhältnis von sinnlicher Präsenz einerseits und historischer Distanz bzw. (alltags-)kultureller Fremdheit andererseits wird durch diese imaginäre Aneignung teilweise wieder aufgelöst.

Im Modus des Unheimlichen artikuliert sich in den Texten der Nachgeborenen aber auch ein diffuses Unbehagen, das in der gewaltsamen Verdrängung der deutschen Bevölkerung gründet. Karol Maliszewski etwa, geboren 1960 in Nowa Ruda (Neurode), notiert in sein autofiktionales *Dziennik pozorny* [Schein-Tagebuch] (1997):

> „Ich sitze auf einem deutschen Stuhl, der nicht mir gehört und dessen Geschichte ich nicht kenne, weil niemand sie mir erzählen konnte, in der Wohnung, die einst dem Apotheker Joachim Jacobs gehörte, und erwarte jederzeit, dass der Mann aus dem Mainzer Schrank hier steigt und [...] mich anfährt: „Hau ab, du hergelaufener Lump!“[70]

Das Zitat bringt zur Sprache, was Jean Améry in den Rang einer anthropologischen Universalie erhebt: „Wir sind [...] darauf gestellt, in Dingen zu leben, die uns Geschichten erzählen. Wir brauchen ein Haus, von dem wir wissen, wer es vor uns bewohnt hat, ein Möbelstück, in dessen kleinen Unregelmäßigkeiten wir den Handwerker erkennen, der daran arbeitete.“[71] Bei Maliszewski generieren gerade diese präsentischen Spuren unheimliche Effekte. Das Abwesende wird im Modus der gespenstischen Heimsuchung vergegenwärtigt:

> „Jemand geht mir nach. Im leeren Zimmer spüre ich eine Anwesenheit. Auch die Küche [...] ist voller Gegenwart, eingesessen, obwohl hier niemand sitzt – oder steht, oder einfach da ist. Diese zudringliche Präsenz nimmt mir die Luft zum Atmen, ich ersticke an der Intensität fremden Seins. [...] Die Deutschen kehren in Gedanken heim, die Wände werden davon warm.“[72]

In der Figur des Gespenstes greifen, um mit dem Philosophen Dieter Thomä zu sprechen, das „Unheimliche, Unbehauste und das Heimliche, Häusliche“ ineinander – es „ist nicht nur ortlos, sondern auch sesshaft“ (oder will es zumindest sein – die Heimsuchung ist dann als eine Suche nach dem Heim lesbar), „ein Einheimischer

---

70 Auszug: Maliszewski, Karol: Wyprawa do miasteczka. Notatnik sudecki [Ein Stadtausflug. Sudeten-Notizbuch]. In: Borussia 14 (1997), S. 31–40, hier S. 31. „A piszę to siedząc na cudzej własności, poniemieckim krześle – którego historii nie znam, bo nie miał mi kto opowiedzieć – w mieszkaniu po aptekarzu Joachimie Jacobsie, który w każdej chwili może wyjść z tej oto moguncktej szafy, by [...] powiedzieć w sudeckim dialekcie: – ‚Spierdalaj przybłędo!‘“

71 Améry, Jean: Wieviel Heimat braucht der Mensch? (1966). In: Ders.: Jenseits von Schuld und Sühne. Bewältigungsversuche eines Überwältigten. 2. Aufl. Stuttgart 1977, S. 74–101, hier S. 96. Auch für Tokarczuk manifestiert sich die Vertrautheit mit den Dingen, ihre über den materiellen Besitz hinausgehende Zugehörigkeit zu den Menschen (und umgekehrt) in den Spuren, wie sie der alltägliche Umgang mit ihnen hinterlässt. Vgl. Tokarczuk, Dwanaście obrazków (wie Anm. 45), S. 27f.

72 Maliszewski, Wyprawa do miasteczka (wie Anm. 70), S. 38. „Ktoś chodzi za mną. Odczuwam obecność w pustym pokoju. Kuchnia, do której wchodzę, też uobecniona, zasiedziała, chociaż nikt nie siedzi, nie stoi, nie jest. Duszę się od natarczywej obecności, od szczególnego nasilenia cudzego bycia. [...] Ściany ciepłe od powracających tu w myślach Niemców“.

und ein Fremder zugleich".[73] Maliszewski setzt ein dingliches Relikt aus deutscher Zeit – es ist ein Spiegel – als ein Reflexionsmedium ein, das diese phantasmatische Präsenz akkumuliert und zeitversetzt re-präsentiert.[74] Das Blickszenario, das er entwirft – erhaschend, inspizierend – wirkt unheimlich. Unschwer ist darin eine Reminiszenz an die animistische Vorstellung zu erkennen, dass Spiegel die Blicke der Menschen nicht nur reflektieren, sondern auch imstande sind, sie einzufangen. Die Spannungen und Inkongruenzen in den asymmetrischen, körperlos-körperhaften Blickrelationen, die der Text exponiert, verweisen in paradoxer Weise auf den leiblich und affektiv erfahrbaren Überschuss einer (vorgestellten) Realpräsenz, die sich als unkontrollierbar zeigt.[75] Das Affektpotenzial, das hier mobilisiert wird, führt somit nicht zu einer imaginären Identifikation, die sich des Abwesenden bemächtigt; es zielt vielmehr auf das Moment von Unverfügbarkeit, das diesem inhärent ist. Zugleich wird deutlich, dass es die Projektionen und Imaginationsleistungen des Betrachters sind, die den unheimlichen Blick aus dem Spiegel überhaupt erst hervorbringen. Der Spiegel wird auf diese Weise zum Medium eines reflektierenden Selbstbezugs, der wesentlich über Fremdbezug konstituiert ist. Die Beunruhigung durch das Fremde wird dadurch nicht gänzlich aufgehoben – es bleibt ein widerspenstiger Rest zurück, der nicht assimiliert werden kann.[76]

6. Schlussbemerkung

Von der Popularität solcher Figuren des Unheimlichen in polnischen Erinnerungsdiskursen der Gegenwart wie auch in der Literatur, die sich mit der komplexen Nachgeschichte der polnischen Westverschiebung auseinandersetzt, zeugt nicht zuletzt, dass sie neuerdings auch von deutschsprachigen Autor*innen aufgegriffen werden, so etwa in Ulrike Draesners Roman *Sieben Sprünge vom Rand der Welt* (2014). In der Erzählung Halkas, einer polnischen ‚Repatriierten', die über ihre erste Zeit im nun polnischen Wrocław (Breslau) berichtet, heißt es:

73 Thomä, Dieter: Ein Gespenst geht um. Über Heimat und Heimatlosigkeit. In: Deutsche Zeitschrift für Philosophie 55/2 (2007), S. 303–307, hier S. 304.

74 Vgl. Maliszewski, Wyprawa do miasteczka (wie Anm. 70), S. 37.

75 Vgl. hierfür Derrida, Jacques: Marx' Gespenster. Der Staat der Schuld, die Trauerarbeit und die Neue Internationale. Aus dem Französischen von Susanne Lüdemann. Frankfurt/M. 2004, S. 23. „Dieser gespenstische jemand anders erblickt uns, und wir fühlen uns von ihm erblickt, außerhalb jeder Synchronie, vor jedem Blick von unserer Seite und jenseits davon, gemäß einer absoluten Dissymmetrie und Vorzeitigkeit (die von der Ordnung der Generation, mehr als einer Generation, sein kann), gemäß einem absolut unbeherrschbaren Mißverhältnis."

76 Auch nachdem der Spiegel, wie andere Gegenstände aus deutscher Zeit, aus dem Haushalt verschwunden ist, bleibt eine kleine Kommode als „Stachel des Fremden" (vgl. Waldenfels, Bernhard: Der Stachel des Fremden. Frankfurt/M. 1990) übrig. Vgl. Maliszewski, Wyprawa do miasteczka (wie Anm. 70), S. 40.

> „Wir aßen vom blauen Schuppen- und Rankengeschirr der Schönfließers, lagen in Schönfließers weißen Leinen mit den blauen Monogrammen, umrankt von Schönfließers Träumen von einem schönen Schönfließer-Leben und der Form, die sie sich für dieses Leben ausgedacht hatten. [...] Die Taschentücher der Schönfließers lagen sauber gestapelt in unserer Kommode, die die Kommode der Schönfließers gewesen war. [...] Scharf und kalt schlossen die deutschen Wände uns ein und strahlten, Mutter hatte Recht, etwas Feindseliges auf.“[77]

Das hier wie in der Erzählung ihres Sohnes Boris vielfach mit Bildern aus Adam Zagajewskis Essay *Dwa miasta* [Zwei Städte] versprachlichte Fremdheitsgefühl wird als Erfahrung eines Unheimlichen in Szene gesetzt – und zugleich mit psychoanalytischem Instrumentarium interpretiert:

> „[S]ie [die Mutter] [...] erzählte mir, die Möbel der Schönfließers stünden zwar jede Nacht reglos auf den Dielen und Parketthölzern, doch stöhnten sie. Sie höre es genau, sie bete und höre es, sie liege wach und fürchte sich, wir gälten hier als überzählig und fremd, es könne auch nicht Recht sein, der ‚Ersatz‘, in dem wir lebten, sei nicht unschuldig, wir hätten Deutsche hier bei uns hocken, als hätten wir sie adoptiert, sie bete auch für sie, etwas, was sie nicht fassen könne, nicht erklären, was sie nicht wolle, tue ihr leid [...]. ‚Karl, Mariella und Annegret.‘“[78]

Die Art und Weise, wie die nach 1945 geborenen Autor*innen ihre Herkunft aus den einst deutschen Gebieten im Norden und Westen des Landes reflektieren, verweist über das Motiv des Unheimlichen auf Residuen von Fremdheit, anders formuliert – auf Einschreibungen der Alterität in das, was man als das Eigene begreift. Das souveräne Spiel mit der Ästhetik und der Affektökonomie des Unheimlichen, wie es etwa Karol Maliszewski in seinem Roman *Manekiny* [*Schneiderpuppen*] (2012) oder Joanna Bator in *Ciemno, prawie noc* (2012, dt. *Dunkel, fast Nacht*, 2016) treiben, weist allerdings zum Teil bereits über diese Perspektive hinaus. Figuren des Gespenstischen bringen hier zwar immer auch die unverarbeiteten Aspekte der Vergangenheit zur Sprache. Ihr textuelles Erscheinen aber ist primär fiktionsinternen Zwecken unterworfen und wird in dieser Funktion kenntlich gemacht.[79] Bei Bator

---

77 Draesner, Ulrike: Sieben Sprünge vom Rand der Welt. München 2014, S. 465f.

78 Ebd., S. 465.

79 Karol Maliszewski etwa greift in seinem autofiktionalen Roman auf schaurige Elemente zurück, um ein prägnantes Kindheitserlebnis mythopoetisch zu verdichten. Das familiäre Desaster des Ich-Erzählers beginnt hier mit einer seismischen Erschütterung, die Risse im scheinbar fest Gefügten kenntlich macht: Unter dem ehemals deutschen, nun einsturzgefährdeten Mietshaus finden sich, offenbar im Zustand eines transitorischen Dazwischen erstarrt, Tote: „Trzęsienie ziemi wywlokło złe moce tkwiące w ojcu i tych ścianach. [...] Wszędzie rozkładali się Niemcy, walały się ich rzeczy i tajemnice. Coś, co było przed nami, ukryto dla łatwiejszego, lżejszego życia, ale przez przypadek wypełzło i na kilka tygodni zasłoniło słońce“. [Das Erdbeben hatte Böses zum Vorschein gebracht, das in meinem Vater und in den Wänden steckte. (...) Überall verwesten Deutsche, überall lagen ihre Habseligkeiten und Geheimnisse verstreut. Etwas, was vor uns da war, wurde unserem Blick

präsentieren sich die zu schauerliterarischen Versatzstücken degradierten Geister deutscher Vorbesitzer als vollends domestiziert. Die Erwartung der Erzählerin – einer Journalistin aus Warschau, die in ihrer Heimatstadt Wałbrzych für eine Reportage recherchiert –, die Vorgänger könnten sich aus Zigarettenrauch materialisieren, die polnischen Hausbewohner „feindselig anstarren und befehlen, schleunigst den scheußlichen Linoleumbelag [...] einzurollen und mitzunehmen, bevor sie Raus! brüllen würden", stiftet, über die gemeinsame ästhetische Aversion vermittelt, eher Komplizenschaft mit den Abwesenden, als dass sie ein Unbehagen artikuliert.[80]

Für Kuszyk ist die Keramikschüssel, die ihr zu ihrem Epiphanie ähnlichen Erlebnis verholfen hat, durch jahrelangen Gebrauch gleichsam unsichtbar geworden – keinerlei Beunruhigung, nichts Verstörendes geht von dem Gegenstand aus; in der Routine der täglichen Nutzung wird selbst das Hakenkreuz übersehen.[81] Andererseits kann die Kette der Indizien, dass das ehemals Deutsche (wie gebrochen auch immer) weiterhin das Potenzial hat, ein Nachdenken über die Beheimatung, über das Zu-Hause-Sein, das ‚Wohnen' im Sinne Vilém Flussers in Gang zu setzen, über Kuszyks viel beachtete Reportage hinaus verlängert werden. Verwiesen sei etwa auf den Text-Bildband über das heutige Schlesien *Nieswojość*, mit Beiträgen von Tokarczuk, Maliszewski, Ziemowit Szczerek und anderen, der ebenfalls 2019 im Breslauer Verlag Warstwy erschien[82] – der Titel ist am ehesten als ‚Un-Heimlich' (in der Bedeutung des Nicht-Heimischen, Unbehaglichen) zu übersetzen. Es geht hier nicht zuletzt um die Frage, wie viel ‚Fremdes' (ehemals Deutsches) in das ‚Eigene' integriert werden kann, auch darum, in welcher Weise dieses ‚Fremde' das ‚Eigene' verändert – und wann es schließlich aufhört, ehemals deutsch und damit fremd zu sein.[83]

---

entzogen, um das Leben leichter, erträglicher zu machen. Durch Zufall kam es wieder ans Licht und verdeckte für einige Wochen die Sonne.] Das morbide Phantasma der zerfallenden Leichen ist hier Teil der negativen Initiation des Erzählers, der durch den Umzug gleichsam heimatlos wird; es legt zugleich das Konstruktionsprinzip des Romans offen, der seine eigenen Sinnofferten stets desavouiert. Vgl. Maliszewski, Karol: Manekiny [Schneiderpuppen]. Kraków 2012, S. 30–47, hier S. 45.

80 Bator, Joanna: Dunkel, fast Nacht. Aus dem Polnischen übersetzt von Lisa Palmes. Berlin 2016, S. 101. Polnisches Original: „Tylko patrzeć, jak z ektoplazmy zmaterializują się duchy tego mieszkania, popatrzą na nas, każą zwinąć odrażające linoleum [...] i wrzasną: *raus!*" Dies.: Ciemno, prawie noc. Warszawa 2013, S. 107.

81 Kritisch Ćwiek-Rogalska, Karolina: Powierzchowna poniemieckość. O reportażu Karoliny Kuszyk [Oberflächliches ehemaliges Deutschtum. Über eine Reportage von Karolina Kuszyk]. In: Kultura Liberalna. 04.02.2020. URL: https://kulturaliberalna.pl/2020/02/04/ziemie-odzyskane-raportaz-karoliny-kuszyk/ (12.06.2021).

82 Vgl. Przybyłko, Marcin; Pankiewicz, Agata (Hg.): Nieswojość [Das Un-Heimliche]. Wrocław 2019.

83 Vgl. Traba, Robert: Historia – przestrzeń dialogu [Geschichte – Raum des Dialogs]. Warszawa 2006, S. 142; Kalin, Arkadiusz: Terenowe ćwiczenia z semantyki historycznej [Feldforschung in historischer Semantik]. In: Czas Kultury. 29.01.2020. URL: https://czaskultury.pl/czytanki/terenowe-cwiczenia-z-semantyki-historycznej/ (12.06.2021).

Hans-Christian Trepte

Auf der Suche nach der (verlorenen) Mitte. Literarische Spurensuche im östlichen Europa

1. Die hinterfragte Existenz von Mittel- bzw. Zentraleuropa

„Does Central Europe exist?"[1] Diese Frage stellte der britische Historiker und Publizist Timothy Garton Ash in einem 1986 in der New York Times veröffentlichten Artikel, war doch mit der Unterzeichnung des Hitler-Stalin-Paktes im August des Jahres 1939 diese Region nicht nur von der Landkarte, sondern auch aus dem politischen Bewusstsein weitgehend verschwunden. 1990 zog Ash zwar die Existenz Mitteleuropas nicht mehr in Zweifel, fragte jedoch, wo es sich denn befinde.[2] In seinem jüngsten Buch *Europa: eine persönliche Geschichte* erinnert sich der leidenschaftliche britische Europäer aus einer Teilnehmerperspektive an all jene Ereignisse, die in seinem Leben eng mit (Kontinental-) Europa verbunden sind, so u. a. an seine intensiven Gespräche mit Václav Havel und Michail Gorbatschow, seine Berichte über die Solidarność-Bewegung, die ostdeutsche ‚Wende' und die Eurokrise. So entsteht eine scharfsinnige und eindringliche Analyse der neueren Geschichte Europas als einem ‚freiheitlichen Ort'.[3] Im Unterschied zum 1915 erschienenen Buch *Mitteleuropa*[4] des evangelischen Theologen und liberalen Reichstagsabgeordneten Friedrich Naumann, der für eine Neuordnung Europas zwischen Ostsee und Adria, zwischen Baltikum und Balkan unter deutscher und österreichischer Führung plädierte, sprachen sich der tschechoslowakische Präsident Tomáš Garigue Masaryk und der polnische Politiker und Staatsmann Józef Piłsudski für eine Umdeutung eines von deutscher und russischer Herrschaft freien, eigenständigen Mitteleuropas aus. Allerdings wurde dieses „Zwischeneuropa"[5] schon bald zum Opfer totalitärer Machtansprüche Hitler-

1 Garton Ash, Timothy: Does Central Europe exist? In: The New York Review. 09.10.1986. URL: https://www.nybooks.com/articles/1986/10/09/does-central-europe-exist/ (26.04.2021).

2 Vgl. Garton Ash, Timothy: Ein Jahrhundert wird abgewählt. Aus dem Englischen von Yvonne Badal. München-Wien 1990, S. 188.

3 Vgl. Garton Ash, Timothy: Europa. Eine persönliche Geschichte. Aus dem Englischen von Andreas Wirthensohn. München 2023.

4 Naumann, Friedrich: Mitteleuropa. Berlin 1915.

5 Schwarz, Karl-Peter: In Zwischeneuropa. 25 Jahre nach dem Kalten Krieg. In: Frankfurter Allgemeine Zeitung. 23.12.2014. URL: https://www.faz.net/aktuell/politik/ausland/europa/25-jahre-nach-dem-kalten-krieg-in-zwischeneuropa-13337790.html (26.04.2021). Vgl. dazu auch Döpfner, Mathias; Kissinger, Henry: Es gibt keine einzigartige europäische Vision. In: Die Welt. 25.04.

Deutschlands und Stalins Sowjetunion. Erst 25 Jahre nach dem Kalten Krieg erlebt die Mitteleuropa-Debatte eine Wiedergeburt.[6] Die Debatte ist u. a. verbunden mit der Suche nach der Mitte Europas, die nicht nur rein geographisch zu sehen, sondern vielmehr eng mit Fragen der Kultur, Literatur und Identität verknüpft ist und seit Jalta immer wieder neu gestellt wird. Wo verlaufen die Grenzen dieser Region, was passiert mit ihren Grenzländern, den Rändern, der Peripherie, dem geteilten Erbe, den Traditionen und Erinnerungen wie auch den verlassenen Erinnerungsorten? Während zur Zeit der Habsburger Monarchie der von Landmessern geographisch bestimmte Mittelpunkt in dem kleinen ukrainischen Ort Rachiv in den Karpaten liegen sollte, wird heute der „tatsächliche geografische Mittelpunkt Europas weiter im Norden, in Litauen, in der Nähe Wilnas“[7] angegeben. Wichtig scheint in diesem Zusammenhang die von Karl Schlögel getroffene programmatische Feststellung, dass in einem Europa des Übergangs „die Mitte ostwärts“[8] liegt. Dieses „zwischen Russen und Deutschen“ eingezwängte Mitteleuropa charakterisiert der ukrainische Schriftsteller Juri Andruchowytsch wie folgt:

> „Zwischen Russen und Deutschen eingezwängt zu sein ist die historische Bestimmung Mitteleuropas. Die mitteleuropäische Angst schwankt historisch zwischen zweierlei Sorge hin und her: die Deutschen kommen, die Russen kommen. Der mitteleuropäische Tod im Lager oder im Gefängnis, ein kollektiver Tod.“[9]

Im österreichischen Kontext spielt wiederum der Begriff ‚Zentraleuropa‘ eine besondere Rolle. So analysiert der Historiker und Kulturwissenschaftler Moritz Csáky das ‚kulturelle Gedächtnis Zentraleuropas‘ in erster Linie in der Tradition Österreich-Ungarns und verweist auf daraus resultierende kulturelle und literarische Projektionen.[10] In diesem Sinne ist Zentraleuropa für Csáky ein Kulturraum mit spezifischen kulturellen Codes, Verhaltensweisen, Werten sowie einer kreativen Denkweise. Demnach stellt die zentrale europäische Region ein „besonders geeignetes und vorbildliches Paradigma für andere, durchaus vergleichbare europäische und außereuropäische kulturell komplexe Regionen“[11] dar. Die in diesem „hybriden Kommunikationsraum“[12]

2021. URL: https://www.welt.de/politik/ausland/plus230637421/Henry-Kissinger-Es-gibt-keine-einzigartig-europaeische-Vision.html (15.03.2022).

6 Vgl. Schwarz, In Zwischeneuropa (wie Anm. 5).

7 Ebd., S. 43.

8 Vgl. Schlögel, Karl: Die Mitte liegt ostwärts. Europa im Übergang. Berlin 2008.

9 Andruchowytsch, Juri: Mittelöstliches Memento. In: Ders.; Stasiuk, Andrzej: Mein Europa. Aus dem Ukrainischen von Sofia Onufriv und aus dem Polnischen von Martin Pollack. Frankfurt/M. 2004, S. 5–74, hier S. 43.

10 Vgl. Csáky, Moritz: Das Gedächtnis Zentraleuropas. Kulturelle und literarische Projektionen auf eine Region. Wien 2019.

11 Ebd., S. 320.

12 Vgl. Mitterbauer, Helga; Balogh, András F. (Hg.): Zentraleuropa. Ein hybrider Kommunikationsraum. Wien 2006.

entstehenden literarischen Texte sind häufig zwischen Realismus, Verklärung, Melancholie, Ironie und Groteske angesiedelt. In Anlehnung an Csákys Auffassungen von ‚Zentraleuropa' könnte somit von einer spezifisch deutschen und einer spezifisch österreichischen Variante des Europadiskurses gesprochen werden. Dementsprechend sieht auch der Historiker Philipp Ther in Zentraleuropa ein diskussionswürdiges Konzept, das Kommunikation und Interaktion zwischen sehr verschiedenen kulturellen Räumen bzw. Regionen ermöglicht. So untersucht Ther u. a., wie in sich überschneidenden Kulturräumen Kulturtransfer, Multiethnizität und Multikulturelles ebenso wie „cultural encounters, Austauschprozesse, Akkulturation, aber auch Krisen und Konflikte"[13] verlaufen oder geprägt werden.

Geht man eher einem literaturwissenschaftlichen Ansatz nach und bezieht beide genannten Termini auf das literarische Erzählen und bestimmte Orientierungszeichen einer mittel- bzw. zentraleuropäischen Literatur, dann umfasst Zentraleuropa ausdrücklich auch die einst zu Österreich-Ungarn gehörenden Länder, Regionen und Metropolen Südosteuropas. In diesem Sinne gibt es scheinbar kein anderes „Staatsgebilde, das in seinen Strukturen und Problemen der heutigen EU so ähnelt wie das Habsburgerreich".[14] Und wer die Mitte Europas sucht, der muss zwangsläufig auch über deren ‚Ränder' sprechen.[15] In diesem Kontext sieht sich z. B. die heute zu Italien gehörende Stadt Triest (Trieste) als ein Ort des „Zusammentreffens von Kulturen, Sprachen, Ethnien und Religionen", als *città mitteleuropea.*[16] Auf der Suche nach Heimat, Sprache und Identität – erinnert sei in diesem Kontext u. a. an Saša Stanišićs Roman *Herkunft* (2019)[17] – werden reale wie imaginäre Grenzen überschritten, wird auf Heterogenität, auf multiple Identitäten und Identitätskonflikte, auf gelebte Mehrsprachigkeit und Multiethnizität zurückgegriffen. Im Zusammenhang mit der Osterweiterung der EU und der NATO kann des Weiteren gefragt werden, welche Auswirkung das auf ‚östliche' europäische Literaturen im gesamteuropäischen Spannungsfeld zwischen Vergangenheit und Gegenwart, Befreiung und erneuter Bedrohung hatte. Kann es in diesem Sinne überhaupt einen mittel- respektive zentraleuropäischen Anspruch eines nur scheinbar neu entstandenen

13 Ther, Philipp: Von Ostmitteleuropa nach Zentraleuropa – Kulturgeschichte als Area Studies. In: H-Soz-Kult. 02.06.2006. URL: www.hsozkult.de/article/id/artikel-739 (26.04.2021).

14 Csáky, Zentraleuropa (wie Anm. 10), S. 320.

15 Vgl. Münkler, Herfried: Erkenntnis wächst an den Rändern. In: Die Welt. 07.04.2005. URL: https://www.welt.de/print-welt/article583822/Erkenntnis-waechst-an-den-Raendern.html (26.04.2021).

16 Calcinari, Marino: Trieste, città mitteleuropea e porto franco internazionale [Triest, eine mitteleuropäische Stadt und internationaler Freihafen]. In: transform!italia focus. 07.10.2020. URL: https://transform-italia.it/trieste-citta-mitteleuropea-e-porto-franco-internazionale/ (14.03.2023). Vgl. auch Anonymus: Trieste (Triest). In: Österreich-Lexikon. 10.09.2021. URL: https://austria-forum.org/af/AEIOU/Triest (31.03.2022).

17 Stanišić, Saša: Herkunft. München 2020.

bzw. wiederentstandenen Raums im Herzen Europas geben? Führt das allein zu einem erneuten Interesse an einem entführten, gekidnappten Europa?[18]

> „Was bedeutet nun tatsächlich das für einen Ungarn, einen Tschechen, einen Polen? Von Anbeginn an gehörten diese Nationen zu jenem Teil Europas, dessen Wurzeln im römisch-katholischen Christentum liegen. An allen Phasen seiner Geschichte waren sie beteiligt. Das Wort ‚Europa' bezeichnet für sie kein geographisches Phänomen, sondern einen geistigen Wert, ist ein Synonym für ‚Okzident', den ‚Westen'. In dem Moment, wo Ungarn nicht mehr Europa, das heißt Westen ist, wird es aus seiner Bahn, aus seiner Geschichte geworfen; ja es verliert die Substanz seiner Identität."[19]

2. Die Mitteleuropa-Debatte nach den 1980er-Jahren

Zu Beginn der 1980er-Jahre begann die u. a. von Milan Kundera, Czesław Miłosz und György Konrád initiierte Mitteleuropa-Debatte. Hinzu kommt der literarische Erfolg eines weiteren, international bekannt gewordenen mitteleuropäischen Exilschriftstellers, des Ungarn Sándor Márai, der mit seinem Roman *A gyertyák csonkig égnek* (1942, dt. *Die Glut*, 1999)[20] eine gefeierte Version Mitteleuropas vorstellte, über der „noch milde die Abendsonne Habsburgs geleuchtet hat".[21]

Mittel- bzw. Zentraleuropa ist in verschiedener Gestalt und Form zu einem wichtigen literarischen Grundmotiv mit zumeist suchenden Protagonisten geworden, das mit dem geteilten literarisch-kulturellen Erbe im Sinne einer gemeinsamen europäischen Vergangenheit und zahlreichen erzählten (Lebens-)Geschichten in einem engen Zusammenhang steht. Die Suche nach der verlorenen, zum Teil wiedergefundenen Mitte Europas ist eine politisch-ideologische, kulturhistorische wie identitätsstiftende. Sie ist eine sichtbare, zahlreichen Veränderungen unterworfene „Raumkategorie", die „historisch und kulturgeschichtlich gesehen eng mit der Teilung des europäischen Kontinents" und damit auch Deutschlands zu tun hat.[22] In diesem Zusammenhang unterscheidet sich die im ‚Osten' geschriebene oft deutlich von der im ‚Westen' entstandenen Literatur. Das ist zum einen auf den besonderen Verlauf der Geschichte im östlichen Europa wie auch auf das weltweite osteuro-

18 Vgl. Kundera, Milan: Un occident kidnappé oder die Tragödie Zentraleuropas. In: Kommune. Forum für Politik und Ökonomie 2/7 (1984), S. 43–52.

19 Ebd., S. 44.

20 Márai, Sándor: Die Glut. Aus dem Ungarischen von Christina Viragh. 3. Auflage. München 2001. Der Roman des emigrierten ungarischen Schriftstellers wurde im Original erst 1990 herausgegeben. Die erste deutsche Übersetzung wurde 2001 als eine großartige Wiederentdeckung des Autors herausgestellt.

21 Gauß, Karl-Markus: Ein Bürger im Exil. Die lange Abwesenheit des Sándor Márai. In: Neue Zürcher Zeitung. Nr. 82. 07./08.04.2001, S. 81.

22 Vgl. Ther, Von Ostmitteleuropa (wie Anm.13).

päische Exil zurückzuführen, die neben weiteren Faktoren im langen Schatten des Zweiten Weltkriegs wesentlichen Einfluss auf den Europadiskurs im Osten Europas genommen haben. Dabei ist die Frage nach der Mitte Europas mit unterschiedlichen, nicht immer synonym aufgefassten Termini verbunden: Mitteleuropa? Kerneuropa? Zentraleuropa? Zwischeneuropa? Es ist eine gesuchte Mitte, die keine eindeutigen, der Selbstbestimmung wie auch der Abgrenzung dienende Kriterien aufweist; eine Mitte, die als solche verloren gegangen scheint, die aber künstlerisch-literarisch immer wieder aufs Neue imaginiert eine andersartige, neue Bedeutung erhält. Auf diese Weise ist sie zunächst zu einem zentralen literarischen Thema politisch-literarischer Dissidenten und Exilanten wie Milan Kundera, György Konrád, Czesław Miłosz oder Danilo Kiš geworden und erlebt in der Gegenwartsliteratur eine Renaissance.[23] Haben wir es dabei mit einem *Mitteleuropa redivivus*[24] im Zusammenhang mit einer sich wandelnden Befindlichkeit, einer Wiederbelebung wie auch einer Neukonzeption des Begriffes im Sinne einer Rückbesinnung auf den ‚Mythos von Mitteleuropa'[25] zu tun? Ist die wiedererstehende Utopie möglicherweise auch eine Folge der Osterweiterung der Europäischen Union, das Ergebnis einer angeblichen Vernachlässigung, Verdrängung oder gar der „Eliminierung des Ostens"[26] aus dem Bewusstsein der Westeuropäer geworden? Und führte das alles letztendlich zu einer Art Neu- bzw. Rückbesinnung auf Mitteleuropa, allerdings in einem anderen Sinne, als von den Dissidenten und Exilschriftstellern seinerzeit angedacht wurde? Und hat nicht auch der Angriffskrieg Russlands auf die Ukraine verstärkt zu einem Überdenken der Kategorie Mittel- bzw. Zentraleuropa vor allem im Bezug auf seine östlichen Ränder, so u. a. auf Galizien und die Bukowina, geführt? Der wieder bzw. neu entstehende Mitteleuropagedanke scheint des Weiteren nicht nur dem elitären Begriff Mitteleuropas als Kultur- und Schicksalsraum verpflichtet zu sein; er richtet sich vielmehr, Enttäuschungen, Verbitterung, Populismus und neuem Nationalismus folgend, nicht nur pauschal gegen den ‚Osten', das imperiale Russland, sondern auch gegen den ‚Westen', gegen einen ungebremsten Kapitalismus, gegen Materialismus, die Allmacht des Geldes und die negativen Folgen der Globalisierung. Und so wird der Mythos vom ‚Westen' zunehmend ersetzt durch den Mythos des alten, neuen Mitteleuropas, das seinen Bezug, seine Bestimmung in seiner Eigenart in einer unhistorischen Vergangenheit, in der gemeinsamen

23 Vgl. Schmidt, Rainer: Die Wiedergeburt der Mitte Europas. Politisches Denken jenseits von West und Ost. Berlin 2001.

24 Vgl. Hänschen, Steffen: Mitteleuropa redivivus. Stasiuk, Andruchovyč und der Geist der Zeit. In: Osteuropa 54 (2004), S. 43–56.

25 Vgl. Maidt-Zinke, Kristina: Der Mythos von Mitteleuropa. In: Die Zeit. 08.11.2007. URL: https://www.zeit.de/2007/46/L-Magris-TAB (17.08.2023); Serloth, Barbara: Mitteleuropa zwischen Mythos und Wirklichkeit. In: Gerlich, Peter; Glass, Krzysztof (Hg.): Bewältigen oder Bewahren. Dilemmas des mitteleuropäischen Wandels. Wien-Toruń 1994, S. 31–46.

26 Naumann: Mitteleuropa (wie Anm. 4), S. 43.

Erfahrung der kommunistischen (zumeist auch faschistischen) Vergangenheit sucht. Dabei wird kaum noch die angestrebte Integration, sondern eher die Abgrenzung gegenüber einer zunehmend als Bedrohung empfundenen kulturellen, politischen wie ökonomischen Dominanz des ‚Westens' betrieben: „Der Westen fühlt sich noch immer so weit überlegen, dass man den Mitteleuropäern sagen will, wie sie zu leben hätten."[27] Ausdruck dessen ist u. a. die Funktionalisierung der Visegrád-Staaten, ohne die „Europa heute schwächer und ein wenig sicherer Platz" [28] wäre, so jedenfalls die Meinung des ungarischen Außenministers Péter Szijjártó auf dem sicherheitspolitischen Forum *Globsec* im Jahr 2020 in Bratislava (Pressburg). Aufgrund der Bedrohung Europas durch Russland mit seinen imperialen Bestrebungen und seinem Angriffskrieg auf die Ukraine bildet sich zunehmend eine einheitliche Einstellung und Konsolidierung der west- und mitteleuropäischen Staaten heraus. „Es ist ein Mythos, dass es in Europa eine Spaltung zwischen Ost und West gibt, was die Einstellung zum Ukraine-Krieg angeht", meint der aus Bulgarien stammende Politologe und Berater Ivan Krastev.[29]

Im Zusammenhang mit der aktuellen Problematik des gemeinsamen, geteilten kulturellen Erbes kommt Deutschland als einem natürlichen Bindeglied eine große Bedeutung zu, ebenso dem sich zwischen Ost und West befindenden janusköpfigen Polen. Diese Rolle ergibt sich aus der Verlusterfahrung der deutschen und der polnischen Ostgebiete sowie aus der Funktion Mittel- oder Zentraleuropas als ein „archimedischer Punkt, als der Hebel, mit dem sich etwas gegen die Übermacht der Supermächte errichten lässt".[30] So erfolgt die „Wiedergeburt Mitteleuropas" als eine „historische[] Landschaft von großer Kohäsion".[31] Dies geschieht eingedenk des Wissens um einen weitgehend vernichteten Kulturraum mit verheerenden ethnischen Säuberungen. In Bezug auf ein gemeinsames kulturelles Erbe gilt es mit Hilfe der Literatur, Mittel- bzw. Zentraleuropa in das kulturelle Gedächtnis zurückzuholen. Dabei scheint es wichtig zu sein, den aus der Sicht des ‚Westens' oft wenig differenziert gesehenen ‚Osten' nicht nur allein mit den ‚Augen des

---

27 Der ungarische Ministerpräsident Victor Orbán bei der Einweihung einer polnischen Firma in Budapest. Vgl. Ackermann, Rainer: V4 Integration. Mitteleuropa stärken. In: Budapester Zeitung. 09.10.2020. URL: https://www.budapester.hu/ausland/mitteleuropa-staerken/ (14.03.2023). Online-Ausgabe ohne Angabe der Heftnummer.

28 Ebd.

29 Alexander Andreev im Gespräch mit Ivan Krastev: Europas gespaltene Einstellung zur Ukraine „ist ein Mythos". In: Deutsche Welle. 03.03.2023. URL: https://www.dw.com/de/ivan-krastev-es-ist-ein-mythos-dass-es-in-europa-eine-spaltung-zwischen-ost-und-west-gibt-was-die-einstellungen-zum-ukraine-krieg-angeht/a-64875799 (01.06.2023).

30 Bednarz, Klaus: Karl Schlögel: Die Mitte liegt ostwärts. Europa im Übergang. In: Deutschlandfunk. 15.07.2002. URL: https://www.deutschlandfunk.de/karl-schloegel-die-mitte-liegt-ostwaerts-europa-im-uebergang.730.de.html?dram:article_id=101835 (26.04.2021). Rezension zu Schlögel, Karl: Die Mitte liegt ostwärts. Europa im Übergang. München 2002.

31 Ebd.

Westens',[32] sondern vor allem in seiner ganzen Vielfalt und in seiner historischen und kulturgeschichtlichen Entwicklung zu betrachten.[33] Mit der bereits erwähnten ostwärts liegenden Mitte rücken die östlichen (Grenz-)Länder in den Mittelpunkt, emanzipiert sich zunehmend die Peripherie und wird selbst zum Zentrum.[34] Dabei gewinnen verschiedenartige Annäherungsversuche der Erlebnisgeneration zwischen dokumentarischem Schreiben und fiktionaler Bewältigung ebenso wie das unvorbelastete, kritisch-kreative Denken, das Schreiben der Erben von Krieg und Holocaust,[35] der Generation der Kinder und Enkelgeneration, der sogenannten ‚dritten Generation',[36] zunehmend an Gewicht für den literarischen Prozess. Ein deutlicher autobiographischer Bezug ist nicht nur in Werken der Migrationsliteratur von großer Bedeutung, allerdings ist er bei den meisten Vertretern der ‚dritten Generation' als solcher kaum mehr gegeben. Damit werden dem fiktionalen Schreiben, gestützt auf Zeugenaussagen, Erlebnisberichte, Dokumente und Fotos, neue kreative Möglichkeiten und Perspektiven eröffnet. In diesem Zusammenhang ändern sich die Motivationen und Ausgangsbedingungen für die literarische Auseinandersetzung mit einschneidenden Zivilisationsbrüchen im Kontext der beiden Weltkriege, dem Holocaust, ethnischen Säuberungen, Flucht, Vertreibung, Deportation und nachfolgenden weiteren politisch-ideologischen Zäsuren in familiären wie gesellschaftlichen Bezügen, die das Ziel haben, den mitteleuropäischen Raum für sich persönlich wie auch kulturgeschichtlich zu entdecken, sich mit Fragen von Verbrechen, Schuld, Sühne und Versöhnung auseinanderzusetzen. Zerstörte ebenso wie kontaminierte „verlorene Regionen", „verhüllte Landschaften" wie vergessene Metropolen, die hinter dem Eisernen Vorhang lagen und in Folge der „manichäischen Teilung" des europäischen Kontinents wie „vom Nebel verschluckt wurden", werden neu entdeckt, publizistisch-literarisch erschlossen und damit wieder sichtbar gemacht.[37] Dabei zeigen sich erneut die in der Zwischenzeit verwischten „Konturen des alten Mitteleuropas"[38] als ein besonderer „Sehnsuchtsraum".[39] Im Zusammen-

---

32 Bezugnehmend auf Conrad, Joseph: Mit den Augen des Westens. Aus dem Englischen von Günther Danehl. Frankfurt/M. 2019.

33 Vgl. Matthes-Niediek, Norbert: Europas geteilter Himmel. Warum der Westen den Osten nicht versteht. Berlin 2021.

34 Vgl. Swoboda, Hannes: Die Peripherie fordert das Zentrum heraus. URL: http://hannes-swoboda.at/news/die-peripherie-fordert-das-zentrum-heraus (26.04.2021).

35 Vgl. von Treuenfeld, Andrea: Erben des Holocaust: Leben zwischen Schweigen und Erinnerung. Gütersloh 2017.

36 Vgl. Rehmer, Georg J.: Die dritte Generation der Shoah-Literatur. Heidelberg 2021.

37 Kiš, Danilo: Mitteleuropäische Variationen. In: Rakusa, Ilma (Hg.): Homo poeticus. Gespräche und Essays. München 1994, S. 56–78, hier S. 65.

38 Raabe, Katharina: Der erlesene Raum. Literatur im östlichen Mitteleuropa seit 1989. In: Osteuropa 2–3 (2009), S. 205–227, hier S. 206. Online abrufbar unter: https://www.zeitschrift-osteuropa.de/site/assets/files/2668/oe090216.pdf (26.04.2021).

39 Ebd., S. 215.

hang mit dem sich ‚lichtenden Nebel' werden bisher als Tabu angesehene Probleme eines geteilten wie gemeinsamen europäischen Erbes, einer gemeinsamen Geschichte sichtbar; dazu gehören u. a. der Exodus, das Los der geflüchteten, vertriebenen, deportierten (Auslands-)Deutschen in Formen einer vielfältigen Vergangenheitsbewältigung. Zu fragen ist, ob es den Vertretern der jüngeren Generation, die nicht mehr an der Vergangenheit allein gemessen werden wollen, leichter fällt, die auferlegte historische Bürde zu tragen, enge nationale und kulturelle Grenzen zu überschreiten, sich der tradierten Pflicht des historischen Berichterstatters bzw. einer patriotischen Mission zu entziehen, um im national-konservativen Kontext mit alternativen, teilweise schockierenden Erzählungen zu provozieren. Kann dabei die verloren geglaubte ‚Mitte Europas' auch zu einem Handlungsfeld „Internationaler Verständigung" werden?[40] Und was ist dabei von der 1989/1990 erhofften „Rückkehr nach Europa"[41] angesichts der aktuellen Gefahr eines desillusionierenden neuen Populismus, Nationalismus und Konservatismus geblieben?[42] Die dazu befragte tschechische Schriftstellerin Radka Denemarková (geb. 1968) spricht ebenso wie der slowakische Autor Michal Hvorecký (geb. 1976) von historischen Verbindungen und Bruchlinien in Mitteleuropa; dabei plädieren beide für die Erneuerung europäischer Visionen.[43] So erinnert Hvorecký an die prophetischen Vorstellungen mitteleuropäischer Intellektueller, Dissidenten und Emigranten in den bereits erwähnten Mitteleuropa-Diskussionen der 1980er-Jahre, die auf die Spaltung Europas nach dem Zweiten Weltkrieg mit programmatischen, intellektuellen Ausführungen reagierten und bei aller Unterschiedlichkeit ihrer politischen Positionen und Visionen unverbrüchlich an das zum ‚Westen' gehörende Mitteleuropa glaubten.[44] Daraus leiten Denemarková wie Hvorecký die Funktion ab, dass dieses Kerneuropa dazu aufgerufen sei, auch weiterhin eine vermittelnde Rolle zwischen Ost und West wahrzunehmen. So sollte der Westen „historische Landschaften zwischen Ostsee und Adria wieder als genuin europäisch" ansehen, was „inmitten des Kalten Krieges kaum der Fall war. Die mentale Orientierung an Berlin, London oder Rom kreierte einen der Pfeiler des osteuropäischen Protestes gegen die von der Sowjetunion gesteuerten totalitären Regime."[45] Die traditionellen Vertreter der Mitteleuropadebatte glaubten fest an die „Integration ihrer Gesellschaften in ein freies europäisches Wer-

40 Vgl. Gabriele Woidelko im Gespräch mit Radka Denemarková und Michal Hvorecký: Die verlorene Mitte Europas. Ein Beitrag zum Handlungsfeld ‚Internationale Verständigung'. In: Mediathek der Körber-Stiftung. 28.11.2018. URL: https://www.koerber-stiftung.de/mediathek/die-verlorene-mitte-europas-1677 (26.04.2021).

41 Halík, Tomáš: Rückkehr nach Europa. In: Ost-West. Europäische Perspektiven. 1/2001. URL: https://www.owep.de/artikel/204-rueckkehr-nach-europa (26.04.2021).

42 Vgl. Woidelko/Denemarková/Hvorecký, Die verlorene Mitte Europas (wie Anm. 40).

43 Vgl. ebd.

44 Vgl. Hvorecký, Michal: Ich vermisse Mitteleuropa. In: Goethe Institut. 08/2018. URL: https://www.goethe.de/ins/cz/de/kul/the/ged/21361923.html (26.04.2021).

45 Ebd.

tesystem“, und ein Mitteleuropäer war für Konrád, „wer die Teilung Europas für ein künstliches Gebilde hält […]“,[46] denn „Mitteleuropäer sein ist eine Haltung, eine Weltanschauung, eine ästhetische Sensibilität für das Komplizierte, die Mehrsprachigkeit der Anschauungsweisen“.[47] Für Kundera bedeutete Mitteleuropa wiederum das „Maximum an Vielfalt auf dem kleinsten Raum“ gegenüber dem „geringste[n] Maß an Vielfalt auf dem größten Raum“,[48] so wie es eben in der Sowjetunion der Fall war; und heute scheint Mitteleuropa erneut „gen Osten zu driften […], es wird verschleppt von Rechtspopulisten“.[49] Darüber hinaus kommt Hvorecký schließlich zu einer wichtigen, zentralen Aussage:

> „Ich vermisse das Ideal eines Mitteleuropas, das vermitteln und verbinden wollte. Ich liebe es, und ich will mich heute nicht für mein Land schämen müssen. Die neue Teilung der EU entlang nationalstaatlicher Egoismen und rechtspopulistischer Idiotie verletzt und beunruhigt mich zutiefst. […] Ostmitteleuropa wird noch gebraucht, es hat jetzt eine Chance, die wir nutzen müssen, anstatt sie auf dem Altar von Rechtspopulismus und Resignation zu opfern.“[50]

Dabei bestand durchaus die Hoffnung, das im Osten Europas nach dem Umbruch von 1989/1990 Erreichte zu erhalten, zu erweitern, mit den demokratischen und humanistischen Werten des ‚Westens‘ zu verbinden. Doch bedauerlicherweise gibt es, so Radka Denemarková, in Europa [wie auch in Deutschland H.T.] eine nach wie vor spürbare „mentale Grenze“, die sich leider „nicht aufgelöst hat“, denn da, „wo das Geld spricht, schweigt die Wahrheit“ und „die Freiheit bleibt für die Gesellschaft, was die Gesundheit für den Einzelnen bedeutet.“[51] Nicht selten sind die neuen Erzählungen ein Plädoyer für die veränderten, weitgehend verloren gegangenen oder vernichteten Kulturlandschaften in ihrer ganzen, einst so reichen Vielfältigkeit, ihrer Mehrsprachigkeit, Multikulturalität, ihren Glaubensbekenntnissen in einem verschwundenen, kaum noch auffindbaren alten Europa. Es handelt sich dabei um eine einstige, kaum noch existente reiche Fülle in der Hülle von Mittel- bzw. Zentraleuropa, auf die es lohnt zurückzublicken, von der es lohnt zu berichten, zu erzählen, gerade auch angesichts des neuen Völkermords, der in Europa geschieht, der sich erneut verstärkenden Differenzen und Fliehkräfte auf dem „dunklen Kontinent“

46 Konrád, György: Der Traum von Mitteleuropa. In: Busek, Erhard; Wilfinger, Gerhard (Hg.): Aufbruch nach Mitteleuropa. Rekonstruktion eines versunkenen Kontinents. Wien 1986, S. 87–97, hier S. 89.

47 Ebd., S. 90.

48 Kundera, Un occident kidnappé (wie Anm. 18), S. 45.

49 Hvorecký, Mitteleuropa (wie Anm. 44).

50 Ebd.

51 Denemarková, Radka: Demokratie braucht andere Werte. In: Körber-Stiftung. URL: https://www.koerber-stiftung.de/themen/europa-zusammenhalten/beitraege-2018/standpunkt-denemarkova (Zugriff: 26.04.2021).

der Kriege und Völkermorde.[52] Das Schreiben kann dabei als eine Art Therapie der Verfolgung des eigenen Lebensweges, der Bestimmung der eigenen Identität dienen, um sich besser zu verstehen und auf eigene Weise mitteilen zu können. Dabei spielt die „mitteleuropäische Angst" (vor den Deutschen, vor den Russen), der kollektive, gewaltsame „mitteleuropäische Tod" (im Lager, im Gefängnis) ebenso wie die „mitteleuropäische Reise: die Flucht" wie auch die Zerstörung der Umwelt eine wichtige Rolle.[53]

3. Spurensuche in der zeitgenössischen Literatur über Mittel- bzw. Zentraleuropa

Im Zusammenhang mit der literarischen Wiedergeburt der Mitteleuropaproblematik können wir zwischen zwei zentralen Bewegungsparadigmen unterscheiden: 1. Das Erkunden des *Orbis exterior* und damit die Bewegung aus dem bisherigen Lebenszentrum heraus in unbekannte, fremde, zuweilen exotische Lebenswelten. 2. Das Erforschen des *Orbis interior* durch von außen Kommende, die zuweilen durch familiäre, persönliche Bindungen mit dem zu ergründenden Lebensraum verknüpft sind. Häufig verbunden ist diese Bewegung mit einer zielgerichteten Spurensuche, der Suche nach Verwandten, der Heimat der Eltern bzw. Großeltern. Dabei werden die erzählten Geschichten aus der Vergangenheit mit der erlebten Gegenwart konfrontiert, wird das einstige friedliche Neben- und Miteinander mit den nachfolgenden Kataklysmen, mit Verlust, Vernichtung und Tod kontrastiert. Eine solche Literatur wird zuweilen auch als ‚Wurzelliteratur',[54] im Sinne einer versuchten Rückkehr zur eigenen Herkunft bezeichnet, die sich häufig in einer Reiseliteratur zu den Wurzeln (*roots trip*, *heritage touring*, *road stories*)[55] zeigt, so z. B. in Katja Petrowskajas ungewöhnlicher Familiensuche durch Europa *Vielleicht Esther* (2014).[56] Es ist eine abenteuerliche Suche nach der eigenen wie auch fremden Vergangenheit, nach den verschwiegenen, verdrängten, oft erst spät entdeckten Wurzeln, nach verlorenen Familienangehörigen, der vergessenen Sprache oder Mehrsprachigkeit. Dazu gehören neben der Reiseliteratur vor allem Familien- bzw. Generations- wie auch Epochen-Romane, zu denen u. a. Slobodan Šnajders Buch *Doba mjedi* (2015,

52 Vgl. Mazower, Mark: Der dunkle Kontinent. Europa im 20. Jahrhundert. Aus dem Englischen von Hans-Joachim Maass. Berlin 2000.
53 Andruchowytsch, Mittelöstliches Memento (wie Anm. 9), S. 43.
54 An dieser Stelle ein Verweis auf Haley, Alex: Roots. The Saga of an American Family. New York 1976.
55 Vgl. Bettini, Maurizio: Wurzeln. Die trügerischen Mythen der Identität. Aus dem Italienischen von Rita Seuß. Bonn 2019.
56 Petrowskaja, Katja: Vielleicht Esther. Berlin 2014.

dt. *Die Reparatur der Welt*, 2019)[57] gezählt werden kann. Hinzu gesellt sich die immer wieder gestellte Frage nach der Identität, nach dem: Wer bin ich und woher komme ich? Herkunft kann dabei sowohl Konstrukt als auch Kostüm sein.[58] Zumeist sind es die Kinder und Enkelkinder von Migranten, die sich auf eine solche Spurensuche nach Herkunft, Identität, nach der verlorenen Zeit begeben.

3.1. Michal Hvorecký dystopische Vision: *Tahiti Utopia*

Mit einer wahrhaft utopischen Reise, die die Geschichte Mittel- bzw. Zentraleuropas auf den Kopf stellt, haben wir es im jüngsten Roman *Tahiti* (2019, dt. *Tahiti Utopia*, 2021)[59] des slowakischen Schriftstellers Michal Hvorecký zu tun. Der Verfasser geht in seiner Dystopie von der hypothetischen Frage aus, was passiert wäre, wenn die Geschichte anders verlaufen, die Habsburger Monarchie nicht zerbrochen wäre. Seine Überlegungen bezieht er in erster Linie auf das Schicksal seines Heimatlandes, die Slowakei. Auf diese Weise wird Geschichte nicht nur neu, sondern auch im Hinblick auf den wachsenden Populismus und Neo-Nationalismus in Mittel- bzw. Zentraleuropa deutlich gegenwartsbezogen erzählt. Zeitliche Diskurse mischen sich und heikle Fragen der Zeitgeschichte werden artikuliert. Neben der Geschichte geht es des Weiteren auch um das Schicksal eines legendären slowakischen Piloten, Astronomen, Weltreisenden und Diplomaten. General Milan Rastislav Štefánik gehörte neben Tomáš Garrigue Masaryk und Edvard Beneš zu den Mitbegründern der Tschechoslowakischen Republik nach dem Ersten Weltkrieg. In der Slowakei ist Štefánik zu einem Mythos geworden; sein Flugzeugabsturz 1919 in der Nähe von Bratislava bleibt bis heute ungeklärt und dient immer wieder auch als Vorlage für unterschiedliche Verschwörungstheorien.[60] Hvorecký greift diese Legendenbildung auf und verleiht Štefánik über seinen realen Tod hinaus ein längeres Leben, um damit dessen Biographie wie auch die Geschichte der Slowakei zwischen den Kriegen und nach dem Zweiten Weltkrieg neu- bzw. umzuschreiben. So schmiedet der Pilot, Abenteurer und Bonvivant Štefánik, eine der wenigen slowakischen Integrationsfiguren und Helden, nach seiner Rückkehr von den Verhandlungen in Trianon einen sich gegen großungarische Interessen rich-

57 Šnajder, Slobodan: Die Reparatur der Welt. Aus dem Kroatischen von Mirjana Wittmann und Klaus Wittmann. Wien 2019.

58 Vgl. Anonymus: Herkunft als Konstrukt? Zum Roman „Herkunft" von Saša Stanišić. In: Schöngeistinnen. Der Frauen-Literatur-Blog. 01.09.2019. URL: https://schoengeistinnen.de/herkunft-als-konstrukt-zum-roman-herkunft-des-traegers-des-deutschen-buchpreises-sasa-stanisic (26.04.2021).

59 Hvorecký, Michal: Tahiti Utopia. Aus dem Slowakischen von Mirko Kraetsch. Stuttgart 2021.

60 Möglicherweise waren die italienischen Hoheitszeichen an seiner Doppeldeckermaschine als ungarische angesehen worden.

tenden Ausreiseplan seiner Landsleute. Štefáník wird zum Anführer eines großen slowakischen Flüchtlingstrecks quer durch Österreich und Deutschland auf dem Weg nach Neu-Slowakien über nicht näher genannte Häfen und eine nicht enden wollende Schiffsreise.[61] Im Rückblick verfolgen wir als Leser den Weg der Slowaken von den vergeblichen Verhandlungen für eine freie, unabhängige Slowakische Republik nach dem Ersten Weltkrieg, erfahren die Unterdrückung und forcierte Assimilation durch Großungarn, das im Widerspruch zum Friedensdiktat von Trianon weiter besteht. Die scheinbare exotische Idylle der von Frankreich kolonialisierten Insel Tahiti erweist sich allerdings nicht als das gesuchte, unschuldige Land und auch nicht als ein sicherer Zufluchtsort; der Mythos von der neuen Freiheit und Unabhängigkeit wird vielmehr entzaubert.

3.2. Imaginierte Reisen durch Mitteleuropa. Jaroslav Rudiš: *Winterbergs letzte Reise*

Reale wie auch imaginäre Reisen können uns Leser in die Vergangenheit, in vergessene Provinzen und verschwundene Welten im östlichen Europa führen, es sind Werke, die oft zwischen Journalistik, Essay, Dokumentar- und schöngeistiger Literatur angesiedelt sind. Den österreichischen Journalisten Martin Pollack hatte eine solche „imaginierte Reise durch die verschwundene Welt Ostgaliziens und der Bukowina“ entlang der Gleise der k.u.k.-Eisenbahnen von Tarnów (Tarnow) bis nach Czernowitz (Tscherniwzi, Cernăuți) geführt, quer durch „Halbasien“.[62] Pollacks Buch kann als ein wichtiger Schlüsseltext der literarisch-kulturellen Wiederaneignung bezeichnet werden, der seine Fortsetzung in zahlreichen weiteren literarischen Werken von Autoren unterschiedlicher Herkunft und Sprache findet. Zu ihnen gehört zweifelsohne der tschechische Schriftsteller Jaroslav Rudiš (geb. 1972) mit seinem Roman *Winterbergs letzte Reise* (2019).[63] Das Kartenlesen, das Studium alter Atlanten und Nachschlagewerke, das imaginäre wie reale Reisen in Fernzügen durch den zumeist unbekannten, exotischen ‚Osten‘, all das verhalf dem Genre der literarischen Reisereportage in der zeitgenössischen mittel- bzw. zentraleuropäischen Literatur zu einer neuen Blüte, zu einer nicht selten politisch motivierten regionalen wie überregionalen Spurenlese in Gestalt interessanter Metamorphosen Mittel- und Zentraleuropas von Polen bis Siebenbürgen, von Prag bis Triest. Rudiš Werk kann in Bezug auf „Mitteleuropa im Herzen“[64] mit Jáchym

61 In Štefáníks Tagebüchern findet sich eine Randnotiz über eine mögliche Aussiedlung der Slowaken, welche Hvorecký in einen postmodernen Plot verwandelt hat.

62 Pollack, Martin: Galizien. Eine Reise durch die verschwundene Welt Ostgaliziens und der Bukowina. Frankfurt/M. 2001, S. 6.

63 Rudiš, Jaroslav: Winterbergs letzte Reise. München 2019.

64 Bittner, Lea: Mitteleuropa im Herzen. Jaroslav Rudiš’ Roman „Winterbergs letzte Reise“ ist für den Preis der Leipziger Buchmesse 2019 nominiert. In: literaturkritik. 07.03.2019. URL:

Topols politischem Roadmovie-Roman *Citlivý člověk* (2017, dt. *Ein empfindsamer Mensch*, 2019)[65] verglichen werden. So führt uns Rudiš' Roman mit seinen beiden zentralen Protagonisten tatsächlich durch das ‚Herz Europas'. Wenzel Winterberg ist ein 1918 in Reichenberg (Liberec) geborener und nach dem Ende des Zweiten Weltkriegs vertriebener Sudetendeutscher, während die zweite literarische Figur der in der Tschechoslowakei geborene Jan Kraus ist, ein 1986 nach Deutschland emigrierter humorvoller tschechischer Altenpfleger, der unfreiwillig in die Wirren der Geschichte und die persönlichen Geheimnisse Winterbergs hineingezogen wird. Nach drei Schlaganfällen in Folge sollte Kraus eigentlich die Sterbebegleitung des fast hundertjährigen Winterbergs übernehmen. Kraus' Erzählungen aus seiner alten Heimatstadt Vimperk, dem früheren Winterberg im Böhmerwald, wecken die Figur aus seiner Lethargie, holen ihn ins Leben zurück. Auf Wunsch Winterbergs, der noch einmal seine verlorene Heimat besuchen möchte, begleitet ihn Kraus auf einer eigentümlichen, fast unheimlich anmutenden Zugfahrt. Die nostalgische Reise in die Vergangenheit führt von Berlin über Reichenberg, Prag, Wien und Budapest bis nach Sarajevo. Als Reisebegleiter dient ein 1913 herausgegebener, aus der Zeit der Habsburger Monarchie stammender roter Baedeker für Österreich-Ungarn, Geschichtsbuch und Bibel zugleich, das Winterberg bis ans Ende seiner Schicksalsreise begleitet. Und so wechseln sich im Roman weite Passagen aus dem Baedeker ab mit persönlichen Erinnerungen, Familiengeschichten und Anekdoten. Mitteleuropa erscheint in Gestalt wunderschöner Landschaften, aber auch trauriger Schlachtfelder und Friedhöfe, von dem Kriegsschauplatz von Königgrätz (Hradec Králové) über den Zentralfriedhof von Wien bis nach Sarajevo. Für Winterberg ist die Schlacht bei Königgrätz von 1866 der Angelpunkt von Geschichte schlechthin, denn von diesem Zeitpunkt an ging es in der Monarchie bergab in Richtung Nationalismus, Nationalstaat und Nationalsprache. Rudiš selbst bezeichnet seinen Roman als eine „Liebeserklärung an die Eisenbahn, an die Geschichte, an Europa und an die ewige Liebe an sich".[66] Die Reise ins Ungewisse wird auch zu einer melancholischen Begegnung mit der Geschichte, in der die Gleise wie bei der Bahn gestellt werden. Es ist zugleich ein düsteres, zuweilen bedrückendes Bild von Mitteleuropa, von einer dem Untergang geweihten Welt. „[W]ir sterben ganz allein und unsere Geschichten sterben mit uns", äußert Winterberg, „denn heute ist hier niemand, der historisch durchschaut und durchschauen möchte, da kann man sich nicht wundern, was

---

https://literaturkritik.de/mitteleuropa-herzen-jaroslav-rudis-neuer-roman-winterbergs-letzte-reise-ist-fuer-preis-leipziger-buchmesse-2019-nominiert,25463.html (26.04.2021).

65 Topol, Jáchym: Ein empfindsamer Mensch. Aus dem Tschechischen von Eva Profousová. Berlin 2019.

66 Meyer, Frank: Jaroslav Rudiš über Zugreisen. „Es geht um viel mehr, als von Hamburg nach Berlin zu kommen". Deutschlandfunk Kultur. 14.10.2021. URL: https://www.deutschlandfunkkultur.de/jaroslav-rudis-ueber-zugreisen-es-geht-um-viel-mehr-als-von-100.html (26.04.2021).

gerade passiert […].“[67] Der Autor fragt danach, was vom einstigen Alten in das gegenwärtig Neue gerettet werden könnte. Dabei spielt die Sprache, das Tschechische wie auch das Deutsche, eine tragende Rolle. Jaroslav Rudiš selbst hat seine bis dahin tschechische Schreibsprache gewechselt, *Winterbergs letzte Reise* ist das erste von ihm auf Deutsch geschriebene Werk.

4. Zusammenfassung und Ausblick

Europa ist im räumlichen wie auch im kulturellen Sinne eine ‚bewegliche Ziffer‘, die transkulturell in die europäische Literaturtradition eingeschrieben wird, ganz in der Art von: „Europa erzählt, verortet, erinnert“.[68] Zweifelsohne hat das kulturelle und literarische Erbe entschieden mit dazu beigetragen, das schwer fassbare Konstrukt ‚Europa‘ mit Hilfe erzählter Lebenswege und Lebensgeschichten näher zusammenzubringen, ihm eine lebendige Seele einzuhauchen und verschiedene Deutungsansätze zur europäischen Frage und Identität zu unterbreiten.[69] Dabei spielen zentrale politische und kulturgeschichtliche Zäsuren wie auch Zeitabschnitte (1968, die 1980er-Jahre, 1989/1990) eine wichtige Rolle in den Europa-Debatten von Historikern, Kultur- und Literaturwissenschaftlern. Infolge der nach Jalta und dem Kalten Krieg erfolgten Teilung Europas wurde die Zugehörigkeit der nunmehr dem sowjetischen Herrschaftsgebiet zugeschlagenen mitteleuropäischen Länder zum ‚Osten‘ immer stärker hinterfragt. Nach dem Schicksalsjahr 1989/1990 deklarierten diese Gesellschaften, oft auf ostentative bzw. demonstrative Weise, ihre Rückkehr in den Schoß des westlichen Europas. Dabei wurden die ostmitteleuropäischen Exildiskurse erneut aufgegriffen, modifiziert und der Zeit angepasst fortgeführt. Mit dem zumeist im österreichischen Kontext verwendeten Terminus ‚Zentraleuropa‘ gewinnt die Mitteleuropa-Debatte eine zusätzliche Dimension, werden neue literarische Provinzen und Grenzräume erschlossen, die einst Bestandteile der Habsburger Monarchie waren. Auf diese Weise ist die europäische Region wieder zu einem zentralen Motiv in der zeitgenössischen Literatur geworden. Die Renaissance der Mitteleuropa-Problematik zeigt sich in unterschiedlicher Gestalt und Form, in publizistischen wie literarischen Werken, wissenschaftlichen Aufsätzen und Essays, in denen europäische Landschaften, Regionen, Städte wie auch wichtige Persönlichkeiten neu- bzw. wiederentdeckt sowie familiäre und kulturgeschichtliche Spuren nachverfolgt werden. Diese Europa-Variationen zeigen sich, unabhängig von

67 Rudiš, Winterbergs letzte Reise (wie Anm. 63), S. 186.

68 Wetenkamp, Lena: Europa erzählt, verortet, erinnert. Europa-Diskurse in der deutschsprachigen Literatur. Würzburg 2017.

69 Vgl. Ette, Ottmar: Europa als Bewegung. Zur literarischen Konstruktion eines Faszinosum (sic!). In: Holtmann, Dieter; Riemer, Peter (Hg.): Europa. Einheit und Vielfalt. Eine interdisziplinäre Betrachtung. Münster 2001, S. 15–44.

Sprache, Identität und politischer Auffassung, in allen mitteleuropäischen bzw. zentraleuropäischen Literaturen u. a. in einer sogenannten Wurzelliteratur, einer realen wie fiktiven Reiseliteratur, als auch in als Utopien oder Dystopien angelegten literarischen Werken. Zu ihnen gehören die durchaus als paradigmatische Beispiele zu betrachtenden Romane *Tahiti* von Michal Hvorecký und *Winterbergs letzte Reise* von Jaroslav Rudiš.

Im gesamteuropäischen Kontext stellt sich die Frage danach, ob die gegenwärtige Literatur angesichts eines wachsenden Nationalismus und Populismus, vor allem aber angesichts des Angriffskrieges Russlands auf die Ukraine, dazu befähigt sein kann, die gegenwärtig in Europa herrschenden Zustände und Befindlichkeiten gleichsam seismographisch auszuloten und übergreifende gemeinsame Werte eines freien und demokratischen Europas zu verteidigen. Wie schon zu Zeiten des Kalten Kriegs spielt das demokratische, westliche Exil für Schriftsteller und Schriftstellerinnen aus der Ukraine und Belarus eine zentrale Rolle wie auch die Solidarität ihrer europäischen Kollegen und Kolleginnen. Kann es angesichts der gegenwärtigen Entwicklung in der Ukraine wie auch in Belarus überhaupt ein „neutrales Zentraleuropa“ geben, wie es seinerzeit vom 2019 verstorbenen ungarischen Schriftsteller György Konrád noch gefordert wurde?[70] Michal Hvorecký spricht sich energisch gegen einen „totalen Frieden“ aus: „Der Krieg in der Ukraine ist sofort zu Ende, wenn der Angreifer Russland aufhört, die Ukraine zu vernichten“.[71]

Nach wie vor gilt es, besondere narrative Verfahren, Schreibweisen, Wissen und kulturelle Codes wie auch Mehrsprachigkeit, Multikulturalität, Diversität und Mehrstimmigkeit ebenso wie Fragen zum narrativen geographischen und kulturellen Raum, zur imaginativen Geographie, zu Grenzüberschreitungen, transkultureller und multipler Identität weiter aufmerksam zu verfolgen.[72]

70 Mersmann, Gerhard: György Konrad oder Nachdenken in Zentraleuropa? In: Neue Debatte. 24.05.2023. URL: https://neue-debatte.com/2023/05/24/gyoergy-konrad-oder-nachdenken-in-zentraleuropa/ (01.06.2023).

71 Hvorecký, Michal: Kein totaler Friede. In: Wiener Zeitung. 19.04.2023. URL: https://www.wienerzeitung.at/meinung/gastkommentare/2185495-Kein-totaler-Friede.html (01.06.2023).

72 Vgl. Wetenkamp, Europa erzählt (wie Anm. 68).

Sabine Kyora

Konstruktion kultureller Interferenzräume als Shared Heritage in den Romanen von Lena Gorelik, Katja Petrowskaja und Saša Stanišić

Shared Heritage als Konzept zur Beschreibung kultureller Interferenzen zu begreifen, ist in der Museums- und Ausstellungsarbeit ein wichtiges Vorhaben. Bei der Beschäftigung mit diesem Ansatz sollte darauf geachtet werden, dass der Blick auf ein geteiltes kulturelles Erbe nicht wieder Hierarchien der ‚Erbfolge' festigt, statt einen wirklichen Dialog in Gang zu setzen. Von kultureller Interferenz zu sprechen, also von Überlagerungen oder Überblendungen, klingt erst einmal neutraler, aber auch hier stellt sich die Frage, wer was überblendet oder überlagert. Um dem Prozess, der zu kulturellen Interferenzen und Interferenzräumen führen kann, näher zu kommen, müssten deswegen detailliert die ‚Schichten' und die Akteure betrachtet werden, durch die Interferenzen zustande kommen.

In der literaturwissenschaftlichen und literaturtheoretischen Forschung erhielt das Konzept der kulturellen Interferenz bislang nur wenig Aufmerksamkeit. Der einzige Theoretiker, der den Begriff außerhalb der Physik und der Linguistik genauer fasst, ist der französische Philosoph Michel Serres. Er beschreibt mit diesem Begriff Wechselbeziehungen zwischen unterschiedlichen Wissensformen, die jedoch kein wirkliches Zentrum haben und deswegen auch keine hierarchisch geordneten Verbindungen produzieren.[1] Serres fragt nach einem Gegenmodell zu einer (hierarchischen) Klassifikation der Wissenschaften und setzt an deren Stelle Netzwerkstrukturen, die, wenn bestimmte Wissensbereiche sich miteinander verbinden, Knotenpunkte bilden. Damit ähnelt sein Modell der Rhizom-Struktur von Deleuze und Guattari, die deutlich häufiger rezipiert wurde. Serres' eher metaphorische Umkreisung von wissenstheoretischen Verknüpfungen werde ich im Folgenden auf konkrete Orte beziehen, die in literarischen Texten mit bestimmtem Wissen aufgeladen werden und so als Knotenpunkte innerhalb eines Netzwerkes gelesen werden können. Die Netzwerkstrukturen, die Serres beschreibt, sind dort insofern erkennbar, als narrativ

1 Vgl. Serres, Michel: Hermes II. Interferenz. Aus dem Französischen von Michael Bischoff. Berlin 1992. Frauke Bode hat in ihrer Dissertation zur spanischen Lyrik der 1950er- und 1960er-Jahre den Begriff der Interferenz fruchtbar gemacht. Vgl. Bode, Frauke: Barcelona als lyrischer Interferenzraum. Bielefeld 2012; vgl. auch Ute Rassloff (Hg.): Wellenschläge: Kulturelle Interferenzen im östlichen Mitteleuropa des langen 20. Jahrhunderts. Stuttgart 2013.

Verknüpfungen zwischen der Familiengeschichte und historischen Ereignissen oder kulturellen Überlieferungen hergestellt werden.

Vom Aufeinandertreffen von kulturell und individuell unterschiedlichen Deutungen erzählen Autorinnen und Autoren der deutschsprachigen Gegenwartsliteratur auch bezogen auf Räume des östlichen und südöstlichen Europas. Gerade Erinnerungstopografien und Gedenkorte (im Sinne von Aleida Assmann) werden in dieser Literatur häufiger geschildert und sind in die Narration als Knotenpunkte der Erinnerung eingebunden. Deswegen soll es im Folgenden um spezifische und konkrete Orte gehen, die als kulturelle Interferenzräume verstanden werden können, weil in ihnen und durch sie historische, kulturgeschichtliche und familiäre Bedeutungen miteinander verknüpft werden. So lässt sich etwa Warschau im Roman *Vielleicht Esther* (2014) von Katja Petrowskaja als kultureller Interferenzraum beschreiben, es ist aber auch möglich, private Räume wie etwa in Lena Goreliks Roman *Die Listensammlerin* (2013) aus dieser Perspektive zu betrachten. In ihrem Roman wird die Wohnung der Mutter, die Tolstoj-Porträts aufhängt, sodass die Tochter glaubt, er sei ein Familienmitglied, zu einem Knotenpunkt zwischen dem russischen und dem deutschen Teil der Familiengeschichte. Zugänge in diese Interferenzräume können wie bei Sasa Stanišić in seinem Roman *Herkunft* (2019) oder bei Gorelik über die Mütter und Großmütter der Protagonisten erfolgen, sie können aber auch durch den Hallraum europäischer Literaturtraditionen oder ein geteiltes jüdisches Vermächtnis entstehen. Möglicherweise erklärt sich diese Neigung zur Überblendung von kulturellen Zugehörigkeiten durch die Generationszugehörigkeit von Katja Petrowskaja (geb. 1970), Sasa Stanišić (geb. 1978) und Lena Gorelik (geb.1981).

Die narrative Repräsentation dieser Räume ist in allen drei genannten Texten allerdings sehr unterschiedlich und bezieht die Reflexion der medialen Spezifik von Raumdarstellungen, aber auch von Erinnerungskonstruktion mit ein, durch die die kulturellen Interferenzen erst zustande kommen. Deswegen wurden sie für die folgenden Überlegungen ausgewählt, denn gerade dieser Spezifik der narrativen Repräsentation und der medialen Inszenierung wird der Beitrag nachgehen.

1. Konfliktforschung im Raum: Generationen- und Gedenkorte

Shared Heritage, ein geteiltes kulturelles Erbe also, müsste nach Sigrid Weigel in der Museumspraxis sichtbar werden als „Konfliktforschung am Objekt“,[2] um die unterschiedlichen kulturellen Zugehörigkeiten und Bedeutungsschichten zu verstehen und miteinander zu teilen. Dabei geht es, so Weigel weiter, nicht nur um den Besitz der Objekte, sondern vor allem darum, dem „stummen Objekt im Museum

2 Weigel, Sigrid: Das geteilte Erbe. In: Der Tagesspiegel. 13.10.2016. URL: https://www.tagesspiegel.de/kultur/shared-heritage-das-geteilte-erbe/14679304.html (23.11.2021).

seine Geschichte" zu „entlocken".[3] In der Literatur können Objekte dagegen gar nicht erst direkt gezeigt oder besessen werden, dafür wird in der literarischen Repräsentation von kulturellen Interferenzräumen die vielstimmige und möglicherweise konfliktträchtige Geschichte dieser Räume erzählt. Damit ist der Konstruktionscharakter des kulturellen Erbes von vornherein deutlicher und deswegen auch offener für die ‚Konfliktforschung'.

Der Gedanke, dass Räume zum Sprechen gebracht werden können, in denen (historische) Konflikte gespeichert sind, ist schon länger Teil von erinnerungskulturellen Konzepten. Kulturelle Interferenzräume werde ich deswegen mit Aleida Assmann und Pierre Nora als Orte begreifen, in denen – zumindest bezogen auf die Texte, die im Folgenden Thema sind – Formen von Erinnerung gespeichert sind und die Generationen- und Gedenkorte bilden. Zum Generationenort merkt Assmann an, dass an ihm „die Mitglieder einer Familie in einer ununterbrochenen Kette der Generationen geboren und begraben"[4] worden sind. Dagegen ist ein Gedenkort „das, was übrigbleibt von dem, was nicht mehr besteht und gilt. Um dennoch fortbestehen und weitergelten zu können, muß eine Geschichte erzählt werden, die das verlorene Milieu supplementär ersetzt. Erinnerungsorte sind zersprengte Fragmente eines verlorenen oder zerstörten Lebenszusammenhanges."[5] An Assmanns auf den Gedenkort bezogenen Formulierungen sind die Parallelen zum Konzept des Shared Heritage sehr gut erkennbar: Die Objektfragmente, die übrig bleiben, müssen in eine Geschichte eingebettet werden, um den verlorenen Lebenszusammenhang in der Erinnerung rekonstruieren zu können. Aus den Gedenkorten muss zudem nicht nur eine Geschichte herausgelesen werden, sondern in der Zusammenfügung der Fragmente können unterschiedliche, divergente Geschichten vom kulturellen Erbe erzählt werden, die durchaus als Teil von Konflikten um dieses Erbe lesbar sein können. In der kulturwissenschaftlichen Forschung wurde auf dieses Problem reagiert, indem die Gedenkorte z. B. von Alexandra Lübcke als transnationale Erinnerungstopografien[6] beschrieben wurden, die durch eine neue Generation von Autorinnen und Autoren für unterschiedliche (nationale, ethnische, religiöse) Konnotationen geöffnet werden. Gerade um die Netzwerkstruktur dieser Topografien der Erinnerung erkennbar werden zu lassen, geht der Beitrag vom Begriff des kulturellen Interferenzraums aus.

Dabei ergibt sich zwar weiter das Problem von Deutungshoheiten und (national, ethnisch oder religiös gesetzten) Hierarchien, z. B. wem welche Geschichte und

3 Ebd.

4 Assmann, Aleida: Erinnerungsräume. Formen und Wandlungen des kulturellen Gedächtnisses. München 1999, S. 301.

5 Ebd., S. 309.

6 Vgl. Lübke, Alexandra: Enträumlichung und Erinnerungstopographien. Transnationale deutschsprachige Literatur als historiographisches Erzählen. In: Schmitz, Helmut (Hg.): Von der nationalen zur internationalen Literatur und Kultur im Zeitalter globaler Migration. Amsterdam-New York 2009, S. 77–97.

damit welcher Ort ‚gehört', gleichzeitig werden an diesen Orten aber transnationale, miteinander interferierende Traditionen erkennbar bzw. erzählt. Das heißt, dass die im Folgenden zu skizzierende ‚Konfliktforschung' bei Orten ansetzt, die als Generationen- und Gedenkorte von unterschiedlichen Gruppen gedeutet werden können, deren Inszenierung aber aus ihnen ein Shared Heritage macht. Dabei stehen eher die narrativen und ästhetischen Verfahren als die Transnationalität eines bestimmten Raumes im Vordergrund. Deswegen können die Räume, die in den Romanen als geteiltes Erbe verstanden werden, in unterschiedlichen geografischen Gegenden Mittel- und Osteuropas angesiedelt sein. Neben den narrativen Verfahren wird außerdem ins Blickfeld rücken, was der jeweilige Roman als Shared Heritage und kulturellen Interferenzraum auffasst. Wie wir sehen werden, geht es dabei nicht nur um die Räume und Orte auf der Landkarte, sondern auch um den konkreten Raum des Textes auf dem Papier.

2. Herkunft als kultureller Interferenzraum

Saša Stanišić schildert in seinem Roman *Herkunft* die Geschichte seiner Familie, die aus Serbien kommt und während des Bosnienkriegs nach Deutschland geflohen ist. Dabei geht es einerseits um die Ankunft und Eingewöhnung in einem fremden Land, andererseits um die Erinnerung an die Großmutter, die in Višegrad geblieben ist, und um die Erzählungen, die mit diesem Ort verbunden sind. Gleich nach der Eingangspassage, die die Einbürgerungsprozeduren in Deutschland schildert, setzt Stanišić einen Kontrapunkt, indem er erzählt, wie seine Großmutter ihn 2009 von Višegrad aus mit nach Oskoruša nimmt, wo die Familie ihres Mannes, seines Großvaters, herkommt. Aus Višegrad ist die Familie von Stanišić im Bosnienkrieg geflohen, weil seine Mutter bosnische Muslima war und die Stadt von Serben angegriffen wurde, sein Vater war aber Serbe wie eben auch seine Familie in Oskoruša. Nun geht Stanišić dort mit seiner Großmutter auf den Friedhof und findet auf den Grabsteinen überall seinen eigenen Nachnamen. Daraufhin bestehen seine Großmutter und ein weiterer Bewohner des Dorfes darauf, dass Stanišić deswegen von „hier“[7] kommt. Was also behauptet wird, ist, dass der Friedhof ein Generationenort ist, der anzeigt, dass die Familie immer dort ansässig war und diese Tradition durch Stanišić fortgesetzt wird, weil er denselben (Vaters-)Namen trägt. Er hält das jedoch für „Zugehörigkeitskitsch!“.[8] Zum Schluss des Kapitels fragt er sich allerdings „Jetzt also auch von hier?“,[9] wobei das „auch“ schon darauf hinweist, dass er mehrere ‚Herkünfte' hat. Hier wird also ein Ort, der Friedhof, zum Sprechen gebracht, wobei zwei

7 Stanišić, Saša: Herkunft. München 2019, S. 32.
8 Ebd., S. 33.
9 Ebd., S. 34.

unterschiedliche Narrative entstehen. Während die beiden Figuren aus der älteren Generation Herkunft ganz fraglos an den Friedhof knüpfen, der als Generationenort verstanden wird, also eine ungebrochene Tradition der Familie annehmen, distanziert Stanišić sich von dieser Erzählung. Denn sie blendet seine Mutter und deren Familie ebenso selbstverständlich aus, wie die Herkunftsfamilie der Großmutter keine Rolle spielt. Herkunft ist für die älteren Figuren in diesem Fall also kein ethnisches oder religiös bestimmtes Konzept, sondern vor allem ein patriarchales, geteilt wird der Name des Vaters. Sie gehen damit von einem Familienerbe aus, das andere Familien und Herkünfte ausschließt, z. B. die Schwiegerfamilien. Stanišić hat aber nicht dieses ungebrochene und andere Familienteile selbstverständlich ignorierende Verständnis von Herkunft, für ihn ist der Friedhof eher ein Gedenkort. Er nimmt vor allem das Fragmentarische des Ortes wahr – das Dorf stirbt, vom Haus seiner Urgroßeltern stehen nur noch wenige Reste, die jungen Leute sind längst weggezogen. Aus diesen Fragmenten lassen sich die Geschichten entwickeln, die er im Fortgang des Romans erzählt: Erinnerungen an seine Kindheit, an den Klang der Sprache, an das ehemalige Jugoslawien. So wird Oskoruša zum Ort, den Stanišić mit Erinnerungen verknüpft, die nicht immer objektiv zu verifizieren sind und die über die geschlossene patriarchal organisierte Kette der Namen hinausweisen. Dadurch nimmt er dem Ort aber auch seine ungebrochene Tradition als Generationenort, weil diese Erinnerungen divergent sind oder sich widersprechende Elemente aufweisen.

Die Frage wäre jetzt, wie aus einem Generationenort ein Raum mit kulturellen Interferenzen werden kann, die ihn nach dem skizzierten Konzept mit anderen Erinnerungskulturen verbinden müsste. Stanišićs Roman ist in dieser Hinsicht besonders interessant, weil er für diese Teilhabe ein anderes Erzählmodell entwirft. Eingeführt wird dieses in einem Kapitel, das als Liste erzählt wird: „Hier eine Reihe von Dingen, die ich hatte".[10] In dieser Liste wird aufgezählt, wen oder was Stanišić in seiner Kindheit in Jugoslawien besaß, z. B. Vater und Mutter, aber ebenfalls einen Schal des Fußballvereins Roter Stern Belgrad. Es wird also eine Art Inventar der Kindheit erstellt,[11] für das kennzeichnend ist, dass es noch keine Brüche in der individuellen Biografie, in der Kindheitserinnerung, aber auch noch keine zwischen unterschiedlichen Gruppen im jugoslawischen Staat gibt. In diesem Kontext taucht ein narratives Genre auf, das Stanišić „*Choose your own adventure*"[12] nennt: „Als Leser entscheidest du selbst über den Fortgang der Geschichte: *Rufst du: ‚Aus dem Weg, Höllengezücht, sonst schneid ich dir die Adern durch!' – lies weiter auf Seite 306.*"[13]

10 Ebd., S. 11.

11 Vgl. zu diesem Verfahren Delp, Esther: „Ich habe ein Porträt von Višegrad in dreißig Listen geschrieben." Enumerative Erinnerungsstrategien in Saša Stanišićs *Wie der Soldat das Grammofon repariert*. In: Schulte, Sanna; Zech, Christian (Hg.): Exil interdisziplinär 2. Würzburg 2018, S. 135–151.

12 Stanišić, Herkunft (wie Anm. 7), S. 12. Hervorhebungen im Original.

13 Ebd. Hervorhebungen im Original.

Dieses Genre nimmt er am Schluss des Romans wieder auf: Dort werden dem Leser unterschiedliche Möglichkeiten angeboten, die Handlung selbst zusammenzusetzen. Durch diese Wahlmöglichkeiten wird der Leser in die Welt der Familie von Stanišić hineingezogen, weil er entscheidet, wie es mit ihm und seiner Großmutter weitergeht. Die gesamte Handlung findet dabei rund um Oskoruša statt und dreht sich um den Berg und den Drachenhort aus der örtlichen Legende. Eine der Spielregeln lautet dabei: „Du bist ich."[14] Je mehr der Leser sich auf dieses Spiel und die Geschichte einlässt, desto länger wird noch erzählt. Damit begibt sich der Leser mit seinen kulturellen Erfahrungen und Erinnerungen in die Welt von Stanišić, seiner Familie und den Geschichten der Gegend, die weder Bosniern noch Serben zuzuordnen sind, sondern den „Slaven".[15] So entsteht aktuell im Leseprozess ein gemeinsamer Raum, dessen Herkunft aus dem Genre der Kindheit deutlich macht, dass es ihn vor 1991 in Jugoslawien auch gegeben hat.

Der Leser verknüpft also die Familienmythen und die Mythen der Gegend mit seiner eigenen Erfahrung – seinen eigenen Geschichten – und hat insofern an ihnen teil, als er den Fortgang der Geschichte mit seinen Entscheidungen, in welcher Reihenfolge und an welcher Stelle er weiterlesen will, steuert. Im Zusammenspiel zwischen Erzähler und Leser wird auf dem Papier kein Nacheinander konstruiert, der Erzähler gibt keine chronologisch erzählte und gedruckte Geschichte vor, sondern im Leseprozess entsteht eher eine Netzwerkstruktur, die durch die Sprünge und Auslassungen, gemessen an einer linearen Abfolge, und durch die Entscheidungen des Lesers zustande kommt. Diese Netzwerkstruktur kann man als ein narratives Verfahren verstehen, das aus einem Ort und einer linearen Abfolge einen gemeinsamen und geteilten Erzählprozess macht, der dem Konzept des Shared Heritage nahekommt und einen kulturellen Interferenzraum konstituiert. Es entwickelt sich potenziell mit jeder und für jede Leserin und jeden Leser eine andere Geschichte aus dem Material des Gedenkortes Oskoruša, er oder sie konstruiert die Geschichte von Stanišić mit.

3. Warschau als interkultureller Interferenzraum

Katja Petrowskaja erzählt in ihrem Roman *Vielleicht Esther* die Geschichte ihrer polnisch-ukrainischen Familie, die durch die Erfahrung des Holocaust geprägt ist. Sie verbindet dabei Berlin, wo sie mit ihrer eigenen Familie wohnt, mit ihrem Herkunftsort Kiew (Kyjïv, Kiev), sie verknüpft beide Städte aber auch mit den unterschiedlichen Wohnorten ihrer Familie seit etwa 1900 und mit dem Konzentrationslager Mauthausen. Bei der Rekonstruktion der Familiengeschichte spielen Orte deswegen eine große Rolle, weil Petrowskaja bei ihrer Spurensuche Archive und Wohnorte

14 Ebd., S. 291.
15 Ebd.

ihrer Familie in der Vergangenheit bereist und durch diese Reisen der Text generiert wird. Denn durch die Spurensuche an unterschiedlichen Orten werden aus den Fragmenten, die noch ermittelbar sind, wieder Zusammenhänge, aus denen die Familiengeschichte zumindest hypothetisch rekonstruiert werden kann. Dabei verbindet Petrowskajas Erzählverfahren ebenfalls Gedenkorte – denn einen Generationenort besitzt die unter Verfolgung leidende und zerstreute Familie nicht mehr – und kulturelle Interferenzen, weil sich an den Orten, die sie besucht, unterschiedliche Erinnerungskulturen, auch die von Tätern und Opfern, kreuzen. Ihre Art der Verknüpfung sieht jedoch anders aus als im Roman von Stanišić, sie konstruiert aber ebenfalls Orte, die mit dem im Archiv gespeicherten Wissen verflochten sind. Am deutlichsten wird diese Tendenz beim Besuch der Ich-Erzählerin in Warschau.[16] Dadurch, dass sie Zeugnisse von ihren Familienmitgliedern sucht, die vor dem Holocaust und der Zerstörung Warschaus durch die deutschen Truppen dort gelebt haben, werden unter der Oberfläche des aktuellen Warschaus zwei Zeitebenen freigesetzt, erstens die des Warschauer Ghettos und des Holocaust, zweitens aber die Periode des Zusammenlebens von jüdischen und katholischen Bewohnern vor der Verfolgung, etwa 1905, als ihre Großmutter in Warschau geboren wurde. Diese Schichtung der Zeitebenen verknüpft die Erzählerin mit der Suche nach einem Zeugnis ihrer Verwandten, die in einem bestimmten Haus gewohnt haben, das es nicht mehr gibt. Dieses Haus wird dadurch, dass es fehlt – wie das Dorf Oskoruša, das stirbt, und die Ruine des Hauses der Urgroßeltern bei Stanišić –, zum nur noch auf alten Karten von Warschau verzeichneten Gedenkort, der aber zur Recherche und damit auch zur Erzählung der Ich-Erzählerin führt. Passenderweise heißt das Kapitel, in dem die Geschichte des Hauses erzählt wird, „Family Heritage".[17]

Auch hier entsteht im Text ein Interferenzraum, indem Petrowskaja unterschiedliche Gruppen anhand dieses Ortes miteinander verknüpft. Zunächst findet die Ich-Erzählerin ein Foto des Hauses, weil sie einem Hinweis der Mitarbeiterin des *Jewish Genealogy & Family Heritage Centers* folgt. Diese schickt sie zum *Żydowski Instytut Historyczny*, in dessen Beständen sie zusammen mit dem dortigen Mitarbeiter ein Foto aus der Zeit der deutschen Besatzung entdeckt. Dieses hat der Mitarbeiter wiederum einem Angehörigen der Wehrmacht abgekauft, durch die Entdeckung des Fotos ist damit „die Wiederholung der einstigen Täterperspektive" möglich.[18] Durch

16 Vgl. Perrone Capano, Lucia: Migrierende Geschichten. Transnationale Erinnerungsräume in Katja Petrowskajas *Vielleicht Esther*. In: Rădulescu, Raluca; Perrone Capano, Lucia; Gagliardi, Nicoletta; Wilke, Beatrice (Hg.): Interkulturelle Blicke auf Migrationsbewegungen in alten und neuen Texten. Berlin 2018, S. 95–109.

17 Petrowskaja, Katja: Vielleicht Esther. Frankfurt/M. 2014, S. 106–108.

18 Heidemann, Gudrun: Auf den Spuren der Vorfahren oder Nachkommen. Autogeografik in Katja Petrowskajas *Vielleicht Esther*, Tomasz Różyckis *Dwanaście stacji* (*Zwölf Stationen*) und Sabrina Janeschs *Katzenberge*. In: Kupczyńska, Kalina; Kita-Huber, Jadwiga (Hg.): Autobiografie intermedial. Fallstudien zur Literatur und zum Comic. Bielefeld 2019, S. 105–120, hier S. 111.

seine Geschichte wird das geteilte Erbe von polnischen Juden, Polen und Deutschen an einem bestimmten Ort in Warschau deutlich, an dem Opfer und Täter weiter repräsentiert sind. So wird Warschau zu einem Ort, der gleichermaßen mit dem Wissen um die jüdischen Bewohner aus drei unterschiedlichen Zeitschichten verknüpft ist, Fragmente der Familiengeschichte gespeichert hat und ein Gedenkort des Zweiten Weltkriegs und des Holocaust ist. Damit entstehen kulturelle Interferenzen zwischen jüdischen, polnischen und deutschen Erinnerungstopografien, zwischen individueller und kollektiver Erinnerung.[19] Gleichzeitig betreibt Petrowskaja aber auch ‚Konfliktforschung am Objekt', wenn sie erzählt, wie die Erinnerungskultur des Holocaust das jüdische Leben in Warschau um 1900 verdeckt: „Es genügte die Worte Warschau und Juden auszusprechen, und schon reden alle über das Ghetto, als ob es ein mathematischer Vorgang wäre, Warschau plus Juden gleich Ghetto. [...] Ich versuchte mich dagegen zu wehren, ich wiederholte, dass das Ghetto natürlich das Wichtigste sei, ich hier aber meine Geschichte suche, die viel früher angefangen hat, meine Großmutter sei 1905 in Warschau geboren [...]."[20] Ihr geht es darum, ihr Familienerbe auch vor dem Holocaust zu verfolgen. Dadurch wird aber das geteilte Erbe, das mit der Stadt Warschau verbunden ist, konfliktreicher, weil eine weitere Zeitschicht dazu kommt, es wird aber ebenso um einen Aspekt reicher und vielstimmiger und zeigt damit die Netzwerkstruktur eines kulturellen Interferenzraumes.

Diese öffentliche, stadträumliche Konstruktion eines kulturellen Interferenzraumes lässt sich von Stanišićs Roman absetzen, in dem der gemeinsame Raum zwischen Erzähler und Leser im Zusammensetzen der Geschichte konstruiert wird. Medial spielt bei Petrowskaja dagegen das Foto der Warschauer Häuserzeile die entscheidende Rolle: Es dient als Beleg für das Netzwerk an Zugehörigkeiten. Für den Leser nachvollziehbar wird dieses Netzwerk aber erst dadurch, dass es zum Erzählanlass wird und die Erzählerin ihm die kulturellen Interferenzen, die mit dem Foto verbunden sind, auffächert.

4. Verdecktes Erbe

In Lena Goreliks Roman *Die Listensammlerin* sind es dagegen die Tolstoj-Porträts, die aus der Münchner Wohnung der Mutter einen kulturellen Interferenzraum für die Tochter machen. Im Zentrum des Romans steht ein Generationenkonflikt zwischen der Ich-Erzählerin Sofia, die inzwischen selbst eine kleine Tochter hat, und ihrer Mutter bzw. auch ihrer Großmutter. Die beiden älteren Frauen hüten ein

19 Auch Chiara Conterno beschreibt diese Struktur als „Netz", das durch die verschiedenen „Netzpunkte" die „Zirkulation und den Austausch des Gedächtnisses" ermöglicht. Vgl. Conterno, Chiara: Erinnerungstopographien in Katja Petrowskajas *Vielleicht Esther*. In: Jahrbuch für internationale Germanistik 50/1 (2018), S. 233–245, hier S. 233.

20 Petrowskaja, Vielleicht Esther (wie Anm. 17), S. 102.

Familiengeheimnis, das mit der Geschichte der Familie in der Sowjetunion zusammenhängt, aus der sie geflohen ist, als die Ich-Erzählerin noch ein Säugling war. Durch die Rebellion des Bruders und Sohns der beiden Frauen gegen den Stalinismus wurde nicht nur er, sondern auch der Vater der Ich-Erzählerin verurteilt, beide sind in einem Straflager gestorben. Diese Vergangenheit wird der Ich-Erzählerin jedoch verheimlicht. Ihre Mutter hat nach dem Tod des Vaters einen deutschen Freund geheiratet, der ihr bei der Flucht geholfen hat und der Tolstoj-Spezialist ist. Während ihres Erwachsenwerdens erlebt die Tochter die deutsche Wohnung als Gedenkort, der an Tolstoj erinnert, gleichzeitig hat sie aber den Eindruck, dass Tolstoj fast als Familienmitglied und wie ein russischer Onkel verstanden wird. Erst durch ihre Recherche der Familiengeschichte wird ihr klar, dass ein tatsächlicher russischer Onkel fehlt, der quasi durch Tolstoj ersetzt wurde. Dieser umgekommene Onkel wird im Laufe des Romans dann in die Familiengeschichte wieder eingefügt.

Anders als in den anderen beiden Texten haben wir es in Goreliks Roman ausschließlich mit privaten Räumen zu tun, die medial durch den Bezug zu Tolstoj mit Schrift verbunden sind. Der Schriftsteller ist einerseits mit der Wohnung der Mutter verknüpft, andererseits aber auch mit ihrer Heimat, die sie wegen den dissidentischen Aktionen ihres Bruders verlassen musste. Es gibt in diesem Roman keinen Generationenort, weil Teile der Familiengeschichte, die in Russland passiert sind, konsequent verschwiegen werden. Erst als die Großmutter wegen ihrer Demenz ins Pflegeheim muss, findet Sofia in ihrer Wohnung ihr *family heritage*, einen Koffer mit russischen Listen von Grischa, dem Onkel, der ihr verschwiegen wurde. Die Listen werden dann zum Auslöser des Gedenkens und treiben die Geschichte an, weil Sofia selbst auch eine ‚Listensammlerin' ist.

Was aber durch die deutschen Bekannten der Mutter und die Schulkameradinnen von Sofia deutlich wird, ist, dass die von Sofia als Ort kultureller Interferenzen verstandene, durch Tolstoj dominierte Wohnung von ihren Besuchern als seltsam empfunden wird. So wird mit ihnen zusammen im Gedenken an Tolstoj kein (europäisches) Shared Heritage konstituiert – auch wenn sie wissen, wer Tolstoj war. Die Mischung von deutscher und russischer Kultur, die Sofia als kennzeichnend für die Wohnung beschreibt, wird von ihnen nicht anerkannt, sondern als fremd wahrgenommen.[21] Insofern wird hier eine Dichotomie aufrechterhalten, die auch andere Romane von Gorelik kennzeichnet.[22]

Die Listen, die Sofia und Grischa erstellen, zeigen einerseits eine Familienähnlichkeit und bedeuten für Sofia ein Familienvermächtnis, andererseits bleibt eine Differenz dadurch bestehen, dass sie in unterschiedlichen Sprachen verfasst sind und

21 Vgl. Gorelik, Lena: Die Listensammlerin. Reinbek bei Hamburg 2015, S. 95f.

22 Vgl. dazu Biendarra, Anke S.: Cultural Dichotomies and Lived Transnationalism in Recent Russian-German Narratives. In: Herrmann, Elisabeth; Smith-Prei, Carrie; Taberner, Stuart (Hg.): Transnationalism in Contemporary German-Language Literature. Rochester-New York 2015, S. 209–227, hier S. 211.

Sofia die russischen Listen nicht entziffern kann. Der Erzählvorgang wird aber wiederum aus diesen Listen heraus und um sie herum entwickelt: Sofia rekonstruiert mit ihnen ihre eigene Geschichte, aber auch die Geschichte ihres Onkels, indem sie ihre und seine Listen in die Geschichte der Familie einbettet. Die kulturellen Interferenzen entstehen so durch ein sinnfreies Prinzip, nämlich auf Russisch oder auf Deutsch Listen zu schreiben. Diese Listen sind zudem hierarchielos, weil sie im Wesentlichen Aufzählungen sind (z. B. „Liste der Dinge, die ich über meinen Vater weiß“[23] oder „Das sowjetische Erbe meiner Mutter“[24]), die eine Art Archiv bilden und insofern mit Stanišićs Inventarisierung seiner Kindheit vergleichbar sind. Darüber hinaus konstruieren sie einen imaginären oder material schriftlichen Raum auf dem Papier. Dieser Raum entspricht Serres' Konzept von Interferenz deswegen, weil dadurch ein Netzwerk entsteht, das Sofia mit ihrem toten Onkel verbindet – aber außerdem die russische und die deutsche Sprache, denn in beiden Sprachen kann man Listen schreiben und sie erkennen, auch wenn man die andere Sprache nicht versteht. Deswegen ist der kulturelle Interferenzraum, um den es bei Gorelik geht, dort, wo Literatur immer ist, nämlich auf dem Papier. Insofern gibt es in Goreliks Roman einerseits ein sprachliches, aber ebenso materielles Objekt, eben die Liste, aus der heraus die familiären Konflikte erzählt werden, andererseits werden im Erzählen die russische Sprache und die russische Geschichte Grischas, die vom Stalinismus geprägt ist, mit der in Deutschland spielenden Familiengeschichte verbunden. Dieses Netzwerk der Erzählungen kann durchaus mit Stanišićs Verfahren in *Herkunft* parallelisiert werden, denn auch dort wird durch die Entscheidung der Leserin oder des Lesers eine Verwobenheit von mindestens zwei Geschichten und zwei Herkünften produziert.

Alle drei Romane verknüpfen also ihr Raumkonzept mit kulturellen Interferenzen: Beim Roman von Stanišić ist es der geteilte Raum von Leser, Erzähler und der von slawischen Mythen geprägten Landschaft, in Petrowskajas Text werden nicht nur allgemein Orte und unterschiedliche geschichtliche Erfahrungen miteinander verwoben, sondern auch Warschau im Speziellen als ein Ort inszeniert, der einen Knotenpunkt in einem Netzwerk sehr unterschiedlicher kultureller Interferenzen bildet. Beide Romane versuchen, in diesen Räumen ein mit den Lesern geteiltes Erbe herzustellen, ohne die Konfliktlinien zu verleugnen. Goreliks Roman fügt dieser Konstruktion kultureller Interferenzräume zwei weitere Aspekte hinzu, indem sie einerseits darauf hinweist, dass diese Konstruktion auch scheitern kann, wenn die Gemeinsamkeit nicht anerkannt wird. Andererseits erschließt ihr Roman den Text als Raum, in dem ein gemeinsames Erbe entstehen kann.

Wollte man die unterschiedlichen narrativen Konstruktionen kultureller Interferenzräume in den drei Romanen zusammenfassen, so kann man sagen, dass die

23 Gorelik, Die Listensammlerin (wie Anm. 21), S. 128–130.
24 Ebd., S. 219–221.

mediale Qualität sehr gezielt eingesetzt wird, um spezifisch literarische kulturelle Interferenzräume zu schaffen. Während Stanišić den Leser in seine Geschichte hereinzieht und so die kulturellen Räume von Erzählendem, Figuren und Leser verschmilzt, zeigt der Roman von Petrowskaja diese Räume anhand von Schichtungen des Ortes Warschau und von Überlieferungsformen wie dem Foto, das unterschiedliche Besitzer hat. Gorelik wiederum führt vor, dass die Schaffung von kulturellen Interferenzräumen auch von der Anerkennung der Interferenz abhängt – so verstehen die deutschen Besucher der mütterlichen Wohnung diese als seltsam russisch und nicht als Angebot, über die Tolstoj-Porträts einen gemeinsamen, literarisch geprägten, europäischen Raum zu schaffen. In der Erfahrung der Ich-Erzählerin entsteht aber durch die deutschen und russischen Listen ein kultureller Interferenzraum auf dem Papier, dieser bleibt insofern privat, als er Teil der Familiengeschichte ist. Das Delegieren von narrativen Entscheidungen an den Leser, die Pluralisierung von Herkünften und Zeitebenen und die Schaffung eines privaten kulturellen Interferenzraumes auf dem Papier wären damit die unterschiedlichen Strategien der literarischen Konfliktforschung und Angebote für ein Shared Heritage, das die Romane gleichzeitig etablieren.

Joanna Jabłkowska

Deutsch-polnische Interferenzräume. Zur Entropie der nationalen Kultur

Der Begriff der Interferenz, der sich durchdringenden Wellen, illustriert treffend ein Phänomen, mit dem sich die zeitgenössische polnische Literatur seit ungefähr dreißig Jahren auseinandersetzt. Nach dem Zweiten Weltkrieg wurde in Schule und Medien ein Bild von Polen als einem Nationalstaat mit festen Grenzen, einer Sprache und einer schwindenden Zahl von Minderheiten vermittelt. Seit den 1970er Jahren wurde allerdings der Begriff *Kresy* wiederbelebt, der die ehemaligen polnischen Gebiete im Osten bezeichnet, die geradezu beispielhaft multikulturell waren. Während die *Kresy*-Literatur eine Konjunktur erlebte, die bis heute währt,[1] war die Geschichte der ehemals deutschen Räume problematischer. In der Volksrepublik Polen wurden sie ‚Wiedergewonnene Gebiete' genannt und Menschen, die dorthin aus dem verlorenen *Kresy*-Osten umgesiedelt wurden, hießen ‚Repatrianten'.[2] Nach der Transformation von 1990 brachte der Generationenwechsel das Interesse für das Unbekannte und Fremde in der eigenen Heimat mit sich. Was Hans-Christian Trepte über den Raum Niederschlesien schreibt, lässt sich verallgemeinern und auf andere ehemals deutsche Gebiete, die jetzt zum polnischen Staat gehören, übertragen:

> „Es dauerte lange, bis sich nach der anfänglichen Phase der Tilgung und Vernichtung sämtlicher Zeugnisse der deutschen Vergangenheit [...] ein neues Interesse für die deutsche Vergangenheit der neuen Heimat entwickeln konnte, das zu einem eigenen, selbstbewussten und neuen Regionalbewusstsein [...] führte, das die deutsche Vergangenheit dieser Region ausdrücklich mit einschloss."[3]

1 Als deutschsprachige Einführung zum Begriff *Kresy* empfiehlt sich der Artikel von Kleßmann, Christoph; Traba, Robert: Kresy und Deutscher Osten. Vom Glauben an die historische Mission – oder wo liegt Arkadien? In: Hahn, Hans Henning; Traba, Robert (Hg.): Deutsch-Polnische Erinnerungsorte. Band 3: Parallelen. Paderborn 2012, S. 37–70.

2 Zu dieser Problematik ist die polnische Forschungsliteratur sehr umfangreich. Als Orientierung empfehle ich einen deutschsprachigen Artikel, der sich auf die kulturelle Dimension der ‚Repolonisierung' der ehemals deutschen Gebiete konzentriert, von Żytyniec, Rafał: „Sozialistische Repolonisierung". Die ‚Wiedergewonnenen Gebiete' im sozialistischen Realismus – der sozialistische Realismus in den ‚Wiedergewonnenen Gebieten'. In: Nordost-Archiv 16 (2007), S. 348–363.

3 Trepte, Hans-Christian: Zur polnischen Literatur des westlichen Grenzraumes. In: Białek, Edward; Buczek, Robert; Zimniak, Paweł (Hg.): Eine Provinz in der Literatur. Schlesien zwischen Wirklichkeit und Imagination. Wrocław-Zielona Góra 2003, S. 249–263, hier S. 249. Auf Trepte beruft sich auf Seite 173 Jolanta Pacyniak, die eine komparatistische Studie zur literarischen Gegenständlichkeit in der deutschen und polnischen Literatur publizierte. Sie behandelt die Funktion der Räume

Während die historische Forschung mühsam Fakten erkundet, die zwar nicht weit zurückliegen, doch beflissen verdrängt worden sind, versucht die Literatur, das verschüttete Gestern im Erzählen neu zu entdecken und das Vergessene zu rekonstruieren.[4] Hinzu kommt, dass viele polnische Autor*innen aus den Regionen wie beispielsweise Nieder- und Oberschlesien, Danzig (Gdańsk), Stettin (Szczecin) oder den Masuren stammen, in denen bis heute Spuren einer Kultur zu finden sind, die sich von der mittelpolnischen unterscheidet. Jede Autorin und jeder Autor findet eine eigene Annäherung an diese Problematik, der man unterschiedliche Namen geben kann: Durchdringung oder Überlagerung der Kulturen, kulturelle Palimpseste, Kulturtransfer etc.[5]

Seltener wird indessen in der polnischen Literatur nach 2000 ein standhaftes generationenlanges Leben von Familien oder größeren Gemeinschaften problematisiert. Interessanter sind Unsicherheit und Hinterfragung der eindeutigen Identität, die der Nachkriegsgeneration aufoktroyiert wurde. In der Literaturwissenschaft wurde bereits darauf hingewiesen, dass sich diese Tendenz in Anlehnung an das postkoloniale Deutungskonzept beschreiben lässt, gleichwohl à rebours; indem man die Perspektive der (polnischen) Opfer und der (deutschen, russischen) Besatzer kontextualisiert und ergänzt. Dies scheint das Anliegen der polnischen Autor*innen nach 1990 zu

---

und Dinge in Romanen, die u. a. die ‚Wiedergewonnenen Gebiete' thematisieren. Vgl. Pacyniak, Jolanta: Von Menschen, Dingen und Räumen. Konstruktionen literarischer Gegenständlichkeit in ausgewählten Werken der deutschen und polnischen Gegenwartsliteratur. Berlin 2019 (Lubliner Beiträge zur Germanistik und angewandter Linguistik 11), bes. S. 153–301.

4 Eine gute Einführung in diese Problematik aus einer subjektiven Perspektive gibt Karolina Kuszyk. Sie berichtet in einer langen, unterschiedliche kleine Geschichten sammelnden Buchreportage über die langsame Domestizierung ehemals deutscher Gebiete, die man in Polen oft *poniemieckie* nennt. Dies bedeutet wörtlich übersetzt ‚von den Deutschen stammend', ‚von Deutschen übernommen' oder ‚ehemals deutsch'. Sie erzählt Schicksale von Menschen, die aus anderen Teilen Polens in den einst deutschen Osten umgesiedelt wurden, macht aufmerksam auf Orte, Gebäude und auf scheinbar unbedeutende Gegenstände wie Küchengeschirr oder Werkzeug, die von den neuen Einwohnern benutzt und mit der Zeit als *poniemieckie* akzeptiert wurden. Vgl. Kuszyk, Karolina: Poniemieckie. Wołowiec 2019. In deutscher Übersetzung erschienen als Dies.: In den Häusern der Anderen. Spuren deutscher Vergangenheit in Westpolen. Aus dem Polnischen von Bernhard Hartmann. Berlin 2022.

5 Die Forschungsliteratur zum Phänomen der Kulturinterferenz oder des Kulturtransfers ist umfangreich. Im deutsch-polnischen Kontext sind die Publikationen von Klaus Zernack besonders wertvoll, obwohl sie eine geschichtswissenschaftliche und keine kultur- oder literaturwissenschaftliche Perspektive vertreten. Zernack führte den Begriff der Beziehungsgeschichte ein, der sich in Bezug auf literarische Werke, die die ehemaligen deutschen, heute polnischen Gebiete thematisieren, gut anwenden lässt. Vgl. Zernack, Klaus: Preußen – Deutschland – Polen. Aufsätze zur Geschichte der deutsch-polnischen Beziehungen. Berlin 1991; Ders.: Das Jahrtausend deutsch-polnischer Beziehungsgeschichte als geschichtswissenschaftliches Problemfeld und Forschungsaufgabe. In: Fritze, Wolfgang H.; Ders. (Hg.): Grundfragen der geschichtlichen Beziehungen zwischen Deutschen, Polaben und Polen. Berlin 1976, S. 3–46.

sein.[6] Wenn man die Kategorie der Interferenz als Metapher verstehen würde, dann wäre der Begriff der Brandung eine sinnvolle Ergänzung: Die Literatur konzentriert sich auf Phänomene, die mit Turbulenzen und Unruhe verbunden sind. Erst langsam lagern sich ‚Sedimente' der Identität ab und entwickeln eine neue Schicht.

Im Folgenden versuche ich, nach einer sich im Prozess des Erzählens herauskristallisierenden (Post-)Identität in der jungen polnischen Literatur zu fragen. Es existiert kein einheitliches Narrativ für diese Identitätssuche, obwohl in der Forschung versucht wird, ein literarisches Post-Umsiedler-Konzept zu entwickeln, mit dem unterschiedliche Entwürfe erfasst werden könnten.[7] Ich wähle Werke, die räumlich dort angesiedelt sind, wo nationale Unsicherheit herrschte, Deutsch und Polnisch miteinander konkurrierten, und ich versuche Modelle vorzuschlagen, die nicht die einzig möglichen sind, die aber zeigen, wie unterschiedlich die polnische Literatur auf die deutsch-polnischen Interferenzräume reagiert.

Ein Modell spare ich bewusst aus, weil es bereits oft zum Gegenstand literaturwissenschaftlicher Analysen wurde. Die ehemals multikulturellen deutschen Städte wie Danzig (Gdańsk) oder Breslau (Wrocław), Landschaften, kleinere Räume wie Wohnungen, darüber hinaus banale Gegenstände wie ein Tisch oder ein Küchenschrank sind Zeugen der Narrative über die deutsch-polnischen Verflechtungen und über das Unbekannte, das sich im Vertrauten offenbart. Es ist charakteristisch, dass nicht nur wichtige Kulturzentren und bekannte geographische Regionen literarisiert werden. Neben den zwei oben genannten Städten mit einer reichen multinationalen Tradition werden kleine oder ‚touristisch' unbedeutende Ortschaften als Mittelpunkt der Handlung gewählt. Unter der äußeren Hülle einer wenig interessanten Gegenwart wird eine verdrängte alte Schicht entdeckt.[8] Im Vordergrund dieser Narrative stehen Figuren wie Hanemann bei Stefan Chwin, Frau Greta bei Paweł Huelle, Ula bei Inga Iwasiów oder die Protagonist*innen aus einigen Prosatexten von Olga Tokarczuk, allen voran die Hauptfiguren des Romans *Dom dzienny, dom nocny* (1998, dt. *Taghaus,*

6 Vgl. dazu auf Deutsch von Dąbrowski, Mieczysław: Danziger/Gdańsker Literatur postkolonial? Ethnien in der großen Geschichte. In: Germanoslavica. Zeitschrift für germano-slawische Studien 1–2 (2017), S. 123–139.

7 Vgl. Iwasiów, Inga: Hipoteza literatury neo-post-osiedleńczej [Hypothese der Neo-Post-Umsiedler-Literatur]. In: Gosk, Hanna (Hg.): Narracje migracyjne w literaturze polskiej XX i XXI wieku [Migrationsnarrationen in der polnischen Literatur im 20. und 21. Jahrhundert]. Kraków 2012, S. 209–225, hier S. 220; vgl. Izdebska, Agnieszka: Opowieści o „miastach odzyskanych" – proza Stefana Chwina, Pawła Huellego, Joanny Bator i Ingi Iwasiów [Erzählungen über die „Wiedergewonnenen Städte" – Prosa von Stefan Chwin, Paweł Huelle, Joanna Bator und Inga Iwasiów]. In: Białostockie Studia Literaturoznawcze 5 (2014), S. 29–44, hier S. 30f.

8 So interpretiert Paula Szewczyk die Romane von Joanna Bator und Inga Iwasiów. Vgl. Szewczyk, Paula: Miasto w prozie kobiet początku XXI wieku: *Bambino* Ingi Iwasiów i *Piaskowa góra* Joanny Bator [Die Stadt in der erzählenden Prosa von Autor*innen am Anfang des 21. Jahrhunderts: *Bambino* von Inga Iwasiów und *Sandberg* von Joanna Bator]. In: Czytanie Literatury. Łódzkie Studia Literaturoznawcze 4 (2015), S. 11–27.

Nachthaus, 2001).[9] Oft sind es Kinder oder (junge) Frauen, die die Gabe haben, unvoreingenommen und unbeschwert das Vergangene zu entdecken.

Um eine andere Dimension der Problematik anzudeuten, wähle ich Beispiele aus den letzten Jahren, die einen modellhaften Charakter besitzen und in denen gleichzeitig nach neuen, untypischen narrativen Lösungen gesucht wird: Joanna Bators (geb. 1968) Romane *Piaskowa góra* (2009, dt. *Sandberg*, 2012) und *Chmurdalia* (2010, dt. *Wolkenfern*, 2014),[10] Paweł Huelles (1957–2023) *Castorp* (2004, dt. 2005)[11] und Szczepan Twardochs (geb. 1979) *Drach* (2014, dt. 2016).[12] Die Frage, die ich stelle und hier exemplarisch am Beispiel der Werke von den drei genannten Autor*innen beantworten will, lautet: Wie geht die polnische (Post)Identität im Prozess des Erzählens mit der Entropie des Nationalen um, die angesichts der Entdeckung des Fremden an bekannten Orten oder des Fremden in sich selbst immer intensiver wird? Unter Entropie verstehe ich umgangssprachlich Unordnung und Unruhe, Flucht, Bewegung von einem festen Punkt aus in eine unsichere Unendlichkeit.

1. Joanna Bators Romane *Sandberg* und *Wolkenfern*. Zwischen Provinzialität und Weltbürgertum

Für das erste Modell bieten sich Joanna Bators Romane an, da sie sich dem oben kurz angedeuteten Muster, nach dem eine bisher unbekannte Kultur in der eigenen Heimat entdeckt wird, am deutlichsten entziehen. Sind die meisten Helden von Danziger Autoren bereit, sich auf die deutsche und jüdische Überlieferung ihrer Stadt einzulassen, versucht Tokarczuk, mit Hilfe des magischen Realismus das Unbekannte zu bannen, scheint Bators Poetik in ihren ersten Werken, den Romanen *Sandberg* und *Wolkenfern*, die Interaktionen, die offensichtlich sein könnten, zu meiden. Die Romane erzählen über unterschiedliche Lebensgeschicke, die sich miteinander verbinden und ins Unendliche zu verbreiten versuchen. Doch die Handlung nimmt ihren Anfang in der polnischen Provinz, die alles Unbekannte anfeindet.

9 Vgl. Chwin, Stefan: Hanemann. Gdańsk 1995; Ders: Tod in Danzig. Aus dem Polnischen von Renate Schmidgall. Berlin 1997; Huelle, Paweł: Śpiewaj ogrody [Singe die Gärten]. Kraków 2014; Iwasiów, Inga: Bambino. Warszawa 2008; Tokarczuk, Olga: Dom dzienny, dom nocny. Wałbrzych 1998; Dies.: Taghaus, Nachthaus. Aus dem Polnischen von Esther Kinsky. München 2001.

10 Bator, Joanna: Piaskowa Góra. Warszawa 2009; Dies.: Sandberg. Aus dem Polnischen von Esther Kinsky. Berlin 2012. Dies.: Chmurdalia. Warszawa 2010; Dies.: Wolkenfern. Aus dem Polnischen von Esther Kinsky. Berlin 2012.

11 Huelle, Paweł: Castorp. Gdańsk 2004; Ders.: Castorp. Aus dem Polnischen von Renate Schmidgall. München 2005.

12 Twardoch, Szczepan: Drach. Kraków 2014; Ders.: Drach. Aus dem Polnischen von Olaf Kühl. Berlin 2016.

Sandberg ist ein Plattenbauviertel in Bators Heimatstadt Wałbrzych (Waldenburg). Der Ortsname Piaskowa Góra (Sandberg) weist wortwörtlich auf den geologischen Charakter dieses Stadtteils hin: Es ist eine Anhöhe, auf der sich früher – aufgrund reicher Sandvorkommen – eine Glashütte befand. Dieser Ort ist Schauplatz des ersten Romans, da nur an einigen, allerdings sehr wichtigen Stellen die Handlung nach Wrocław und Zalesie verlegt wird, in ein Dorf in der Nähe von Skierniewice, unweit von Warschau. In Wałbrzych wurden nach dem Zweiten Weltkrieg der bereits im 18. Jahrhundert von Preußen entwickelte Bergbau und andere Industriezweige weiter betrieben, zum Teil noch mit Hilfe deutscher Spezialisten, sodass es keiner großen Mühe bedurfte, die deutsche Prägung der Stadt zu entdecken. Deutsche Spuren sind im heutigen Wałbrzych und in der Umgebung bis in die Gegenwart sichtbar. Am Rande der Stadt steht das größte und unzerstörte schlesische Schloss Fürstenstein, das legendenumwobene Książ. Der Fürstin Daisy Hochberg von Pless und ihrer Perlenkette wurden einige literarische Werke gewidmet. Joanna Bator thematisiert sie in ihrem späteren Roman *Ciemno, prawie noc* (2012, dt. *Dunkel, fast Nacht*, 2016).[13] Książ wird in *Sandberg* an einigen Stellen beiläufig genannt, nicht als ein ursprünglich deutsches Schloss, sondern als ein Ort, an dem Traumhochzeiten in den Phantasien der Wałbrzycher Frauen gefeiert werden können. Die unrühmliche NS-Zeit hinterließ mehrfach Spuren in und um Wałbrzych. Die Stadt besitzt beispielsweise eine bemerkenswert berüchtigte Sehenswürdigkeit, das Schlesier Ehrenmal Totenburg, eingeweiht im Juni 1938, das bis heute in einem relativ guten Zustand erhalten ist. Gerade diese offensichtliche Anknüpfungsmöglichkeit an die deutsche Vergangenheit wird im Roman kaum erwähnt.

Das KZ Groß-Rosen lag ca. 30 km von Waldenburg entfernt. Obwohl das jüdische Schicksal ein wichtiges Motiv in *Sandberg* ist – die zentrale Protagonistin Dominika Chmura erfährt, dass ihr Großvater ein Jude war, den ihre Großmutter mütterlicherseits vor dem Tod rettete – will der Roman auf Groß-Rosen gar keinen Bezug nehmen. Immerhin bleibt die Anwesenheit der Juden in der Stadt unmittelbar nach dem Zweiten Weltkrieg nicht unerwähnt, nicht zuletzt über deutliche Hinweise auf den Antisemitismus der heutigen Wałbrzycher.[14] In diesem Zusammenhang macht Bator auf Wortassoziationen aufmerksam, deren Grausamkeit man erst entdeckt, wenn man sie aus ihrer alltäglichen Bedeutung herausschält. Ein solches Wort, *niedobitki*, wurde – so Bator – auf Juden bezogen, die sich in der Stadt nach dem Krieg ansiedelten und die von Deutschen verlassenen Wohnungen übernahmen.[15]

13 Vgl. Bator, Joanna: Ciemno, prawie noc. Warszawa 2012; Dies.: Dunkel, fast Nacht. Aus dem Polnischen von Lisa Palmes. Berlin 2016.

14 Vgl. dazu Magdalena Waligórska im Gespräch mit Joanna Bator und ihrer Übersetzerin Esther Kinsky: „O Żydzie na strychu i tożsamości mieszańca." Rozmowa z Joanną Bator i Esther Kinsky [„Vom Juden auf dem Dachboden und der Identität des Hybriden". Gespräch mit Joanna Bator und Esther Kinsky]. In: Przekładaniec 29 (2014), S. 265–273, hier S. 267–270.

15 Vgl. ebd., S. 268.

Niedobitki bedeutet Überlebende, wörtlich ins Deutsche übersetzt, heißt es: diejenigen, die dem Todesstoß entkommen sind; die (noch) nicht Getöteten. Die Erwähnung der jüdischen Geretteten verbindet auf eine geradezu unheimliche Art und Weise die nationalsozialistische mit der Nachkriegsgeschichte von Niederschlesien.

Gerhart und Carl Hauptmann, die in Ober Salzbrunn (Szczawno-Zdrój) geboren wurden, heute eingemeindet von Wałbrzych, bleiben unerwähnt. Szczawno-Zdrój spielt jedoch eine bedeutende Rolle im Hintergrund der Handlung, denn dort arbeitet Grażynka, die nächste Freundin von Dominikas Großmutter väterlicherseits. Sie lernt in dem Ort Hans kennen, einen deutschen Großbauern, und heiratet ihn. Hans besucht jedes Jahr im Urlaub seinen Heimatort und macht Versöhnungsversuche, die vom schlechten Gewissen getrieben werden, denn sein Vater war ein Naziverbrecher. Die polnische Bevölkerung des heutigen Szczawno-Zdrój will indes von seinen guten Vorsätzen nichts wissen und interessiert sich weder für seinen Nazi-Vater noch für seine Wiedergutmachungsmoral.

Der Roman *Sandberg* folgt nicht der Spur, die bereits von anderen Werken polnischer Literatur vorgezeichnet wurde, ebenfalls nicht der Spur, die Joanna Bators persönliche Erfahrung andeutet. Sie versteht ihre Sozialisation im polnischen Wałbrzych als Erziehung in einem Raum, der deutsche Wurzeln hat: „Jestem poniemiecka, jak Wałbrzych."[16] [Ich bin wie Wałbrzych *poniemiecka*, J. J.]. Bator nennt als Beispiel eine Punschterrine, die sie von ihrer Großmutter geerbt hat, die ursprünglich der unbekannten deutschen Besitzerin ihrer Wohnung gehörte. Sie weist also auf eine verwandte Entwicklung hin, die Huelle, Chwin oder Tokarczuk repräsentieren:[17] Alltagsgegenstände und Räume tragen zur Internalisierung einer einst fremden Identität bei. Zu einem ähnlichen Verständnis für die deutsche Vergangenheit der eigenen Stadt sind die Sandberg-Bewohner nicht fähig.

16 Rozmowa z Joanną Bator [Gespräch mit Joanna Bator]. In: Rozmowy na granicy [Gespräche an der Grenze]. Rozmawiają [Es sprechen] Zduniak-Wiktorowicz, Małgorzata; Filipowicz-Tokarska, Ksymena. Collegium Polonicum. Słubice 2016, S. 11; Vgl. Waligórska/Bator/Kinsky, O Żydzie na strychu i tożsamości mieszańca (wie Anm. 14), S. 271. Zum Begriff *poniemiecki* vgl. Anm. 4.

17 In der polnischen Literaturwissenschaft wird versucht, die literarischen Werke aus den ehemals deutschen Gebieten als *literatura małych ojczyzn* [Literatur der kleinen Vaterländer] zu beschreiben. Darunter könnte man eine Form der ‚Heimatliteratur' verstehen, was aber irreführend wäre. Dies bedeutet Internalisierung einst fremder Räume und (Alltags-)Kulturen sowie Bereicherung der eigenen Identität um Teile der Identität, die mit der Vergangenheit der ‚Wiedergewonnenen Gebiete' verbunden sind. Eine solche Deutung vertritt Paulina Urbańska in einem sehr repräsentativen Band über das literarische Danzig: Urbańska, Paulina: Trudna tożsamość. *Hanemann* Stefana Chwina – *Piaskowa Góra* Joanny Bator [Schwierige Identität. *Tod in Danzig* von Stefan Chwin – *Sandberg* von Joanna Bator]. In: Mosakowski, Janusz; Dąbrowski, Bartosz; Młynarczyk, Radosław; Nowaczewski, Artur (Hg.): O Gdańsku literackim 1945–2015. Archeologie miejsca, palimpsesty historii [Über das literarische Danzig 1945–2015. Archäologien der Orte, Palimpseste der Geschichte]. Gdańsk 2018, S. 188–196. Auch Urbańska weist auf den grundsätzlich unterschiedlichen Blick auf diese Heimatorte von Chwin und Bator hin.

Am Beispiel von Halina Chmura, der Großmutter Dominikas, die aus einem polnischen Dorf nach Wałbrzych umgesiedelt wurde, verdeutlicht Jolanta Pacyniak, wie in *Sandberg* der Umgang der ‚Repatrianten' mit dem neuen Ort problematisiert wird:

> „Diese Häuser, die die Deutschen verlassen haben und in denen nun Halina und andere Polen wohnen, werden im Laufe der Jahre nicht so begehrt wie es aus der deutschen Perspektive [...] erscheint. [...] Das, was beide Generationen, Enkel und Großmutter, näher bringt, ist die Einstellung zu den sogenannten postdeutschen Gegenständen. Die Eltern [...] lehnen alles ab, was von den deutschen Bewohnern übrig blieb. Die Großmutter [...] freut sich über die zurückgelassenen Gegenstände, denn sie sind die einzigen, die ihr [...] gehören. Die Enkelin [...] blickt mit einer gewissen Nostalgie auf die postdeutsche Wohnung."[18]

In *Sandberg* und *Wolkenfern* beginnt Dominika – die dritte Generation – ein wirkliches Interesse für die alten Gegenstände zu entwickeln, nicht, weil sie ‚ehemals deutsch' sind, sondern weil sie sie an ihre Kindheit erinnern.

Es wird in den ersten Wałbrzych-Romanen Bators geradezu vermieden, den Raum, in dem die Handlung spielt, als multikulturell und differenziert zu charakterisieren. Man wohnt zwar in ‚ehemals deutschen' Wohnungen, die Menschen haben aber keine Lust auf ein Entdeckungsabenteuer, das nur unbequem sein könnte. Und so wird keine alternative *mental map* gezeichnet und für Zweifel oder Fragen hat man keine Sprache: Die Sprache der heutigen Wałbrzycher ist grob, primitiv und voller stereotyper Floskeln. Die Bevölkerung, nicht nur die Einwohner der Sandberger Plattenbauten, sondern auch Vertreter*innen der ‚besseren' Mittelschicht, ist entwicklungsunfähig, scheinheilig, xenophob, stur und verschlossen. Ihre Mentalität wird in ihrer Sprache und in ihren Gedanken entlarvt. In den kleinen Wohnungen der Sandberger Hochhäuser entwickeln sich negative Emotionen: Neid, Hass, Habgier, Empathielosigkeit, Schadenfreude und Misstrauen. Vor allem den Fremden darf man nicht trauen. Fremd ist hier alles, was sich von der grauen Durchschnittlichkeit unterscheidet. Nicht nur Homosexuelle oder Ausländer, die man praktisch nie zu Gesicht bekommt, sind in Sandberg Fremdkörper. Mit deutscher Geschichte hat man hier nichts zu tun, obgleich diejenigen beneidet werden, denen es gelingt, nach Westdeutschland, im Roman ‚BeErDe' genannt, zu reisen und von dort etwas mitzubringen.

Die Stadt Wałbrzych ist in *Sandberg* kein Interferenzraum. Die Menschen, die dort leben, haben keine Identität, weil die Stadt für sie keine Heimat ist; sie sind Zugereiste, Umsiedler, Entwurzelte, die – anders als in vielen anderen Werken der polnischen Literatur – die fremden Gegenstände und Räume nicht domestizieren.[19]

---

18 Pacyniak, Von Menschen, Dingen und Räumen (wie Anm. 3), S. 140.

19 Vgl. Izdebska, Opowieści o „miastach odzyskanych" (wie Anm. 7), S. 33f.; vgl. auch Gosk, Hanna: Nie-mieszkańcy, nie-miejsca. Literackie ślady powojennego osadzania się „gdzieś" ludzi „skądś"

Immerhin leben in dieser grauen Stadt der letzten Phase der Volksrepublik Polen Menschen, die durch ihre Andersartigkeit anecken, von der Sandberg-Gemeinschaft ausgestoßen werden und so ihren eigenen Weg gehen. Zu ihnen gehört die Hauptfigur Dominika, geboren Anfang der 1970er Jahre. Ihr exotisches Aussehen und ihre mathematische Begabung erbte Dominika von ihrem jüdischen Großvater, von dem weder sie noch ihre Mutter lange Zeit etwas ahnten. Nur die Erzählinstanz weiß, dass auch der Großvater väterlicherseits kein Pole war, sondern ein Russe. Bator bekennt sich selbst zu einem solchen hybriden Bewusstsein und bestätigt die Heterogenität der polnischen Bevölkerung. Besonders in den ‚Wiedergewonnenen Gebieten', im heutigen polnischen Westen, sei diese ‚Unbestimmtheit' der Bevölkerung sichtbar. Diese habe die Autorin inspiriert, die Biographien ihrer Protagonist*innen so zu kreieren, dass die nationale Einförmigkeit hinterfragt wird.[20]

Dominika spielt die Rolle eines Auslösers: In die Interferenzsprache kann man dies als Begegnung von Wellen übersetzen. Am Ende von *Sandberg* hat sie einen schweren Unfall, den sie knapp überlebt. Sie wird danach von Grażynka in einer Münchner Klinik untergebracht. Hier beginnt der zweite Band *Wolkenfern*. Dominika verliert ihre mathematische Begabung, dafür wird sie zu einer Nomadin,[21] die Menschen wie sie, unabhängig von ihrer Abstammung, Hautfarbe, Sprache und sexuellen Orientierung anzieht. Und so stellt der zweite Band das Panorama eines sehr großzügig angelegten Interferenzraumes dar: Dieser Raum umfasst Polen, Deutschland, England, Griechenland, die USA und macht Abstecher in andere Länder wie Japan oder Litauen. Der Kernort, von dem die Narration ausgeht und der wie ein Spinnennetz immer kompliziertere Fäden zieht, die sich mit anderen Fäden verbinden, ist das Städtchen Kamieńsk, nicht weit von Łódź (Lodz). Wie in vielen kleinen polnischen Orten wohnten bis 1939 in der Gemeinde – neben Polen – auch Juden. Die meisten sind nach Kriegsausbruch ermordet worden und nur einige kehrten nach 1945 nach Kamieńsk zurück. Dort wurde Grażynka, ein Findelkind, um 1930 geboren und von zwei schrulligen Schwestern aufgezogen. Einige Jahrzehnte später, nachdem Grażynka Kamieńsk verlassen hat, heiratete sie einen Deutschen, den bereits genannten Bauern Hans, dessen Vater im selben KZ Henker war, in das die beiden Ziehmütter von Grażynka als Gefangene deportiert wurden. Diese Verbindung

[Nicht-Einwohner, Nicht-Orte. Literarische Spuren der Nachkriegsmigrationen „irgendwohin" von Menschen ohne Herkunft]. In: Dies., Narracje migracyjne (wie Anm. 7), S. 193–208.

20 Vgl. dazu Waligórska/Bator/Kinsky: O Żydzie na strychu i tożsamości mieszańca (wie Anm. 14), S. 266.

21 Dass Dominika ihren Sandberg-Geburtsort (den Nicht-Heimatort) verlassen wird, signalisiert der Anfang von *Sandberg:* im Bild der schweren, sesshaften Mutter und der in die Luft springenden, sich bewegenden, leichten Dominika. Vgl. dazu die Analyse von Siniarska-Tuszyńska, Angelika: Teoria integracji pojęciowej jako narzędzie badania twórczości Joanny Bator [Theorie der Begriffsintegration als Schlüssel zum Werk von Joanna Bator]. In: Zagadnienia rodzajów literackich 62/4 (2019), S. 84–99, hier S. 91–93.

zwischen Grażynka und ihrem Mann kennen nur die Leser*innen. Hans kennt das Leben seines Vaters und will es wiedergutmachen. Seine Frau interessiert sich nicht für Geschichte oder für die deutsch-polnischen Beziehungen. Sie ist einfach und ungebildet, zugleich im gewissen Sinne außerordentlich, denn sie versucht allen Wesen, Menschen und Tieren, die Unterstützung brauchen, zu helfen. So wird ein Dorf in Bayern, dessen Einwohner genauso xenophob wie die Einwohner von Sandberg sind, dank der ungewöhnlichen Ehe von Grażynka und Hans zum Keim eines Interferenzraumes, den nicht der Ort ausmacht, sondern die Menschen. Ähnlich entwickeln Dominika und ihre Freunde dort, wo sie gerade sind, ihre kleinen Enklaven zwischenmenschlicher Interaktionen; Enklaven, die untergehen und an einem anderen Ort wieder für kurze Zeit auftauchen.

Am Ende von *Wolkenfern* geschieht allerdings etwas Merkwürdiges. Jadzia Chmura, Dominikas Mutter, die auf Sandberg wie ihre Nachbar*innen lebte, sieht während einer Überschwemmung plötzlich ein bruchstückhaftes und groteskes Bild ‚deutscher Kultur' von Waldenburg:

> „Aus den tieferen Tiefen der Erde […] wurden auf einer kohlschwarzen Welle Bücher in gotischer Schrift, verblichene Landschaftsschinken, das ewige Walhallafeuer, ganze Bavaria-Services, Fotos von Herta, Jürgen und Gertrud, Kisten voll von deutscher Munition, deutsche Panzer und Jagdflugzeuge hervorgeschwemmt […]."[22]

Seitdem beginnt Jadzia Chmura sich zu verändern und für das Fremde zu öffnen. In der Verwandlung von Dominikas Mutter wird symbolisch die Sandberg-Soziopathie durchbrochen. Es ist ein utopischer, beinahe magischer Moment im Roman.

Das Modell, das Joanna Bator vorschlägt, ignoriert bewusst die von Räumen, Tradition, Sprache oder Erinnerungsorten ausgehende Identität. Menschen sind in der Lage, jeden Raum zu einem Begegnungsort zu entwickeln. Und sie sind in der Lage, jeden Raum mit einer reichen und vielfältigen Geschichte zu einer Ödnis verkommen zu lassen.

2. Paweł Huelles Roman *Castorp*. Ein (post?)kolonialer Blick auf Danzig

Die zwei weiteren von mir gewählten Beispiele weichen von Bators Modell ab, trotzdem sind sie ihm in vieler Hinsicht verwandt, vor allem dahingehend, dass sie der polnischen Literatur neue ästhetische Perspektiven auf den literarischen Umgang mit Interferenzräumen eröffnen.

22 Bator, Wolkenfern (wie Anm. 10), S. 478f. Polnisches Original: „Głębiej spod ziemi […] na fali czarnej jak węgiel wypływały książki pisane gotykiem, wyblakłe landszafty, płonący znicz Walhalli, całe serwisy z napisem Bavaria, zdjęcia Herty, Jürgena i Gertrud, skrzynie pełne niemieckiej amunicji, niemieckie czołgo i myśliwce […]." Dies.: Chmurdalia (wie Anm. 10), S. 484.

Meine Wahl fällt insbesondere auf *Castorp* von Huelle und auf kein anderes Werk des Autors, in dem die versunkene deutsche Welt Danzigs mit ihren Gegenständen, Häusern, größeren Stadtlandschaften von (meist jungen) polnischen Protagonist*innen entdeckt wird.[23] Selbstverständlich ist diese Wahl nicht willkürlich. Wie Bators Texte weist Huelles Roman auf Brüche und Missverständnisse hin, die oft nicht ausgesprochen werden und somit als tabuisierte Hindernisse für eine positive Konstituierung der ‚geteilten (gemeinsamen) Geschichte' gelesen werden müssen sowie in einer ‚geteilten (getrennten) Geschichte' verortet sind. Interessant ist die narrative Perspektive: Sie fokussiert Danzig, die Stadt an der Ostsee, mit den Augen eines jungen Deutschen und nicht eines polnischen Umsiedlers.

Danzig um die Jahrhundertwende, wie es sich in Huelles *Castorp* präsentiert, scheint das Bild einer ruhigen und friedlichen Welt zu vermitteln. Darüber hinaus ist diese Welt voll von verschleierter Erotik, die sich geradezu klischeehaft mit dem *Fin de Siécle* assoziiert. Die auktoriale Narration betont die Atmosphäre der behäbigen Langsamkeit und sie ahmt manieristisch Thomas Manns Ironie nach, mit dessen *Zauberberg*-Roman sich Huelle hier intertextuell auseinandersetzt. Er scheint sich geradezu in die Rolle des deutschen Autors zu versetzen und erzählt die Vorgeschichte Hans Castorps, der vor seinem Aufenthalt in Davos in Danzig studiert haben soll. Zahlreiche literarische Anspielungen verdeutlichen, dass Castorp an einen schönen, doch nicht ungefährlichen Ort geraten ist. Die Handlung spielt 1905/1906. Die alte bürgerliche Welt beginnt sich aufzulösen und in Unordnung zu geraten. Der Erzähler weiß, dass dies der Anfang vom Ende ist, dass ein Prozess der Entropie beginnt, der nicht mehr aufzuhalten ist und die Stadt Danzig bald ihre deutsche Prägung verlieren wird. Diese deutsche Prägung wird allerdings von Anfang an in Frage gestellt. Der Roman beginnt mit der Warnung, die Onkel Tienappel Hans mit auf den Weg gibt. In der exzellenten Übersetzung von Renate Schmidgall liest es sich wie ein Thomas Mann-Zitat:

> „Bevor er [Castorp] diese Reise angetreten ist […] führte er ein […] Gespräch mit Konsul Tienappel. Der gute, […] alte Mann zeichnete in einigen Sätzen […] die Geschichte der Welt, Europas und schließlich Deutschlands. Für den Osten waren in diesem Modell die höchsten Noten gar nicht vorgesehen […]. Die Zeiten, da unsere Vorfahren nach Reval, Riga, Königsberg oder Danzig aufbrachen, sind unwiederbringlich vorbei. Sicher – du willst kein Kontor gründen und keine Ritterrüstung anlegen, du willst Schiffe bauen. Aber was können sie dort für eine technische

23 Hier kann man auf Paweł Huelles Romane *Weiser Dawidek* (1987, dt. 1990) und *Śpiewaj ogrody* (2014) sowie auf Erzählungen aus den Bänden *Opowiadania na czas przeprowadzki* (1991 dt. *Schnecken, Pfützen, Regen und andere Geschichten aus Gdańsk*, 1992) und *Pierwsza miłość i inne opowiadania* (1996, dt. *Silberregen*, 2000) hinweisen. Auch in Stefan Chwins *Hanemann* (1995, dt. *Tod in Danzig* 1997) erzählt ein Junge über die ersten Jahre in Gdańsk nach dem Krieg. Die Texte von Huelle und Chwin sind aus dem Polnischen von Renate Schmidgall übersetzt worden.

> Hochschule haben? Bestimmt eine miserable, das sag ich dir, mein Lieber – eine miserable, denn was ist das schon für eine Schule, die gerade erst gegründet wurde? Und außerdem [...] sollte man Situationen meiden, in denen die mühsam erarbeiteten Formen im Chaos versinken könnten."[24]

Um den Onkel in seiner Sorge um den Neffen zu unterstützen, baut der Erzähler eine Szene in den Roman ein, die die Ankunft in Danzig schildert. Sie ist kein Pendant zu der Reflexion über Raum und Zeit, die den *Zauberberg* einleitet, sondern eine intertextuelle Anspielung auf den *Tod in Venedig*, in dem von Interferenzen par exellance die Rede ist: nationalen, philosophischen, schließlich erotischen Interferenzen, die Situationen provozieren, „in denen die mühsam erarbeiteten Formen im Chaos versinken könnten". Huelles schlichter Protagonist ahnt allerdings bei der ersten Begegnung mit der Stadt – vom Wasser aus – die lauernden Fallen der Fremdheit noch nicht. Er erkennt vielmehr die vertraute hanseatische Schönheit und erst mit der Zeit beginnt er zu begreifen, dass er sich im Osten befindet, vor dem sein Onkel so eindringlich warnte.

Hamburg ist von Danzig ca. 760 km entfernt, von Davos dagegen ca. 920 km. Konsul Tienappel scheint nicht die geographische Entfernung im Sinn zu haben, sondern eine mentale, eine kulturelle Distanz, die unüberbrückbar sei. Mit dem Chaos meint Castorps Onkel den Osten, eine fremde und wilde (Un-)Kultur, die der deutschen Ordnung und der Bürgerlichkeit feindlich gegenübersteht.

Die Stadt übt in der Tat einen beunruhigenden Einfluss auf den jungen Hans Castorp aus. Anstatt fleißig zu studieren, gibt er sich verschiedenen – nicht unbedingt gutbürgerlichen – Beschäftigungen hin. Der aus Danzig stammende Arthur Schopenhauer begleitet Castorp auf seinen Wanderungen durch die Stadt, die den Protagonisten mit ihrer Schönheit anzieht und mit der Zeit immer fremder und ungreifbarer wirkt.[25] Und schließlich macht die Handlung einen Schwenk in Richtung einer Kriminalgeschichte: Castorp verliebt sich in eine schöne Polin und wird Zeuge einer unheimlichen Mordaffäre. Zum Schluss, wieder zurück in Hamburg, in der vor Unsicherheiten gefeiten Welt, erfährt er aus der Zeitung, dass die Wirtin, Frau Wibbe, bei der er in Danzig wohnte – wohlbemerkt Witwe eines preußischen Offiziers, keine Polin – zusammen mit ihrem kaschubischen Dienstmädchen ihren

24 Huelle, Castorp (wie Anm. 11), S. 8. Polnisches Original: „Zanim podjął tę podróż [...] odbył długą rozmowę z konsulem Tienapplem. [...] [P]oczciwy staruszek przedstawił w paru zdaniach ogólny zarys dziejów świata, Europy, wreszcie Niemiec samych [...]. Czasy, kiedy nasi przodkowie wyruszali do Tallina, Rygi, Królewca czy Gdańska, minęły bezpowrotnie. To prawda: nie założysz kantoru ani nie przywdziejesz rycerskiego płaszcza, bo chcesz budować statki. Ale jaką tam mogą mieć politechnikę? Na pewno marną, powiadam ci, mój drogi – marną. Cóż to za szkoła, która nie istniała jeszcze parę lat temu? A ponadto [...] należy unikać sytuacji, w których wypracowane z takim trudem formy mogą pogrążyć się w chaosie." Ders., Castorp (wie Anm. 11), S. 7f.

25 Vgl. ebd., S. 99.

Mann umgebracht hatte, noch bevor Castorp bei ihr Quartier nahm.[26] In der Tat hatte Onkel Tienappel Recht: Danzig bildet eine Gefahr für seinen Neffen, denn es ist ein Ort, an dem sich die Disziplin lockert und wo Chaos zu herrschen beginnt. Das Chaos leitet sich von einer unsicheren Identität ab, die in Danzig am Anfang des 20. Jahrhunderts trotz des hanseatischen Charakters der Stadt auffiel. Dies wird nicht als Kosmopolitismus der Einwohner geschildert. Hans Castorp nimmt etwas vage Bizarres wahr, das er nicht definieren kann: „Er spürte, wie das Chaos auf listigen Wegen seine Seele in Besitz nahm, und all die Fluchtversuche, die er unternahm, hatten das gleiche Ziel: sich nicht aus dem Gleichgewicht bringen zu lassen."[27]

In der Forschung wird mehrmals darauf hingewiesen, dass *Castorp* den kolonialen und postkolonialen Diskurs zitiert, um Danzigs Lage zwischen den Kulturen zu verdeutlichen[28] und auf die Schwellenzeit hinzuweisen, in der die Handlung spielt. Bereits am Anfang des Romans wird über koloniale Zustände gesprochen – zur Zerstreuung der Langeweile, während der Schiffsreise in die Stadt an der Mottlau.[29] „Wir bringen diesen armen Völkern Religion, Zivilisation, Bildung und Kultur. Ohne uns

26 Über das für Castorp merkwürdige Verhältnis zwischen Frau Wibbe und dem Dienstmädchen vgl. Skórczewski, Dariusz: Teoria – literatura – dyskurs. Pejzaż postkolonialny [Theorie – Literatur – Diskurs. Eine postkoloniale Landschaft]. Lublin 2013, S. 307–337, hier S. 318f.; auf Englisch: „Kaszibke reverses the traditional order. Although taught the piano by her mistress (so that the educational mission of the colonial enterprise can be carried out), the Kashubian girl actually takes over through her simple yet forceful language. It is Kaszibke and not Mrs. Wybe who actually holds power in the home where Castorp rents his room. In this way yet again, the metropolitan hegemony over peripheries is questioned. Kaszibke seems to display the ambivalent effect of colonization. She is the colonizer's mirror image, yet this image is somewhat distorted and caricatural in accordance with what Homi Bhabha described as ‚mimicry'. The colonized's behavior is copied by the colonizer, yet this imitation is deeply subversive as it bears traces of mockery and menace. Consequently, the authority of colonial discourse as represented by Mrs. Wybe is threatened and the colonial domination is destabilized." Ders.: Modern Polish Literature Through a Postcolonial Lens: The Case of Pawel Huelle's *Castorp*. In: Sarmatian Review 3 (2006), S. 1229–1233, hier S. 1232.

27 Huelle, Castorp (wie Anm. 11), S. 243. Polnisches Original: „W istocie czuł, jak chaos podstępnymi furtkami opanowuje jego duszę, i wszystkie te ucieczki, których próbował miały ten sam cel: nie dopuścić do zachwiania równowagi." Ders., Castorp (wie Anm. 11), S. 197.

28 Außer den bereits zitierten Publikationen vgl. auch Bednarska-Kociołek, Joanna: Danzig/Gdańsk als Erinnerungsort. Auf der Suche nach der Identität im Werk von Günter Grass, Stefan Chwin und Paweł Huelle. Frankfurt/M. 2016 (Lodzer Arbeiten zur Literatur- und Kulturwissenschaft 7), zu *Castorp* S. 49–67.

29 Vgl. Dąbrowski, Danziger/Gdańsker Literatur postkolonial (wie Anm. 6), S. 125f.; ausführlicher: Skórczewski, Teoria – literatura – dyskurs (wie Anm. 26); Ders.: Dlaczego Paweł Huelle napisał *Castorpa*? [Warum hat Paweł Huelle *Castorp* geschrieben?] In: Teksty Drugie 3 (2006), S. 148–157. Auf Skórczewskis These berufen sich Spyra, Ania: Between Theory and Reality: Cosmopolitanism of Nodal Cities in Paweł Huelle's Castorp. In: Comparative Literature 63/4 (2012), S. 286–299; Bednarska-Kociołek, Danzig/Gdańsk als Erinnerungsort (wie Anm. 28), S. 52–60.

würden sie im Dunkel der Barbarei versinken",[30] so Pastor Gropius, Castorps Mitpassagier. Der andere Passagier, Kaufmann Kiekerniks, argumentiert im modernen Geist,[31] als ob er ein aktiver Vertreter einer linken Partei im 21. Jahrhundert gewesen wäre. Solche Stellen enthüllen den postmodernen Charakter des Romans, der nicht wirklich die Vergangenheit, sondern die heutigen Zustände fokussiert.

Deutlich sind Signale, die auf die bröckelnde preußisch-deutsche Dominanz in der ‚eigentlich' slawischen Stadt hindeuten. Die alten, sozialen und ‚nationalen' Abhängigkeiten beginnen, ihre Ordnung zu ändern. Dariusz Skórczewski sieht eine auffallende Ähnlichkeit des preußischen Danzig mit kolonisierten Städten der ‚dritten' Welt, wie dies beispielsweise Frantz Fanon beschreibt.[32] Castorp beginnt, sich für das Zusammenleben von Polen, Deutschen und Kaschuben zu interessieren, obwohl er weniger als der Erzähler versteht.[33] Erst langsam beginnt Danzigs Bevölkerung Konturen zu bekommen:

> „Die Kaschuben und die Polen, die er von der Sprache her nicht auseinanderhalten konnte, waren mit der grauen Schicht der Erde zu vergleichen, die schon lange mit Pflastersteinen bedeckt war, und sie offenbarten nur selten ihre Existenz an seit Jahrhunderten unveränderten Orten: in einer Vorstadtschenke, […] einem ärmlichen Häuschen im Werder oder einem Laden […]. Die Juden bildeten wie überall ein in sich differenziertes Gemisch, in dem man […] auch Zugezogene aus Rußland und Galizien erkennen konnte; doch war ihre Zahl insgesamt im Vergleich zu Hamburg oder Frankfurt nicht sehr groß, und sie hatten auch kein Viertel mit eigenem Charakter."[34]

Polen und Kaschuben sind zuerst – so Skórczewski in seiner exzellenten Analyse – lediglich ein kaum bemerkbarer Hintergrund von Castorps Danzig-Explorationen,

30 Huelle, Castorp (wie Anm. 11), S. 26. Polnisches Original: „Niesiemy tym biednym ludom religię, cywilizację, oświatę i kulturę. Bez nas tonęliby w mrokach barbarzyństwa." Ders., Castorp (wie Anm. 11), S. 22.

31 Vgl. ebd., S. 27f.

32 Auf Frantz Fanons *Les damnés de la terre* beruft sich Skórczewski, Teoria – literatura – dyskurs (wie Anm. 26), S. 310.

33 Zum Unterschied zwischen Castorps Entwicklung in *Zauberberg* und in *Castorp* vgl. u. a. Zug, Aleksandra: Przenikanie fabuł – prequel jako kreacyjne odtworzenie (wokół *Castorpa* Pawła Huellego) [Das Durchdringen von Narrativen – Prequel als kreative Nachbildung (über Paweł Huelles *Castorp*)]. In: Izdebska, Agnieszka; Szajnert, Danuta (Hg.): Literatura prze-pisana. Od Hamleta do slashu [Ab-geschriebene Literatur. Von Hamlet bis Slash]. Łódź 2015, S. 125–135, hier bes. S. 130–134. Zug weist ebenfalls auf die postkolonialen Anspielungen im Roman hin und beruft sich auf Skórczewskis Publikationen, vgl. S. 131.

34 Huelle, Castorp (wie Anm. 11), S. 198f. Polnisches Original: „Kaszubi i Polacy, których rozróżnić jednych od drugich zresztą nie potrafił po języku, byli dla niego jak szara warstwa ziemi: dawno przykryta kostką bruku, czasami tylko ujawniająca swe istnienie w miejscach do tego wyznaczonych przez stulecia: przedmiejski szynk […], ubogi domek na nizinie, czasem sklep […]. Żydzi jak wszędzie stanowili zróżnicowaną mieszaninę, wśród której dostrzec można było […] przybyszów z Rosji i Galicji, jednakże w porównaniu z Hamburgiem lub Frankfurtem nie było ich tak wielu, nie mieli też dzielnicy o własnym, wyłącznym charakterze." Ders., Castorp (wie Anm. 11), S. 160f.

so dass die klassischen kolonialen Klischees der angelsächsischen oder französischen Kultur (wie etwa bei Kipling, Verne etc.) sowie des deutschen Ost-Kolonialismus (wie etwa bei Freytag), die sich an dem einfachen Stereotyp der ‚polnischen Wirtschaft' orientieren, bestätigt werden.[35] Von Anfang an beunruhigt Castorp das Bewusstsein der eigenen Unterlegenheit der einheimischen Bevölkerung gegenüber.[36] Schließlich ist es die unerfüllte Liebe zu Wanda Pilecka,[37] die einen Erkenntnisprozess im Bewusstsein Castorps auslöst. Auf der Oberflächenebene bewahrheiten sich die Stereotype von der erotischen Anziehungskraft der exotischen sowie der osteuropäischen Frauen (‚die schöne Polin'), gleichzeitig werden sie konterkariert und zwingen den jungen Mann, seine Vorstellungen vom ‚Osten' neu zu perspektivieren.[38]

Intertextuelle Bezüge spielen dabei im Hintergrund eine wichtige Rolle: Eine Szene erinnert an die Orgie in der *Traumnovelle* von Arthur Schnitzler oder genauer an die entsprechende Sequenz in Stanley Kubricks Verfilmung *Eyes Wide Shut*. Wie bei Schnitzler wird die ‚Dekadenz' der eigenen Kultur signalisiert.[39] Die einzige ‚normale' (normal gekleidete) Person, der Castorp in dem bacchantischen Freudenhaus begegnet, ist ausgerechnet Wanda, die er damals noch für eine Russin hält.

35 Vgl. Surynt, Izabela: Das ‚ferne', ‚unheimliche' Land. Gustav Freytags Polen. Dresden 2004; Dies.: Postęp, kultura i kolonializm: Polska a niemiecki projekt europejskiego Wschodu w dyskursach publicznych XIX wieku [Fortschritt, Kultur und Kolonialismus: Polen im deutschen Konzept des europäischen Ostens im öffentlichen Diskurs des 19. Jahrhunderts]. Wrocław 2006. Zur polnischen Wirtschaft vgl. die kanonische Studie von Orłowski, Hubert: ‚Polnische Wirtschaft'. Zum deutschen Polendiskurs der Neuzeit. Wiesbaden 1996. Zu Castorps Wahrnehmung der Stadt vgl. Skórczewski, Teoria – literatura – dyskurs (wie Anm. 26), bes. S. 312–314, 322–325, 326–330. Auf Deutsch schreibt darüber Dąbrowski, Danziger/Gdańsker Literatur postkolonial (wie Anm. 6), S. 126: „Viele postkoloniale Theoretikerinnen und Theoretiker (wie Homi K. Bhabha, Gayatri Spivak oder Emily Apter) begreifen Hybridität, Vermischung und strukturelle Unreinheit als Grundlage jeglicher Kultur. Kolonisierungsprozesse betrachten sie als Erfahrung kultureller Übersetzung, bei der sich die Kulturen des Herrn und des Knechts […] wechselseitig durchdringen. […] Auch Castorp sträubt sich in seinen ersten Tagen in Danzig noch gegen die andere Ordnung dieses ‚Ostens'; er ist durch sie ein wenig angewidert, die Stadt weckt sein Misstrauen […], aber mit der Zeit verfällt er ihrem Reiz."

36 Vgl. Skórczewski, Teoria – literatura – dyskurs (wie Anm. 26), S. 318.

37 Der Name Wanda (Wanda, die keinen Deutschen wollte) ist von Anfang an ein Signal, dass Castorps Liebe hoffnungslos ist. Vgl. dazu: Bednarska-Kociołek, Danzig/Gdańsk als Erinnerungsort (wie Anm. 28), S. 62.

38 Vgl. Skórczewski, Teoria – literatura – dyskurs (wie Anm. 26), bes. S. 226–334.

39 Vgl. Huelle, Castorp (wie Anm. 11), S. 162–169. Bereits in Schnitzlers später Novelle wird die ‚Dekadenz' als Zitat und ästhetischer Hintergrund verwendet. Kubrick geht in seiner Deutung der ‚Dekadenz', die kontextreicher konnotiert wird, viel weiter: Er vermittelt durch den Einsatz sorgfältiger Bildzitate die Gewissheit, dass die bürgerliche Welt das Stadium des Niedergangs erreicht hat. Dazu vgl. meinen Artikel: Joanna Jabłkowska: Erinnerung an die „belle epoque": „Décadence" und Dekadenz als Zitate in der „Traumnovelle" von Arthur Schnitzler und in „Eyes Wide Shut" von Stanley Kubrick. In: Byczkiewicz, Anna; Kupczyńska, Kalina (Hg.): Verbalisierung und Visualisierung der Erinnerung. Literatur und Medien in Österreich. Łódź 2008, S. 289–307.

Nicht von ungefähr zitiert der Roman von Huelle Thomas Manns ironische Narration. Der Erzähler lässt es nicht zu, dass Castorps Entwicklung zu einer endgültigen Infragestellung von traditionellen deutsch-bürgerlichen Überzeugungen beiträgt. Der junge Deutsche ist schwach, er lässt sich treiben und ist bald wieder in Hamburg, in der zivilisierten Sicherheit. Das Prequel weiß, dass er nicht nach Danzig zurückkommt, sondern nach Davos flieht.

Das Modell, das Huelle in *Castorp* entwirft, zeigt eine vermeintliche Interaktion von unterschiedlichen Menschengruppen in einer schönen europäischen Stadt, die seit ihrer Entstehung polymorph war. Der Erzähler sieht mehr: Wie brüchig diese Interaktion immer schon war, wird an der Schwelle vom 19. zum 20. Jahrhundert besonders deutlich. Der Schluss des Romans nimmt die Tragödie der Stadt vorweg. Huelle selbst versucht nicht, trotz der unverkennbaren Faszination, die Gdańsk/Danzig auf ihn ausübt, die hanseatische Schönheit Danzigs zu idealisieren. Insbesondere nach dem Zweiten Weltkrieg wurde die Stadt, so Huelle, zu einem architektonischen Zombie, das seinen Einwohnern gleichgültig ist. Im Kurzroman *mercedes-benz. z listów do hrabala* (2001, dt. *Mercedes Benz. Aus den Briefen an Hrabal*, 2003), den er ein Jahr vor *Castorp* publizierte, beschreibt er das heutige Gdańsk. Auch wenn diese Beschreibung den Gesetzen der literarischen Fiktion unterliegt, ist sie bemerkenswert:

> „[W]ieder überwucherten Brennnesseln […] die Stadt, die ich nie gemocht hatte, die fremde, niederträchtige, unechte Stadt, Jahr für Jahr sank sie einen Millimeter tiefer in den Moder der eigenen Mythen, als hätte sie eine zu geringe Dosis Sonnenschein abbekommen, als hätte sich der alte Geruch von Hering, Pech, Rost und Algen als undurchdringlicher Schleier auf das fette Wasser der Kanäle gelegt, die verfaulten Reste der Brücken, die sozialistischen Blocks und nie wieder aufgebauten Speicher […], ich sah, dass bei der Mülltonne unter der Kastanie ein kleines Feuer brannte, die Penner […] wärmten ihre Lumpen in dem flimmernden Kreis […].“[40]

Dieses Bild aus *Mercedes Benz* scheint das wahre Antlitz der Stadt entlarven zu wollen, das sich in *Castorp* hinter dem geheimnisvollen Schönen verbirgt: Danzig liegt

40 Huelle, Paweł: Mercedes-Benz. Aus den Briefen an Hrabal. Aus dem Polnischen von Renate Schmidgall. München 2005, S.129f. Polnisches Original: „[P]okrzywy […] znów zarastały miasto, którego nigdy nie lubiłem, obce, nikczemne, nieprawdziwe, co roku zapadało się o milimetr głębiej w pałubę własnych mitów, jak gdyby jego egzystencja nie miała w sobie wystarczającej dawki słonecznego blasku, jak gdyby dawny zapach śledzi, smoły, rdzy, sadzy i agaru kładł się nieprzenikniónym całunem na tłustą wodę kanałów, zbutwiałe resztki pomostów, socjalistyczne bloki i nigdy nie odbudowane spichlerze […], patrzyłem, jak koło śmietnika pod kasztanowcem płonie niewielki ogień, […] menele […] grzały swoje łachmany w migotającym kręgu […].“ Ders.: mercedes-benz. Z listów do hrabala. Kraków 2002, S. 111f. Zum negativen Danzig-Bild bei Huelle und Chwin vgl. Millati, Piotr: Gdańsk jako źródło cierpień. Przypadek Stefana Chwina i Pawła Huellego [Das Unbehagen in Danzig. Der Fall von Stefan Chwin und Paweł Huelle]. In: Mosakowski/Dąbrowski/Młynarczyk/Nowaczewski, O Gdańsku literackim (wie Anm. 17), S. 175–187.

‚dazwischen', an einem Ort, der von der Fremdheit stets gefährdet ist. Begegnung bedeutet an diesem Ort Konflikt, Krieg, Untergang. Interferenzort – beinahe utopisch attraktiv – war die Stadt nur in den kurzen Intervallen, die es zuließen, dass die unterschiedlichen Bevölkerungsgruppen sich auf den nächsten Konflikt vorbereiteten. Der in diesem Fall einige Jahrzehnte dauernde Konflikt wird am Ende des *Castorp*-Romans vorweggenommen:

> „Ich möchte Dich [...] in Langfuhr sehen [...] während Husaren mit Totenköpfen an den Mützen russische Gefangene durch die Straße treiben. Es ist das Jahr 1914 [...], ein Augenblick des Ruhmes. Später marschieren durch die gleiche Straße Kampfabteilungen in braunen Hemden und wieder ist ein Augenblick des Ruhmes. [...] [Dann aber] hinterlassen die Stiefel Deiner Landsleute schmutzige Pfützen im Schlamm: Sie werden von Soldaten der Roten Armee geführt, die Straße ist abgebrannt, wie die ganze Stadt [...]. [W]enn heute jemand hier Deine Sprache spricht, dann sind es Studenten des Polytechnikums bei den Prüfungen in Deutsch."[41]

Das Modell von Huelle beschreibt eine Stadt, in der bei der ersten Annäherung das Nationale zugunsten einer differenzierten Gemeinschaft zurücktritt. Gdańsk/Danzig könnte ein vorbildlicher Interferenzraum sein. Gerade dadurch impliziert dieser Raum ein Gefühl des Misstrauens und der Unruhe. Eine Gefahr gehe von der Heterogenität der Bevölkerung aus. Die beiden Weltkriege setzen dem Zusammenleben von Polen, Deutschen, Juden und Kaschuben ein jähes Ende.[42]

3. Szczepan Twardochs *Drach*. Ein Generationenroman jenseits nationaler Kategorien

Szczepan Twardoch konzentriert sich in *Drach* – ähnlich wie Bator, Huelle und viele andere Autor*innen – auf seine Heimat. Im Unterschied indes zu vielen Werken aus den deutsch-polnischen Gebieten erzählt *Drach* nicht von der Neubesiedlung Oberschlesiens, das von seinen ursprünglichen Einwohnern geräumt wurde, und auch nicht von der Entdeckung des Fremden im Eigenen. *Drach* ist ein Familienroman,

41 Huelle, Castorp (wie Anm. 11), S. 251. Polnisches Original: „Wolałbym Cię zobaczyć na tej samej ulicy Wrzeszcza [...], a ulicą huzarzy z trupimi czaszkami na czakach pędzą rosyjskich więźniów; jest rok 1914 [...], moment chwały. Potem tą samą ulicą maszerując bojówki w brunatnych koszulach i znowu jest chwila chwały. [...] [B]uty Twoich rodaków żłobią brudne kałuże: prowadzą ich sołdaci Czerwonej Armii, ulica jest spalona, jak całe miasto i świat. [...] [A] jeśli już ktoś mówi tutaj Twoim językiem, są to studenci tej samej politechniki, na egzaminach z niemieckiego." Ders., Castorp (wie Anm. 11), S. 203.

42 Małgorzata Parzych schildert – ausgehend von dem ‚Initiationsroman' Huelles, *Weiser Dawidek* – die Bedeutung der Geschichte Danzigs im Schaffen des Autors, demzufolge die Stadt ein Palimpsest sei, dessen Geheimnisse seine Protagonisten entdecken. Vgl. Parzych, Małgorzata: *Weiser Dawidek:* klucz do twórczości Pawła Huellego [*Weiser Dawidek:* ein Schlüssel zum Werk Paweł Huelles]. Białystok 2016, bes. S. 174–236.

in dem nicht wie bei Bator Familienmitglieder unbekannt sind oder verschwinden. Bis auf wenige Ausnahmen, die vom ‚normalen' Leben abweichen, sind die Familien intakt. Insofern vertritt *Drach* ein populäres Genre. Im Gegensatz zu den neuen Romanen der deutschsprachigen Literatur, die dieses Genre vertreten, etwa von Ulrike Draesner, Reinhard Jirgl, Eugen Ruge, Julia Franck, Tanja Dückers, Katja Petrowskaja und weiteren, wird auf der Oberfläche der Handlung nicht von Flucht und Heimatverlust erzählt, sondern von Menschen, die seit Generationen in derselben Region leben, und wenn sie wegziehen, dann ins nächste Dorf. Der dargestellte Raum des Romans ist relativ klein: Es ist ein schmaler Landfleck zwischen Gliwice (Gleiwitz) und Rybnik, ca. 30 km voneinander entfernt. Erzählt wird das Schicksal einer weitverzweigten oberschlesischen Familie. Die Haupthandlung konzentriert sich auf den Zeitraum zwischen dem Anfang des 20. Jahrhunderts und 2014. Es gibt aber Retrospektiven, die ins 19., manchmal bis ins 13. Jahrhundert zurückgehen. Zwei Weltkriege und die Aufstände in Oberschlesien zwischen 1919 und 1921 sind historische Knotenpunkte der Handlung.

Die Protagonist*innen in *Drach* verstehen und sprechen in den meisten Fällen Deutsch und Polnisch, im Alltag benutzen die meisten das oberschlesische Wasserpolnisch, seltener den deutschen oberschlesischen Dialekt der Sprachinsel Schönwald,[43] die im selben Landfleck liegt. Heute ist Schönwald ein Teil von Gliwice und heißt Bojków.

Twardochs Roman bildet auf der Ebene des Plots die Kehrseite des Bator'schen Romans *Sandberg*. Es scheint, dass Beständigkeit den beschriebenen Raum kennzeichnet, und so könnte *Drach* mit Huelles *Castorp* korrespondieren: Beide Romane gehen von der Vorstellung eines Miteinanders von unterschiedlichen Bevölkerungsgruppen auf relativ engem Raum aus. Die Stabilität der oberschlesischen Welt ist allerdings, ähnlich wie dies Huelle an Danzigs Beispiel darstellt, nur ein Schein. Der vom Plot vermittelte Eindruck, Oberschlesien sei ein Interferenzraum, der unterschiedliche Sprachen und Kulturen miteinander verbindet und verschmelzen lässt, trügt.

Die narrative Strategie des Romans verrät Desaster, Leid und Identitätsverlust, die im 20. Jahrhundert zur Veränderung der sozialen Struktur in der Region führten. Der auktoriale Erzähler ist Drach: Dies bedeutet in der Romanfiktion die (schlesische) Erde, in die alle Menschen nach dem Tod eingehen. Diese narrative Instanz

43 Über die Vielsprachigkeit in *Drach* – im breiteren Kontext der polnischen und tschechischen Literatur – schreibt Makarska, Renata: Tekstowa wielojęzyczność jako zapisywanie miejsca. Regionalizm, polikulturowość i wielojęzyczność nowej literatury z Europy Środkowej [Mehrsprachigkeit als Narrativ des Ortes. Regionalismus, Plurikulturalität und Sprachenvielfalt in der jungen Literatur aus Mitteleuropa]. In: Wielogłos 28/2 (2016), S. 81–98, zu *Drach*, S. 89–92. Makarska nennt das Oberschlesisch des Romans Sprache, nicht Dialekt oder Mundart und betont die politische Bedeutung der Sprachenvielfalt. Die erzählende ‚Bestie' spricht ein reines Polnisch und damit verkörpert sie die große Historie, die – hier ähnlich wie die Historie Danzigs – Oberschlesien kolonisiert hat. Vgl. ebd., S. 92.

erfasst in einem panoptischen Überblick die Geschichte Oberschlesiens und entwirft das Panorama einer Gesellschaft, in der das Nationale ins Wanken gerät. Trennungen und Konflikte verlaufen anders als in Danzig. Die Risse sind nicht national bedingt, aber bekommen ein nationales Gewand, wenn es von außen aufgedrängt wird. Die Konflikte und Brüche haben einen sozialen Hintergrund oder es sind, marxistisch gesprochen, Klassenkonflikte.

Am Beispiel der Entwicklung von Josef Magnor wird eindringlich gezeigt, dass nicht die Zugehörigkeit zu Deutschland oder zur neu gegründeten Polnischen Republik die Motivation sei, sich während der Aufstände für die jeweilige Seite einzusetzen, sondern das Gefühl, die armen Menschen würden von Gruben- und Landbesitzern ausgenutzt:

> „Josef fühlt sich nicht als Pole, denn er fühlt sich als gar nichts. [...] Josef mag die großen Deutschen nicht und er mag die großen Polen nicht. [...]
> ‚Was bist du plötzlich so ein großer Pulscher?‘ fragt der Vater ihn. [...]
> ‚Polen ist mir arschegal, Voater. Ich meen bloß, dass mer ferdern un die Deutschen wern reich davon. Un mer sind immer ock die armen Schweine.‘
> ‚Dann bist du kein großer Pole, sondern ein Kommunist.‘“[44]

Nach dem Zweiten Weltkrieg erhalten die Einwohner offiziell die polnische Staatsbürgerschaft. Doch die Alten sprechen nicht selten zu Hause Deutsch, außerhalb nur Polnisch. Junge Menschen verstehen kein Deutsch mehr und verlernen allmählich die vertraute Mundart. Die unterschiedlich sprechenden (und denkenden) Figuren sind miteinander verwandt oder versippt. Nicht um Familienkonflikte geht es dabei in *Drach*, sondern um einen postmodernen Blick auf die Geschichte Europas, die einerseits im Sinne des traditionellen historischen Romans ‚erzählt‘ wird, andererseits auf die individuellen Schicksale einzelner Menschen fokussiert ist. Es entsteht der Eindruck, dass die Protagonist*innen in die Geschichte ‚geworfen‘ wurden und sich von ihr leiten lassen müssen, doch gleichzeitig in ihrem Zentrum stehen.[45] Die Wahl der Sprache oder der ‚nationalen‘ Identität folgt oft willkürlichen Entscheidungen, Zufällen oder von außen drohenden Katastrophen, die sich nicht vermeiden lassen und schicksalhaft sind.

Das Leben der Magnors, Czoiks und Gemanders ist tragisch und alles andere als stabil. Die Familie versucht, zusammenzuhalten und ihr schlesisches Selbstverständnis

---

44 Twardoch, Drach (wie Anm. 12). 96f. Polnisches Original: „Josef nie czuje się Polakiem, bo nie czuje się niczym. [...] Josef nie lubi wielkich Niemców i nie lubi wielkich Polaków. [...] ‚Coś ty taki wielgi Polŏk sia zrobiył‘ – pyta go ojciec. [...] ‚Jŏ mōm w rzici Polska, fater. Mie yno ô to idzie, aże my fedrujymy, a Niymec z tego je bogŏczym. A my dycki yno biydŏki.‘ – ‚Toć tyś niy ma wielgi Polok, yno kōmunista.‘ Ders., Drach (wie Anm. 12), S. 89f.

45 Vgl. Czyżak, Agnieszka: Śląskie lochy i smoki – wariacje historyczne Szczepana Twardocha [Schlesische Höhlen und Drachen – historische Variationen von Szczepan Twardoch]. In: Czytanie Literatury. Łódzkie Studia Literaturoznawcze 5 (2016), S. 37–45, hier S. 43.

zu bewahren. Drach zerreißt diese Identität, indem er zwar ein sprunghaftes, aber immerhin souverän durchdachtes Narrativ entfaltet. Erzählt wird nicht chronologisch, sondern assoziativ: Drach weiß, was am selben Ort in großen Zeitabständen passiert, wie sich im Laufe der Zeit die Schicksale seiner Protagonist*innen miteinander verbinden und wie sie wieder auseinandergehen.[46] Die große Historie, die Oberschlesien nicht in Ruhe lassen will, verursacht, dass Nachbarn zu Feinden werden und dass Spaltung und Verletzungen die Menschen zerstören. Drach macht die Zeit zu einer Dimension, die das einst solide soziale Gerüst zerstört und unüberbrückbare Feindschaften provoziert. Dafür entwickeln sich aber neue Interaktionen und Identitäten, Abhängigkeiten und Verflechtungen.

4. Fazit

In keinem der präsentierten Werke wird eine positive Perspektive auf ein Zusammenleben unterschiedlicher Kulturen auf einem Raum entwickelt. Bators Romane sehen überhaupt keine Möglichkeit, auf Dauer eine Verschmelzung von fremden Identitäten für ganze Regionen oder größere Gesellschaften zu entwickeln. Nur einzelne Menschen können Differenzen überbrücken und kleine Interaktionsgruppen bilden. Huelle erzählt von einer untergehenden Interaktionsgemeinschaft, die nie wirklich eine war und viel eher kolonialen Zuständen als einer Begegnung von Kulturen entspricht. Twardochs Modell beschreibt eine Region, die seit Jahrhunderten dank einer besonderen wirtschaftlichen Struktur homogen war – jenseits nationaler Zuschreibungen. Dies bedeutet nicht, dass Oberschlesien eine Interferenzregion war oder ist. Eine misstrauische Distanz zueinander charakterisiert einzelne Gruppen der Bevölkerung und das Miteinander wird durch ständige Konflikte verhindert. Das spezifische, vor allem klassenbedingte schlesische Selbstbewusstsein beginnt sich ebenfalls aus unterschiedlichen Gründen zu verflüchtigen. Alle drei Romane zeigen, dass die Chancen, eine differenzierte Gesellschaft zu entwickeln, nicht genutzt werden. Weder ein gemeinsames Erbe noch ein geteiltes Erbe werden in Aussicht gestellt. Nationale Bündnisse gewährleisten keine Sicherheit, verlieren an Bedeutung und werden nicht ersetzt von Familienbanden, regionalem Selbstbewusstsein oder einer Öffnung auf Europa und die Welt. Am ehesten neigen Bators Protagonist*innen dazu, Weltbürger*innen zu werden. Trotzdem sind sie in der Welt nicht zu Hause, sondern fliehen, weil sie von Gespenstern der Vergangenheit verfolgt werden. Twardoch zeigt ein soziales Destaster: Niemand mehr kann wiedergutmachen, was zerstört wurde. Und Huelle imaginiert eine kurzlebige Utopie, die der Wirklichkeit weichen muss. Allenfalls Literaturzitate können als gemeinsames Erbe bestehen – jenseits der Wirklichkeit.

46 Vgl. ebd., S. 38–42.

II. Das Verhältnis zum geteilten Erbe in literarischen Texten der Gegenwart

Gudrun Heidemann

Zwischen Echo und Palimpsest. Erbstücke im Grenzland bei Olga Tokarczuk (Text-Mosaik), Tomasz Różycki (Poem) und Agata Bara (Comic)

1. Liquidiertes Erbe, aber Erde

Anlässlich des Erscheinens ihrer Autobiografie *I Want You To Know We're Still Here: A Post-Holocaust Memoir*[1] erwähnt Esther Safran Foer, Mutter des Erfolgsautors Jonathan Safran Foer, in einem *Zeit*-Interview von 2020 ihre Gläsersammlung mit materiellen Erinnerungen an ihre Reise in die elterliche Heimat.[2] Die Autorin wurde 1946 im polnischen Łódź (Lodz) als Tochter von Getto-Überlebenden geboren, die Familie lebte bis 1949 in einem Displaced Persons Camp in Bayern, emigrierte im selben Jahr in die USA. Safran Foers Reise führt wie zuvor die ihres Sohnes in seinem Erstlingswerk *Everything Is Illuminated*[3] in die Westukraine, wo sie nach Spuren ihrer Eltern und weiterer Vorfahren sucht, dabei auf viele Massengräber und auf ehemalige Wohn-, aber längst verschwundene Orte stößt, denen sie Erde für ihre Sammlung entnimmt.[4] Wie Marianne Hirsch viel zitiert der Nachgeneration von Shoah-Opfern attestiert, trifft wohl auch auf Safran Foer ein Erbe der elterlichen Traumata zu, die Lücken in einer Familiengeschichte hinterließen.[5] Daher ist diese noch nicht zu Ende erzählt, zumal – so suggeriert der Titel – die Überlebenden und deren Nachkommen sich zu Wort melden. Auch wenn und gerade weil es autobiografische Spuren sind, erweist sich das Buch als subjektiv und damit als eine auch von Fiktionen geprägte Erinnerung, die derart als Palimpsest aufgefasst

1 Vgl. Safran Foer, Esther: I Want You To Know We're Still Here: A Post-Holocaust Memoir. New York 2020. Es liegt bereits eine deutsche Übersetzung vor: Safran Foer, Esther: Ihr sollt wissen, dass wir noch da sind. Aus dem Englischen von Tobias Schnettler. Köln 2020.

2 Vgl. Safran Foer, Esther: Ich wusste, das ist meine letzte Chance. In: ZEITmagazin. Nr. 46. 05.11. 2020, S. 20–30.

3 Vgl. Safran Foer, Jonathan: Everything Is Illuminated. Boston/Mass. 2002.

4 „Auf die Gläser, in denen Erde ist, die ich an den Massengräbern meiner Vorfahren in der Ukraine eingesammelt habe, hatte ich ursprünglich ‚Kołki Massengrab' und ‚Trochenbrod Massengrab' geschrieben. Einer meiner Söhne bat mich, das Wort Massengrab zu entfernen. Er sagte: ‚Weißt du, deine Enkel schauen sich diese Gläser an…' Jetzt stehen da nur die Namen der Orte." Foer, Ich wusste (wie Anm. 2), hier S. 22.

5 Vgl. Hirsch, Marianne: The Generation of Postmemory. Writing and Visual Culture After the Holocaust. New York 2012; Hirsch, Marianne: Family Frames: Photography, Narrative, and Postmemory. Cambridge/Mass.-London 1997.

werden kann. Deutlich wird durch die zeitversetzten Reisen von Mutter und Sohn Jonathan in die (groß)elterliche Heimat vor allem das Bedürfnis nach einer physischen Begegnung mit deren einstigen Wohnräumen, was sich in der mitgebrachten Erde – ähnlich wie in Janeschs *Katzenberge*[6] (2010) – geradezu poetisch verdichtet. Bezeichnenderweise handelt es sich um Erde von grausam liquidierten und damit weitgehend vergessenen Orten, deren Bedeutung häufig nur von historisch Eingeweihten be- und erschrieben wird. Hierdurch entstehen Interferenzräume mit einem mehr oder weniger latent vernehmbaren Nachhall aus der Vergangenheit.

2. Aufheben des *Poniemieckie* [ehemals Deutschen]. Tokarczuks Text-Mosaik *Dom dzienny, dom nocny*

Olga Tokarczuks (geb. 1962) Geschichten-Mosaik[7] *Dom dzienny, dom nocny* (1998, dt. *Taghaus, Nachthaus*, 2001) beginnt mit einem für die Episoden programmatischen Traum, in dem sich die namenlose Ich-Erzählerin mit einem metaphysischen Blick durch das Tal, in dem ihr Haus steht, bewegt. Hierbei entlarvt sie den Schein einer Reglosigkeit von Dingen, unter denen sie „bewegliche Rinnsale des Wassers und der Säfte entdeckt, die unentwegt kreisen und auf- und absteigen",[8] ebenso wie die scheinbar reglos schlafenden Menschen Träume haben, die nichts als „pul-

6 Vgl. Heidemann, Gudrun: Auf den Spuren der Vorfahren oder *Nachkommen.* Autogeografik in Katja Petrowskajas *Vielleicht Esther*, Tomasz Rożyckis *Dwanaście stacji* (*Zwölf Stationen*) und Sabrina Janeschs *Katzenberge.* In: Kupczyńska, Kalina; Kita-Huber, Jadwiga (Hg.): Autobiografie intermedial. Fallstudien zur Literatur und zum Comic, Bielefeld 2019, S. 105–120, hier S. 120.

7 Nur in der deutschen Übersetzung steht die Gattungsbezeichnung ‚Roman', die in polnischen Ausgaben fehlt. Daher findet sich in der polnischen Sekundärliteratur auch kaum diese Zuordnung. Tatsächlich fehlt in dem Text eine kontinuierliche Handlung, die eher assoziativ über Begriffe und Motive – etwa den Gang der Jahreszeiten – verwebt ist. Dadurch entsteht ein Netzgewebe (*textus*), das in unterschiedliche Zeitebenen führt und an Verlinkungen im Internet erinnert. Vgl. Woldan, Alois: Schlesien – ein Ort der Grenzüberschreitung: Zur Prosa von Olga Tokarczuk. In: Marszałek, Magdalena; Nagórko, Alicja (Hg.): Berührungslinien. Polnische Literatur und Sprache aus der Perspektive des deutsch-polnischen kulturellen Austauschs. Hildesheim u. a. 2006, S. 157–166, hier S. 158. Katharina Döbler bezeichnet das Werk in ihrer Laudatio als „ein vielstimmiges und vielschichtiges Buch, mehr ein Chorwerk als eine lineare Erzählung; Mosaik einer Landschaft bei verschiedenen Beleuchtungen und zu verschiedenen Zeiten, gesehen durch verschiedene Augen, vorgetragen von verschiedenen Stimmen." Katharina Döbler zitiert nach Tanja Krombach: Verleihung des Preises „Brücke Berlin" an die polnische Schriftstellerin Olga Tokarczuk und ihre Übersetzerin Esther Kinsky. In: Deutsches Kulturforum östliches Europa.01.12.2002. URL: https://kulturforum.info/de/beitrag/177-1000171-verleihung-des-preises-bruecke-berlin-an-die-polnische-schriftstellerin-olga-tokarczuk-und-ihre-uebersetzerin-esther-kinsky (15.02.2021).

8 Tokarczuk, Olga: Taghaus, Nachthaus. Aus dem Polnischen von Esther Kinsky. Zürich 2019, S. 7. „ruchome strumyczki wody i soków, które krążą tam i z powrotem, w górę i w dół" Dies.: Dom dzienny, dom nocny. Kraków 2005, S. 8.

sierende Fragmente von Bildern“[9] sind. Als reiner Blick kann die besitzlose und sogar Ich-lose Träumende nicht nur den räumlichen Standpunkt, sondern auch die zeitliche Perspektive ändern: „[w]ie ein Pfeil auf dem Computerbildschirm, der sich selbsttätig bewegt oder einfach nichts von der Hand weiß, die ihn bewegt.“[10] Ganz anders allerdings als das, was der digitale Pfeil auszulösen vermag, nämlich im Internet surfend Neues zu entdecken und Gesehenes schnell zu vergessen,[11] erkennt der Traum-Blick nichts Neues und vergisst Gesehenes nicht.[12] Programmatisch ist diese beinahe filmische Eingangssequenz mit einer Stimme aus dem Off deswegen, weil das folgende Text-Mosaik aus Geschichten durch unterschiedlichste Zeiträume ‚wandert‘, die mit der polnisch-tschechischen Grenzregion in der Nähe von Nowa Ruda (Neurode),[13] wo besagtes Haus steht, verbunden sind. Bezeichnenderweise endet der Roman gleichfalls mit Blicken, die sich aber umgekehrt gen Himmel auf Wolkenformationen richten, aus denen der Partner der Ich-Erzählerin je nach Alter seine Projektionen ablas – etwa als Kind Feuerwehrautos, als Schüler Zahlen, als Teenager Herzen. Dieses subjektive Wolken-Lesen wird aufgrund nachlassenden

9 Ebd., S. 8. „pulsującymi kawałkami obrazów“ Tokarczuk, Dom dzienny, dom nocny (wie Anm. 8), S. 8.

10 Ebd. „jakbym była strzałką na ekranie komputera, która jednak porusza się sama z siebie albo po prostu nie wie nic o istnieniu poruszającej nią dłoni“. Tokarczuk, Dom dzienny, dom nocny (wie Anm. 8), S. 8.

11 Auf die Internetstruktur der Narration weist auch Richard Kämmerlings hin. Ihm zufolge ist „es hier keine methodische Überinterpretation, wenn man die digitale Vernetzung allgemein als Vorbild für Tokarczuks dezentrales Erzählprinzip bestimmt. Immer wieder öffnen sich die scheinbar abgeschlossenen Geschichten mit einem einzigen Wort auf eine ganz andere Stelle des Romans hin, wie ein Link in einem endlos in sich zurücklaufenden Hypertext“. Kämmerlings, Richard: Werwolf beim Blutspenden. Olga Tokarczuk serviert triftige Pilze. In: Frankfurter Allgemeine Zeitung. Nr. 258. 06.11.2001, S. 3 (Literaturbeilage).

12 Vgl. Tokarczuk, Taghaus, Nachthaus (wie Anm. 8), S. 8; Dies., Dom dzienny, dom nocny (wie Anm. 8), S. 8. Przemysław Czapliński macht den Traum als Gerüst dieses Textes aus, hinter dem sich das Wahre und Wirkliche verberge. Vgl. Czapliński, Przemysław: Mikrologi ze śmiercią. Motywy tanatyczne we współczesnej literaturze polskiej [Mikrologe mit dem Tod. Thanatische Motive in der zeitgenössischen polnischen Literatur]. Poznań 2001, S. 197f.

13 Döbler hält hierzu fest: „Der Landstrich, um den es geht, Grenzland von jeher, gehörte zu verschiedenen Ländern und Reichen, war böhmisch, habsburgisch, preußisch und polnisch. Er heißt Ziemia Klodzka, auf Deutsch Glatzer Land. Nach Tschechien sind es nur ein paar Kilometer. Es ist ein Landstrich wie er typisch ist für Mitteleuropa: hineingezogen in das, was ein bekannter Galizier ‚die Sintflut der Geschichte‘ nannte; darin herumgewirbelt, nach Krieg und Vertreibung ein Geisterland mit leeren Häusern, in denen noch die Noten auf dem Klavier und die Servietten mit Monogramm im Schrank lagen. Bis die neuen Bewohner kamen, aus Galizien, aus Podolien, aus den zerstörten Städten Polens, und diese Gebiete, die sie ‚po niemieckie‘, die ‚nachdeutschen‘ nannten, zu bewohnen begannen, stets begleitet vom Gefühl des Fremdseins. So wie die Eltern von Olga Tokarczuk, deren Vater aus Galizien stammt und die in Zielona Góra, in Grünberg, geboren wurde. Eine rätselhafte Gegend für ein Kind. Die kleine Olga glaubte, Grabsteine auf Friedhöfen seien immer in einer anderen Sprache beschriftet – nämlich Deutsch.“ Döbler zitiert nach Tanja Krombach (wie Anm. 7).

Sehvermögens im höheren Erwachsenenalter von täglichen Himmelsaufnahmen, die vom Frühjahr bis zum Herbst von der Terrasse im Kotlina Kłodzka (Glatzer Kessel) aus derselben Stativperspektive erstellt werden,[14] abgelöst. Erwartet wird von dieser kontingenten Fotoserie insbesondere dann „Sinn und Bedeutung",[15] wenn die Ablichtungen mithilfe eines Computerprogramms übereinandergelegt werden oder zu einem Himmel montiert werden. Ausgerechnet vom Himmel, der keine Grenzen kennt, wird ein Erkenntnisgewinn erhofft, der aus der Kontingenz analoger Kamerabilder und aus digitalen Berechnungen hervorgeht.

Diese Kontingenz korrespondiert mit einem Erzählfluss, der sich aus den zitierten „pulsierende[n] Fragmente[n] von Bildern"[16] speist, die die mit dem Grenzgebiet verbundenen Menschen (tag)träumen. Motiviert scheint dies durch die in dem Tal ständig mahnende Lethe, die als Bach, Rinnsal und selbst unter dem Haus als unterirdischer Fluss unaufhörlich rauscht: „[W]ir mussten uns an das dumpfe, unablässige Geräusch und die unruhigen Träume gewöhnen."[17] Selbst die alte Nachbarin Marta, die ihre Lebensgeschichte ständig in neuen Varianten erzählt[18] und auch in ihren Geschichten über andere Menschen vieles erfindet,[19] riecht „nach Feuchtigkeit, die sich nicht trocknen lässt. Dieser Geruch bleibt haften, man wird ihn nicht los."[20] Dem Feuchtigkeit verbreitenden Lethe-Fluss des Vergessens stehen die narrativen Verflechtungen der mutmaßlichen Analphabetin und Perückenmacherin Marta entgegen, die analog zu Geschichten Haarsträhnen flicht und behauptet, dass wachsende Haare die Gedanken der Menschen speichern.[21] In der zweiten Texthälfte scheren sich das narrative Ich und sein Alter Ego gegenseitig die Haare; nach diesem hochsymbolischen intimen Akt vergräbt Marta das aus ihren weißen und den dunklen Strähnen der namenlosen Erzählerin geformte Knäul im Blumenbeet – [22] wohl um die nunmehr vermischten Gedanken dort aufzubewahren, wo sie selbst

14 Dieses Verfahren erinnert an die Aufnahmen des Zigarettenverkäufers in Wayne Wangs Episodenfilm *Smoke* von 1995 – nach einem Drehbuch von Paul Auster. Über zehn Jahre lang fotografiert Auggie jeden Morgen um dieselbe Uhrzeit von einer Kreuzung aus seinen Laden samt Passant*innen und Straßenverkehr. Seine Alben mit tausenden Abzügen, die sich perspektivisch gleichen und zugleich Unterschiedliches zeigen, visualisieren nicht nur die Flüchtigkeit der Zeit, sondern auch eine Chronik unterschiedlichster Geschichten, die sich hinter den zufälligen Momentaufnahmen von Menschen in Brooklyn verbergen.

15 Tokarczuk, Taghaus, Nachthaus (wie Anm. 8), S. 379. „coś znaczyła" Dies., Dom dzienny, dom nocny (wie Anm. 8), S. 390.

16 Ebd., S. 8. „pulsującymi kawałkami obrazów" Dies., Dom dzienny, dom nocny (wie Anm. 8), S. 8.

17 Ebd. S. 9. „Można się jedynie przyzwyczaić do ponurego, wiecznego szumu wody, do niespokojnych snów." Tokarczuk, Dom dzienny, dom nocny (wie Anm. 8), S. 9.

18 Vgl. ebd.

19 Vgl. ebd.; Tokarczuk, Dom dzienny, dom nocny (wie Anm. 8), S. 12.

20 Ebd., S. 9. „wysuszonej na siłę wilgoci. Ten zapach zawsze zostanie, nie da się zlikwidować." Tokarczuk, Dom dzienny, dom nocny (wie Anm. 8), S. 10.

21 Vgl. ebd., S. 92–96. Tokarczuk, Dom dzienny, dom nocny (wie Anm. 8), S. 94–99.

22 Vgl. ebd., S. 243–245.Tokarczuk, Dom dzienny, dom nocny (wie Anm. 8), S. 249–251.

immer wieder Gegenstände aufhebt – darunter „Kochtöpfe mit Rostflecken […,] eine große Gabel mit Hakenkreuz".[23] Solche deutschen Erbstücke wandern in ihren Haushalt, während die Ich-Erzählerin und ihr Partner die „unansehliche[n] Dinge" aus der „Erde […] nicht zu schätzen [wussten]. Wie alle wollten wir lieber neue Dinge haben, die glänzten und noch die Spuren des Preisschildchens trugen".[24] Marta hingegen hebt die Gegenstände nicht nur vom Boden auf, sondern verwendet und verwahrt sie, sodass die Zufallsfunde deutscher Herkunft bei ihr dialektisch aufgehoben sind, das heißt zwar aufbewahrt, aber ihrer etwaigen ‚musealen' Zeugniskraft enthoben. Dieser Umgang mit den Dingen entspricht dem Blickvermögen im Traum des ersten Kapitels ebenso wie Martas Aussage, „die wichtigste Aufgabe des Menschen sei es, Dinge zu retten, die verfallen, und nicht neue zu schaffen."[25] Eben dies gelingt durch die ausgeprägte „Tiefendimension", die Alois Woldan dem Text zutreffend attestiert.[26] Neben zahlreichen Protagonist*innen eignen sich etwa ‚Sie und Er' in den gleichnamigen Intertexten deutsche Hinterlassenschaften an, mit denen sie ihr Leben ‚dekorieren', sodass sich das Paar „perfekt in die Fotografie fügte, welche die Welt darstellte."[27] Gestört wird diese Idylle der ersten gemeinsamen Monate nur kurzzeitig durch die Einquartierung zweier Frauen, die „Kostüme [trugen], die aus gestreiften Häftlingskitteln umgeschneidert waren, enge Röcke bis fast unters Knie und dazu ein Jackett mit Schößchen, das mit einem Ledergürtel zusammengehalten wurde."[28] Der Alkoholiker Marek Marek, der seinen eingeschlossenen, nach Freiheit strebenden Vogel nicht bändigen kann und sich selbst daher betäuben muss, streift für Prozentiges „durch die Ruinen der ehemaligen Deutschenhäuser und suchte im hohen Gras nach Steintrögen. Die verkaufte er einem Mann, der sie nach Deutschland ausführte."[29] Ehemals Deutschem wenden sich auch die angereisten Heimwehtourist*innen zu, um die Heimat ihrer Kindheit topografisch zu erkunden. Im Falle von Peter Dieter erweist sich als besonders bemerkenswert, dass

23 Ebd., S. 305. „garnki z rdzawymi śladami […,] jeden wielki widelec ze swastyką" Tokarczuk, Dom dzienny, dom nocny (wie Anm. 8), S. 314.

24 Ebd., S. 306. „pokraczne przedmioty" „ziemi […]. Myśmy ich nie szanowali, woleliśmy, jak wszyscy, mieć rzeczy nowe, błyszczące, ze śladami kleju po cenie" Tokarczuk, Dom dzienny, dom nocny (wie Anm. 8), S. 315.

25 Ebd., S. 122. „że najważniejszym ludzkim zadaniem jest ratowanie czegoś, co się rozpada, a nie tworzenie rzeczy nowych." Tokarczuk, Dom dzienny, dom nocny (wie Anm. 8), S. 125.

26 Woldan, Schlesien – ein Ort der Grenzüberschreitung (wie Anm.7), S. 158.

27 Tokarczuk, Taghaus, Nachthaus (wie Anm. 8), S. 323. „doskonale wklejoną w fotografię, jaką jest świat" Dies., Dom dzienny, dom nocny (wie Anm. 8), S. 333.

28 Ebd., S. 326. „miały garsonki przerobione z pasiaków – obcisłe spódniczki tuż za kolano i do tego żakiet z baskinką przewiązany skórzanym paskiem." Tokarczuk, Dom dzienny, dom nocny (wie Anm. 8), S. 336.

29 Ebd., S. 30. „po ruinach poniemieckich domów i wynajdywał w trawie kamienne koryta. Sprzedawał je facetowi, który woził je do Niemiec." Tokarczuk, Dom dzienny, dom nocny (wie Anm. 8), S. 30.

weniger das Wiedersehen der vertrauten Landschaft, vielmehr das tiefe Einatmen der schlesischen Luft nicht nur „diesen seltsamen Film der Vergangenheit in Gang [setzte]“,[30] sondern mit der Erkenntnis verbunden wird, den Kopffilm nunmehr allerorts abspielen zu können. Dazu kommt es aber nicht, weil kurz danach sein allerletzter Atemzug in der allzu bekannten Gebirgsluft erfolgt.

Viele weitere Beispiele ließen sich für das Aufheben des materiell wie ideell ehemals Deutschen aufzählen, das im Polnischen als *Poniemieckie* gängig ist, worüber Karolina Kuszyk 2019 eine etwa 460 Seiten umfassende umfangreiche Reportage publizierte.[31] In *Dom dzienny, dom nocny* löst sich dieses Erbe in der narrativen Dichotomie zwischen Wachen und Träumen nicht auf, sondern wird aus einer zwar verdrängten Geschichte, aber aus in der Erlebnis- wie Nachgeneration bewahrten Geschichten geborgen. Nicht zufällig fungiert die Erzählerin als Martas Echo, werden Fakt und Fiktion verwischt, fehlt eine kohärente Handlung zugunsten eines strömenden Hypertextes, der zwischen Immanenz und Transzendenz wechselt und derart das Erzählte immer wieder überschreibt.

3. Grenzaufhebungen im hochprozentigen und im Datenrausch. Różyckis Poem *Dwanaście stacji*

Tomasz Różyckis (geb. 1970) *Dwanaście stacji* (2004, dt. *Zwölf Stationen*, 2009) ist gleichfalls im Grenzland verortet, das sich insofern verdoppelt, als dass das lyrische Ich dem familiären Ariadnefaden der Erinnerung entlang aus Opole (Oppeln) in die einstige Heimat, die heutige Ukraine, genauer nach Gliniany, in eine kleine Stadt unweit von L'viv (Lwów, Lemberg), folgt. Auch bei diesem Reisetext haben wir es mit einem Palimpsest zu tun, da er sich in formaler Hinsicht an die zwölf Bücher in Adam Mickiewiczs teils autobiografisch gefärbtem und im Erinnerungsmodus verfasstem Versepos *Pan Tadeusz* (1834, dt. *Herr Thaddäus oder Der letzte Einritt in Litauen*, 1882) anlehnt. Durch einen spezifischen Surrealismus samt dem Auftreten eigenwilliger Fabelwesen aufgrund von Alkoholexzessen beim Fahren erinnert Różyckis Dichtung zudem an Venedikt Erofeevs *Москва — Петушки* (1973, dt. Die Reise nach Petuschki, 1978) sowie an Il'ja Ilfs und Evgenij Petrovs Satireroman *Двенадцать стульев* (1928, dt. *Zwölf Stühle*, 1930), worin die landesweite Jagd nach den Titelobjekten geschildert wird, weil vor der Sowjetzeit in einem der Stühle wertvolle Juwelen versteckt wurden. Die Allusionen auf die prominenten Prätexte

30 Ebd., S. 125. „puszczał w ruch ten dziwny film przeszłości“ Tokarczuk, Dom dzienny, dom nocny (wie Anm. 8), S. 127.

31 Vgl. Kuszyk, Karolina: Poniemieckie. Wołowiec 2019. In deutscher Übersetzung erschienen als Kuszyk, Karolina: In den Häusern der Anderen. Spuren deutscher Vergangenheit in Westpolen. Aus dem Polnischen von Bernhard Hartmann. Berlin 2022.

weisen *Dwanaście stacji* als subversive Heimatdichtung aus, da darin parodistische Abweichungen erfolgen.

Zunächst führt der Besuch des erwachsenen Enkels bei seiner Großmutter zu Erinnerungen an den Mikrokosmos der Kindheit, die bei einer Wohnungsbegehung das Wiedersehen von Mobiliar und Gegenständen wie einen uralten Sessel, der einst erobert werden musste,[32] oder der Inhalt einer Schublade, die einst lustvoll durchwühlt wurde,[33] evoziert. Besonders ins Auge fällt ein dickes Buch zur Rassenkunde,[34]

> „das die Vormieter, die Peters, / Vertreter des germanischen Volkes des Deutschen Reiches / in seiner Tausendjährigen Variante / in der Wohnung zurückgelassen hatten",[35]

und dessen Nacktaufnahmen den einstigen Heranwachsenden erregten. Ein ähnliches deutsches Relikt stellt die handwerklich immer wieder traktierte Standuhr dar – eine ebenso einfache wie raffinierte Metaphorik, wenn die neuen Besitzer unentwegt die Zeit verstellen.[36] Mit dem letztlichen Verlust des Uhrwerks wird die deutsche Vergangenheit von Opole symbolisch liquidiert.

Auf der vierten Station mit dem Titel *Wyprawa [Expedition]* findet der Kindheitsmikrokosmos sein mikroskopisches Pendant als in einem Garten entdeckter Ameisenhaufen, dessen Armeen „ohne Stiefel"[37] personifiziert und dessen Bahn als „geheimer Handelsweg und Schmugglerpfad"[38] entlarvt wird. Wenn sich in dieser Parallelwelt die Insekten in Bewegung setzten, so erinnert diese Völkerwanderung an die geografische Verlagerung der Großelterngeneration und verweist auf die bevorstehende Fahrt in die verlorene Heimat, die der Enkel vor allem mit älteren Verwandten antritt. Für die Jüngeren, die Nachgeneration, existierten dagegen kaum noch Grenzen:[39]

> „Wie einfach das ist – drei Klimazonen durchschreiten, / ein Flugzeug besteigen und im Flug das steife Europa / überqueren, das minderjährige Afrika / und das ganz und gar befreite Amerika! [...] Wie geradezu kindisch einfach das ist, den Computer

32 Vgl. Różycki, Tomasz: Zwölf Stationen. Poem. Aus dem Polnischen von Olaf Kühl. München 2009, S. 10f. Ders.: Dwanaście stacji. Poemat. Kraków 2004, S. 10.

33 Vgl. ebd., S. 11. Różycki, Dwanaście stacji (wie Anm. 32), S. 10.

34 Vgl. ebd.

35 Ebd., S. 13. „pozostawionej w mieszkaniu przez wcześniejszych / jego lokatorów, państwa Petersów, przedstawicieli narodu germańskiego / Rzeszy Niemieckiej w wersji Tysiącletniej" Różycki, Dwanaście stacji (wie Anm. 32), S. 12.

36 Vgl. ebd., S. 75–87. Różycki, Dwanaście stacji (wie Anm. 32), S. 59–68.

37 Ebd., S. 64. „bez butów" Różycki, Dwanaście stacji (wie Anm. 32), S. 49.

38 Ebd. „tajny szlak handlowy / oraz szlak tajnej kontrabandy" Różycki, Dwanaście stacji (wie Anm. 32), S. 49.

39 Vgl. auch die vielen jungen Menschen, die mit polnischer und deutscher Staatsangehörigkeit in der ‚paradiesischen' BRD leben. Vgl. ebd., S. 102; Vgl. Różycki, Zwölf Stationen (wie Anm. 32), S. 126f.

> einzuschalten und auf der wendigen Maus, / wie auf Pferdes Rücken, galoppierend glückliche Länder / zu durchmessen, Galerien zu besuchen, Boutiquen zu betreten / und gar zu prüfen, was heute in der Kneipe am Eck gekocht wird!“[40]

Umgekehrt entsagt die Erlebnisgeneration selbst den Vorläufertechnologien wie dem Telefon, das die 88-jährige Großmutter zwar bedienen konnte –

> „ja, sie verstand es sogar selbst eine Nummer / zu wählen und wartete geduldig, bis jemand sich meldete / – Hauptsache es war kein Anrufbeantworter, / mit denen hatte sie immer Verständigungsschwierigkeiten“[41] –

ihre Cousine jedoch rannte „aufs Feld, sobald das Telefon klingelte“.[42] Buchstäblichen Zuspruch findet einzig das katholische *Radio Maryja* mit seinen ganz Polen vereinenden Rosenkranzgebeten.[43] Während die jüngeren Verwandten blind geworden sind für Grenzen, schwelgen die älteren in Erinnerungen an die verlassene Heimat, die sie kulinarisch etwa durch die Zubereitung von Piroggen nach alten Rezepten zelebrieren. Die ganz Jungen spielen aus Unverständnis für einen Disput über das östliche Reiseziel im Vergleich zum viel attraktiveren Westen auf ihren Handys.

Wenn der Enkel nach diversen Abenteuern im Alkoholrausch endlich mit der versammelten reisewilligen Verwandtschaft – ausgestattet mit Proviant zum Essen und Saufen – in Opole aufbricht, setzt sich letztlich vor allem dessen Selbsttrip fort. Hierbei wird nicht nur die Ostgrenze überschritten, sondern auch Zeiträume, denn nachdem der Enkel auf der Fahrt mit den meisten Verwandten anstoßen musste, eilt er betrunken zum Zugende, aber

> „der Zug verlängerte / sich um immer neue Waggons, gleichsam ins Unendliche / und während seine Spitze schon ins Unbekannte eindrang / war sein Ende bestimmt nicht einmal am letzten Bahnhof / losgefahren.“[44]

40 Ebd., S. 65. „Jakież to proste, przejść przez trzy klimaty, wsiąść na samolot / i migiem przelecieć sztywną Europę, nieletnią Afrykę i Amerykę / całkiem wyzwoloną! [...] Jakież to wręcz dziecinnie proste, / włączyć komputer i na zwinnej myszce niby na wierzchowcu / galopem przemierzyć szczęśliwe kraje, obejrzeć galerie, / zajrzeć do butików i nawet sprawdzić, co dzisiaj gotują / w knajpie przy placyku!“ Różycki, Dwanaście stacji (wie Anm. 32), S. 51.

41 Ebd., S. 16. „tak dosyć sprawna w odbieraniu telefonów, / nawet sama potrafiła wybrać jakiś tam numer i spokojnie czekać, / aż ktoś się odezwie – byleby nie była to automatyczna sekretarka, / z którą dogadać się jakoś nie umiała“ Różycki, Dwanaście stacji (wie Anm. 32), S. 14.

42 Ebd. „na pole, gdy dzwonił telefon“ Różycki, Dwanaście stacji (wie Anm. 32), S. 14.

43 Vgl. ebd. Zugleich im Kontrast und in Korrespondenz hierzu stehen die älteren Frauen, die alles stehen und liegen lassen, um zu bestimmten Zeiten Fernsehserien und Quizsendungen zu sehen, was sie in der Vereinzelung gleichfalls vereint. Vgl. Różycki, Zwölf Stationen (wie Anm. 32), S. 25; Ders., Dwanaście stacji (wie Anm. 32), S. 17.

44 Ebd., S. 171. „pociąg wydłużał się o nowe wciąż / wagony i stał się niby nieskończony, i podczas gdy jego początek / wjeżdżał już w nieznane, koniec nie ruszył jeszcze pewnie / z ostatniej stacyjki“ Różycki, Dwanaście stacji (wie Anm. 32), S. 138.

So verwundert es auch nicht, dass der Enkel im letzten Waggon die Großmutter mit ihrem Sohn und ihren drei verstorbenen Töchtern entdeckt, bei der Ankunft wieder mit Kostproben von „Fusel, Selbstgebranntem, Obstschnaps“[45] zur Lok eilt, wo der verstorbene Großvater wie früher den Zug lenkt und beschließt, an diesem Ort zu bleiben.[46] Der Rausch bzw. das Delirium nivelliert die Zeit, was sich bereits im Traktieren der Uhr ankündigte, schwächt das Gleichgewicht bei den Raumbegehungen und beeinträchtigt die Wahrnehmung. Gerade die Untoten animieren eine historische Landkarte, die hier karnevalesk-hyperbolisch bespielt wird, um das Autofiktionale derart zu potenzieren, dass die Unschärfen im Familiengedächtnis sichtbar werden. Dass es sich hierbei um eine Selbstverblendung handelt, verdeutlicht der selbstgebrannte Wein, den in den letzten Versen nicht zufällig eine Ameisenkolonne schleppt:

> „Zwischen den grünen Grashalmen könnte man / hätte man sich gebückt, eine lange Schnur Ameisen / marschieren sehen, die große, weiße Bündel auf den Schultern / trugen. Sauternes, Bingen, Bingen und Sauternes.“[47]

Mit diesem Trinkspruch wird die Frage der Perspektive und mit dem Konjunktiv die Frage des Modus beim Erinnern beschworen, wobei die Möglichkeit eines Übersehens als Übertreibung wie als Entgehen einkalkuliert wird. Indem dies im Kreise der älteren Verwandtschaft geschieht, erfolgen transgenerationale Befragungen, die als Poem mit Rekurs auf Mickiewiczs Versepos *Pan Tadeusz* lyrisch und damit letztlich auch medial potenziert werden. Diese nationalepische *Wieder*holung in Versen hebt die auf die historische Grenzverschiebung zurückzuführenden Traumata im Sinne eines gleichzeitigen Bewahrens, Löschens und – hier dichterischen – Emporhebens auf.

4. Aufgehobener Ausweis. Baras Comic *Ogród*

Auch Agata Bara (geb. 1982) wendet sich mit *Der Garten* (2012), ihrer Abschlussarbeit an der Folkwang-Universität der Künste in Essen, mit dessen übersetzter Fassung *Ogród* (2012) die Autorin auf dem polnischen Comic-Markt debütierte,[48] einer familiären Vorvergangenheit zu.[49] Dies zeigen ebenso Baras Biografie, geboren

45 Ebd., S. 172. „berbeluchy, / samogonu, bimbru“ Różycki, Dwanaście stacji (wie Anm. 32), S. 139.

46 Vgl. ebd., S. 173; Różycki, Dwanaście stacji (wie Anm. 32), S. 140.

47 Ebd. „Między zielonymi źdźbami trawy / widać było, gdyby się pochylić, przeciągający sznurem / pochód mrówek, niosących z sobą na plecach wielkie, / białe tobołki. Sauternes, Bingen, Bingen i Sauternes“ Różycki, Dwanaście stacji (wie Anm. 32), S. 140.

48 Bara, Agata: Der Garten. Wattenheim 2012, unpag.; Dies.: Ogród. Warszawa 2012, unpag.

49 Comic wird hier synonymisch zur Modebezeichnung ‚Graphic Novel‘ verwandt, da Letztgenannte häufig schlicht dazu dient, die Texte nicht mit Kinder- oder Jugendbüchern zu verwechseln und das Genre bzw. Medium aufzuwerten, was meines Erachtens zwischenzeitlich hinfällig ist.

Abb. 1: Schlachten des Suppenhuhns.

im niederschlesischen Kowary (Schmiedeberg),[50] wie die deutsch-polnischen Konstellationen in der präsentierten Kriegs- und Familiengeschichte, die in Schlesien beginnt und in Deutschland endet.

Als Einstieg präsentiert die Erzählung eine sommerliche Dorfidylle in nostalgisch anmutenden Sepia-Tönen. Gestört wird diese, wenn in der dort ansässigen dreiköpfigen Familie, die mit dem Vater der Mutter zusammenlebt, ausgerechnet das polnische Traditionsfestmahl *rosół*, eine Hühnersuppe, serviert wird. Trotz der schlechten Lebensmittellage kurz vor Ausrufung des Kriegsrechts im Dezember 1981 verweigern Enkel Maciej und Opa Janek schweigend den Verzehr, was von der Köchin geahndet wird: „Was ist denn los? Du musst ins Bett, wenn Du nicht aufisst, Maciek! Wo gehst du denn hin, Papa?“[51] Die Eltern des Jungen ahnen nicht, dass dieser

50 Vgl. Kaźmierczak, Sylwia: Wywiad z Agatą Barą [Interview mit Agata Bara]. 20.06.2010. URL: https://alejakomiksu.com/artykul/4928/Wywiad-z-Agata-Bara/ (01.08.2020).

51 Bara, Der Garten (wie Anm. 48). „Co jest z wami? Pójdziesz do łóżka, jeśli od razu nie zjesz, Maciek! Gdzie idziesz, tato?“ Dies., Ogród (wie Anm. 48).

vorher zufällig sah, wie sein Großvater ein Huhn des Nachbarn tötete und rupfte (vgl. Abb. 1). Maciej ist von dieser Beobachtung traumatisiert, wie vor allem das mittlere große Panel der entsprechenden Seite zeigt, und sein Großvater hierüber trotz versuchter lächelnder Beschwichtigung ebenso schockiert wie aufgerüttelt. Wenn er sich vom Enkel sogar abwendet, wird zudem seine Überforderung deutlich. Raffiniert führt diese rätselhafte Episode über das Hinsehen des Jungen und Weg- oder Übersehen seiner Mutter, die sich über das Vorhandensein des Huhns in der Krise wundern müsste, sowie das beredete Schweigen ihres Sohnes und Vaters in ein viel zentraleres Trauma ein, das den Großvater betrifft und gleichfalls mit einer ‚heimlichen' Tötung verbunden ist. Diese Last wird seiner Tochter, deren Mann und dem Enkel letztlich vorenthalten, auch wenn deren Umstände nicht verborgen bleiben. Angedeutet wird die Last des Großvaters durch eine abgebrochene Beichte in der Kirche:

> „Ich bin nicht gut, Vater." „Lass den Herrn entscheiden, mein Sohn" „Ich habe Romeks Huhn erschlagen. Wir streiten schon lange." „Und dann ist da noch was…" „Als ich ein junger Mann war habe ich…Ich habe…" „Mein Sohn, der Herr vergibt alle Sünden!"[52]

Während anschließend im Fernsehen die gestiegenen Preise für Grundlebensmittel verkündet werden, wundern sich Maciejs Eltern darüber, dass der Großvater unbedingt zu einem wilden Apfelgarten fahren möchte. Die Bedeutung des Apfels als Frucht der Erkenntnis kündigt sich bereits im Frontispiz des Comics an (vgl. Abb. 2). Nach einer Busfahrt wandern der grimmig blickende Janek mit seinem vergnügten Schwiegersohn und Enkel zu diesem Garten. Dort angekommen wechselt die Sepia-Tuscheführung bedeutsam in ein Schwarzgrau (vgl. Abb. 3), wobei die hierdurch gekennzeichnete Vorvergangenheit durch die Frage eines Soldaten „Wie weit ist es noch"[53] mit der vorwiegend erzählten Sepia-Vergangenheit abwechselt: „… Opa?" […] „Nicht mehr

Abb. 2: Frontispiz.

52 Ebd. „Nie jestem dobry, ojcze." „Niech o tym zadecyduje Pan Bóg, synu." „Zabiłem kurę Romka. Nasza kłótnia trwa juz długo..." „I jest jeszcze coś..." „Kiedy byłem młody za… Zrobiłem… coś…" „Synu, zaczekaj! Pan Bóg wybacza nam wszystkie grzechy." Bara, Ogród (wie Anm. 48). In der polnischen Fassung klingt eine stärkere Andeutung des Verbrechens an: „Als ich jung war, tö…Tat ich… etwas" (Übersetzung Gudrun Heidemann).

53 Ebd. „Jak daleko jeszcze" Bara, Ogród (wie Anm. 48).

Abb. 3: Von Sepia zu Schwarzgrau.

weit…" […] „Wo ist denn Opa hin?"[54] Der Großvater begegnet durch das örtliche Wiedersehen einem schwerwiegenden, vermeintlich vergessenen Kapitel seiner Vergangenheit, das hier wie ein Echo nachhallt, während der Enkel einen wurmstichigen Apfel pflückt und kostet: „Er schafft's nicht…" „Bringt ihn rüber zu den Apfelbäumen da!" „Sie wissen, was Sie zu tun haben!"[55] Diesen Befehl erhält der junge Janek als Wehrmachtssoldat, wie die in groben Zeichenstrichen angedeuteten Uniformen und vor allem der Stahlhelm des Schlesiers zeigen. Ins Bild gerät nicht die Ausführung des Befehls selbst, sondern stellvertretend wie in einer abstrahierenden Filmmontage das tödliche Gewehr in den Händen des Soldaten, ein von (Todes-)Angst erfülltes Gesicht und Bäume mit darunter stehenden, nach unten – wohl auf die Leiche – blickenden Augenzeugen sowie aufgescheuchten Vögeln (vgl. Abb. 4). Letztgenannte tauchen bedeutsam auf der letzten Seite des Comics wieder auf, wenn Maciej nach dem Tod des Großvaters sehnsüchtig in den Himmel

54 Ebd. „…dziadku?" „Już niedaleko…" […] „Gdzie jest dziadek?" Bara, Ogród (wie Anm. 48).

55 Ebd. „On nie da rady…" „Zanieście go do jabłonek!" „Wiesz, co masz zrobić!"

Abb. 4: Wehrmachtsverbrechen.

seiner neuen bundesrepublikanischen Heimatstadt schaut (vgl. Abb. 5). Allerdings wird ihm – zumindest vorläufig – die traurige Nachricht vorenthalten, da die nach dem Lesen eines entsprechenden Schreibens erschütterte Mutter auf Maciejs Fragen „Was ist passiert, Mami?" „Was schreibt Opa?" bedeutsam mit „Dass er uns sehr liebt."[56] antwortet. Das Verschweigen der Todesnachricht korrespondiert mit dem (groß-)väterlichen Verschweigen seiner Schuld, als sei dieses Ausblenden der Wahrheit nunmehr vererbt worden.

Maciej, an dessen Körperhaltung bei der Umarmung durch seine Mutter abzulesen ist, dass er den Verlust erahnt, trauert am Ende um seinen Großvater und, worauf das Aufgreifen des Vogelmotivs im letzten Panel hinweist, um dessen traumatisierendes Schicksal, das dem Jungen aber nur latent ‚vorschwebt'. Eng verbunden sind Großvater und Enkel durch die Huhn-Episode, die für beide auf unterschiedliche Weise mit traumatischen Erlebnissen verknüpft ist – Maciej beobachtete mit

56 Ebd. „Co się stało, mamusiu?" „Co pisze dziadek?" „Że bardzo nas kocha." Bara, Ogród (wie Anm. 48).

Abb. 5: Vogelschwarm.

Kinderaugen das Erschlagen und Rupfen des Huhnes, was bei Janek Erinnerungen an sein Kriegsverbrechen hervorrief oder auch das Verdrängen der eigenhändig durchgeführten Erschießung erschütterte. Ein weiteres Ereignis, das beide in Zweisamkeit teilen, ist der großväterliche Zusammenbruch im Apfelhain nach dessen Erinnerung daran, welchen Befehl er dort im Krieg ausführte. Wenn der Großvater zusammengekrümmt auf dem Boden liegt, kommt es zu keinem verbal artikulierten Trostspenden, sondern kindgerecht zu eindeutigen Gesten eines Mitfühlens und Aufmunterns, was der Comic grafisch zum Ausdruck bringt (vgl. Abb. 6). Maciejs aufrüttelnde Berührungen und ein folgendes Panel, das den Großvater im Blickkontakt mit seinem Enkel von Angesicht zu Angesicht zeigt, illustrieren, dass es bei dieser einschneidenden Begegnung kaum erklärender Worte bedarf, weshalb die entsprechenden Panels verbalsprachlich stumm bleiben. Gerade hierdurch kommt die hintergründige Latenz zum Ausdruck.

Neben dem Kriegstrauma entgeht Maciej, dass sein Großvater den Eltern während des Kriegsrechts seine vergangene, lange Zeit vermeintlich vergessene Zugehörigkeit zur Volksliste durch ein entsprechendes Dokument zukommen ließ (vgl.

Abb. 6: Zusammenbruch im Apfelhain.

Abb. 7),[57] damit vor allem Maciej eine bessere Zukunft beschert wird als im Polen der 1980er-Jahre:

> „Damit könnt ihr in den Westen gehen." „Ein Volkslistenausweis? Du bist doch kein Deutscher, sondern Pole!" „Früher ist viel passiert … Auch Sachen, die man nicht gerne erzählt. Ihr solltet hier fortgehen. Der Kleine kann ein besseres Leben haben." „Und was ist mir dir?" „Ich bleibe hier."[58]

Mit dieser Offenbarung greift Bara nicht nur ein vielfach vergessenes, weil oft verschwiegenes Kapitel der hier ‚volksdeutsch'-polnischen Geschichte auf, sondern bedient sich in ihrem Comic bzw. ihrer Graphic Novel dem Grundmerkmal einer Novelle im strikten Sinne, indem sie zwar keinen Falken, sondern ein Huhn zum

57 Die beiden Panels entstammen einer Seite mit insgesamt vier Panels, wo sie mittig platziert sind.

58 Ebd. „Możecie wyjechać na Zachód." „Dowód Volkslisty? Ale ty jesteś Polakiem, nie Niemcem!" „Kiedyś dużo się wydarzyło… Rzeczy, których się nie opowiada chętnie. Powinniście stąd wyjechać. Mały może mieć lepsze życie." „A co z tobą?" „Ja zostanę." Bara, Ogród (wie Anm. 48).

Abb. 7: Volksliste-Dokument.

Anlass von Konflikten nimmt. Diese resultieren aus einem ebenso unausgesprochen bleibenden Vergessenen wie für die familiäre Ausreise entscheidend dokumentierten Vergessenen. Neben der unerhörten Begebenheit, nämlich der Tötung des Huhns vom Nachbarn, lassen sich Dingsymbole wie der Apfel als Frucht der Erkenntnis, ein handgeschnitztes Spielzeugtier als großväterliche Gabe an den Enkel und vor allem der Volkslistenausweis als zugleich belastendes und befreiendes Erbe ausmachen. Der aufbewahrte und damit aufgehobene Ausweis hebt nun das bisherige Verschweigen der Zugehörigkeit zur Volksliste auf, ein historisches Detail, das der Nachgeneration die Ausreise nach Deutschland ermöglicht. Mit wenigen Worten, das heißt vor allem grafisch präsentiert die Autorin entsprechende Zeitsprünge, motivische Parallel- sowie Fortsetzungsmontagen.

Das für die Narration wesentliche Verschweigen ist auch an die bindungsstärkste Figur im Comic, an die Mutter, gekoppelt, wenn diese ihrem Sohn den väterlichen bzw. großväterlichen Tod vorenthält, den der Enkel wiederum, wie das letzte Panel suggeriert, erahnt. *Ogród* setzt nicht nur Vergessenes als vergeblich verdrängtes Trauma in Szene, sondern auch das Vergessen als solches, indem die Erzählperspektiven so fokussiert werden, dass der als Last und Trauma schwerwiegende Soldatenmord Janeks ausschließlich der Leserschaft offenbart wird. Durch die Einblendung der großväterlichen Beerdigung gegen Ende des Comics wird suggeriert, dass dieser das begangene Verbrechen letztlich mit ins Grab nimmt – zumal es beim Begräbnis mit Blick auf Romek und weitere Trauergäste allzu formelhaft heißt „Wir wollen unseren Bruder Janek in unserer Erinnerung weiterleben lassen…“.[59]

59 Ebd. „Niech nasz brat Janek żyje nadal w naszej pamięci…“ Bara, Ogród (wie Anm. 48).

5. Aufgehobenes Erbe – prosaische, lyrische und verbal-grafische Performanz

In Tokarczuks zwischen Wachen und Träumen, Historisieren und Fabulieren, Immanenz und Transzendenz sowie vielen weiteren Gegensatzpaaren, die sich in Ortsnamen, Geschlechtszugehörigkeit, Generationen etc. niederschlagen, oszillierendem Hypertext lassen sich in vielerlei Hinsicht Echos vernehmen und Palimpseste dort erkennen, wo etwas erfinderisch hinzugefügt wird. Im niederschlesischen Grenzland wird das Teilen des Erbes vor allem im Aufheben von Gegenständen performativ verdichtet. Als *literatura kresowa* [Literatur der Randgebiete] führt Różyckis Poem von der polnischen Westgrenze Oppelns zurück in die östlichen Herkunftsgebiete der Bewohner*innen, was ebenso als Abschied lesbar ist – zumal es die jüngere Generation in den Westen nach Deutschland zieht – wie als Aktualisierung im Sinne einer Bewusstmachung der Herkunft, der kriegsbedingten Fluchtbewegungen und hieraus resultierender Traumata. Auch wenn diese (Vor-)Geschichte in den Folgegenerationen durch grenzüberschreitende Technologien wie Fernsehen, Telefon und vor allem Internet überwunden scheint, ist sie keineswegs obsolet. Als Nachhall wird diese gerade in der Dichtung, die selbst als Echo, Palimpsest und Erbe prominenter Prätexte fungiert, hörbar. In Baras Comic schließlich wird das Erbe einerseits in seiner Latenz sichtbar, andererseits wie der Volkslistenausweis konkret ins Bild gesetzt. Dies und weitere grafische Präsentationen erzeugen einen betrachtenden Nachvollzug dynamischer Ereignisse, die aus historischen Parallelhandlungen, wie sie benachbarte Panels vor allem visuell markieren, hervorgehen.

Angesichts derzeitiger Bestrebungen nach kohärenten, homogenen und national(-katholisch) ausgerichteten Geschichtsentwürfen in Polen fallen in den sehr unterschiedlich operierenden Werken historische Seitenwechsel als transnationale Vergegenwärtigung und Aktualisierung auf. Hiermit gehen fragmentarische, rauschhafte, latente und damit bewusst ambivalent bleibende Erzählverfahren einher. In den historisch ‚bewegten' Peripherien erklingen Echos als lokal-temporale Grenzüberschreitungen, die sich gleichfalls in hybriden Palimpsesten niederschlagen. Einzig in mehrdimensionalen Rückblicken, in Perspektivwechseln zwischen eigener/n und fremder/n Geschichte(n) lassen sich diese ausmachen.

Alina Molisak

Das jüdische Erbe Mittel- und Osteuropas vermitteln. Ansätze der polnischen Literatur

Einer der grundsätzlichsten Diskurse in Polen heute betrifft die Frage, wie an das jüdische Erbe in der Geschichte und Kultur des Landes sowie die jahrhundertelange Beteiligung der jüdischen Bevölkerung am öffentlichen Leben an der Weichsel zu erinnern sei. In den Nachkriegsjahren, der Zeit nach dem Holocaust, fand jedoch – und findet auch gegenwärtig noch – eine befremdliche Deformation der Erinnerung statt, die eine Folge des politisch gewollten Verschweigens oder einer einseitigen Betrachtung bedeutender Ereignisse ist.

Die ersten wichtigen Werke der polnischen Literatur in Bezug auf den Holocaust und das Schicksal der Juden sind schon während der Nazi-Okkupation entstanden. Zu den bedeutendsten gehören bis heute die Gedichte von Czesław Miłosz wie *Campo di Fiori* (1943, dt. 1982) oder *Biedny chrześcijanin patrzy na getto* (1945, dt. *Armer Christ sieht das Ghetto*, 1982). Als ebenso bedeutsam erwiesen sich außergewöhnliche Prosawerke wie die kurz nach dem Krieg veröffentlichten Lagererzählungen von Tadeusz Borowski, beispielsweise *Proszę państwa do gazu* (1948, dt. *Bitte, die Herrschaften zum Gas*, 1963) oder *U nas w Auschwitzu* (1948, dt. *Bei uns in Auschwitz*, 1963) sowie die Erzählungen aus *Medaliony* (1946, dt. *Medaillons*, 1956) von Zofia Nałkowska.

Die polnische Literatur lässt sich bezüglich des jüdischen Erbes in Phasen einteilen, die im Folgenden näher charakterisiert werden sollen.

1. Ein Blick in die Vergangenheit

Schriftsteller, die nach dem Holocaust geschrieben haben, waren ähnlich wie Autoren der Kriegszeit in der Regel von der besonderen Rolle der Literatur überzeugt, vor allem was ihre Zeugenschaft und Diagnosefähigkeit in Bezug auf die bisher nie dagewesene existenzielle Situation betraf. Viele von ihnen suchten sehr bewusst nach neuen Ausdrucksmitteln, nach einer neuen literarischen Sprache. Andere wiesen nur darauf hin, dass es unmöglich sei, für eine derart traumatische Erfahrung eine Sprache zu finden. Obwohl die Erinnerungen an den Holocaust noch sehr frisch waren, findet man in der Mehrheit der nach dem Krieg veröffentlichten Texte eine eigenartig gemeinsame Perspektive der polnischen und jüdischen Erfahrungen. Die Besonderheit des radikal anderen jüdischen Schicksals wurde nicht wahrgenommen;

der Holocaust wurde gemeinsam mit anderen Kriegserfahrungen beschrieben und der Aufstand im Warschauer Ghetto als eine patriotische Tat glorifiziert. Die Erinnerung an das Schicksal der polnischen Juden wurde dadurch verschüttet, dass man in den polnischen Kriegserinnerungen die jüdische Erfahrung zu marginalisieren begann und es sogar vermied, die polnisch-jüdischen Beziehungen zu beschreiben. Ein Teil der polnischen Literatur wird durch einen Umstand geprägt, von dem Jan Błoński noch Jahre später schreiben wird:

> „Darum lassen sich die literarischen Positionen, die das Verhalten der polnischen Gesellschaft gegenüber der Judenvernichtung zum Gegenstand haben, an den Fingern abzählen. Die Sache ist nicht nur die, daß sich angesichts des Massenmords die Literatur an sich hilflos fühlt. Das Thema war explosiv; die Autoren fürchteten, daß sie mit dem Empfinden des Lesers in Konflikt geraten würden.“[1]

Eine eigenständige Position innerhalb der polnischen Literatur über den Holocaust nahmen Schriftsteller wie Hanna Krall, Henryk Grynberg, Bogdan Wojdowski oder Michał Głowiński ein. Es waren jüngere Autoren, die den Krieg als Kinder erlebt hatten und deren Werk man als dem polnisch-jüdischen Erbe zugehörig bezeichnen kann. Sie haben sich fast ausschließlich auf das Thema ‚Holocaust‘ konzentriert und auch die schwierigsten Fragen und Probleme hierbei nicht gemieden, ungeachtet der mangelnden Popularität dieses Themas oder des mangelnden Interesses daran. Eine Weiterentwicklung der ‚Holocaust‘-Thematik in der polnischen Literatur erfolgte ab Ende der 1970er-Jahre. In dieser Zeit wurden zunächst im Samisdat oder im Exil Bücher wie Jerzy Ficowskis *Odczytanie popiołów* (1979, dt. *Aus der Asche gelesen*, 1986), Jarosław Marek Rymkiewiczs *Umschlagplatz* (1988, dt. 1993) oder Andrzej Szczypiorskis *Początek* (1986, dt. *Die schöne Frau Seidenman*, 1988) veröffentlicht. In diesen Werken kommen sowohl der Holocaust als auch die polnisch-jüdischen Beziehungen als Themen auf. Nach der politischen Wende 1989 machten sich vermehrt Autoren bemerkbar, die nach dem Krieg geboren waren und sich verstärkt des Sujets annahmen wie Piotr Szewc, Marek Bieńczyk oder – von den jüngeren – Mikołaj Grynberg.

So dominierten ein halbes Jahrhundert lang die dramatischen Ereignisse des Krieges und die Tragödie der Shoah die polnische Literatur, doch nur selten wurden diese Themen von Geschichten über das jüdische Erbe in Polen begleitet. In der Zeit

1 Błoński, Jan: Die armen Polen blicken aufs Ghetto. Aus dem Polnischen von Karin Wolff. In: Klecel, Marek (Hg.): Polen zwischen Ost und West. Frankfurt 1995, S. 76–93, hier S. 87. „[M]ożna policzyć na palcach pozycje literackie, przedstawiające stosunek polskiego społeczeństwa do Zagłady Żydów, zwłaszcza w powojennych dziesięcioleciach. Rzecz nie tylko w tym, że wobec ludobójstwa literatura czuje się w całości bezradna. Temat parzył, pisarze obawiali się, że wejdą w konflikt z odczuciem i oczekiwaniem czytelników.“ Błoński, Jan: Biedni Polacy patrzą na getto. In: Ders.: Biedni Polacy patrzą na getto. Kraków 1994, S. 28.

der Volksrepublik Polen war Julian Stryjkowski mit der *Galizischen Tetralogie*, das heißt *Głosy w ciemności* (1956, dt. *Stimmen in der Finsternis*, 1963), *Austeria* (1966, dt. 1968), *Sen Azrila* (1975, dt. *Asrils Traum*, 1981) und *Echo* (1988, dt. 1995), der wohl wichtigste Autor in diesem Zusammenhang. Er verortete die Mehrheit seiner Prosawerke in der ersten Hälfte des 20. Jahrhunderts und schenkte dem gemeinsamen polnisch-jüdischen Raum Aufmerksamkeit.

2. Nach der Wende – unterschiedliche Herangehensweisen an das jüdische Erbe

Seit über 30 Jahren lässt sich eine deutliche Neuausrichtung erkennen, die nach der politischen Wende eingesetzt hat. Einerseits beschäftigen sich Autoren wie Julian Stryjkowski mit neuen Aspekten der polnisch-jüdischen Vergangenheit, andererseits werden deutlicher Fragen gestellt und die Außergewöhnlichkeit des polnischen Opfers hinterfragt. Unter diesen Gesichtspunkten lassen sich einige Herangehensweisen benennen, wie das jüdische Erbe literarisch zur Darstellung gekommen ist.

Der erste Ansatz, der zu Beginn der 1980er-Jahre seinen Anfang nahm und immer mehr an Ausdruck gewann, beschäftigt sich mit Abrechnungen und Auseinandersetzungen mit der Vergangenheit. Diese, wie ich sie bezeichne, ‚schwarze Strömung', die sich mit unbequemen, unerwünschten Themen befasste, begann mit den bekannten historischen Essays *Sąsiedzi* (2000, dt. *Nachbarn*, 2001) und *Strach* (2008, dt. *Angst*, 2012) von Jan Tomasz Gross. Gegenwärtig wird dieser Ansatz durch historische Reportagen wie *Płuczki. Poszukiwacze żydowskiego złota* (2021) [Die Ausspüler. Die Suche nach dem jüdischen Gold] von Paweł Reszka oder durch Erzählwerke, die sich auf Familiengeschichten stützen, erweitert. Dazu zählen Romane wie *Fałszerze pieprzu. Historia rodzinna* (2016, dt. *Die Pfefferfälscher. Geschichte einer Familie*, 2018) von Monika Sznajderman oder *Drzazga. Kłamstwa silniejsze niż śmierć* (2020) [Holzsplitter. Lügen stärker als der Tod] von Mirosław Tryczyk. Die Autoren dieser Bücher wollen nicht nur mit der Vergangenheit abrechnen und Bilder von der Geschichte revidieren, sondern berühren auch tabuisierte und häufig verschwiegene polnische Verhaltensweisen und Haltungen gegenüber den Juden, sowohl während des Krieges als auch danach. Nicht nur in den hier genannten Texten wird stark hervorgehoben, dass man sich des fundamentalen Unterschiedes zwischen dem polnischen und dem jüdischen Schicksal bewusst werden muss. Betont wird die moralische Schuld[2] des Christen ‚der das Ghetto sieht', wie es Miłosz poetisch formuliert hat.

---

2 Vgl. Jaspers, Karl: Die Schuldfrage. In: Zeitschrift für Philosophische Forschung 1/2 (1947), S. 439–442.

Die zweite Herangehensweise, die in der populären Literatur am präsentesten ist, kann man als Unterhaltungsliteratur bezeichnen. Sie wird durch eine eigenartige Kitschkonjunktur gefördert – über die Verbreitung dieser Erscheinung schrieben in Bezug auf die mittel- und osteuropäischen Länder Erica Lehrer oder Ruth Ellen Gruber, die die Präsenz dieser Stereotype betonen.[3] Unter diesen Veröffentlichungen sind Versionen des Retro-Kriminalromans am populärsten, die häufig vereinfachte, schematische Vorstellungen von den polnisch-jüdischen Beziehungen implizieren und auf dem sozial tief verwurzelten Mythos einer idyllischen Koexistenz in der Zwischenkriegszeit basieren. Erinnerungen an die jüdische Erbschaft erfüllen hier am häufigsten eine exotische oder/und sentimentale Funktion.[4]

Eine weitere Herangehensweise, auf die ich besondere Aufmerksamkeit lenken möchte, kann man als inklusiv bezeichnen. In diesen Texten werden am häufigsten polnisch-jüdische Kontaktzonen beschrieben und rekonstruiert. Die Geschichte der Diaspora dagegen wird durch die Autoren wie eine gemeinsame Vergangenheit betrachtet, obwohl sie selbstverständlich auf sehr unterschiedliche Weise gestaltet wird. Die Kontaktzone ist nach Marie L. Pratt ein Raum sowohl der Koexistenz, Interaktion und Transkulturation als auch der Ungleichheit, des Zwangs und des Konflikts.[5] Sie beschreibt Kontaktzonen als

> „social spaces where disparate culture meet, clash, and grapple with each other, often in highly asymmetrical relations of domination and subordination – such as colonialism and slavery, or their aftermaths as they are lived out across the globe today".[6]

Die sich darin treffenden Individuen und Gruppen nehmen durch gegenseitige Bezüge und gemeinsame Anwesenheit aufeinander Einfluss; Eugenia Prokop-Janiec

3 Vgl. Lehrer, Erica: Jewish Poland Revisited: Heritage Tourism in Unquiet Places. Bloomington 2013. Vgl. auch Gruber, Ruth Ellen: Virtually Jewish: Reinventing Jewish Culture in Europe. Oakland 2002.

4 Über diese Kriminalromane schrieb Maria Antosik-Piela: „Es erweist sich also, dass die jüdischen Hauptmotive, die in dem Text erscheinen, vor allem die Beschreibungen der Feste (Purim, Chanukka, Sukkot), die sentimentale Darstellung der jüdischen Stadtteile (Bałuty, Kazimierz) und typischer Figuren sind, die mit der jüdischen Nation assoziiert werden: gelehrte Rabbiner, Weise im fortgeschrittenen Alter, Chassiden und auch Fabrikanten, Kleinhändler und, was im Fall von Kriminalromanen selbstverständlich ist, der legendäre jüdische Mafioso. In den besprochenen Texten wird der Leser keine jüdischen Künstler, politische oder kulturelle Aktivisten finden. Diese Sphäre wurde völlig übersehen. Es scheint, die Autoren sind nicht über Gemeinplätzezu polnischen Juden hinausgegangen, sie schlagen nichts vor, was auf irgendeine Weise innovativ wäre […] und von den stereotypen Vorstellungen über Juden und ihre Kultur abweichen würde." Vgl. Antosik-Piela, Maria: Sentymenty i stereotypy: świat żydowski w kryminałach retro [Gefühle und Stereotype: die jüdische Welt in Retro-Krimis]. In: Cwiszn 4 (2011), S. 108–110, hier S. 109. Wenn nicht anders vermerkt, stammen alle Übersetzungen aus dem Polnischen von der Verfasserin.

5 Vgl. Pratt, Mary L.: Imperial Eyes. Travel Writing and Transculturation. Zweite Auflage. New York-London 2008.

6 Ebd., S. 7.

betont diesbezüglich das ineinander greifende Verstehen und Wirken. Doch die Individuen und Gruppen erfahren auch Unterscheidbarkeit, Kollision und Unterordnung. Das Wesen der *contact zone* sind vielfache alltägliche Interaktionen: Austausch, Zusammenarbeit, Verhandlungen, Streit, Konfrontation, Gewalt.[7]

3. Versuche der Inklusion

Die inklusive Herangehensweise ist die gegenwärtig interessanteste Form, in der polnischen Literatur an die jüdische Erbschaft zu erinnern. Hierzu gehörende Werke beschreiben verschiedene Arten der polnisch-jüdischen Kontakte, für die ich drei Varianten hervorheben und zu jeder einige Bemerkungen machen möchte.

Die erste Variante, die ich *Strategie der Anekdote* nenne, realisiert Szczepan Twardoch (geb. 1979) im Roman *Król* (2016, dt. *Der Boxer*, 2018), der zur populären Literatur gehört und dessen Bekanntheit nicht nur auf der guten Aufnahme bei Lesern und Übersetzern beruht, sondern auch auf der ausgezeichneten Verfilmung. Die deutsche Übersetzung trägt den Titel *Der Boxer* und ist in den Augen der deutschsprachigen Kritik „eine Mischung aus schwarzem Krimi, Gangsterroman und historischer Phantasie mit authentischen Elementen".[8]

Der *Król* folgende zweite Band *Królestwo* (2018, dt. *Das schwarze Königreich*, 2020) kann ebenso wie der erste eigenständig gelesen werden; beide Bände verbindet aber der zentrale Protagonist Jakub Shapiro. Der Autor nutzt den in der Populärkultur bekannten Mythos der jüdischen Mafia, der noch in der ersten Hälfte des 20. Jahrhunderts sowohl in den USA als auch in Europa popularisiert wurde. Die Geschichte wird in der vom Autor häufig verwendeten Form der Retrospektive erzählt, dabei spielen sich die Lebensschicksale der Protagonisten vor allem in

7 Vgl. Prokop-Janiec, Eugenia: „Allgemein genommen ist die Aufnahme der *contact zone* als analytische und interpretatorische Kategorie günstig für eine Perspektive, die die Vielfalt und Komplexität der Erscheinungen nicht reduziert, die bestehenden Spannungen, Ambivalenzen nicht übergeht, aber – einerseits – die Neigung zur Idealisierung und Apotheose der Grenzerscheinungen bremst, andererseits – der Tendenz einen Damm setzt, ausschließlich ihre negativen Aspekte vorzustellen und auf die ganze polnisch-jüdische Vergangenheit eine Vision zu projizieren, die unter dem Einfluss der dramatischen historischen Erfahrungen des 20. Jahrhunderts gestaltet wurde. Das ist – das will ich betonen – eine andere Perspektive als der Vorschlag, das Grenzgebiet als einen Konfliktraum zu verstehen, im agonistischen Sinne, d. h. so, dass kreativen Elementen und positiven Prozessen eine wichtige Rolle zukommt." Prokop-Janiec, Eugenia: Kontakt i konflikt: polsko-żydowska *contact zone*. [Kontakt und Konflikt: polnisch-jüdische *contact zone*] In: Tematy i konteksty 7 (2017), S. 58–72, hier S. 59.

8 Kijowska, Marta: Der König von Warschau steigt wieder in den Boxring. Szczepan Twardochs bravouröse Romanphantasie über die polnisch-jüdische Unterwelt der Zwischenkriegszeit. In: Frankfurter Allgemeine Zeitung. 25.01.2018. URL: https://www.faz.net/aktuell/feuilleton/twardochs-neuer-roman-ueber-warschau-der-zwischenkriegszeit-15415148.html (01.02.2022).

polnisch-jüdischen Kontaktzonen ab: vom städtischen Markt über die populären Kneipen und Restaurants bis hin zu der für die Biografie Shapiros bedeutendsten Kontaktzone des Sports. Eine der Schlüsselszenen findet während der Box-Meisterschaften zwischen dem polnischen Sportklub Legia und dem jüdischen Klub Makkabi im Jahre 1937 statt.

Twardoch ist es gelungen, über die polnisch-jüdischen Beziehungen auf eine Art und Weise zu erzählen, dass die historischen Ereignisse, darunter auch die brutalste oder dramatischste Vergangenheit, unterhaltsam wirken. Der Schriftsteller legt großen Wert darauf, den Roman mit vielen Details der Epoche zu füllen und die Wirklichkeit scheinbar möglichst präzise zu rekonstruieren. Obwohl er sich mit Experten beraten hat, werden im Roman falsche Fakten wiedergegeben, z. B. war die bekannteste polnisch-jüdische Zeitung *Nasz Przegląd* [Unser Überblick] mit den Zionisten verbunden und nicht mit der sozialistischen Bewegung *Bund*. Die gesamte Handlung verbindet das Schicksal des zentralen Protagonisten, eines jüdischen Boxers und Mafioso, die als eine ausdrucksvolle und konsistent konstruierte Gestalt beschrieben wird. Dank der wechselhaften Biografie Jakub Shapiros und dank dem Kontext, der jedoch fragmentarisch, selektiv, manchmal mit allzu großer Nonchalance beschrieben wird, präsentiert der Roman eine Geschichte über die polnisch-jüdische Welt der späten 1930-er Jahre. Entscheidende Bedeutung kommt dem Jahr 1937 zu, als der polnische Nationalismus bereits sehr stark war; Twardoch präsentiert diese Zeit im Sinne einer alternativen Geschichtsschreibung. In dem so konstruierten Verflechtungsraum sind unterschiedliche Verbindungen möglich, sowohl in der Sportwelt als auch in den Bereichen der sozialen Randgruppen, wo es zur Rivalität oder Zusammenarbeit zwischen den Kriminellen kommt. Ein gemeinsamer Bereich sind für beide ethnische Gruppen nicht nur die Beziehungen zur Unterwelt, sondern auch emotionale Verwicklungen und Engagements. Letzten Endes werden die Gruppen, was für die heutigen Leser überraschend sein mag, auch durch den politischen Kampf gegen die polnischen Faschisten vereint. Die Handlung der Kriminalgeschichte zeichnet sich jedoch durch einen gewissen Schematismus der Darstellung aus – sowohl der Männer- als auch der Frauengestalten – sowie allzu selbstverständliche Bezüge. Dies lässt sich mit den Erfordernissen der Gattung – des populären Romans – erklären. Wichtig ist jedoch, dass ein bedeutendes Thema der Vergangenheit überhaupt aufgegriffen und die jüdische Bevölkerung inklusiv betrachtet wird. Damit wurde festgehalten, dass man das jüdische Erbe in der polnischen Geschichte nicht vernachlässigen darf.

Die zweite Variante, die ähnlich inklusiv ist und sich literarisch auf die Suche nach der polnisch-jüdischen Vergangenheit macht, wird von Autoren wie Monika Sznajderman, Maciej Zaremba-Bielawski, Mikołaj Łoziński und anderen realisiert. Ich gebrauche für sie die Bezeichnung *autobiografisch-familiäre Strategie*. Der Roman von Mikołaj Łoziński (geb. 1980) mit dem Titel *Stramer* (2019) ist nur eines von vielen Beispielen. Der Autor kehrt ähnlich wie Twardoch in die Zwischenkriegsjahre zurück.

Dabei wird der Zeitraum erweitert, indem sowohl das Ende des 19. Jahrhunderts als auch die ersten Jahre der Volksrepublik Polen erwähnt werden. Die Intention ist, die Familiengeschichte zu rekonstruieren und gleichzeitig auf vielstimmige Weise über das polnisch-jüdische Tarnów (Tarnow) der Zwischenkriegszeit zu erzählen.

Łoziński erzählt in seiner Prosa über sehr verschiedene Schicksale. Einerseits geht es darum, verschiedene Möglichkeiten moderner jüdischer Identität vorzuführen, andererseits darum zu zeigen, wie der Verflechtungsraum mit der nichtjüdischen Welt funktioniert. Die Erfahrung des Aufenthalts in den USA ist grundlegend für die Biografie einer der Hauptfiguren, dem Vater, die anderen – alles jüngere Figuren – halten das Engagement im Kommunismus für eine attraktive Form der Beteiligung oder suchen ihren eigenen Platz in den polnisch-jüdischen Kontaktzonen. Die kurzweilig konstruierte Erzählung über verschiedene Lebenseinstellungen in einer sehr großen und der Orthodoxie fernstehenden Familie wird von der Erfahrung des Antisemitismus begleitet. Diese Erfahrung machen auch diejenigen, die ausgezeichnet Polnisch sprechen, Mickiewicz kennen und sich selbst als Patrioten sehen. Eine derartige literarische Geste der Inklusion liest sich nicht nur als eine sentimentale Erinnerung, sondern auch als Versuch, die polnisch-jüdische Vergangenheit im Bereich der Fiktion wiederzugewinnen, diese besondere, verflochtene Identität imaginativ heraufzubeschwören und damit ihre Präsenz sowohl in der polnischen Geschichte als auch in der gegenwärtigen Erinnerungskultur zu betonen. Die polnisch-jüdischen Kontakte finden hier neben der Schule auch auf dem Spielplatz, auf der Straße, im Café oder auf einer Versammlung politisch engagierter Jugend statt.

Kritische Leser werden zwar feststellen, dass auch Łoziński bestehende Schemata nutzt, bekannte literarische Figuren wie z. B. die jüdische Mutter oder den ‚Bettlerkönig'. Wenn wir aber diesen Roman über eine jüdische Familie aus Tarnów als eine Geschichte betrachten, die nicht den Anspruch hat, die nicht mehr existierende polnisch-jüdische Welt zu dekonstruieren, sondern der versucht, sie zu rekonstruieren, stören gewisse Vereinfachungen oder Schematisierungen in der literarischen Gestaltung nicht. Im Roman wird man historische Bezüge finden, auch wenn sie nicht für alle Leser offensichtlich sind, die ein zusätzliches Argument für die These sind, dass auch Łoziński mit seinem Schreiben den Versuch unternimmt, die multiethnische Vergangenheit darzustellen und das jüdische Erbe als Teil der polnischen Erbschaft zu verstehen.

Die dritte Variante, die mit der Inklusion verbunden ist und auf die ältere polnisch-jüdische Geschichte zurückgreift, ist der Roman *Księgi Jakubowe* (2014, dt. *Die Jakobsbücher*, 2019) von Olga Tokarczuk (geb. 1962). Ich nenne sie die *Strategie der kulturellen Präsenz*.

Tokarczuks Roman erzählt von der Entstehung, Entwicklung und dem Ende der Frankisten, einer der interessantesten häretischen Bewegungen, die eine Herausforderung sowohl für das Judentum als auch das Christentum, vor allem den Katholizismus, darstellte. Der umfangreiche Roman bezieht sich auf die ganze Geschichte von Jakob Frank und seinen Anhängern. In der polnischen Geschichtsschreibung wurde die Geschichte dieser häretischen Bewegung häufig tabuisiert oder marginalisiert. Die Schriftstellerin stellt die vergessene Vergangenheit wieder her und weist dabei auch auf den eigenartigen Verflechtungsraum hin, der mit der Entstehung und der Existenz der Frankisten verbunden war.

Olga Tokarczuk hat sich seit ihrem Prosadebüt mit verschiedenen Formen der Religiosität auseinandergesetzt, die als Alternativen zu dominierenden Konfessionen erscheinen. Und sie hat darauf hingewiesen, dass sich die in ihren Texten beschriebenen neuen spirituellen Richtungen sehr häufig mit der Bewegung, also der Wanderung der Gläubigen, verbanden, angefangen mit *Podróż ludzi Księgi* (1993) [Die Reise der Buchmenschen] über *Bieguni* (2007, dt. *Unrast*, 2009) bis hin zu den *Jakobsbüchern*.[9] Wir haben es dabei mit einer differenzierten Darstellung von Bewegung zu tun: Erstens findet tatsächlich ein Ortswechsel statt, zweitens wird die Entstehung der Ketzerei als eine Erneuerungsbewegung gegenüber den schon festgelegten Auslegungen und Deutungen gesehen und drittens wird die Entstehung der Ketzerei häufig von einer sozialen Bewegung mit emanzipatorischem Charakter begleitet, die eine Veränderung der bisherigen Strukturen anstrebt. Der Autorin gelingt es, die Eigenart und Besonderheit der Frankisten zu zeigen, ihren Wunsch, die eigene synkretistische Religiosität zu bewahren, auch wenn sie durch eine Taufe formal katholisch werden. Jan Doktór schreibt dazu:

> „Indem er der Taufe zustimmte, strebte Frank danach, […] einen Vertrag mit der [kirchlichen A. M.] Hierarchie zu schließen […], der seinen Anhängern – und seinen Plänen nach dem ganzen polnischen Judentum, das er für sich gewinnen wollte – eine wesentliche Autonomie garantieren würde, die er seinen Anhängern als ein messianisches Königreich darstellte, das gemäß vieler Prophezeiungen der endgültigen Erlösung vorangehen sollte.“[10]

Gleichzeitig aber ermöglicht die Geschichte der frankistischen Häresie, das jüdische Erbe in der polnischen Geschichte zu rekonstruieren. Die Ereignisse finden teilweise in einem der symbolisch am stärksten aufgeladenen Orte Polens – in Częstochowa (Tschenstochau) – statt und Gebete, die von Frank vor dem heiligen Bild der Schwarzen Madonna geleitet werden, machen es dem Leser bewusst, wie wichtig

9 Vgl. Molisak, Alina: Ein Messias aus Galizien? Jakob Frank und seine Lehren in Olga Tokarczuks Roman *Księgi Jakubowe*. In: Baran-Szołtys, Magdalena; Dvoretska, Olena; Gude, Nino; Janik-Freis, Elisabeth (Hg): Galizien in Bewegung. Wahrnehmungen – Begegnungen – Verflechtungen. Wien 2018, S. 233–244.

10 Doktór, Jan: Frankizm jako odpowiedź na kryzys osiemnastowiecznego Żydostwa polskiego [Frankismus als Antwort auf die Krise des polnischen Judentums im 18. Jahrhundert]. In: Biuletyn Żydowskiego Instytutu Historycznego 158/2 (1991), S. 11–27, hier S. 12.

Polen für die Entstehung der frankistischen Bewegung war. Eine Schlüsselrolle für die polnisch-jüdischen Kontakte hatten weitere Personen, die sich den Bekennern der Häresie anschlossen. Dabei schreibt Tokarczuk um der Vollständigkeit willen auch über die tschechischen oder österreichischen Anhänger von Frank.[11]

Von dem Umstand, dass Jakob Frank bestimmte Hoffnungen auch mit dem konkreten Ort verband, zeugt die Tatsache, dass sein Projekt der Weltveränderung auch die Eroberung einer konkreten Macht voraussetzte, nicht nur im religiösen, sondern auch im politischen Sinne. Noch in Polen plante er, ein Gebiet zu erobern, auf dem er einen eigenen ‚messianischen Staat' für seine Gläubigen gründen wollte. In der Romanhandlung verkündet der Protagonist seinen meist vertrauten Anhängern ein klares Projekt:

> „Wir haben zwei Ziele [...]. Das erste besteht darin, *Daat* zu erreichen, ein Wissen, mit dem wir das ewige Leben erhalten und aus dem Gefängnis der Welt entkommen. Wir können das auf eine mehr prosaische Weise vollziehen: einen eigenen Platz auf Erden, ein Land, in dem wir unsere eigenen Rechte einführen".[12]

Die Pläne, ein konkretes Territorium zu übernehmen, bezogen sich – was auch im Roman erwähnt wird – auf multiethnische Gebiete, die zum damaligen Zeitpunkt zur Habsburgischen Monarchie gehörten, aber in den früheren Jahrhunderten in den Grenzen der Ersten Polnischen Republik lagen (u. a. Podolien).

Die von Olga Tokarczuk vorgeschlagene Strategie der kulturellen Präsenz ist dank der Rückforderung der Vergangenheit, in der für die erwünschte Weltveränderung der Frankisten polnisch-jüdische Beziehungen, enge Kontakte und eine eigenartige synkretistische Identität fundamentale Bedeutung hatten, fraglos die interessanteste unter den verschiedenen literarischen Versuchen der Inklusion. Wenn Tokarczuk eine derart nicht-selbstverständliche Erbschaft postuliert, wird eine noch andere Dimension in Bezug auf die jüdische Präsenz im polnischen (und eigentlich mittelosteuropäischen) Erbe denkbar. Sie macht den gegenwärtigen Leser auf die Konsequenzen eines gemeinsamen Erbes aufmerksam. Es geht nicht nur darum, sich an die Anwesenheit der Juden in der langen Geschichte in diesem Teil Europas zu erinnern, sondern auch die Einflüsse darzustellen, die die Einwohner dieses Territoriums aufeinander ausgeübt haben.

11 Vgl. Maciejko, Paweł: The Mixed Multitude: Jacob Frank and the Frankist Movement, 1755–1816. Philadelphia 2015.

12 Tokarczuk, Olga: Die Jakobsbücher. Aus dem Polnischen von Lisa Palmes und Lothar Quinkenstein. Zürich 2019, S. 378. „Mamy dwa cele […] Pierwszy to jest dojście do Daat, wiedzy, przez którą uzyskamy wieczne życie i wyrwiemy się z więzienia świata. Możemy to uczynić w sposób bardziej przyziemny: własne miejsce na ziemi, kraj, w którym zaprowadzimy swoje własne prawa." Tokarczuk, Olga: Księgi Jakubowe. Kraków 2015, S. 175.

4. Fazit

Abschließend sei die Frage gestellt, was die hier vorgestellten literarischen Strategien verbindet. Grundlegend ist das Bewusstsein für das jüdische Erbe in der polnischen Geschichte, das nicht nur lange währte, sondern auch große Bedeutung hatte und die späteren Ereignisse beeinflusste. Die zuvor behandelte Variante der Inklusion, des Einbezugs des jüdischen Erbes in die polnische Geschichte, ist dominant – sie zeugt von einer Veränderung der Denkweise und der Beschreibung der Vergangenheit. Sie bestätigt, dass die Narrative über die polnische Vergangenheit und die polnische Identität einem Wandel unterliegen. Die vorgestellten Autoren greifen Themen auf, die aus sehr unterschiedlichen kulturellen Registern stammen und verschiedene literarische Gestaltungsformen nutzen. Jedoch sind sie sich alle dessen bewusst, wie bedeutend kulturelles Wissen für die Konstruktion oder eher Rekonstruktion von Geschichte ist. Sie sind davon überzeugt, dass es notwendig ist, an die jüdische Welt und an die polnisch-jüdischen Kontaktzonen zu erinnern. Durch die Betrachtung der Vergangenheit – sowohl der ersten Hälfte des 20. Jahrhunderts als auch der viel älteren Zeitphasen – erinnern die Autoren an das gemeinsame Erbe und lassen eine gemeinsame Welt entstehen. Darin sehe ich ein Novum der polnischen Literatur der letzten dreißig Jahre.

Silke Pasewalck

Adoptierte Vorfahren. Adoption als Beweggrund und Sujet bei Gusel Jachina und Olga Tokarczuk

Ein polnisches Ehepaar, Małgorzata und Ryszard Matecki, hat sich im Nordwesten Polens, in Pomorze (Pommern), ein ‚ehemals deutsches' Haus gekauft. Kein leeres Haus, sondern voller Gegenstände, die aus dem Besitz der Vorkriegsbewohner stammen. An der Wand hängt eine Fotografie, die ein älteres Paar auf einer Bank vor dem Haus zeigt. Auf die Frage, ob dies seine Großeltern seien, weiß Ryszard zunächst keine Antwort, doch schließlich erwidert er:

> „Wir haben wohl tatsächlich Vorfahren adoptiert, die von hier stammen, und ab einem bestimmten Punkt die alten deutschen Sachen wie Familienandenken behandelt. Manchmal vergessen wir, dass wir an einem Ort leben, an dem die Generationenfolge unterbrochen wurde."[1]

Diese Anekdote hat Karolina Kuszyk in ihre literarische Reportage *Poniemieckie* (2019, dt. *In den Häusern der Anderen*, 2022) aufgenommen; sie zeigt sinnfällig, dass der Umgang mit den ‚ehemals deutschen' Hinterlassenschaften den Charakter einer Pflegschaft annehmen, ja geradezu mit einem familienähnlichen Verhältnis verglichen werden kann. Die entsprechende Passage ist denn auch mit der programmatischen Aufforderung überschrieben: „Adoptiere Dir einen Vorfahren".[2]

Adoption bezeichnet die rechtliche Begründung eines Eltern-Kind-Verhältnisses ohne Ansehung der biologischen Verwandtschaft. Im Folgenden soll der Begriff über seine juristische Definition hinaus weiter gefasst werden, um eine bestimmte Form von kulturellem Erbe zu beschreiben. Denn es lässt sich beobachten, dass einige Autor*innen in Hinblick auf den Beweggrund ihres Erzählens und in den von ihnen gewählten Sujets Małgorzata und Ryszard Matecki gewissermaßen nachfolgen, wenn sie sich literarisch dem Erbe von kulturellen Verflechtungsräumen des östlichen Europa zuwenden. Um dieser Spielart von Shared Heritage-Literatur näher auf den Grund zu gehen, sei zunächst im Rückgriff auf Marianne Hirsch begrifflich

1 Kuszyk, Karolina: In den Häusern der Anderen. Aus dem Polnischen von Bernhard Hartmann. Berlin 2022, S. 63. Polnisches Original: „Chyba rzeczywiście zaadoptowaliśmy sobie przodków, którzy są stąd, a poniemieckie rzeczy zaczęliśmy traktować jak rodzinne pamiątki." Dies.: Poniemieckie. Wołowiec 2019, S. 68.

2 Dies., In den Häusern (wie Anm. 1), S. 60. Polnisches Original: „Zaadoptuj sobie przodka". Dies., Poniemieckie (wie Anm. 1), S. 64.

nach der Konzeption eines nicht im engeren Sinne auf der Familienbiografie basierenden Erbes gefragt. Im Zentrum der Analyse stehen sodann zwei historische Romane, *Дети мои* (2018, dt. *Wolgakinder*, 2019)[3] der russischen Autorin Gusel Jachina und *Księgi Jakubowe* (2014, dt. *Die Jakobsbücher*, 2019)[4] der polnischen Autorin Olga Tokarczuk.

1. Adoption und geteiltes Erbe

Die US-amerikanische Literaturwissenschaftlerin Marianne Hirsch, die das Konzept des Postmemory begrifflich entfaltet und geprägt hat, fragt in Bezug auf die Bedingungen der postmemorialen Erfahrung: „Is postmemory limited to the intimate embodied space of family, or can it extend to more distant, adoptive witnesses?"[5] Nach-Erinnerung ist, wie ihre weiteren Ausführungen anzeigen, nicht allein im engeren biografischen Sinne als „specifically *familial* second-generation identity"[6] zu verstehen, sondern vielmehr als inklusiv-integratives Konzept, das neben den Nachfahren von Holocaust-Überlebenden bzw. von anderen traumatischen Gewalterfahrungen auch weitere Angehörige der Nachgeneration mit einbezieht.

> „[I]f we thus adopt the traumatic experiences of others as experiences that we might ourselves have lived through, if we inscribe them into our own live story, can we do so without imitating or unduly appropriating them? And is this process of identification, imagination and projection radically different for those who grew up in survivor families and for those less proximate members of their generation […] who share a legacy of trauma and thus the curiosity, the urgency, the frustrated need to know about a traumatic past?"[7]

Hirsch spricht damit die Möglichkeit einer unangemessenen und unzulässigen Aneignung an, sensibilisiert jedoch für das Bedürfnis, mehr über die traumatische Vergangenheit der eigenen Generation, auch jenseits familiär-biologischer Zusammenhänge, zu erfahren: „if we thus *adopt* the traumatic experiences of others […] that we might ourselves have lived through".[8] Mit der Verwendung des Verbs ‚to adopt' bereitet sie eine Differenzierung der postmemorialen Erfahrung in zwei Formen vor: eine familiär gebundene (‚familial') und eine ‚affiliative' Nach-Erinnerung. Damit

3 Jachina, Guzel': Deti moi. Moskva 2018; Dies.: Wolgakinder. Aus dem Russischen von Helmut Ettinger. Berlin 2019.

4 Tokarczuk, Olga: Księgi Jakubowe. Kraków 2014; Dies.: Die Jakobsbücher. Aus dem Polnischen von Lisa Palmes und Lothar Quinkenstein. Zürich 2019.

5 Hirsch, Marianne: The Generation of Postmemory. In: Poetics Today 29/1 (2008), S. 103–128, hier S. 107.

6 Ebd., S. 114. Hervorhebung im Original.

7 Ebd.

8 Hervorhebung S. P.

etabliert sie ein Verständnis von Prozessen und Vorgängen, die recht besehen auf einer Umkehrung beruhen. Adoptiert wird hierbei kein Kind, sondern die Erfahrungen bzw. Erinnerungen einer früheren Generation, zu der keine familiären oder sonstigen Bindungen bestehen müssen.

Die zwei Formen der postmemorialen Erfahrung illustriert Hirsch an literarischen Texten und weist der familiär gebundenen Erfahrung Art Spiegelmans Comic *Maus. A Survivor's Tale* (1986, dt. *Maus. Die Geschichte eines Überlebenden*, 2005) zu, der ‚affiliativen' Erfahrung hingegen W. G. Sebalds Prosatext *Austerlitz* (2001). Beide Formen lassen sich auf die Literatur des geteilten Erbes anwenden: Auch bei diesem neu zu prägenden Genre der literarischen Erinnerung können wir zwischen familienbiografischen und ‚affiliativen' Subformen differenzieren. Im Unterschied zu Hirsch, der es um die traumatische Vergangenheit und deren Auswirkung auf die Nachgeborenen geht, hat das Konzept des Shared Heritage einen weiteren Referenzrahmen. Es zielt auf das Erbe konkreter Regionen, ihrer Landschaften, Häuser, Friedhöfe und vielem mehr. In literarischen Shared Heritage-Texten werden gleichwohl vor allem immaterielle Phänomene als ‚Erbe' virulent (Lebensgeschichten, Erfahrungen und Erinnerungen), die sich allerdings konkret räumlich verorten lassen.[9]

Die eingangs wiedergegebene Anekdote in Karolina Kuszyks Buch *In den Häusern der Anderen* basiert auf derselben Umkehrung, die sich bei Marianne Hirsch bemerken ließ: Adoptiert wird nicht im Sinne eines Eltern-Kind-Verhältnisses, sondern im Sinne einer Pflegschaft für Vorfahren. Vergegenwärtigt man sich die Etymologie des Verbs ‚adoptieren', das sich von dem lateinischen Wort *adoptare* (‚hinzuerwählen') herleitet, wird damit das Moment eines neu begründeten Verwandtschaftsverhältnisses, der Aspekt der Wahlverwandtschaft, stark gemacht.[10] Bemerkenswert ist hier zweierlei: Der Vorgang der Adoption bezieht sich nicht nur auf Menschen, sondern – in dem Maße, indem es sich um bereits Verstorbene handelt – auch auf Dinge. Und das Erbe umfasst nicht nur materielle Objekte, sondern begreift auch Personen, Erfahrungen, Lebensgeschichten ein. Die Begriffe ‚Erbe' und ‚Adoption' werden ineinander verschränkt, und dies hat ein erweitertes Verständnis von geteiltem Erbe(n) zur Folge: Es meint Menschen und deren Hinterlassenschaften, und es bezieht sich auf das ‚eigene' wie auf das ‚fremde' Erbe. Damit handelt es sich um ein Verständnis von Erbe, das keine Verwandtschaft im biologischen Sinne voraussetzt, diese aber gleichwohl integriert. Es setzt zeitlichen Abstand voraus und zeichnet die Generation der Nachgeborenen, insbesondere der Enkel*innen, aus.[11]

---

9 Siehe hierzu die Abgrenzung zwischen den Konzepten des Postmemory und des Shared Heritage in der Einleitung.

10 Auch das Moment der Aneignung ist darin enthalten, da ‚adoptieren' laut Duden zwei Bedeutungen hat: Adoptieren = 1. als eigenes Kind annehmen, 2. übernehmen, sich zu eigen machen. Siehe: https://www.duden.de/rechtschreibung/adoptieren (28.08.2023).

11 Dies wird deutlich, wenn wir uns die Einstellung der Erlebnisgeneration vergegenwärtigen, die nachdrücklich in der Position von Halkas Mutter in Ulrike Draesners Roman *Sieben Sprünge vom*

Olga Tokarczuks und Gusel Jachinas Romane sollen als Beispiele gelesen werden für eine Literatur des Shared Heritage, bei der Erbe(n) im Sinne eines Adoptionsverhältnisses begriffen wird. Die Autorinnen verbindet bei allen Unterschieden in Stoffwahl und Erzählweise ein eminentes Interesse für vergessene und verdrängte Schichten ihrer Herkunftsländer bzw. -regionen, deren kulturelle Verflechtungsgeschichte sie wie bei einem Palimpsest in ihren fiktionalen Texten freilegen. Ihre historischen Romane *Wolgakinder* und *Die Jakobsbücher* basieren jeweils auf umfangreichen Quellenstudien sowie auf literarischer Fabulierkunst.[12] Die Quellenstudien orientieren sich nicht an der Familienbiografie: Olga Tokarczuk ist als Kind ostpolnischer Eltern 1962 in Zielona Góra (Grünberg) geboren und lebt in Wrocław (Breslau) und Nowa Ruda (Neurode), beides Niederschlesien. Gusel Jachina ist als Angehörige der tatarischen Minderheit 1977 in Kasan (Kazan'), Tatarstan, geboren und ebendort aufgewachsen. Während Tokarczuk sich der Welt des Ostjudentums in den sogenannten *Kresy*, den polnischen Ostgebieten, und speziell dem jüdischen Erbe aus der Aufklärungszeit zuwendet, das im kollektiven Gedächtnis Polens (noch) keinen festen Platz beansprucht, beschäftigt sich Jachina mit der Geschichte der Wolgadeutschen, die im heutigen Russland so gut wie nicht bekannt bzw. durch nationale, zum Teil in sich widersprüchliche Narrative verzerrt ist. Beide Autorinnen erzählen Geschichten, die sie nicht im biografischen Sinne ‚geerbt' haben, derer sie sich gleichwohl erzählerisch annehmen. Indem sie Anteile der Kulturgeschichte ihrer Herkunftsländer dem Vergessen bzw. dem Verschweigen oder der Verzerrung entreißen, adoptieren sie diese gleichsam.

Rand der Welt (2014) zum Ausdruck kommt. Das Leben mit den ehemals deutschen Dingen wird aus Sicht der ersten Generation negativ als Adoptieren bezeichnet: „[S]ie […] erzählte mir, die Möbel der Schönfließers stünden zwar jede Nacht reglos auf den Dielen und Parketthölzern, doch stöhnten sie. Sie höre es genau, sie bete und höre es, sie liege wach und fürchte sich, wir gälten hier als überzählig und fremd, es könne auch nicht recht sein, der ‚Ersatz', in dem wir lebten, sei nicht unschuldig, wir hätten Deutsche bei uns hocken, als hätten wir sie *adoptiert*". Draesner, Ulrike: Sieben Sprünge vom Rand. München 2014, S. 464f. Hervorhebung S. P.

12 Olga Tokarczuzk hat in ihren Essays ausführlich über den Entstehungsprozess der *Jakobsbücher* Auskunft gegeben, von ihren Quellenstudien, über ihre Lektüre und ihre zur Vorbereitung unternommenen Reisen berichtet. Siehe Tokarczuk, Olga: Zur Psychologie der literarischen Erschaffung der Welt. Wie die Jakobsbücher entstanden. In: Dies.: Übungen im Fremdsein. Essays und Reden. Zürich 2021, S. 185–213. Dies.: Psychologia literackiego stwarzania świata. Jak powstały *Księgi Jakubowe*. In: Dies.: Czuły narrator. Kraków 2020, S. 180–207. Auch Gusel Jachina hat ausführlich für ihren Roman recherchiert. Helmut Ettinger, Gusel Jachinas deutscher Übersetzer, sagt Folgendes über die Arbeitsweise der Autorin: „Gusel Jachina arbeitet mindestens ein Jahr an der Recherche, forscht in allen möglichen Archiven, Museen und Bibliotheken, liest Publikationen aus der jeweiligen Zeit und wertet sie aus. So erfährt man in ihren Büchern eine Menge über Perioden der sowjetischen Geschichte, von denen man nichts oder kaum etwas weiß." Wiesner, Hanne: Interview mit Helmut Ettinger. 17.05.2023. In: Tralalit. Magazin für übersetzte Literatur. URL: https://www.tralalit.de/2023/05/17/helmutettinger-interview/ (28.08.2023).

2. Gusel Jachina: *Дети мои* (*Wolgakinder*)

2.1. Die vergessene Geschichte der Wolgadeutschen als Beweggrund des Schreibens

Mit ihrem Debütroman *Зулейка открӥвает глаза* (2015; dt. *Sulejka öffnet die Augen*, 2018)[13] begibt sich Gusel Jachina biografisch motiviert auf Spurensuche in der eigenen Familiengeschichte: Sie beschreibt das Schicksal ihrer tatarischen Großmutter, die nach Sibirien deportiert worden war.[14] Jachinas Großmutter gehört zu jener Generation, die man in Russland die schweigende Generation nennt: Durch historische Erfahrungen wurde sie in einer Weise traumatisiert, dass sie nicht darüber sprechen konnte. Während Jachina mit ihrem ersten Roman also noch der „Spezifik des transgenerationalen Erzählens im Russland der 2010er Jahre" entspricht, die „in der evidenten Bezogenheit auf die biografischen Begebenheiten aus dem Schicksal der eigenen Großeltern" besteht,[15] so trifft dies auf ihren zweiten Roman *Дети мои* (dt. *Wolgakinder*) nicht mehr zu. Auch hier gehört die Hauptfigur der schweigenden Generation an.[16] Doch obgleich der Roman ihrem Großvater gewidmet ist – „Für meinen Großvater, den Deutschlehrer einer Dorfschule"[17] –, erzählt er nicht dessen Geschichte. Im Zentrum steht das Leben des fiktiven wolgadeutschen Dorfschullehrers Jakob Iwanowitsch Bach. Biografisch motiviert ist der Roman in einem anderen Sinne gleichwohl. Denn Jachina ist in einem Raum aufgewachsen, in dem Russen, Tataren, Deutsche, Kirgisen und andere nebeneinander gelebt haben. Doch diese Tradition ist unsichtbar geworden, ein Land voller leerer Stellen, mit vergessenem kulturellen Erbe. Als Jachina sich entscheidet, Deutsch zu studieren, hält sie die deutsche Sprache und Kultur für etwas Exotisches, das weit von ihr entfernt existiert. Der Schock, dass ihr Herkunftsort ein Ort geteilter

---

13 Jachina, Guzel': Zulejka otkryvaet glaza. Moskva 2015. Dies.: Sulejka öffnet die Augen. Aus dem Russischen von Helmut Ettinger. Berlin 2018.

14 Auf die „Konjunktur des transgenerationalen Schreibens" in der russischen Gegenwartsliteratur gehen Innokentij Urupin und Maria Žukova, u. a. am Beispiel von Gusel Jachinas Debütroman, ein. Dies.: Zu Poetiken des Transgenerationalen in der russischen Literatur der 2010er Jahre: Sergej Lebedev, Guzel' Jachina, Marija Stepanova. In: Drosihn, Yvonne; Jandl, Ingeborg; Kowollik, Ewa (Hg.): Trauma – Generationen – Erzählen. Transgenerationale Narrative in der Gegenwartsliteratur zum ost-, ostmittel- und südosteuropäischen Raum. Berlin 2020, S. 223–239, hier 223.

15 Ebd., S. 227.

16 In einem Essay, der unmittelbar auf den russischen Angriffskrieg gegen die Ukraine reagiert, hat sich die Autorin zu der schweigenden Generation ihrer Großeltern geäußert: „Krieg ist etwas so Schreckliches, dass, wer ihn erlebt hat, darüber schweigt. Mein Großvater war vier Jahre lang im Zweiten Weltkrieg. Er hat nie ein Wort darüber verloren. Durch das Schweigen wollte er seine Kinder und Enkel schützen." Gusel Jachina: Das ist nicht mein Krieg. In: Berliner Zeitung. 01.03.2022. URL: https://www.aufbau-verlage.de/im-gespraech/das-ist-nicht-mein-krieg (20.04.2023).

17 Jachina, Wolgakinder (wie Anm. 3), S. 5. Russisches Original: „Моему дедушке, деревенскому учителю немецкого". Dies., Deti moi (wie Anm. 3), S. 9.

Geschichte und Kultur ist, wo einst ebenfalls Deutsche lebten, wird zum Auslöser, zum entscheidenden Impuls für das Erzählen. Jachina berichtet in mehreren Interviews von dieser Erfahrung, die sie jedes Mal mit dem Wort ‚Schock' benennt:

> „Erst Anfang der 1990er Jahre habe ich erfahren, dass hier einmal viele Deutsche lebten, meine Universität in Kasan 1804 von einem Deutschen mitbegründet, Vorlesungen deutsch gehalten wurden, ein Park in Kasan den Namen ‚Russisch-deutsche Schweiz' trug. Das war für mich ein Schock, denn ich dachte, dass die deutsche Kultur etwas ganz weit Entferntes sei, hinter dem ‚Eisernen Vorhang'. Für den Roman habe ich Marxstadt und Engels besucht, ehemals Bestandteile der deutschen Wolgarepublik, aber dort kaum deutsche Spuren gefunden. Auch aus Protest gegen dieses Vergessen habe ich den Roman geschrieben."[18]

Das Ferngeglaubte erweist sich als nah. Diese Erfahrung lässt sich als scheinbare Umkehrung zu der mit dem *Poniemieckie*-Topos bezeichneten auffassen, bei der sich etwa die vertrauten Dinge des täglichen Gebrauchs als fern und fremd, als unheimlich erweisen, wenn sie als ‚ehemals deutsch' erkannt werden.[19] In beiden Fällen wird jedoch gleichsam der Radius des ‚Eigenen' um das ‚Fremde' erweitert. Da dies weder durch die Erziehung noch durch die Sozialisation vorbereitet wurde, im Gegenteil vergessen bzw. verdrängt worden ist, entsteht eine tiefgreifende Irritation – ausgedrückt in dem Wort ‚Schock' –, aus der die literarische Auseinandersetzung mit diesem Stoff resultiert. „Auch aus Protest gegen dieses Vergessen habe ich den Roman geschrieben."[20]

---

18 Silke Pasewalck im Gespräch mit Gusel Jachina und Helmut Ettinger: „Die Wolga teilte die Welt in zwei Hälften." In: Bundesinstitut für Kultur und Geschichte der Deutschen im östlichen Europa (Hg.): Shared Heritage – gemeinsames Erbe. Kulturelle Interferenzräume im östlichen Europa als Sujet der Gegenwartsliteratur. Oldenburg 2021, S. 49–52, hier S. 50. Das Gespräch ist online verfügbar unter https://www.youtube.com/watch?v=zqD2pGWOUO0 (15.05.2023).

19 Siehe zum Topos des Unheimlichen ausführlich den Aufsatz von Katarzyna Śliwińska in diesem Band. In diesem Zusammenhang ist beachtenswert, dass auch Karolina Kuszyks literarischer Reportage über das Phänomen des ehemals Deutschen eine schockartige Erfahrung zugrundeliegt, die das Schreiben auslöst – in diesem Falle ist es die Reaktion des Ehemannes (der aus Deutschland stammt). Beim Abwaschen im Haus der Schwiegereltern entdeckt er plötzlich ein Hakenkreuz auf der Unterseite einer Schüssel, die seit jeher zum Bestand der polnischen Familie gehört, woraufhin er einen Schrei ausstößt. Karolina Kuszyk schreibt: „Ich kann mich an kein Weihnachten oder Ostern ohne sie [die Schüssel] erinnern. Doch das Hakenkreuz sah ich zwanzig Jahre nach meinem Auszug aus dem Elternhaus zum ersten Mal – dank meines deutschen Mannes, der aus dem Staunen nicht herauskam, dass ein NS-Symbol so lange in einem polnischen Haushalt überdauern konnte." Siehe Kuszyk, In den Häusern der Anderen (wie Anm. 1), S. 10. Polnisches Original: „Nie potrafię wyobrazić sobie bez niej żadnej Wigilii ani Wielkanocy. Ale swastykę *zobaczyłam* dopiero po blisko dwudziestu latach od wyprowadzki z rodzinnego domu, za sprawą męża Niemca, który nie mógł wyjść ze zdumienia, że symbol hitleryzmu mógł się uchować przez tyle lat w polskim domu." Dies.: Poniemieckie (wie Anm. 1), S. 10. Hervorhebung im Original.

20 Ebd. Auch für die tschechische Autorin Kateřina Tučková war es ein Schock, „von der gemeinsamen deutsch-tschechischen Vergangenheit ihrer Geburtsstadt Brno (Brünn) zu erfahren, die

Diese kulturelle Dissonanz, so könnte man sagen, bewegt Jachina dazu, sich nach der familienbiografisch motivierten Beschäftigung mit dem Schicksal der Tataren in ihrem zweiten Buch der Geschichte der Wolgadeutschen zuzuwenden, um gegen das Vergessen dieses Erbes in ihrem Heimatland anzuschreiben. Konsequenterweise bezieht sich die Autorin auf das gemeinsame kulturelle Erbe, als sie auf die Frage antwortet, was die Auszeichnung mit dem Förderpreis des Georg Dehio-Buchpreises im Jahr 2020 für sie bedeute: „Der [Preis] unterstützt die Erforschung vom gemeinsamen kulturellen Erbe im Bereich des östlichen Europa, und die Wolgadeutschen gehören schon dazu“.[21]

2.2. Interferenz mit der sowjetischen Geschichte

Wie wird die Geschichte der Wolgadeutschen in diesem historischen Roman erzählt? Obgleich diese bekanntlich mit Zarin Katharina II. in der zweiten Hälfte des 18. Jahrhunderts ihren Anfang nahm und – zumindest hinsichtlich des Lebens an der Wolga – in den von Stalin angeordneten Deportationen nach dem Angriff Hitlerdeutschlands 1941 ihr Ende fand, erstreckt sich die erzählte Zeit der *Wolgakinder* lediglich auf den Zeitraum von 1918 bis 1941. Damit spart der Roman die Deportation aus und spielt auf die Begrüßung der Wolgadeutschen durch die Zarin auch nur kurz an, wenn Schulmeister Bach davon in Chroniken liest.[22] Wie erklärt sich die zeitliche Fokussierung auf die Jahre 1918 bis 1941? Ist es eine zufällige Interferenz, dass es sich dabei zugleich um die Anfangsjahre der Sowjetunion handelt?

---

der Brünner Todesmarsch jäh beendete“, wie sie in einem Gespräch mit Hans-Christian Trepte im Rahmen der Shared Heritage-Veranstaltungsreihe bekundet. Bundesinstitut für Kultur und Geschichte der Deutschen im östlichen Europa, Shared Heritage (wie Anm. 18), S. 45. Daher ist es auch kein Zufall, dass Tučková sich in ihrem Roman *Gerta. Das deutsche Mädchen* mit einem Erbe im nicht genealogischen Sinne beschäftigt. Siehe hierzu den Aufsatz von Jan V. König in diesem Band.

21 Christina Links im Gespräch mit Gusel Jachina. 19.10.2020. URL: https://www.youtube.com/watch?v=T4IpPPTooHg (28.08.2023). Die Autorin hat im Jahr 2020 für ihren Roman *Wolgakinder* den Förderpreis des Georg Dehio-Buchpreises erhalten, der Autor*innen ehrt, „die sich in ihren Werken […] mit den Traditionen und Interferenzen deutscher Kultur und Geschichte im östlichen Europa auseinandersetzen“. URL: https://www.kulturforum.info/de/preise-stipendien/georg-dehio-buchpreis (28.08.2023).

22 Vgl. Jachina, Wolgakinder (wie Anm. 3), S. 21: „Bach hatte bereits die Stelle erreicht, da die Monarchin persönlich am Kai erschien, um ihre mutigen Landsleute willkommen zu heißen. ‚Meine Kinder!‘ rief sie schallend“. Russisches Original: „Бах дочитал уже до момента, когда монархиня самолично является на пристань – поприветствовать одважных соотечественников: ‚Дети мои!‘ – зычно кричит она“. Dies., ‚Deti moi (wie Anm. 3), S. 23. Der russische Originaltitel *Дети мои* lässt sich in einer Lesart als direkte Anspielung auf diese Begrüßung durch Zarin Katharina lesen. Der Titel aktiviert indes noch weitere Bedeutungen, auf die im weiteren Verlauf der Interpretation eingegangen wird.

Dafür sei zunächst betrachtet, wie die Handlung sich entwickelt: Der alleinstehende Dorfschullehrer Jakob Bach aus dem Städtchen Gnadental, direkt am Flusslauf der Wolga in der Nähe von Pokrovsk[23] gelegen, erhält eines Tages einen unerwarteten Arbeitsauftrag. Er soll Klara, die Tochter des Großbauern Udo Grimm, dessen Gehöft auf der anderen Seite der Wolga liegt, im Hochdeutschen unterrichten, damit diese nach der geplanten Auswanderung der Familie nach Deutschland nicht nur den wolgadeutschen Dialekt spricht und leichter verheiratet werden kann. Klara, noch keine 17 Jahre alt, fürchtet sich vor der Aussicht, in Deutschland verheiratet zu werden, und flüchtet sich zu Bach auf die andere Seite der Wolga. Die Beziehung von Lehrer und Schülerin ist ein Skandal und bleibt ohne Segen der Kirche. Die beiden ziehen in die Einsamkeit auf den inzwischen verlassenen väterlichen Hof. Das verstoßene Paar bleibt zunächst kinderlos. Dann wird der Hof von drei Banditen überfallen und Klara wird vergewaltigt. Bach wird zusammengeschlagen und muss die Vergewaltigung mit ansehen. Als Folge dieser traumatischen Ereignisse verstummt er.

Geschildert werden die Jahre unmittelbar nach dem Zusammenbruch des Zarenreiches, in denen die Wolgadeutschen zwar die Auswirkungen des Bürgerkriegs zu spüren bekommen und insbesondere in den Jahren 1921 und 1922 von einer furchtbaren Hungersnot heimgesucht wurden, doch zugleich ist es der Weg von der Wolgadeutschen Arbeitskommune zur Autonomen Sozialistischen Sowjetrepublik der Wolgadeutschen, der hier fokussiert wird. Die Deutschen sollten zum Vorzeigeprojekt werden, in das bis gegen Ende der 1920er Jahre von Moskau viel Hoffnung gelegt und beachtliche Anstrengungen gesteckt wurden.

Über weite Strecken wird aus der Perspektive Bachs erzählt, jedoch mit extradiegetischer Erzählerstimme, so dass diese zwar Bachs literarisch geprägte Weltsicht übernimmt, aber zugleich Distanz dazu aufbaut. Die romantisierte Weltsicht des Deutschlehrers ist getränkt mit deutschen Gedichten, die er auswendig gelernt hat, und mit deutschen Märchen, die Klara ihm erzählt hat. Insbesondere durch die Brille deutscher Märchen nimmt Bach die Welt wahr: Klara wird zur Königstochter, der Bauer Grimm zum Riesen und der Funktionär Hoffmann zum Zwerg oder Teufel. Diese Märchenwelt, die zuweilen an Don Quijotes Verklärungen der Wirklichkeit durch die angelesene Ritterwelt denken lässt, taucht die raue Realität zunächst in Hoffnung. Diese verklärende Stimmung schlägt in der Mitte des Romans, in der erzählten Zeit gegen Ende der 1920er Jahre, in ihr Gegenteil; die Märchen werden düster. Dies lässt sich auf die Geschichte der Wolgadeutschen Republik übertragen: Ab 1927 schlagen die Erwartungen Stalins an die Wolgadeutsche Sowjetrepublik in Enttäuschung um und die Bemühungen in Repressionen. Der Roman erzählt in der und durch die Geschichte der Wolgadeutschen die Anfangsjahre der Sowjetunion

23 Die Stadt war ab 1924 Verwaltungssitz der autonomen Wolgadeutschen Republik und wurde im Jahr 1931 in Engels (Engel's) umbenannt.

und ihre ersten visionären Versuche einer neuen Gesellschaft.[24] So wie die Wolgadeutschen 150 Jahre zuvor für Zarin Katharina die neuen Siedlungsgebiete, sollten sie nun laut den Mächtigen aus Moskau die neue Zeit erschließen.

2.3. Das Sujet der Adoption

Diese Aufbruchsjahre waren zugleich von Gewalt geprägt; sowohl das Blutbad bei der Abschlachtung der Viehbestände als auch die Vergewaltigung Klaras zeugen hiervon. Und zugleich geht von dieser Gewalt Neues aus. So entdeckt Klara, die schon länger einen unerfüllten Kinderwunsch hegt, kurz danach, dass sie schwanger ist. Bei der Geburt ihrer Tochter verblutet sie. Jakob Bach wird das Kind trotz alledem annehmen und zum sorgenden Vater werden. Er stiehlt für seine Tochter Milch in dem Städtchen Gnadental auf der anderen Wolgaseite, wo inzwischen der sozialistische Umbau Einzug gehalten hat. Als Bach erwischt wird, erklärt er sich, um weiterhin an Milch zu gelangen, bereit, für den aus Deutschland eingereisten Agitator Hoffmann zu arbeiten und diesen mit Informationen über die Wolgadeutschen in Form von Redensweisen und Erzählungen zu versorgen. In einem phantastischen Realismus verknüpft sich hier die ethnographische Darstellung der Sprache und Kultur der Wolgadeutschen mit ihrer sozialistischen Umerziehung. Bach und seiner Tochter Anna läuft ein elternloser Straßenjunge kirgisischer Herkunft namens Wassja zu. Nach und nach wird er zum dritten Familienmitglied in ihrer Einsiedelei. Wassja ist es, der Anna das Sprechen beibringt; allerdings nicht Deutsch, sondern Russisch. Bach kann nicht verhindern, dass seine beiden Kinder immer selbstständiger werden und sich von ihm zu lösen beginnen. Die Behörden, konkret eine Alphabetisierungskampagne, wird schließlich auf sie aufmerksam; sie kommen ins Kinderheim nach Pokrovsk. Der Vater bleibt allein auf dem Gehöft zurück und fasst schließlich den Entschluss, dieses zu einem Kinderheim umzugestalten. Im Epilog erfahren wir, dass er nach Kasachstan deportiert wurde und seine Kinder niemals wiedergesehen hat, dass Wassja seine Stiefschwester Anna heiraten und wie sein ‚Vater' Deutschlehrer werden und unter anderem im Kinderheim Dritte Internationale (vormals das Gehöft Grimm) unterrichten wird.

Im Zentrum der Handlung steht eine ungewöhnliche Vaterfigur, ein Dorfschullehrer, der sich in die Lage versetzt sieht, Kinder großzuziehen, die er an Mutter bzw. Eltern statt annimmt und deren Überleben er sichern wird – und der schließlich das abgelegene Gehöft den Waisenkindern der Region überlassen wird. Haben wir es hier also mit einem ungebrochen positiven Vater zu tun, der – wie Olga Hochweis

24 Jachina hat in dem Interview mit Christina Links erklärt, warum beide Romane, *Sulejka öffnet die Augen* und *Wolgakinder*, in den 1920er Jahren spielen: Es sind die Anfangsjahre der Sowjetunion, die durch eine Atmosphäre des Aufschwungs gekennzeichnet gewesen sei. Siehe hierzu Christina Links im Gespräch mit Gusel Jachina (wie Anm. 21).

in ihrer Rezension schreibt – „die Vaterrolle in ihrer unmittelbaren Bedeutung bis zur Selbstaufgabe ernstnimmt"?[25] Das irritierende Motiv des Verstummens und des Stummbleibens will dazu nicht recht passen. Bach wird nicht mehr zum Sprechen zurückfinden und somit seiner Tochter Anna nicht das Sprechen beibringen und nicht verhindern können, dass sie sich von ihm löst. Gusel Jachina hat in Interviews das Motiv der Stummheit erklärt und unter anderem symbolisch als Ausdruck der schweigenden Generation gefasst, die die Grausamkeiten der 1920 bis 1940er Jahre miterleben musste, ohne darüber je sprechen zu können.[26]

Jakob Bachs Vaterschaft ist vor diesem Befund als zutiefst komplex und zugleich ambivalent aufzufassen. Zum einen verkörpert er einen fürsorglichen Vater par excellence[27] – und damit die positive Gegenfigur zu dem offiziellen Vater Stalin.[28] Zum anderen ist Bach jedoch nicht in der Lage, von den Erfahrungen, die ihn geprägt haben, zu sprechen. Er schweigt über die Traumata der Familie, kann diese Erfahrungen nicht an die Kinder und damit an die nächste Generation als erzählte Erinnerung weitergeben. Indem er jedoch Anna als aus Gewalt Entstandene und Wassja als Waisenkind ohne Herkunft adoptiert, nimmt er die Gewalterfahrungen seiner Zeit – auch ohne dies selbst in Worte fassen zu können – wie ein Erbe an.

Kulturelles Erbe lässt sich, so die These, in Gusel Jachinas Roman *Wolgakinder* als Ausdruck einer Adoption begreifen. Dies gilt zunächst für den Erzählanlass selbst: Die russische Autorin tatarischer Herkunft nimmt sich mit diesem Buch der Geschichte

---

25 Hochweis, Olga: Das traurige Leben des Jakob Iwanowitsch Bach. In: Deutschlandfunk Kultur 1.10.2019. URL: https://www.deutschlandfunkkultur.de/gusel-jachina-wolgakinder-das-traurige-leben-des-jakob.950.de.html?dram:article_id=460032 (15.07.2023).

26 Siehe dazu Christina Links im Gespräch mit Gusel Jachina (wie Anm. 21).

27 Die Frage nach der Vaterschaft muss sich dabei nicht auf biologische Abstammung gründen. Dies gilt auch dann, wenn mehrfach eine äußerliche Ähnlichkeit zwischen Vater und Tochter hervorgehoben wird. So erblickt Bach in der Regentonne sein eigenes Spiegelbild und vergleicht es mit dem seiner Tochter: „Bach erkannte sich kaum wieder. Aber eines war offensichtlich: Das kleine Annchen ähnelte diesem Spiegelbild." Jachina, Wolgakinder (wie Anm. 3), S. 268. Russisches Original: „Признать в чужом отражении себя Бах затруднился бы. Очевидным было одно: на это отражение и походила маленькая Анче." Dies., Deti moi (wie Anm. 3), S. 226. Als Anna wächst und sich damit auch ihre Gesichtszüge verändern, heißt es: „In diesen klaren Zügen, die zusehends erwachsener wirkten, erblickte Bach immer mehr von sich selbst. Er hatte sich ewig nicht mehr rasiert, und der Bart bedeckte sein Gesicht fast bis zu den Augen, doch auch so sah er die große Ähnlichkeit. Kaum eine Tochter konnte ihrem Vater stärker ähneln. Von Klara waren ihr nur die tiefblauen Augen geblieben." Jachina, Wolgakinder (wie Anm. 3), S. 477. Russisches Original: „Бах узнавал в этих по-взрослому строгих чертах – свои, и с каждом годом все больше. Он давно уже не брил бороды и зарос ею по самые глаза, но обнажать лицо не требовалось; и без того видел – сходство их было предельным: едва ли какая-то дочь могла походить на отса больше. От покойной же Клары остались на лице Анче одни только синие глаза." Jachina, Deti moi (wie Anm. 3), S. 401. Zum Ausdruck kommt hier ein nicht-biologistisches Konzept von Ähnlichkeit und Verwandtschaft.

28 Der sogenannte ‚Vater der Völker' wird in den Stalin-Passagen des Romans demontiert und als verantwortungslos, egoistisch und willkürlich demaskiert.

der Wolgadeutschen an, ja schafft geradezu ein literarisches Epos dieser Gruppe – ohne selbst im Sinne der familiären oder ethnischen Herkunft ‚dazuzugehören'. Das Sujet der Adoption ist auch für die Romanhandlung und die Figurenkonstellation von eminenter Bedeutung: Die Vaterschaft des Protagonisten Jakob Iwanowitsch Bach sowie seine Familie gründen sich weder auf Biologie noch Tradition, sondern auf Aufnahme und Fürsorge – und dies unter Zeitumständen, in denen Gewalt und Terror herrschen. Der Originaltitel *Дети мои* umfasst in seinem Anspielungsreichtum die unterschiedlichen Konnotationen von Elternschaft, die in diesem Roman gezeichnet werden: Er bezieht sich sowohl auf die offiziell deklarierte Fürsorge, verkörpert durch Katharina die Große und ihre Begrüßung der Wolgadeutschen, als auch auf die postulierte Vaterschaft Stalins als ‚Vater der Völker' (und damit auch ‚Fürsorger' der Wolgadeutschen). Und er entwirft in Bach hierzu ein Gegenbild in Gestalt eines sozialen Vaters, der trotz aller Unbill zwei Kinder großzieht.

Helmut Ettinger hat den Romantitel mit *Wolgakinder* übersetzt und damit noch eine weitere, bisher nicht näher einbezogene Dimension des Romans hervorgehoben: die des Flusses, an dessen Ufern sich die Handlung des Romans abspielt und der immer wieder direkt in die Handlung einbezogen wird: Er fungiert als Grenze zwischen dem Städtchen Gnadental und dem Gehöft Udo Grimms sowie zugleich als Übergang zwischen diesen beiden Welten, der zurückgezogenen Einsiedelei Jakob Bachs mit seiner Familie und der im sozialistischen Umbau befindlichen Lebenswelt der Wolgadeutschen. Gusel Jachina hat sich zur Wolga als heimlicher Hauptfigur wie folgt geäußert:

> „Der Roman ist aus meiner Liebe zur Wolga entstanden. […] Dieses intensive Gefühl verband auch viele Wolgadeutsche mit dem Fluss, das geht aus Dokumenten, Briefen und Märchen hervor. Für mich war es wie eine ‚Erlaubnis', den Roman zu schreiben. Zunächst ist es einfach ein Fluss […], aber im letzten Kapitel wird die Wolga zu einem Symbol der Zeit und des historischen Prozesses."[29]

Hierzu fügt sich das allegorisch-phantastische Schlussbild des Romans, bei dem Jakob Bach auf den Grund der Wolga sinkt und dort den Verstorbenen wiederbegegnet.[30] Die Wolga figuriert als Tertium comparationis der Lebenswelt der Autorin und jener der Wolgadeutschen, als Bindeglied zwischen den Menschen, die zu verschiedenen Zeiten an ihrem Ufer gesiedelt haben. Und zudem lässt sich dieses zeitüberdauernde Element als Allegorie eines gemeinsamen Erbes lesen. Bach, dessen Name auch metaphorisch zu lesen ist, trifft deshalb, als er auf den Grund der Wolga sinkt, dort all die anderen Ahnen. Diese Konzeption von Herkunft jenseits kultureller Trennungen erhält in der Semantik des Wolga-Flusses geradezu eine mythische Dimension und zugleich eine konkrete geographische Verortung.

29 Silke Pasewalck im Gespräch mit Gusel Jachina und Helmut Ettinger (wie Anm. 18), S. 50f.

30 In der russischen Buchausgabe ist dieses Schlussbild in der Umschlaggestaltung bildkräftig eingefangen.

3. Olga Tokarczuk: *Księgi Jakubowe* (*Die Jakobsbücher*)

3.1. Die jüdischen Anteile an der polnischen Geschichte als Beweggrund des Schreibens

Ähnlich wie Gusel Jachina hat auch Olga Tokarczuk ihren Roman älteren Familienmitgliedern gewidmet – ihren Eltern, die aus dem einstigen Ostpolen, aus Lemberg (L'viv, Lwów), stammen.[31] Auch die polnische Autorin erzählt dabei nicht die Herkunftsgeschichte der eigenen Familie, sondern die Geschichte jener, die zu früherer Zeit im selben Raum gelebt haben. In beiden Romanen zeigt die Widmung indes an, dass die erzählte Geschichte und die familiäre Herkunft der Autorinnen zueinander in Bezug gesetzt werden. Über die verschwundene jüdische Welt in Polen und die Präsenz dieser „Nachbarn in der Zeit"[32] schreibt die Autorin in einem Essay:

> „Indem ich mir vor Augen führte, dass die jüdische Welt in demselben Raum existiert hatte, an denselben Flüssen, in den Straßen derselben Kleinstädte, entdeckte ich, dass das Vergangene noch immer real sein, noch immer seine Wirkung ausüben konnte, auch wenn es keinen Bestand mehr hatte".[33]

Sie hält damit die Spannung fest, dass das jüdische Leben in Polen nahezu zerstört ist, sich aber – trotz bzw. eingedenk dieser Amputation – noch immer auf die Wirklichkeit der heute an diesen Orten lebenden Menschen auswirkt. „Es war eine Welt des Mangels, eine Lücke war in das Ganze gerissen, wir konnten die Botschaft der Vergangenheit nicht mehr lesen, und mit diesem Defizit, dieser Beeinträchtigung würden wir für immer leben müssen."[34] Sowohl das Verschwinden der polnischen

31 Siehe hierzu den Eintrag zu Olga Tokarczuk in: Munzinger Online/Personen. Internationales Biographisches Archiv 01/2020. URL: http://www.munzinger.de/document/00000029336 (28.08.2023).

32 Tokarczuk, Olga: Das Schneewittchensyndrom und andere niederschlesische Träume. Aus dem Polnischen als Gemeinschaftsarbeit von Breslauer Germanistinnen und Germanisten. In: Hałub, Marek; Weber, Matthias (Hg.): Mein Schlesien – meine Schlesier. Zugänge und Sichtweisen. Teil 2. Leipzig 2014 (Schlesische Grenzgänger 6), S. 164–175, hier S. 171. Polnisches Original: „sąsiadami w czasie". Dies.: Syndrom Królewny Śnieżki i inne sny dolnośląskie. In: Hałub, Marek; Weber, Matthias (Hg.): Mój Śląsk – moi Ślązacy. Eksploracje i obserwacje. Cześć 2. Leipzig 2014 (Schlesische Grenzgänger 6), S. 157–166, hier S.163.

33 Dies., Psychologie der literarischen Erschaffung der Welt (wie Anm. 12), S. 188. Polnisches Original: „Przez uzmysłowienie sobie, że żydowski świat egzystował w tej samej przestrzeni, nad tymi samymi rzekami i na ulicach tych samych miasteczek, odkryłam, że to, co przeszłe, wciąż może pozostawać realne i wywierać wpływ, chociaż przetało istnieć." Dies.: Psychologia literackiego stwarzania świata (wie Anm. 12), S. 183.

34 Dies., Psychologie der literarischen Erschaffung der Welt (wie Anm. 12), 188. Polnisches Original: „Był to świat braku, dziury niszczącej całość, uniemożliwiającej nam odczytanie przesłania z przeszłości i czyniący nas na zawsze niedoinformowaqnymi i w jakimś sensie upośledzonymi." Dies.: Psychologia literackiego stwarzania świata (wie Anm. 12), S. 183.

Juden als auch deren Präsenz ist dem Roman eingeschrieben: Erzählt wird vom Leben und Wirken der Frankisten, einer häretischen Bewegung, in der zweiten Hälfte des 18. Jahrhunderts eingedenk ihrer fast vollständigen Auslöschung, vor dem Hintergrund verheerter Landstriche.[35] Zugleich wird die untergegangene Welt durch Stil und Dramaturgie als lebendige vergegenwärtigt. Bei einem Podiumsgespräch auf die Leistung der Übersetzung des Romans angesprochen, äußert sich die Autorin diesbezüglich wie folgt:

> „Bei der Übersetzung [...] geht es auch in einem weiteren Sinne darum, von einer Kultur in eine andere zu vermitteln. [...] Als ich gedanklich in das Leben der podolischen Juden im 18. Jahrhundert eintauchte, dachte ich zunächst, dass das jetzt ein ausgesprochen exotisches Abenteuer würde. Aber dann stellte sich heraus, dass ich im Grunde mit Dingen zu tun hatte, die sich quasi in meinem Nachbardorf hätten zutragen können ...“[36]

Das Motiv des ‚Nachbarn‘, das sie in Bezug auf Räume kultureller Überlagerung verwendet,[37] ruft sie auch hier auf, wenn sie die Lebens- und Alltagsnähe der porträtierten Figuren erklärt.

Zugleich ist das Erzählte aber auch deshalb gegenwärtig, weil dessen Aus- und Nachwirkungen bis in die Gegenwart hineinreichen. Dies gilt für die Erfahrung der Migration, die zugleich eine Erfahrung vieler Menschen heute ist. Dies gilt für die Erfahrung mangelnder Zugehörigkeit zur Mehrheitsgesellschaft, welche die Frankisten mit den Minderheiten der Gegenwart gemeinsam haben – und schließlich für die Subversion und das Misstrauen gegenüber der Macht als zentraler Lebens-

35 Die *Jakobsbücher* enden mit einem verbürgten Ereignis aus der Zeit des Zweiten Weltkrieges: Einige letzte Nachfahren der Frankisten konnten sich in eine Höhle in Korolówka (Korolivka), dem Geburtsort Franks, retten und auf diese Weise der nationalsozialistischen Vernichtung entgehen. „Eine der Nachkommen Frejnas war es [...], die sich weigerte, nach Borszczów zu gehen, um sich dort, wie die Deutschen es befohlen hatten, registrieren zu lassen. Sie misstraute jedem Wort der Macht. Und als dann alle anderen Juden aus Korolówka mit ihren Bündeln auf den Weg sich machten, stahl sich eine kleine Gruppe [...] in den Wald. Das war am 12. Oktober 1942. Fünf Familien, 38 Personen.“ Dies., Die Jakobsbücher (wie Anm. 3), S. 27. Polnisches Original: „Praprawnuczka Frejny [...] uparła się, żeby nie iść do Barszczowa, by się zarejestrować, tak jak kazali Niemcy. Nigdy nie ufaj żadnej władzy, mówiła. Dlatego podczas gdy wszyscy Żydzi z Korolówki ruszali z tobołkami na rampę do miasta, oni cichcem [...] poszli w las. Dwunastego października 1942 roku pięć rodzin z Korolówki, trzydzieści osiem osób“. Dies., Księgi Jakubowe (wie Anm. 3), S. 26. Die Seitenzählung läuft in den *Jakobsbüchern* andersherum – als Reverenz den hebräischen Büchern gegenüber, wie die bibliographische Notiz verdeutlicht.

36 Silke Pasewalck im Gespräch mit Olga Tokarczuk, Lisa Palmes und Lothar Quinkenstein. In: Bundesinstitut für Kultur und Geschichte der Deutschen im östlichen Europa und Klassik Stiftung Weimar (Hg.): Shared Heritage – den Osten übersetzen. Gespräch mit Olga Tokarczuk, Lisa Palmes und Lothar Quinkenstein am 1. November 2022 in Weimar. Oldenburg 2022, S. 6–24, hier S. 12.

37 Siehe Tokarczuk, Das Schneewittchensyndrom (wie Anm. 32), S. 171.

und Überlebensstrategie, das Tokarczuk an Franks Verhältnis zu den kirchlichen und politischen Entscheidungsträgern, sei es der jüdischen Orthodoxie oder dem katholischen Klerus, herausstellt – einer Überlebensstrategie, die gleichfalls nicht an Aktualität eingebüßt hat.

Das Bewusstsein von dem Verschwinden früherer Welten und zugleich die Entdeckung ihrer Gegenwärtigkeit im heutigen Polen treibt die literarische Fiktion in Tokarczuks Œuvre an. Dies gilt in besonderem Maße für die *Jakobsbücher*, aber auch, allerdings unter anderen Bedingungen, für diejenigen Texte, die in Niederschlesien spielen; man denke etwa an *Dom dzienny, dom nocny* (1998, dt. *Taghaus, Nachthaus*, 2001) oder ihren aktuellen Roman *Empuzjon* (2022, dt. *Empusion*, 2023). Beide Regionen, Niederschlesien und Podolien, sind über die Negation eines ‚polnischen Polens' verbunden. Da sie in Niederschlesien aufgewachsen sei, in ‚ehemals deutschen' Gebieten, sei sie besonders sensibilisiert für die komplexen kulturellen Überlagerungen ihres Landes, so benennt die Autorin eine der zentralen Voraussetzungen für die Stoff- und Themenwahl der *Jakobsbücher*:

> „Möglicherweise hatte es mit meiner Biographie zu tun, mit der Tatsache, dass ich in Niederschlesien geboren wurde und, wie viele Niederschlesier, die Geschichte anders wahrgenommen habe, da sie mir nicht im ‚polnischen Polen' vermittelt worden war."[38]

3.2. Interferenz mit der polnischen Geschichte

Im Zentrum der *Jakobsbücher*, dieses groß angelegten, in sieben ‚Bücher' unterteilten historischen Romans, steht die Lebens- und Wirkungsgeschichte eines der einflussreichsten und zugleich umstrittensten polnischen Juden, Jakob Frank (1726–1791), sowie dessen Anhängern. Die Lebensläufe der Frankisten sind durch ihre Herkunft mit der jüdischen Kultur Podoliens, durch die Taufe und den Übertritt zur katholischen Kirche mit der polnischen Geschichte zur Zeit der Aufklärung und durch ihre Migrationen mit den großen Imperien der damaligen Zeit, dem Osmanischen Reich, der Rzeczpospolita, dem Habsburgerreich und dem Heiligen Römischen Reich Deutscher Nation, verbunden. Die *Jakobsbücher* erzählen damit von keiner isolierten jüdischen Welt, sondern von den jüdisch-polnischen Wechselbeziehungen anhand einer umstrittenen historisch verbürgten Figur, die unter den Juden selbst als Abtrünniger, gewissermaßen als ‚nicht-jüdischer Jude' galt.[39]

38 Dies., Zur Psychologie der literarischen Erschaffung der Welt (wie Anm. 12), S. 188f. Polnisches Original: „Mogło to mieć wiele wspólnego z moją biografią, z tym, że urodziłam się na Dolnym Śląsku i jak wielu Dolnoślązaków przeżywałam historię nieco inaczej, niż przeżywano ją w ‚polskiej Polsce'." Dies., Psychologia literackiego stwarzania świata (wie Anm. 12), S. 183f.

39 Näheres zur historischen Figur findet sich in den beiden Büchern von Klaus Samuel Davidowicz: Jakob Frank, der Messias aus dem Ghetto. Frankfurt/M. 1998. Ders.: Zwischen Tradition und

Aus dem ostjüdischen Schtetl stammend,[40] wechselt Jakob Frank, um seiner religiösen Überzeugung treu zu bleiben, die der orthodoxen Lehrmeinung widerspricht, mehrmals die Religionszugehörigkeit. Er tritt zum Islam und später zum Katholizismus über. Die Aufforderung zum Wechsel der Religionen findet sich komprimiert in seiner Version der Ringparabel, mit der Tokarczuk an Lessings *Nathan* anknüpft und das Plädoyer für Toleranz anderen Religionen und generell Fremdem gegenüber radikalisiert. Franks Selbstverständnis als ‚fremd' drückt sich überdies in der Annahme eines neuen Namens aus:

> „Jakob fing nun plötzlich an, sich mit anderem Namen vorzustellen. Er nannte sich nicht mehr, wie bisher, Jankel Lejbowicz, sondern Jakob Frank. So nennt man hier die Juden aus dem Westen, so heißen auch sein Schwiegervater und seine Frau. Frank, frenk, fremd. Nachman weiß, dass das Jakob gefällt. Fremdsein ist die Eigenschaft von Menschen, die oft den Wohnort gewechselt haben. Am wohlsten fühlt Jakob sich an neuen Orten, so hat er es Nachman gesagt; dann ist es, als begänne die Welt von Neuem."[41]

Immer wieder wechselt Frank den Wohnort, ist etwa jahrelang in Tschenstochau (Częstochowa) interniert. Nach der Teilung Polens lassen sich die Frankisten im Habsburger Reich nieder; nach Aufenthalten in Brünn (Brno) und Wien gelangt Jakob Frank schließlich nach Offenbach am Main, wo er 1791 verstirbt.

Neben dem Weg Jakob Franks erzählt der Roman, der mehrere Jahre nach dem Tod seiner Hauptfigur endet, von vielen weiteren Lebenswegen: von Jakob Franks Anhängern, von seinen Nachkommen, von den orthodoxen Juden, zu denen die Frankisten in Gegnerschaft stehen, vom polnischen Adel und dem katholischen Klerus, welche die ‚getauften Juden' für ihr eigenes Ziel, eine homogene Kulturdoktrin, zu funktionalisieren versuchen. In Tokarczuks historischem Roman wird die polnisch-litauische Adelsrepublik in der Krisenzeit vor und nach der ersten Teilung

---

Häresie: Jakob Franks Leben und Lehren. Köln-Wien-Weimar 2004. Olga Tokarczuk orientierte sich an Aleksander Kraushars Darstellung: Frank i frankiści polscy 1726–1816. Monografia historyczna [Frank und die polnischen Frankisten 1726–1816. Historische Monographie (1895)]. Kraków 1895.

40 Jakob Frank wurde im „Zentrum des ursprünglichen *Kresy*-Gebiets" geboren. Jabłkowska, Joanna: Varianten der *Kresy*-Literatur? Johannes Bobrowskis „Levins Mühle" (1964) und Olga Tokarczuks „Ksiegi Jakubowe" (2014). In: Egger, Sabine; Hajduk, Stefan; Jung, Britta C. (Hg.): Sarmatien – Germania Slavica – Mitteleuropa. Vom Grenzland im Osten über Johannes Bobrowskis Utopie zur Ästhetik des Grenzraums. Göttingen 2021, S. 145–160, hier S. 153.

41 Tokarczuk, Die Jakobsbücher (wie Anm. 3), S. 949f. Polnisches Original: „Jakob zaczął nagle przedstawiać się nie tak dotąd: Jankiel Lejbowicz lecz Jakob Frank, tak tu nazywają Żydów z Zachodu, tak mówią o jego teściu i żonie. Frank, frenk znaczy obcy. Nachman wie, że to się podoba Jakubowi – być obcem to cecha tych, którzy często zmieniali miejsce zamieszkania. Mówił Nachmanowi, że najlepiej mu jest w nowym miejscu, bo wtedy jakby świat zaczyna się na nowo." Dies., Księgi Jakubowe (wie Anm. 3), S. 732.

Polens in den Blick genommen, in der Jakob Frank und seine Anhänger zu Grenzgängern zwischen den Kulturen und Religionen werden.

Joanna Jabłkowska zufolge zeigt Tokarczuk, „dass die konvertierten Juden mit ihren neuen polnischen Namen […] die polnische Geschichte mitprägen. Das ironische Fazit des Romans richtet den Blick auf die irritierende Gewissheit, wer zu ‚echten' und wer zu ‚falschen' Polen zählt".[42] Der Roman hinterfragt damit „das polnisch-katholische Selbstverständnis"[43] und stellt zugleich eine Polemik „gegen einen polnischen […] Kresy-Mythos im Kontext einer weiter zurückreichenden und umfassenderen Geschichte" dar.[44] Auch Alina Molisak zufolge zeigen die *Jakobsbücher* die kulturelle Präsenz jüdischer Akteure in der polnischen Geschichte auf und legen diese auf ihre Verflechtungen mit jüdischen Elementen frei.[45]

3.3. Das Sujet der Adoption respektive Wahlverwandtschaft

Ähnlich wie in Jachinas Roman *Wolgakinder* beruht die familienähnliche Gemeinschaft, von der erzählt wird, nicht auf den Bindungen der Genealogie: Zwar heiratet Jakob Frank und bekommt von Chana eine Tochter, Awacza, die ihn auf seiner Wanderschaft bis nach Offenbach begleitet.[46] Franks Anhänger halten diesem trotz wechselnder Wohnorte die Treue und siedeln sich an den von seiner Lehre und seinem Wirken geprägten Orten an. Diese ‚Compagnie', wie die Frankisten in der deutschen Übersetzung apostrophiert werden, bildet die Ausbreitung des Frankismus in Europa gewissermaßen nach, von Podolien aus über Zentralpolen bis ins Habsburgerreich und schließlich sogar bis nach Deutschland. Die Zugehörigkeit zur Gruppe wird über die sektiererische Lehre und deren widerständiges Potential definiert, und sie ist so lebensentscheidend, dass sie familiäre Bande ersetzt bzw. flankiert – wie sich etwa an der Figur des Nachman, Franks treuestem Anhänger, aufzeigen lässt, der seine eigene Familie vernachlässigt, um seiner Chronistenpflicht nachzukommen und in der Nähe Franks sein zu können. „Wir müssen zusammen-

42 Jabłkowska, Varianten der *Kresy*-Literatur (wie Anm. 40), S. 154.

43 Ebd.

44 Ebd., S. 160.

45 Molisak, Alina: Ein Messias aus Galizien? Jakob Frank und seine Lehren in Olga Tokarczuks Roman *Księgi Jakubowe*. In: Baran-Szołtys, Magdalena; Dvoretska, Olena; Gude, Nino; Janik-Freis, Elisabeth (Hg): Galizien in Bewegung. Wahrnehmungen – Begegnungen – Verflechtungen. Wien 2018, S. 233–244. Alina Molisak geht in ihrem Beitrag zum jüdischen Erbe Mittel- und Osteuropas für vorliegenden Band ebenfalls auf Tokarczuks Roman ein. Sie zeigt die Intention aktueller literarischer Werke, das jüdische Erbe in die polnische Geschichte zu integrieren, d. h. nicht nur an die „polnisch-jüdischen Kontaktzonen zu erinnern", sondern in der Erinnerung an das „gemeinsame Erbe" eine „gemeinsame Welt" entstehen zu lassen. Siehe S. 124 in diesem Band.

46 Awacza (mit polnischem Namen Ewa) wird zeitweise von einer polnischen Gouvernante erzogen und wächst somit zum Teil in einer Ziehfamilie auf.

bleiben", so betont Frank gegenüber Nachman und seinen anderen Anhängern, „[...] uns aneinanderbinden [...] eine große Familie müssen wir sein."[47]

Frank selbst wird in Tokarczuks Roman als zutiefst synkretistische Figur porträtiert, die nicht nur in Konfrontation zur Orthodoxie und zur politischen Macht steht, sondern sich auch von der wechselnden kulturellen und religiösen Umgebung beeinflussen lässt. Besonders aufschlussreich ist hierfür die Schilderung von seiner Internierung in Tschenstochau, dem zentralen Wallfahrtsort des katholischen Polen, auf die abschließend noch eingegangen werden soll. Indem Frank vor dem heiligen Bild der Schwarzen Madonna niederkniet, wird er von dessen Gewalt erfasst: „Etwas Seltsames schwebt im Raum, und furchtsam krampft sich das Herz zusammen, doch nicht Furcht ergreift Jakob, etwas Größeres ist es, auch er kniet nieder, presst sein Gesicht an die schmutzigen Steinplatten."[48] Wenn er daraufhin zusammen mit seinen Anhängern, die ihn im Kloster aufsuchen, Gebete vor dem Gnadenbild leitet, integriert er die Erscheinung von Mutter und Kind in seine Lehre und adoptiert auf diese Weise gewissermaßen die Schwarze Madonna in die häretische Bewegung des Frankismus.

4. Schluss

Gusel Jachina und Olga Tokarczuk erzählen Geschichten, die sie nicht im biografischen Sinne ‚geerbt' haben, derer sie sich gleichwohl erzählerisch annehmen und die sie dem Vergessen bzw. dem Verschweigen oder der Verzerrung entreißen. Dadurch werden die kulturellen Interferenzen der betreffenden Regionen bzw. Länder im narrativen Prozess freigelegt; im einen Falle wird Polen auf seine polnisch-jüdische Vergangenheit, im anderen Falle Russland auf seine (wolga)deutschen Spuren hin durchlässig. Zwar ist die erzählte Geschichte im engeren Wortsinne verstanden nicht die ‚eigene'; sie tangiert indes sehr wohl das Herkunftsland. Dieses wird nicht auf die Nationszugehörigkeit reduziert, sondern vielmehr als kultureller Raum begriffen, der Geschichten Anderer oder aber verdrängte Verflechtungsgeschichten enthält, die – und dies ist die Pointe dieses Kultur- und Raumverständnisses – zur eigenen Geschichte dazugehören. Die Wolgadeutschen sind danach historisch fester Bestandteil von Jachinas Herkunftsregion, des Wolgagebiets; die Juden sind fester Bestandteil von Tokarczuks Herkunftsland und dessen Geschichte. Die Form der

47 Tokarczuk, Die Jakobsbücher (wie Anm. 3), S. 219. Polnisches Original: „Muszą być razem [...] muszą się ze sobą wiązać [...] tak żeby powstała wielka rodzina." Dies., Księgi Jakubowe (wie Anm. 3), S. 176f.

48 Dies., Die Jakobsbücher (wie Anm. 3), S. 389f. Polnisches Original: „Coś dziwnego zastyga w powietrzu, tak że serce ściska się nie jako ze strachu, ale to nie jest strach, tylko coś większego, co udziela się Jakubowi, więc i on pada na twarz, na posadzkę przed chwilą wydeptywaną brudnymi butami chłopów". Dies., Księgi Jakubowe (wie Anm. 3), S. 305.

Zugehörigkeit, die in den Romanen der beiden Autorinnen zum Ausdruck kommt, bezieht sich zwar auf konkrete Regionen, aber zugleich auf deren plurikulturelle Geschichte; sie werden im Erzählvorgang zu kulturellen Interferenzräumen.

Diese hier ausgemachten literarischen Formen der Adoption bilden, so die These, eine zentrale Spielart von Shared Heritage-Literatur. Sie grenzen sich von jenen Texten ab, die auf der Familienbiografie der Autor*innen basieren und die Geschichte der Großeltern oder anderer Ahnen literarisch (re-)konstruieren. Grundsätzlich können also zwei Subformen einer Literatur des geteilten Erbes unterschieden werden, die zueinander in einem chiastischen Verhältnis stehen: Den ersten Typus bilden Texte, die Aspekten der Familiengeschichte der Autor*innen nachgehen. Das ‚fremde' Erbe ist dabei ins ‚eigene' integriert, wie sich etwa an den Erzähltexten von Sabrina Janesch (*Katzenberge*, 2010), Maja Haderlap (*Engel des Vergessens*, 2011) oder Katja Petrowskaja (*Vielleicht Esther*, 2014) zeigen ließe. Den zweiten Typus bilden Texte wie *Wolgakinder* und *Die Jakobsbücher*: Sie erzählen die Geschichte der ‚Anderen', wobei sie das ‚eigene' Erbe in das ‚andere' Erbe integrieren bzw. mit diesem verbinden.

Eszter Propszt

Erbe, in Zsuzsa Bánks *Schlafen werden wir später* geteilt

1. Erbe – gegenständlich

> „Geblieben ist mir ein Stück Massenware aus Gips. Das ich von Ort zu Ort trage. […] Meine Mutter hatte es mir schon zu Lebzeiten überlassen. Dieses hässliche Ding aus der königlich-kaiserlichen Massenproduktion. Du kennst die nachtblaue Amphore mit gelbgoldenem Blumenkranz. Damals ist sie gleich im Auto in zwei Teile zerbrochen. Weil ich sie lieblos auf den Rücksitz geworfen hatte. Aber sie loswerden, in den Müll stecken kann und kann ich nicht. Sie hat schon in der Vitrine meiner Großmutter gestanden. Im schläfrigen, zwischen zwei Eichwälder geklemmten, von der Welt vergessenen Ledjenice, jedenfalls bis zu diesem Tag, an dem die junge Dora sie aus der Vitrine genommen, in Kleider gewickelt und in ihren Lederkoffer gesteckt hat. Zusammen mit drei Generationen Vergangenheit. […] So hat es die Vase von Böhmen nach Wien in den zehnten Bezirk geschafft. Buchengasse Nummer sieben. […] Später hat sie die Rasereien meiner Eltern überlebt. Das Wüten und Toben, die fliegenden Bücher in der Höchster Emmerich-Josef-Straße. Schiller, Büchner, Williams. Noch später meine eingeschlagenen Wände im schwarzen Wald. Ich kann sie nicht loswerden, Márti. Die Amphore ist für mich der Weg, den ich selbst nie abgelaufen bin. Auf dem ich nie einen Schritt getan, auf den ich nie einen Fuß gesetzt habe. Den langen Weg von Ledjenice nach Wien leuchtet sie für mich aus. Immer noch klebt ein Seufzer Angst an ihr. Ein Tropfen Kummer. Ein Körnchen Wut. Das Doras dunkle Schuhe aufgewirbelt haben. Eines kann ich vorhersehen, Márti. In meinem Vorhöllenzimmer wird diese zerbrochene Vase auf mich warten. Sie wird in meiner Vorhöllenvitrine stehen und eine Stimme haben. Wird sprechen und sagen, du bist undankbar gewesen, Johanna.“[1]

Dies schreibt Johanna Messner, eine der Hauptfiguren in Zsuzsa Bánks Roman *Schlafen werden wir später*, an ihre Freundin Márta Horváth, die andere Hauptfigur. In Johannas geerbter Vase wird die Vorgeformtheit ersichtlich, die mit jedem Familien-Erbe gegeben ist, die Vase als Gefäß gibt die Form des Gefassten vor, wie das Familien-Erbe die Lebens-Konturen der Nachkommen vorgibt. Zugleich wird auch die räumliche Organisiertheit des Erbes sichtbar: Mit Hilfe der Vase wird das Nicht-Fassbare („drei Generationen Vergangenheit“[2]) ins Räumlich-Erfahrbare überführt. Das Gleiche gilt für den Weg, der Beziehung, Verbindung und Kommunikation räumlich vertritt, die Erschließung dessen im Außenraum, was zum Inneren führt,

1 Bánk, Zsuzsa: Schlafen werden wir später. Frankfurt/M. 2017, S. 43.
2 Ebd.

was den Innenraum (mit)gestaltet. Márta, wie später zitiert wird, versichert in ihrer Antwort, auch sie hat ihr schwieriges Erbe, ihre „nachtblaue Amphore".[3] Im Gegensatz zu Johanna läuft sie den Weg, den die Ihrigen zurückgelegt haben und auf dem ebenfalls Angst, Kummer und Wut liegen, immer wieder ab, sie fährt regelmäßig in das Herkunftsland ihrer Familie, nach Ungarn. Die zwei Freundinnen setzen sich mit ihrem Erbe auseinander, indem sie es teilen: Sie schreiben darüber, der Roman gestaltet sich als ihr E-Mail-Wechsel.[4]

2. Erbe – raumsemiotisch

Ihr Erbe soll in diesem Beitrag als Bestand an Codes verstanden werden, als Bestand an Zuordnungsregeln von lebensrichtenden Bedeutungen und ihr Schreiben als Arbeit an den Codes, die ihr Leben bestimmen, als Zeichen-Arbeit. Für die Interpretation dieser Arbeit bietet sich Jurij M. Lotmans Semiosphäre-Konzept[5] als

3 Ebd., S. 44.

4 Die E-Mails berichten vielmehr über inneres Geschehen als über äußeres, das Anliegen der zwei Freundinnen ist die mentale Verarbeitung des täglich Erfahrenen. Márta und Johanna verbindet eine innige Freundschaft, seitdem sie sich als kleine Mädchen in der Schule kennengelernt haben. Márta ist die Tochter ungarischer Eltern, selbst in Deutschland geboren, sie ist Schriftstellerin und lebt mit ihren drei Kindern und deren Vater Simon in Frankfurt. Von der Alltagsroutine überbelastet hat sie kaum freie Zeit und kaum freie Gedanken zu schreiben, sie und der ebenfalls freiberuflich tätige Simon stecken in permanenten Geldsorgen. Die Beziehung der beiden ist getrübt, Simon droht öfters, Márta und die Kinder zu verlassen, und geht eines Tages tatsächlich, um nach einiger Zeit zurückzukehren. Johanna ist die Tochter eines berühmten Frankfurter Schauspieler-Ehepaares, sie ist Lehrerin für Deutsch, Kunst und Sport und lebt kinder- und partnerlos in einem Dorf im Schwarzwald. An ihr nagt der Schulalltag, die Interesselosigkeit ihrer Schüler. Verarbeiten muss sie aber auch ihre Krebserkrankung und ihre Trennung von dem Langzeitpartner Markus, außerdem auch ihre Beziehung zu den früh verlorenen Eltern, zu ihrem drogensüchtigen Vater und zu ihrer unberechenbaren Mutter. Im Äußeren scheint sich kaum etwas zu bewegen (und das verleitet Kritiker und auch Leser dazu, dem Roman vorzuwerfen, in ihm passiere nichts), innere Veränderungen nehmen sich ihre Zeit, und am Ende des Romans stellen Márta und Johanna mit Zufriedenheit fest, dass sich ihr Leben weiterdreht. Vorwegzunehmen ist, dass dieser Aufbau auch einer Erzählung von Márta, *Das andere Zimmer*, eigen ist. Wie es im Text heißt: „*Das andere Zimmer* habe ich gelesen, meine liebste Geschichte im neuen Reigen, gerade weil wenig geschieht, [...] als stünde die Zeit vor diesem Zimmer und seinem zersplitterten Glas still, als bewegte sich nichts, obwohl zum Schluss alles neu und anders ist." Ebd., S. 201. Die zwei E-Mail-Schreiberinnen stehen dabei in der Tradition des Briefwechsels im 19. Jahrhundert, ihre E-Mails sind keine (typischen) Nachrichten des digitalen Zeitalters, sondern tiefe, ausgereifte und kunstvoll ausgeformte Texte.

5 Vgl. Lotman, Jurij M.: Über die Semiosphäre. In: Zeitschrift für Semiotik 4 (1990), S. 287–305; Ders.: Die Innenwelt des Denkens. Eine semiotische Theorie der Kultur. Aus dem Russischen von Gabriele Leupold und Olga Radetzkaja. Berlin 2010, darin das Kapitel „Die Semiosphäre", S. 161–290. Ich orientiere mich auch an der gediegenen Systematisierung von Szabó, Tünde: A gondolkodó világ modellje [Modell der denkenden Welt]. In memoriam Jurij Mihajlovics Lotman (1922–1993). In: Aetas 1 (2003), S. 113–142.

Ausgangspunkt an, zumal die Zeichen-Arbeit der zwei Frauen deutlich ausgeprägte räumliche Dimensionen hat.[6] Johanna und Márta entwickeln mit ihrem E-Mail-Wechsel einen semiotischen Raum – im Lotman'schen Sinne eine Semiosphäre –, der in Wechselwirkung mit den Codes anderer (beispielsweise ‚vererbter') semiotischer Räume entsteht und besteht, und in dem zwei Code-Strukturen (zwei semiotische Persönlichkeiten) zusammenwirken, die nicht völlig übereinstimmen, jedoch auf ihren Symmetrien und Asymmetrien ein ausgewogenes Ganzes aufbauen.

Indem Márta und Johanna die Semantiken, die sich an Wegen und Orten der Erben (in Böhmen und in Ungarn) angelagert haben, aufzudecken versuchen, decken sie Semantiken auf, die ihr Wahrnehmen, Denken und Handeln bestimmen. Kein leichtes Unterfangen, Bedeutungsvorlagen zu identifizieren, die oft eine beunruhigende oder belastende Präsenz zeigen und nicht abgelegt werden können – jedoch wird durch die Zeichen-Arbeit für die beiden ein besseres Selbstverständnis möglich. Das Selbst (und das Eigene) wird im Roman durch Teilen verständlich, wobei der Wunsch des Verständnisses, wie bereits angedeutet, räumlich projiziert wird: Márta und Johanna beanspruchen Raum für ihre Arbeit. Ihr Raumanspruch artikuliert sich hauptsächlich im Wunsch, ein ‚anderes Zimmer' einzurichten oder Einlass in ein ‚anderes Zimmer' zu bekommen.[7] Dieses ‚andere Zimmer' möchte ich nach Lotman als Ort der Verdoppelung, der Sich-Vervielfachung – für unser Thema: als Ort der Teilung – ausweisen.

3. Raum für Teilung des Erbes

Das andere Zimmer ist der Titel von Mártas erstem Prosaband. *Das andere Zimmer* stellt einen Text im Romantext dar, der selbst nicht gelesen werden kann, über den aber immer wieder gelesen wird. Dadurch wird in meiner Wahrnehmung eine

6 Mit dem Modell der Semiosphäre postuliert Lotman bekanntlich einen abstrakten Raum, in dem auf der Grundlage kommunikativer bzw. dialogischer Prozesse Bedeutung entsteht. Bedeutung wird mit dem Modell als ein Prozess (also nicht als eine statische Relation) dargestellt, in dem differente, aber auch Invarianz aufweisende Codes interagieren und in ihrer Interaktion Bedeutung generieren. Lotmans Semiosphäre stellt somit eine Raummetapher dar, mit der Denkprozesse begriffen werden wollen – Lotman betrachtet mit diesem Konzept Intellekt, Text und Kultur als isomorphe ‚denkende Welten'. Auch der Titel *Die Innenwelt des Denkens* (Vgl. Anm. 5) lautet im Original *Внутри мйслящих миров* [Im Inneren denkender Welten]. Für die vorliegende Untersuchung kann festgehalten werden, dass über das Modell des E-Mail-Dialogs von zwei Freundinnen, in dem u. a. vererbte Bedeutungen bearbeitet werden (und dadurch Haltungen, Einstellungen, Problemlösungsstrategien usw. bewusst gemacht, akzeptiert oder revidiert werden), räumlich nachgedacht werden kann.

7 Der Wunsch ist durch das Märchen *Die zertanzten Schuhe* vorausgestaltet, das Márta und Johanna als Mädchen gern gelesen haben und das Márta auch ihren Kindern gern vorliest: „Die zertanzten Schuhe, mein liebstes, Dein liebstes. Weil die Prinzessinnen sich Nacht für Nacht in Booten über den See davonstehlen zum Feiern. So wie Du und ich es einst getan haben." Bánk, Schlafen (wie Anm. 1), S. 212.

Raumerweiterungs- bzw. Spiegelfunktion hervorgehoben – mit dieser Behauptung nehme ich wieder auf Lotman Bezug, der die Funktion von Spiegel-Strukturen in der Öffnung von Räumen und in der Auflösung der Grenzen zwischen Innen und Außen beschreibt,[8] woraus auf eine ähnliche Funktion der Text-in-Text-Strukturen zu schließen ist. Diese Öffnung kann für die E-Mail-Schreiberinnen die gewünschte Freiheit des Selbstentdeckens bedeuten.

Die benannten Strukturen gewähren laut Lotman Verdoppelungsmöglichkeiten.[9] Dass solche auch Mártas *Das andere Zimmer* gestattet, wird (von schriftstellerischer Seite) mit ihrem Resümee beleuchtet:

> „*Das andere Zimmer* erkläre ich für so gut wie beendet, ja, es hat mich irre gemacht, aber jetzt habe ich mir diesen Text zurechtgefiebert und bin bereit, seine Figuren freizulassen, die ein bisschen Johanna, ein bisschen Simon und sogar ein bisschen Márta sind, wenn sie sich winden in ihrem Leben und schielen nach dem anderen, das sie nicht führen, das an einem anderen Ort, zu einer anderen Zeit, in einem anderen Haus, einem ganz und gar *anderen Zimmer* stattfindet."[10]

Der Band verdoppelt (aufseiten der Leser) beispielsweise auch Johannas Vater, den er als Figur aufnimmt, wodurch Johannas starrer Vater-Code in Bewegung gebracht wird, durch die Integration des in und mit der Fiktion Erfahrenen in die Deutungspraxis des Johanna-Alltags.[11]

Die Bezeichnung ‚das andere Zimmer' wird von Mártas Band auf Räume übertragen, in denen die durch den Band gegebene Erfahrung der Vervielfachung, ein ‚anderes Leben' erreichbar scheint.

---

8 „Faktisch dieselbe Rolle spielt der Spiegel im Interieur des Barock, indem er den architektonischen Raum zur Erzeugung illusorischer Unendlichkeit (Spiegelung des Spiegels im Spiegel) erweitert, den künstlerischen Raum durch Spiegelung von Bildern in Spiegel verdoppelt oder die Grenze ‚innen/außen' durch Spiegelung von Fenstern in Spiegeln aufbricht." Lotman, Jurij M.: Kultur und Explosion. Aus dem Russischen von Dorothea Trottenberg. Berlin 2010, S. 96.

9 „Man könnte hier auch die breite literarische Mythologie von Spiegelungen im Spiegel und vom Raum hinter dem Spiegel anführen, deren Wurzeln bis in archaische Vorstellungen vom Spiegel als Fenster zum Jenseits zurückreichen. Das literarische Äquivalent des Spiegelmotivs ist der Doppelgänger. Ähnlich wie der Raum hinter dem Spiegel ein seltsam fremdes Modell der Alltagswelt ist, ist der Doppelgänger die verfremdete Spiegelung einer Figur." Ebd., S. 96f.

10 Bánk, Schlafen (wie Anm. 1), S. 305.

11 Márta lässt in ihrem Band *Das andere Zimmer* einen Uli Messner auftreten, den Johanna zuerst nicht als fiktive Figur lesen kann: „dass Du diese Geschichte von meinem Vater erzählen musstest. Nicht einmal seinen Namen geändert hast. Denn dass er auch dort Uli Messner heißt, darüber bin ich erschrocken." Ebd., S. 461. Sie ist Márta für sein ‚mildes Ende' dankbar, aber es dauert, bis sie die Figur aus den realweltlichen Bedeutungszusammenhängen (zumindest teilweise) lösen kann, und berichtet: „Ich habe begonnen, alle in Deinem Buch zu lieben, Márti. [...] Sogar den Vater liebe ich. Den Vater, der Hand an sich legt. Der meinem so unverzeihlich ähnlich ist." Ebd., S. 544.

Johannas Assoziationen zu dem Titel *Das andere Zimmer*, als Márta ihr zum ersten Mal darüber schreibt, weisen den Raum ihres E-Mail-Wechsels als ein ‚anderes Zimmer' aus:

> „*Das andere Zimmer* klingt verheißungsvoll. [...] Dein anderes Zimmer, in dem Du mir schreibst. An mich denkst. In dem wir uns treffen. Als dürfe man diese eine Tür nicht öffnen. Wollte aber unbedingt das tun. Unbedingt wissen, was sich dahinter verbirgt."[12]

Dass dieser Raum ein geteilter, ein Raum der Vertrautheit ist, dass hier auch das Teilen der verborgenen Erfahrungen ausführbar ist, hebt der Blaubart-Kontrast („diese eine Tür nicht öffnen" [13]) hervor:[14] Hier ist die Selbstöffnung möglich, anders als in Herzog Blaubarts Burg, wo die Öffnung der Türen (der Seelenräume) kein Begegnungsereignis ist, da sie kein tieferes Verständnis einleitet. Márta und Johanna können sich hier einander aussetzen, in der Gewissheit, die andere wird sich ihnen und der gemeinsamen Situation nicht entziehen.

Manche der ‚anderen Zimmer' sind Räume von alternativen oder parallelen semiotischen Entwürfen (Lebens-Entwürfen), die sich nicht verwirklichen lassen: „*andere[...] Zimmer*, von denen wir träumen, die wir aber nie betreten werden".[15] Manche sind Räume der semiotischen Verankerung: frei gewählte, wie das E-Mail-Schreiben oder das Literaturarchiv in Marbach für Johanna, wo sie an ihrer Doktorarbeit über Annette von Droste-Hülshoff schreibt, oder durch familiäre semiotische Praktiken (Lebens-Praktiken) über Generationen hinweg tradierte, oder durch den Tod eröffnete. Alle werden aber in das ‚andere Zimmer' des E-Mail-Wechsels gehoben, damit ihnen Codes abgewonnen werden.

Als Beispiel sollen Mártas Ungarn-Zimmer dienen, nicht zuletzt, weil sie im Roman viel ausführlicher beschrieben sind als Johannas Böhmen-Räume. Wie eingangs erwähnt, fährt Márta regelmäßig nach Ungarn, und die Reise veranlasst immer wieder eine Selbstsuche. Die Grenzübergänge verlebendigen die Angst vor den längst abgeschafften Passkontrollen,[16] das beunruhigende Gefühl, sich ausweisen zu müssen,

12 Ebd., S. 75.

13 Ebd.

14 Relevant für mich ist das Blaubart-Libretto von Béla Balázs und die Interpretation von György Kroó, die als Geheimnis der letzten zwei Zimmer die Unteilbarkeit der einsam geweinten Tränen und der in der Seele verschlossenen Erinnerungen festhält. Kroó, György: Bartók színpadi művei [Bartóks Bühnenwerke]. In: Anonymus (Hg.): Bartók-Kodály egyfelvonásosok [Bartók-Kodály-Einakter]. Budapest 1987, S. 5–21.

15 Bánk, Schlafen (wie Anm. 1), S. 423.

16 Siehe dazu: „Ich habe dieses Land und dieses Leben mit ausgestreckten Armen von mir weggeschoben, allein wegen der durchschikanierten Nächte an den Grenzübergängen aus Stacheldraht und Wachposten, die Schuld daran tragen, dass es mit mir und diesem Land nichts werden konnte [...]." Ebd., S. 511.

eine zumindest zeitweilige Verunsicherung der Identität. Jedoch wird Márta durch diese Reisen ermöglicht, einen Bezug zwischen der Vergangenheit ihrer Familie und sich selbst herzustellen, neue Perspektiven für ihre Selbstbetrachtung zu gewinnen, neue Ressourcen zu entdecken. Eines der Ungarn-Zimmer ist der Friedhof, wo Márta an die Steine ihrer Großmütter fasst und mit ihnen „singsang[t]":[17] „Erzsi und Lidi mit euren wunderbaren Runzelgesichtern, wie man sie nirgends mehr sieht, ich höre euch, sehe euch, wenn ich in euren Zimmern bin",[18] und wo sie auf den Gedanken kommt: „Erzsi und Lidi sitzen tief und fest in mir, Johanna, sie lenken meinen Blick, halten ihre Hände über meinen Kopf, und vielleicht findest Du es verrückt, aber sie sind mein Anfang, in ihnen bin ich schon angelegt, in ihnen war ich schon mitgedacht."[19] Ein anderes ist das alte Haus, das mit ihren Eltern darin ihr Ruhe und Erholung gewährt: „löscht meinen Durst, stillt meinen Hunger, versorgt meine Wunden, legt ein kühles Tuch auf meine Stirn",[20] von dem sie schreibt:

> „Lange vor unserer Zeit, als Deine Dora in Ledjenice zu Hause war und Deine Linie dort beginnen ließ, haben sie zu siebt in diesem Zimmer mit Küche und Speis gelebt, auch so ein *anderes Zimmer*, Johanna. Sieben Kinder hat meine Großmutter darin zur Welt gebracht, zwei davon gleich begraben, auch sie liegen auf dem Friedhof, zwei weitere erst später, auch sie liegen wenige Reihen weiter, drei Kinder sind ihr geblieben, eines davon meine Mutter. Zu siebt haben sie dort gelebt und geliebt, geatmet und geträumt, ihre Ängste in die Kissen geschwitzt und ihre Gebete zur Zimmerdecke geschickt [...]."[21]

Diese ‚anderen Zimmer' lassen Márta eine Selbsterweiterung erfahren, sie erweitern ihr Verständnis dafür, wer sie ist. Sie reflektiert ihre Persönlichkeitsbildung, begreift ihre Persönlichkeit in deren Prozessgepräge. Es ist wieder der Raum, der dem schwer fassbaren Erbe – hier: Liebe, Angst und Traum – eine Substanz verleiht, der die aufgefundenen Codes mit der Praxis des Alltags verbindet, Fühl- und Denkvorlagen mit ihrer praktischen Realisierung, sozusagen mit ihrer Bewerkstelligung, Himmelsvorstellungen mit Zimmerdecke.

Festzuhalten bleibt jedoch, dass das Öffnen und Schließen der ‚anderen Zimmer' – das Beziehen von Räumen, um semiotische Praktiken ihrer selbst zu verankern – nicht unbedingt in der Verfügungsgewalt von Johanna und Márta liegen. Dass Johanna sich von Doras Vase nicht befreien kann, wurde bereits zitiert. Márta registriert die Festverwobenheit von Ungarn-Codes in ihrer Code-Struktur. Sie erzählt über Codes, die sich aufzwingen. Sie berichtet beispielsweise darüber, dass sie

17 Ebd., S. 316.
18 Ebd.
19 Ebd., S. 317.
20 Ebd.
21 Ebd., S. 318.

in ihrer Familie alles in den „Abschied legen, alles, was [sie] sind und haben",[22] da in jedem ihrer Abschiede der Abschied der Eltern im Jahre 1956[23] geteilt wird: „meine Eltern sind so schlecht mit Abschieden, weil sie immer den endgültigen, den letzten Abschied hineinlegen, weil 1956 an diesem Gartentor immer mitgeweint wird, weil es [...] den letzten Blick, die letzte Umarmung gesehen hat."[24] Und als sie im Zusammenhang mit einer Erzählung in *Das andere Zimmer* von Johanna gefragt wird, „Du hast also nur wenig mit diesem Ungarnland zu tun?",[25] zeichnet Márta die Unumgänglichkeit der Codes (und auch die Ambiguität ihrer Code-Haltung) auf:

> „Ein solches Land kann man nicht lieben, Johanna. [...] Aber dieses Land ist auf eine Art mit meinem verknotet und verbunden, die ich nicht abstreiten und leugnen kann, weil es zu meinem Anfang gehört, weil es das Leben meiner Eltern ist und wir so fest und unauflöslich verknotet und verbunden sind, mit ihrer Geschichte, die 1956 abreißt und ihren Faden später wieder aufnimmt, Annikó und Ildikó sind mit ihr groß geworden, an irgendeinem Familienschuh klebt noch Matsch von diesen Äckern."[26]

Was ihr bleibt, ist, die Codes als solche zu identifizieren und sie auch in anderen semiotischen Räumen, in dem Briefwechsel mit Johanna oder in ihren schriftstellerischen Werken, zu bearbeiten. Sie schreibt dazu:

> „[Z]wischen meinen Bildern, unter meinen Sätzen schlummert auch meine eigene nachtblaue Amphore aus Gips, in mein Tuch gewickelt, zu meinen Kleidern in meinen Koffer gelegt. Nicht einmal die Bilder aus den Märchen ziehen weiter, die uns früher beim Schlafen zudeckten, die Gänsemagd habe ich Molke und Franz gestern vorgelesen und ohne Rücksicht auf ihre Betten gegossen. [...] beim Taschentuch mit den drei Blutstropfen habe ich gedacht, ich muss das als Kind unzählige Male von meinem schmalen Bett aus an der Zimmerdecke gesehen haben, *wenn das deine Mutter wüßte, das Herz im Leib tät' ihr zerspringen.* Die Märchen mit den Taschentüchern begleiten mich, die Tücher und ihre Stickereien habe ich mitgenommen in meine Gedichte und Erzählungen, wo sie nun herumliegen, um aufgehoben und auseinandergefaltet zu werden." [27]

---

22 Ebd., S. 434.

23 1956 ist das Jahr der ‚Oktoberrevolution' in Ungarn, des Freiheitskampfes, in dem sich breite gesellschaftliche Kräfte gegen die kommunistische Einparteiendiktatur und die sowjetische Besatzungsmacht auflehnten. Nach der Niederschlagung des Kampfes flüchteten viele Ungarn in den Westen.

24 Ebd., S. 314.

25 Ebd., S. 511.

26 Ebd., S. 512.

27 Ebd., S. 44. Am Rande soll angemerkt werden, dass sich die Tücher und die Stickereien in die semantische Ebene des Webens einfügen, die ich andernorts als ein zentrales Symbol ausweise, als Code der Zeichen-Arbeit selbst, wodurch die verwobenen Codes einfacher als Muster (*Pattern*) wahrgenommen werden können, und das Erbe als Weitergabe von Traditionen, Werten und Wissen.

Durch die Bearbeitung wird deutlich, dass das geteilte Erbe zugleich ein gemeinsames ist. Johanna stellt nach dem Lesen von Mártas *Das andere Zimmer* fest, dass ihre liebsten Márta-Figuren diejenigen Frauen sind, „denen das Schicksal gemeine Brocken vor die Füße wirft",[28] woraufhin Márta sich auf ihre ‚Vorlagen' bezieht, auf ihre Tanten und Cousinen in Ungarn, „nicht weit von Deiner [Johannas] alten halben Familienheimat, in Spuckweite von Deinen abgeworfenen, abgestreiften Wurzeln", die „sehr damit beschäftigt [waren], ihr Schicksal zu tragen".[29] Das Bild von der eine nachtblaue Amphore tragenden Frau wird zu einem gemeinsamen – nicht bloß weil Márta leicht Anschluss an Johannas Bild findet, sondern auch weil mit ihr auch ihre Figuren einen Anschluss finden, und weil sich Johanna dann in denen wiedererkennt –, in ihm können Erblasserinnen und Erbinnen verortet werden.

Mit Lotmans narratologischem Raummodell[30] können die ‚anderen Zimmer' insgesamt als topologische Räume gefasst werden, auch wenn sie konkret (topografisch erfassbar) sind, dominiert ihre abstrakte, bedeutungsstrukturierende Funktion.

Zudem lohnt es sich, Foucaults Raummodell in die Interpretation einzubeziehen,[31] das ebenfalls ein topologisches Erkenntnisinteresse verfolgt und die räumlichen Überlagerungen nachdrücklich präsent hält. Mit diesem Modell sind die ‚anderen Zimmer' als Spiegel-Erfahrung[32] zu beschreiben, als wirkliche und zugleich unwirkliche Orte der Selbst-Erfahrung, die ebenfalls eine strukturierende Funktion erfüllen.

---

28 Ebd., S. 510.

29 Ebd., S. 511.

30 Vgl. das Kapitel „Das Problem des künstlerischen Raums" in Lotman, Jurij M.: Die Struktur literarischer Texte. Aus dem Russischen von Rolf-Dietrich Keil. München 1993, S. 311–328. Anzumerken ist dabei, dass Lotmans narratologische und kultursemiotische Fragestellungen einander überlagern.

31 Den Lotman'schen und den Foucault'schen Raumbegriff kategorisiert Jörg Dünne als ‚semiotische Räume'. Solche bestimmt er folgenderweise: „Dabei handelt es sich um Räume, die in den oben genannten Medien zum Gegenstand der medialen Praxis werden und somit eine zeichenhafte Bedeutung von Räumen konstituieren. [...] semiotische Räume können eine immanente Bedeutungsdimension aufbauen, die bspw. die Grundlage für den Entwurf fiktionaler Räume liefert, und sie können sich in ein indexikalisches Verhältnis zu lebensweltlichen Räumen setzen, die sie abbilden, beschreiben, kartieren etc." Dünne, Jörg: Forschungsüberblick „Raumtheorie". In: Arbeitsgruppe Raum-Körper-Medium. URL: http://www.raumtheorie.lmu.de/Forschungsbericht4.pdf (12.01.2020). Wie Dünne anmerkt, basiert der Text auf dem Vorwort des Sammelbandes Dünne, Jörg; Doetsch, Hermann; Lüdeke, Roger (Hg.): Von Pilgerwegen, Schriftspuren und Blickpunkten. Raumpraktiken in medienhistorischer Perspektive. Würzburg 2004.

32 „Der Spiegel ist nämlich eine Utopie, sofern er ein Ort ohne Ort ist. Im Spiegel sehe ich mich da, wo ich nicht bin: in einem unwirkliche (sic) Raum, der sich virtuell hinter der Oberfläche auftut; ich bin dort, wo ich nicht bin, eine Art Schatten, der mir meine eigene Sichtbarkeit gibt, der mich mich erblicken läßt, wo ich abwesend bin: Utopie des Spiegels. Aber der Spiegel ist auch eine Heterotopie, insofern er wirklich existiert und insofern er mich auf den Platz zurückschickt, den ich wirklich einnehme; vom Spiegel aus entdecke ich mich als abwesend auf dem Platz, wo ich bin, da ich mich dort sehe; von diesem Blick aus, der sich auf mich richtet, und aus der Tiefe dieses virtuellen Raumes hinter dem Glas kehre ich zu mir zurück und beginne meine Augen wieder auf

Im Zusammenhang mit der Selbsterfahrung, der die Teilung des Erbes auch dient, ist ferner darauf hinzuweisen, dass im E-Mail-Wechsel, im Prozess der Selbstverständigung der zwei Freundinnen, autokommunikative Züge im Lotman'schen Sinne nachgewiesen werden können.[33] In der Form der Autokommunikation geht es nach Lotman nicht um eine im Voraus gegebene Information, die ein Mensch einem anderen weitergibt und einen innerhalb des ganzen Kommunikationsaktes konstanten Code, sondern „um eine Zunahme der Information, ihrer Transformation und Umformulierung in andere Kategorien, wobei nicht neue Mitteilungen, sondern neue Codes eingeführt werden [...]“.[34] Lotman behauptet, dass in dieser Kommunikationsform die Umgestaltung der Person (also der Persönlichkeit) erfolgt.[35] Im ‚anderen Zimmer‘ ihres E-Mail-Wechsels, wo sie eine gemeinsame Sprache, eine gemeinsame Ästhetik einrichten (für Lotman ein wesentliches Merkmal der Autokommunikation), sind Absender und Empfänger nach dem Empfinden der zwei Beteiligten oft in einer Person vereinigt.[36] Besonders in den von Márta ausformulierten Teilen artikuliert sich dieses Erleben und der Wunsch danach: „[M]it mir solltest Du Dich verdoppeln [...]“,[37] schreibt sie an Johanna und stellt sich andernorts als deren Zwilling dar, „Zwilling ihrer wortbegabten, gedankenschlauen feuerrothaarigen Tochter“,[38] oder sie schreibt an ihre Freundin, „weil Du Dir ja alles vorstellen kannst, was in meinem Leben und Kopf geschieht“.[39] Es ist wiederum ein Stück Erbe, das Márta teilt, wenn sie in Ungarn, wo ihr Onkel im Garten, unter dem Walnussbaum auch dann weiterredet, wenn der Gesprächspartner, ihr Vater, einschläft, eine Gesprächsform für sich und Johanna absieht:

---

mich zu richten und mich da wieder einzufinden, wo ich bin. Der Spiegel funktioniert als eine Heterotopie in dem Sinn, daß er den Platz, den ich einnehme, während ich mich im Glas erblicke, ganz wirklich macht und mit dem ganzen Umraum verbindet, und daß er ihn zugleich ganz unwirklich macht, da er nur über den virtuellen Punkt dort wahrzunehmen ist.“ Foucault, Michel: Andere Räume. In: Barck, Karlheinz u. a. (Hg.): Aisthesis. Wahrnehmung heute oder Perspektiven einer anderen Ästhetik. Leipzig 1992, S. 34–46, hier S. 39.

33 „Ein Text wird funktional dann als Code – und nicht als Mitteilung – gebraucht, wenn er den uns schon bekannten Angaben keine neuen hinzufügt, sondern das Selbstverständnis der die Texte erzeugenden Person transformiert und schon bekannte Mitteilungen auf ein neues Bedeutungssystem überträgt.“ Lotman, Jurij M.: Zwei Kommunikationsmodelle im System der Kultur. In: Eimermacher, Karl (Hg.): Semiotica Sovietica 2. Sowjetische Arbeiten der Moskauer und Tartuer Schule zu sekundären modellbildenden Zeichensystemen (1962–1973). Aachen 1986, S. 909–930, hier S. 922.

34 Ebd., S. 920.

35 Vgl. ebd., S. 920–921.

36 Siehe dazu ebd., S. 920–921.: „wobei [bei der Autokommunikation] nicht neue Mitteilungen, sondern neue Codes eingeführt werden, und der Rezipient und der Adresant in einer Person zusammenfallen. Im Prozeß einer solchen Autokommunikation erfolgt die Umgestaltung der Person selbst [...].“

37 Bánk, Schlafen (wie Anm. 1), S. 24.

38 Ebd., S. 456.

39 Ebd., S. 486.

> „Johanna, vielleicht können auch wir im Alter so werden, Du und ich, ich würde mir das wünschen, vielleicht werde ich unter Deiner Tanne, Deiner Magnolie einschlafen, und Du wirst weiter zu mir reden, ich werde aufwachen, und Du redest immer noch, in einer endlosen Redeschleife, die uns verknüpft und immer wieder neu vereint."[40]

Die „endlose Redeschleife" stellt für mich eine Möbiusschleife dar, die nur eine Seite hat.

4. Weiter teilen

Erben in einer dermaßen engen semiotischen Verbundenheit zu teilen, wie dies an Mártas und Johannas Verbundenheit zum Ausdruck kommt, ist wahrscheinlich eine Seltenheit in der Literatur. Die Lotman'schen und Foucault'schen Instrumentarien können jedoch helfen, Aneignung und Teilung von Erben auch in anderen literarischen Texten zu untersuchen.

Das Erbe wird in Zsuzsa Bánks Roman allerdings nicht nur, wie bis jetzt erörtert, unter Figuren geteilt, auch der Leser wird dessen teilhaftig. Dieser kann den Romantext als einen Code in seiner eigenen Selbstverständigung, also autokommunikativ, gebrauchen und kann – nicht zuletzt weil mit ihm auch Strategien der Teilung geteilt worden sind – seine Teilhabe, Mitwirkung und Mitverantwortung an Teilung von Erben reflektieren bzw. überprüfen. Dass sich die Teilhabe lohnt, wird mit dem Roman bestätigt.

40 Ebd., S. 315.

Sabine Egger

Tanz als Möglichkeitsform des Schreibens über europäische Erinnerungsräume in Katja Petrowskajas *Vielleicht Esther* und Anna Burns' *Milkman*

1. Zum Tanz als performativem Akt der Transformation: Einleitendes

In Katja Petrowskajas *Vielleicht Esther* (2014),[1] einer poetischen „Autogeographie",[2] geht das erzählende Ich auf eine Erinnerungsreise, die über die eigene Kindheit hinausreicht. Es sucht historische Orte und Gedächtnisorte auf, welche die Familiengeschichte mit der europäischen Geschichte des zwanzigsten Jahrhunderts als einer jüdischen Geschichte der Verfolgung verbinden. Die ästhetische Form ist für die im Text entworfenen Erinnerungsräume grundlegend. Häufig sind besuchte Orte überbaute Wohnviertel, eingeebnete Friedhöfe und andere Leerstellen, die auf im (post-)sowjetischen Gedächtnis Vergessenes und Ausgegrenztes hinweisen. Dabei unterliegt sowohl diesen Gedächtnislücken als auch dem ausschließlichen Anspruch einzelner Gruppen auf bestimmte Orte und Narrative als ihr ‚Erbe' eine negative Dynamik, die das Entstehen gemeinsamer Erinnerungs- und Gedächtnisräume verhindert.[3] Ein umkämpftes Erbe und dessen räumliche Dimension steht auch im Mittelpunkt von Anna Burns' historischem Roman *Milkman*, der 2020 auf Deutsch erschien.[4] Er spielt in einer als Belfast in den 1970er-Jahren erkennbaren nordirischen Stadt am Rande Europas, deren Alltag vom Konflikt um die Hinterlassenschaft englischer Kolonialpolitik bestimmt ist. Hier gibt es noch schärfere Trennlinien zwischen konkurrierenden Erinnerungsdiskursen, die sich konkret als Grenzen im Raum der Alltagswelt manifestieren. Das ‚eigene', (post-)koloniale Erbe wird von den jeweiligen Gruppen bis in die erzählte Gegenwart hinein gewaltsam verteidigt. Das gilt für Gedächtnisorte und andere religiös bzw. politisch codierte Territorien, die von beiden Seiten für sich beansprucht werden, wie auch

1 Petrowskaja, Katja: Vielleicht Esther. Berlin 2014.

2 Andruchowytsch, Juri: Kleines Lexikon intimer Städte. Aus dem Ukrainischen von Sabine Stöhr. Berlin 2016, S. 12.

3 Vgl. Assmann, Aleida: Erinnerungsräume. Formen und Wandlungen des kulturellen Gedächtnisses. München 2018.

4 Die Taschenbuchausgabe des von Nina Kroll übersetzten Buches erschien 2020 bei Tropen: Anna Burns: Milchmann. Stuttgart 2020. Die englische Originalausgabe *Milkman* erschien 2018 bei Faber & Faber.

für Aussagen über Erinnertes. In beiden Texten, so meine These, werden die bestehenden Grenzlinien durch die tänzerische Bewegung des erzählenden Ichs, anderer Figuren und des Erzählmodus dekonstruiert oder transformiert. Dadurch entsteht Raum für „transcultural memory",[5] also ein transkultureller Erinnerungsraum, der sich im Kontext des Bandes auch als Interferenzraum deuten ließe.

Bereits um 1900 entwickelte sich in der Literatur eine Ästhetik des Tanzes als Möglichkeitsform des Schreibens. Man entdeckte im Tanz Verfahren, die in der Flüchtigkeit und dem dekonstruktiven Charakter ihrer Zeichenbildungen faszinierten. In der zeitgenössischen Literatur gründet sich die Ästhetik des Tanzes in größerem Maße auf subjektive Beschreibungen eigener Bewegungserfahrung, die mit Biographischem verquickt sind. Wie in Choreographien zeitgenössischen Tanzes gehen bei einer solchen Poetik Tanz und Alltagsbewegung ineinander über oder nehmen explizit Bezug aufeinander, statt sich auf festgeschriebene tänzerische Formen und Semantiken zu beschränken.[6]

Im Folgenden geht es um die Funktion, die verschiedene Formen körperlicher Bewegung und Grenzüberschreitung für die Schaffung eines transkulturellen, europäischen Erinnerungsraums haben, und wie sich das mit Jacques Derridas Verständnis des Tanzes als performativem Akt der ‚Transformation' und neueren Ansätzen zur Korporalität fassen lässt.[7] Derrida versteht den Tanz als eine Form der Demontage oder Dekonstruktion von Paradigmen und Orten, durch die sich der oder die Tanzende bewegt: „the dance changes place and above all changes places. In its wake they can no longer be recognised."[8] Geht de Certeau bereits von einer Veränderung des Raums durch die Bewegung des Subjekts aus,[9] verändert die tänzerische Bewegung den Raum nach Derrida noch radikaler. Derridas *Choreographies* sollen hier mit Astrid Erlls Beschreibung transkultureller Erinnerung als ‚travelling memory' zusammengedacht werden. Diese zeichnet sich durch „the incessant wandering of carriers, media, contents, forms, and practices of memory, their continual ‚travels' and ongoing transformations through time and space, across social, linguistic and political borders" aus.[10] Diverse Formen der Bewegung sind notwendig, um Erinne-

5 Erll, Astrid: Travelling Memory. In: Parallax 17/4 (2011), S. 4–18, hier S. 11.

6 Vgl. Ruprecht, Lucia: „I as a Text", I as a Dance: On the Relationship of Contemporary Dance and Contemporary Poetry with Reference to Anne Juren, Martina Hefter, Monika Rinck, and Philipp Gehmacher. In: Egger, Sabine; Foley, Catherine; Harper, Margaret M. (Hg.): Dance and Modernism in Irish and German Literature and Culture. Connections in Motion. Lanham/MD 2020, S. 175–190.

7 Vgl. Derrida, Jacques; McDonald, Christie V.: Choreographies. In: Goellner, Ellen; Shea Murphy, Jacqueline (Hg.): Bodies of the Text. New Brunswick 1995, S. 141–156, hier S. 145.

8 Ebd.

9 Vgl. De Certeau, Michel: Die Kunst des Handelns. Aus dem Französischen von Ronald Voullié. Berlin 1988.

10 Erll, Travelling Memory (wie Anm. 5), S. 11.

rungsdiskurse zu deterritorialisieren und transkulturell zu machen.[11] Zum einen ist daher die tänzerische Bewegung der Erinnerungsträger*innen als performativer Akt in der erzählten Welt von Interesse.[12] Zum anderen geht es um die narrative Ebene, die in Vielleicht Esther und Milkman eine „Korporalität"[13] des Wahrnehmens, Denkens und damit der Erinnerung konstituiert. Tanz als performative, korporale Praxis verbindet Vergangenheit und Zukunft, denn Tanz ist „simultaneously resonant with the possibilities of remembered corporeal investment, as well as hosting bodily action that promotes an immanent potentiality".[14] Die Soziologin Helen Thomas hat auf die Bedeutung von Korporalität für gesellschaftliche Veränderungen hingewiesen. Das aktive Eingreifen in die Welt sei ein spezifisches Vermögen des Leibes.[15] Im Akt des Tanzes können soziale und kulturelle Zusammenhänge ‚zertanzt' und so in der eigenen wie in der Wahrnehmung anderer verändert werden. Der Phänomenologe Bernhard Waldenfels beschreibt den Prozess als „eine Suspendierung von Bewegungszielen und Bewegungsumständen, eine Erfindung von Gegenbewegungen, auch eine Überschreitung der vorgegebenen Bewegungsgrenzen. Alles in allem handelt es sich um eine Verfremdung der vertrauten Beweglichkeit und in eins damit um eine Verfremdung der Lebenswelt".[16] So konstituiert die Ästhetik des Tanzes eine leibliche und räumliche Form der ‚Remedialisierung' im Sinne Erlls: Sie „erzeug[t] Differenz, Transgression und Hybridität und ermöglicht Erfahrungen von Fremdheit und Alterität."[17]

---

11 Erlls Verständnis der Deterritorialisierung enspricht dem Deleuzes und Guattaris nur zum Teil. Dazu vgl. Egger, Sabine: The Poetics of Movement and Deterritorialisation in Katja Petrowskaja's *Vielleicht Esther* (2014). In: Modern Languages Open 1/2020. URL: http://doi.org/10.3828/mlo.v0i0.297 (14.07.2022).

12 Aus Gründen der Lesbarkeit wird bei Personenbezeichnungen ab hier überwiegend die männliche Form gewählt, es ist jedoch immer die weibliche Form mitgemeint.

13 „Korporalität" subsumiert die Begriffe Körper und Leib als zwei epistemologische Zugänge zur eigenen Materialität (vgl. Thomas, Helen: The Body, Dance and Cultural Theory. Houndsmills-New York 2003, S. 215), aus phänomenologischer Sicht ein Grundphänomen unseres Seins, das Wahrnehmung und Denken bestimmt (vgl. Waldenfels, Bernhard: Das leibliche Selbst. Vorlesungen zur Phänomenologie des Leibes. Hg. von Regula Giuliani. Berlin 2000, S. 9).

14 Foster, Susan Leigh: Dances That Describe Themselves: The Improvised Choreography of Richard Bull. Middletown/ CT 2002, S. 133.

15 Hierbei stützt sie sich u. a. auf die Phänomenologie. Vgl. Thomas, The Body, Dance and Cultural Theory (wie Anm. 13), S. 215. Die Antithese Lebenswelt und Konstruktivismus hinterfragt auch Reynolds, Jack: Merleau-Ponty and Derrida. Intertwining Embodiment and Alterity. Athens/OH 2004.

16 Waldenfels, Bernhard: Sichbewegen. In: Brandstetter, Gabriele; Wulf, Christoph (Hg.): Tanz als Anthropologie. München 2007, S. 14–30, hier S. 29f.

17 Brandstetter, Gabriele; Wulf, Christoph: Einleitung. In: Dies. (Hg.): Tanz als Anthropologie (wie Anm. 16), S. 9–13, hier S. 12. Vgl. auch: Foucault, Michel: A Preface to Transgression. In: Bouchard, Donald F. (Hg.): Language, Counter-Memory, Practice. Selected Essays and Interviews. Ithaka/NY 1980, S. 29–52.

2. Die tänzerische Annäherung an Knotenpunkte der Erinnerung in *Vielleicht Esther*

Katja Petrowskaja wurde 1970 in Kiew (Kyjïv, Kiev) geboren und wuchs in einer jüdischen Familie auf, in der über den Holocaust wenig gesprochen wurde. Der öffentliche Erinnerungsdiskurs der Sowjetunion ließ dafür keinen Raum. Die Ich-Erzählerin versucht auf ihrer in *Vielleicht Esther*[18] literarisierten Reise durch den Besuch von Gedächtnisorten, Gedenkorten[19] und Archiven, Lücken in ihrer Familiengeschichte und damit auch der eigenen Biographie zu schließen. Sie folgt den Spuren ihrer Vorfahren quer durch das 20. Jahrhundert, durch Ost- und Mitteleuropa. Dabei überschreitet sie räumliche und zeitliche Grenzen. Städte wie Kiew und Warschau sind Schauplätze europäischer Geschichte und Orte, die unterschiedliche Staaten – die Sowjetunion, Russland, die Ukraine, Polen – für ihre Identitätsbildung beanspruchen, aber dabei deren jüdische Vergangenheit als eine gemeinsame weitgehend ausblenden.[20] Für das erzählende Ich verbinden sie dagegen die eigene Kindheitserfahrung unauflösbar mit der europäischen Geschichte als einer jüdischen. Die Erzählerin ist „stolz"[21] auf ihre europäische Familiengeschichte, die nationale Grenzen unterläuft.[22] Als sie im Nachlass ihrer Tante ein Kwas-Rezept findet, liest sie es als Utopie eines kosmopolitischen Europas, „als ob Europa und die Juden aus einer Wurzel stammten [...], dass alle Juden, auch die, die gar keine Juden mehr waren, sich zu den letzten Europäern zählen durften, schließlich haben sie alles gelesen, was Europa ausmacht".[23] Bilder tanzender Figuren, einschließlich des Ichs, sind Teil von diesem Europa und vermitteln seine Kreativität und Fragilität. Binäre Konzepte der Identität und entsprechend codierte Orte werden dekonstruiert und Interferenzen wahrnehmbar gemacht. Gerade die paradoxale Struktur der so entstehenden „tänzerische[n] Wirklichkeiten"[24] öffnet den Blick auf diese Stellen nicht nur als Interferenzen, sondern als mögliche Knotenpunkte innerhalb eines Netzwerks multidirektionaler Erinnerung.[25]

---

18 *Vielleicht Esther* wurde u. a. 2013 mit dem Ingeborg-Bachmann Preis und 2015 mit dem Ernst-Toller-Preis ausgezeichnet.

19 Vgl. Assmann, Erinnerungsräume (wie Anm. 3), S. 309.

20 Zur Rolle des aufgeklärten Judentums als ‚Kitt', der das multikulturelle Zentraleuropa zusammenhielt, vgl. Schlögel, Karl: Die Mitte liegt ostwärts. Europa im Übergang. München 2002, S. 14.

21 Petrowskaja, Vielleicht Esther (wie Anm. 1), S. 91, 94.

22 Der entworfene Raum der Erinnerung und Zugehörigkeit bezieht in *Vielleicht Esther* auch das World Wide Web ein („Internet-Judentum", S. 17). Vgl. Egger, The Poetics of Movement (wie Anm. 11).

23 Ebd., S. 31.

24 Brandstetter/Wulf, Einleitung (wie Anm. 17), S. 12.

25 Vgl. Rothberg, Michael: Introduction: Between Memory and Memory. From Lieux de mémoire to Nœuds de mémoire. In: Yale French Studies 118/119 (2010), S. 3–12.

Auf der Suche nach den „Meinigen“[26] findet das Ich einerseits Vorfahren, die ein aufgeklärtes, kosmopolitisches Europa präsentieren, wie Simon Geller, ein assimilierter Jude, der 1860 in Wien eine Schule für taubstumme jüdische Kinder gründet. Er beginnt damit eine Familientradition, die bis hin zu Petrowskajas Großmutter reicht.[27] Neben dem Bekenntnis zur aufgeklärten jüdischen Kultur wird im Erinnerungsprozess das zu einem orthodoxen Judentum als ebenso integraler, wenn auch rational nicht zugänglicher ‚fremder' Teil des europäischen Erbes aufgerufen. Im Kapitel „Ein Flug“[28] fliegt das Ich einem Schimon Heller nach – und findet sich im mythischen Raum eines Schtetls im Stil Chagalls wieder, wo die umherfliegenden Figuren als Lufttänzer erscheinen.[29] Zusammen mit dem Verweis auf den hebräischen Namen „Schimon“[30] ruft dieses Bild eine jüdische Welt auf, die in ihrer Fremdheit nur durch Imagination, sinnliche Wahrnehmung und ‚andere' Bewegungsformen zugänglich ist. Gleichzeitig ist es als ironischer Verweis auf stereotype Bilder ostjüdischer Kultur lesbar. Die karnevaleske Doppelstruktur unterläuft dominante Wahrnehmungsweisen.[31]

Versuche des Ichs zu erzählen, was nicht erzählt werden kann, wechseln zwischen verschiedenen Formen und Medien. Erinnerung wird so zur Performanz. Das Ich gesteht den eigenen Schmerz aufgrund der unfassbaren Dimension des Erinnerten ein, aber seine Unfassbarkeit macht es letztlich zu einer Leerstelle.[32] So steht die Schlucht von Babij Jar in Kiew als Kindheitsort der Erzählerin und Erinnerungsort des Massakers an den jüdischen Einwohnern unter der deutschen Besatzung im Mittelpunkt der Erzählung. Zu den Opfern gehören die Großmutter ihres Vaters und andere Verwandte. Babij Jar wird für das Ich zu einem Erinnerungsort, wo das zu Erzählende die Möglichkeiten des Verstehens übersteigt. Die zwischen Fiktion und Geschichte changierende Ästhetik des Textes schafft eine postmemoriale Leerstelle und zugleich einen Knotenpunkt multidirektionaler Erinnerung. Hier geht es

26 Petrowskaja, Vielleicht Esther (wie Anm. 1), S. 28.

27 Den Kindern das Sprechen beizubringen ist ein Akt der Emanzipation und Inklusion, insbesondere innerhalb einer orthodoxen jüdischen Kultur, die gesprochene Sprache, Gesang, Musik und Tanz in den Mittelpunkt ihrer Rituale stellte, und einer europäischen Kultur, in der ‚Taubstummheit' als geistige Behinderung betrachtet wurde.

28 Ebd., S. 55.

29 Vgl. ebd., S. 56.

30 Vgl. ebd., S. 49.

31 Vgl. Bakhtin, Mikhail: Rabelais and his World. Aus dem Russischen von Helene Iswolsky. Bloomington/IN 1984.

32 Mit Bezug auf grundlegende Arbeiten zum Thema von Wolfgang Iser oder Hans Robert Jauß definiert Bernhard Dotzler die ‚Leerstelle' als eine mehr oder weniger deutlich markierte Abwesenheit. Die (Un-)Möglichkeit, solche Leerstellen zu schließen, beruht auf dem jeweiligen Sprachsystem. Vgl. Dotzler, Bernhard: Leerstellen. In: Bosse, Heinrich; Renner, Ursula (Hg.): Literaturwissenschaft. Einführung in ein Sprachspiel. Freiburg/Breisgau 1999, S. 211–230.

nicht mehr um ethnische oder politische Unterschiede, sondern um die Frage nach Menschlichkeit: „Kiew war einer von vielen Orten, wo es passierte, man sagt, es sei das größte zweitägige Massaker des Holocaust. 33771 Menschen tötete man in zwei Tagen. Eine merkwürdig genaue Zahl."[33] Die unvorstellbar hohe Zahl der Opfer, wie auch deren am Beispiel der Großmutter des Vaters beschriebenes Sterben macht die Erinnerung an die unfassbare Inhumanität des Geschehenen zugleich unmöglich und notwendig.

Babij Jar war weder in deutschen noch sowjetischen oder postsowjetischen öffentlichen Diskursen präsent. Die wenigen Mahnmale, die die Erzählerin als Erwachsene findet, stehen versteckt hinter Büschen oder erinnern nur an einzelne Opfergruppen. Die Erzählerin erinnert dagegen an Opfer aus diversen Bevölkerungsgruppen: „Kriegsgefangene, Partisanen, Matrosen der Kiewer Flotte, junge Frauen, [...], Passanten, die von der Straße weg festgenommen wurden [...], ukrainische Nationalisten, die zuerst mit den Deutschen kollaboriert hatten".[34] Angesichts der andauernden Verdrängung von Babij Jar in öffentlichen Geschichtserzählungen sucht die Erzählerin nach subversiven performativen Akten, nicht nur in literarischen Texten. Dazu gehört die Arbeit des Kiewer Autors Anatolij Wasiljevič Kuznezow, der das Massaker als Kind miterlebte und in der Folge begann, Besucher nach Babij Jar zu bringen, diese den Ort sinnlich-korporal wahrnehmen zu lassen und die Erinnerungen von Zeitzeugen zu protokollieren.[35] Sein darauf basierendes Buch von 1966 brachte Babij Jar zum ersten Mal einer breiteren Öffentlichkeit nahe. Einer der Besucher, die Kuznezow zur zugeschütteten Schlucht in Babij Jar führte, war der russische Lyriker Jewgenij Jewtuschenko. Dessen Gedicht, das er unter dem Eindruck seines Besuches verfasst hat, verbindet Empathie für die jüdischen Opfer mit der Trauer um ihr Vergessen. Als es 1961 in einer russischen Literaturzeitschrift gedruckt wird, weckt es Hoffnung auf die Wahrnehmung des Holocaust im sowjetischen Gedächtnis:

> „Die Menschen riefen einander an, erzählte meine Mutter, wir weinten vor Glück darüber, dass man über das Unglück nun endlich öffentlich sprach. Ein russischer Dichter hatte sich der jüdischen Opfer angenommen, [...]. In seinem Gedicht waren es nicht mehr die Toten, die Toten der ewig anderen, und es stand gedruckt in der Zeitung."[36]

Jewtuschenkos Gedicht ist eine künstlerische Form der Erinnerung, die Anknüpfungspunkte zwischen bestehenden und neuen Identitätsdiskursen im europäischen und globalen Kontext ermöglicht: „Innerhalb eines Monats wurde das Gedicht in

33 Petrowskaja, Vielleicht Esther (wie Anm. 1), S. 186.
34 Ebd.
35 Vgl. ebd., S. 191.
36 Ebd., S. 190.

siebzig Sprachen übersetzt“ und von Schostakowitsch im Adagio seiner dreizehnten Symphonie vertont.[37]

Der Titel *Vielleicht Esther* verweist auf die Fragen, denen die Erzählerin bei ihrer Suche nachgeht: „Hieß sie wirklich Esther, die Großmutter des Vaters, die 1941 im besetzten Kiew allein in der Wohnung der geflohenen Familie zurückblieb?“, wie es im Klappentext des Buches heißt. „Die jiddischen Worte, die sie vertrauensvoll an die deutschen Soldaten auf der Straße richtete – wer hat sie gehört? [...] Wenn aber schon der Name nicht mehr gewiss ist, was kann man dann überhaupt wissen?“ Das ist auf einer Ebene als metaphysische Frage zur Möglichkeit oder Unmöglichkeit des Versuchs lesbar, das Verschwinden des Menschen in der Geschichte durch das Schreiben rückgängig zu machen. Letzteres umfasst die tänzerische Annäherung an Leerstellen kollektiver und individueller Erinnerung. Die Bewegung ist oft spielerisch, leichtfüßig und lässt sich nicht auf eine Richtung oder ein bestimmtes Tempo festlegen. Allerdings täuscht das nicht über die Schwierigkeit des Terrains hinweg.

Variable Fokalisierung und der Wechsel im Erzählton in den einzelnen Geschichten vermitteln unterschiedliche Perspektiven. Allerdings bleibt es bei kurzen Momenten der Einfühlung und historischen Erkenntnis, die immer wieder gebrochen werden. Die Geschichten sind fragmentarisch, die Erfahrung der Anderen rückt wieder in Distanz, sowohl im Hinblick auf die Erzählperspektive als auch durch ironische Brechung oder Reflexion. Bestehende Grenzen bleiben präsent: „[...], man nimmt die Stelle eines anderen ein, katapultiert sich dorthin, auf diese Tabelle zum Beispiel, und so erprobe ich jede Rolle an mir selbst, als gäbe es keine Vergangenheit ohne irgendein Als-ob, Wenn oder Falls.“[38] Es geht hier um die Akzeptanz bleibender Leerstellen. Die Auseinandersetzung mit dieser Einsicht ist ein Strukturmerkmal des Textes. Das gilt auch für die Bewegung entlang von Grenzen im Wechsel mit deren Transgression.

Der Akt der Grenzüberschreitung bestimmt den Umgang mit Fakt und Fiktion in der Erzählung. So setzt die Erzählerin sich mit der aus ihrer Sicht existenziellen Frage nach historischer Wahrheit auseinander, als sie vom Vater widersprüchliche Versionen seiner Flucht aus dem von den Deutschen besetzten Kiew erhält. In den Augen des Vaters hat eine in sich kohärente, sinnvolle Geschichte den Vorrang vor lückenhaften Informationen, auch wenn diese Geschichte teils Fiktion ist: „Manchmal ist es gerade die Prise Dichtung, welche die Erinnerung wahrheitsgetreu macht“.[39] Dagegen laviert die Tochter zwischen ihrer moralischen Verantwortung der Zeugenschaft und einem postmodernen Geschichtsverständnis, da „wir unser Leben einer Fiktion verdanken“.[40] Die Frage nach Wahrheit und Fiktionalität der Erinnerung als einer

---

37 Ebd.

38 Ebd., S. 45.

39 Ebd., S. 219.

40 Ebd., S. 220.

Grundfrage der Erzählung wird sowohl im ‚Vielleicht' des Titels als auch im Prolog in den Vordergrund gerückt, wo sich die Erzählerin bei einer Begegnung im Berliner Hauptbahnhof von der Dynamik ihrer eigenen Geschichte mitreißen lässt:

> „Ich glaubte immer mehr an meine Worte, obwohl ich keine Ahnung hatte, was dieses Bombardier am Dachbogen des Bahnhofs bedeutete und woher es kam, aber das, was ich so begeistert und fahrlässig erzählte und was ich auf keinen Fall als Lüge bezeichnen würde, beflügelte mich, und ich schweifte immer weiter ab, ohne die geringste Angst abzustürzen, ich drehte mich immer weiter in den Kurven dieses niemals gesprochenen Urteils, denn wer nicht lügt, kann nicht fliegen."[41]

Der trotz seines wiederholten Scheiterns nicht aufgegebene Versuch, sich schwer Fassbarem leichtfüßig anzunähern, ist ein performativer Akt, der die Komplexität des Erinnerungsprozesses verdeutlicht. Einsträngige historische Narrative werden durch die Bewegung des Ichs als illusorisch – und schädlich – entlarvt. Diese gegensätzliche Dynamik als karnevaleske Bewegung und Gegenbewegung zwischen Spiel und Ernst, Leichtigkeit und Schwere bestimmt verschiedene Erzählebenen: von der Sprache oder verwendeten Bildern und Motiven bis hin zu Selbstbeschreibungen der Erzählerin bzw. der Beschreibung anderer Familienmitglieder. So im Bild der Großmutter Rosa, die vor Schmerzen nur noch „liegen und tanzen" kann:

> „Das Wichtigste waren aber ihre Beine, sagte meine Mutter, [...]. Meine Babuschka hatte tatsächlich sehr schöne Beine, sie war leichtfüßig, noch im Krankenhaus, kurz vor ihrem Tod, zeigte sie den Krankenschwestern, wie man Charleston tanzt, das war als die Krankenschwestern die Zimmer lüfteten und Rosa aufstehen musste, trotz ihrer Schmerzen, sie konnte nur noch liegen und tanzen. [...] und dann, so erzählt meine Mutter, hielt Rosa vor allen Kranken eine Rede, sie sprach über die zwanziger Jahre in Moskau, wie sie Tanzen gelernt hatte, tanzend erzählte sie von der Neuen Ökonomischen Politik und wie sie die Rede von Trotzki [...] hatte miterleben dürfen. [...] leichtfüßig tanzte sie mitten in die Weltgeschichte hinein."[42]

In seiner Buchbesprechung verweist Jan Küveler auf die Notwendigkeit eines sinnlichen, erfahrenden Schreibens für die von Adorno eingeforderte verantwortliche Annäherung an den Holocaust in der Gegenwart.[43] Ein solches Schreiben könne Lesenden den nötigen Grad an Reflexion und Empathie ermöglichen. Küveler verwendet selbst die Tanzmetapher, wenn er Petrowskajas „behände Eleganz, die wie beiläufige Punktlandung" lobt.[44] Ist hier bereits die Transgression dominanter

41 Ebd., S. 7.

42 Ebd., S. 67f.

43 Vgl. Küveler, Jan: Der Holocaust ist unsere Antike. In: Die Welt. 11.03.2014. URL: https://www.welt.de/kultur/literarischewelt/article125670065/Der-Holocaust-ist-unsere-Antike.html (10.12.2020).

44 Ebd.

Narrative impliziert, umfasst der tänzerische Akt in *Vielleicht Esther* aber auch die Transformation konkurrierender Narrative im kollektiven deutschen, jüdischen oder postsowjetischen Gedächtnis. Es ist ein ernstes Spiel mit der Dynamik konkurrierender Narrative, mit den daraus entstehenden Leerstellen im kollektiven Gedächtnis und der individuellen Auseinandersetzung damit.

Das Bild der trotz Schmerzen und erlittenen Traumata leichtfüßig in die Weltgeschichte hineintanzenden Rosa vermittelt die Möglichkeit einer leibhaftigen, gemeinsamen, über Europa hinausreichenden Überlebensgeschichte.[45] Ihr Tanz, der Momente der Transgression und Transfomation umfasst, verweist auf die Erinnerungspoetik in *Vielleicht Esther* wie auch auf die sich darin konstituierende jüdische und europäische Identität.[46] Die Kapitel, die sich explizit mit Rosas Leben beschäftigen, zeichnen das Bild einer schönen Frau, in deren Bewegung weltliche jüdische Kultur und Formen der internationalen Moderne verfließen. Zugleich wird daran die Performativität tänzerischer Akte sichtbar. Rosas Erblinden mit zunehmendem Alter verfeinert ihr Gehör ebenso wie die Ästhetik ihrer Gebärdensprache. Diese ist im Laufe ihrer lebenslangen Arbeit als Lehrerin für Gehörlose Teil ihrer natürlichen Bewegung geworden, auch im Gespräch mit Hörenden.[47] Rosa ist die Letzte der Familie, die den aufklärerisches Denken und sinnliche Wahrnehmung verbindenden Beruf ausübt, der für Petrowskaja ihr eigenes Judentum repräsentiert. Ihre Großmutter macht die Gebärdensprache zu einer Form des Tanzes:

> „Rosas Hände, die in der Gebärdensprache immer lebendig waren, fanden auch im Ruhestand keine Ruhe, […]. Sie hatte ihr ganzes Leben mit Gehörlosen verbracht, sie sprach jeden Tag Gebärdensprache, ihre Schüler nannten Rosa Mi-ni-a-tur-na-ja-mi-mi-ka, Miniatur-Mimik, als wäre es ihr Name, […] Sie habe die schönste und scheueste Mimik aller Hörenden gehabt, erzählte mir eine alte Lehrerin aus ihrer Schule."[48]

45 Dass das Augenmerk hier auf den Beinen statt auf den Armen und Händen liegt, die sonst in der Familiengeschichte im Zentrum der Aufmerksamkeit stehen, verweist auf die Bedeutung einer ganzheitlichen Leiblichkeit. Rosa tanzt gegen die Beschränkung auf Handbewegungen – und Rollenmuster – an, hört die Erzählerin doch von ihrer Mutter: „[d]ie Beine der Frauen unserer Familie wurden in jeder Generation schlechter, sie verkümmerten buchstäblich. […], das lag daran, dass die Frauen unserer Familie jahrhundertelang an sechs Tagen der Woche vor ihren Schülern standen." Petrowskaja, Vielleicht Esther (wie Anm. 1), S. 68.

46 Die Absurdität der Tanzbewegung im Schmerz – wie auch ihre Notwendigkeit – wird auch in den in ihrem Scheitern erfolgreichen Versuchen deutlich, Ideen und Bilder, die nicht stillstehen, mehrsprachlich zu fassen. Die Wahl des Deutschen als einer Zweitsprache, die Katja Petrowskaja nach eigener Aussage nur begrenzt beherrscht, vermittelt diese Unsicherheit. Die Syntax des Russischen schimmert durch, gelegentlich erscheinen russische Vokabeln in kyrillischer Schrift, die zunächst in lateinische Buchstaben und dann ins Deutsche übersetzt werden. Die Nuancen der Bedeutung, die in diesem Prozess verloren gehen, werden mit der Offenlegung der Übersetzungsschritte wahrnehmbar.

47 Vgl. Petrowskaja, Vielleicht Esther (wie Anm. 1), S. 66.

48 Ebd., S. 63.

Rosa ist eine moderne Frau. Das zeigt sich in ihrer Unabhängigkeit und ihrem Engagement für andere, Gehörlose wie auch Blinde, und in ihrem verzweifelten Bemühen, vor dem Erblinden noch ihre Memoiren niederzuschreiben. Sie tanzt als junge – und als alte – Frau Charleston. In der Erzählung repräsentiert dieser Tanz einen Akt der Rebellion und das kosmopolitische, moderne Europa der 1920er-Jahre. Laut Nicola Rayner war der Charleston

> „[o]ne of the best-known craze dances, its rhythm and steps are an instant shorthand for the Roaring Twenties, for the Jazz Age, for a generation running wild in an era of new freedoms and rebellions. This was a dance where toes turned in, knees knocked, legs kicked high and arms went into big scarecrow poses.“[49]

Familienfotos zeigen, wie Rosa auf dem Tisch tanzt, als ihr späterer Ehemann ihr seinen Heiratsantrag macht.[50] Nachdem sie Logopädin und Lehrerin für Gehörlose geworden war, „tanzte und sang [sie] für ihre Schüler, wann immer sie konnte. Noch mit 75 Jahren führte sie mir ihre Lieblingsstücke vor“.[51] Damit dekonstruiert Rosa sowohl Erziehungsideale, die sich lediglich auf Rationalität stützen, wie auch Vorstellungen einer chassidischen Kultur, die Tanz als körperlichen Ausdruck religiöser Erfahrung versteht, und verknüpft beides miteinander. Paradigmen werden so durch ‚Choreographie' transformiert. Der transformative Anspruch dieser Poetik liegt auch dem absurd anmutenden Gesang für ein taubes Publikum zugrunde, ein Akt, der jüdische Traditionen freudigen Tanzes und Gesangs angesichts von Dunkelheit und Tod reflektiert.[52] Verweise auf diese Tradition finden sich an verschiedenen Stellen: So durch Rosas Mitsingen und Tanzen im Sitzen, als sie die jiddischen Lieder auf einer Schallplatte hört, die ihre Enkelin ihr aus Warschau mitgebracht hat. Die Erzählerin ertappt sich dabei, selbst mittanzen zu wollen.[53] So, als die Erzählerin erwartet, dass die Trauergemeinde auf der Beerdigung ihres Großonkels Abram/Arnold zu tanzen beginnt,[54] angesichts der Absurdität seines Überlebens als europäischer Jude bis dahin, oder wenn ihr Vater Witze macht, als er sich nicht an die Einzelheiten seiner traumatischen Flucht vor deutschen Soldaten als Kind erinnert. Die Erzählerin hebt auch hierbei die Bedeutung des künstlerischen Prozesses hervor, der eine andere Realität schafft: „Ein Witz ist wichtiger als eine richtige Antwort, das Wort ist mehr wert als das Ergebnis.“[55]

---

49 Rayner, Nicola: How the Charleston Changed the World. In: Dancing Times. 15.05.2013. URL: https://www.dancing-times.co.uk/how-the-charleston-changed-the-world/ (23.10.2020).

50 Vgl. Petrowskaja, Vielleicht Esther (wie Anm. 1), S. 68.

51 Ebd., S. 66.

52 Vgl. Fishbane, Michael: The Exegetical Imagination: On Jewish Thought and Theology. Cambridge/Massachusetts 1998. S. 173–184, hier S. 226–231.

53 Vgl. Petrowskaja, Vielleicht Esther (wie Anm. 1), S. 77.

54 Ebd., S. 207f.

55 Ebd., S. 166.

Es ist ein solcher leichtfüßiger Umgang mit einer schwierigen Geschichte, den Petrowskaja für den Erzählprozess als Performanz adaptiert: „La-la-la Human Step hieß die Tanz-Performance, bei der ich wieder einen Hans kennenlernte. Danach gingen wir tanzen.“[56] Bei einer Tanzaufführung in Wien trifft sie einen DJ, der den klassisch deutschen Namen ‚Hans‘ trägt, und sie tanzen gemeinsam bis in den Morgen hinein. Diese Nacht folgt ihrem Besuch des österreichischen KZs Mauthausen, wo sie nach Gründen für das Überleben ihres Großvaters sucht und fürchtet, Beweise für seine Kollaboration mit den Deutschen zu finden. Ihre Recherche kommt zu keinem Ergebnis über seine Schuld oder Unschuld, und die letzte Seite in *Vielleicht Esther* erinnert in leicht ironischem Ton daran, wie sie und Hans sich über ihre Großväter austauschten. Beide waren Kriegsgefangene, seiner als Deutscher in Sibirien, ihrer als Russe in Österreich. „[W]ir raveten, oder we were raving for peace, die ganze Nacht, für den Weltfrieden, für Dionysos und in memoriam Otto von Habsburg“[57]. Der letzte Kronzprinz der österreichischen Monarchie wurde aufgrund seines Engagements für das Projekt Europa und als Mitinitiator des „Paneuropäischen Picknicks“ im August 1989, einer mehrstündigen Öffnung eines Abschnitts im Zaun der österreichisch-ungarischen Grenze, die Hunderten von DDR-Bürgern noch vor dem Mauerfall die Flucht in den Westen ermöglichte, von Anhängern als „Otto von Europa“ bezeichnet.[58]

3. Gesellschaftstanz als Akt der Transgression und Dekonstruktion in *Milkman*

Ähnlich wie *Vielleicht Esther* erhielt Anna Burns’ *Milkman* nach Erscheinen der Originalausgabe wie auch der Übersetzung große Aufmerksamkeit auf dem internationalen Buchmarkt. So wurde Burns für *Milkman* 2018 der Booker Prize verliehen, die deutsche Übersetzung führte 2020 zu begeisterten Kritiken in den Feuilletons, und die Taschenbuchausgabe wird gerade als „Weltbestseller“ vermarktet.[59] Sowohl

56 Ebd., S. 278.

57 Ebd., S. 288.

58 Anon.: Otto von Habsburg. Das bewegte Leben des „Otto von Europa“. In: Focus. 13.03.2013. URL: https://www.focus.de/panorama/vermischtes/das-bewegte-leben-des-otto-von-europa-otto-von-habsburg_id_2175069.html (16.08.2023). Allerdings bezog er sowohl in Ost-West-Beziehungen als auch im Umgang mit der NS-Vergangenheit teils umstrittene Positionen. So lehnte er Brandts Ostpolitik ab. Hatte Habsburg als junger Mann Tausende von Juden bei der Flucht vor den Nazis unterstützt, machte er später verharmlosende Aussagen über die Rolle Österreichs im Nationalsozialismus. Anlässlich des 70. Jahrestages des Anschlusses sagte er im März 2008: „Ich glaube es gibt keinen Staat in Europa, der mehr Recht hat, sich als Opfer zu bezeichnen, als es Österreich gewesen ist.“ Wenige Jahre zuvor äußerte er sich in einem Interview in einer rechtsnationalen Zeitung abfällig über Schwarze und Juden in politischen Institutionen der USA (ebd.).

59 Siehe den Einband der bei Tropen erschienenen deutschen Taschenbuchausgabe.

in *Vielleicht Esther* als auch in Burns' Roman lassen sich Orte und Zusammenhänge geographisch und historisch verorten und verweisen zugleich darüber hinaus. Nicht nur mithilfe einer explizit verallgemeinernden Sprache, sondern ebenso auf Raumebene werden in *Milkman* Ereignisse und Strukturen universalisiert. Dazu gehört die soziale Kontrolle durch Gerüchte, sexuelle Übergriffe, patriarchalische Verhaltensweisen, die sich zu fast totalitären Strukturen verfestigen und den häuslichen Familienalltag ebenso bestimmen wie die Realität des Ortes, in dem die Geschichte spielt. Diese namenlose Stadt ist als das Belfast der 1970er-Jahre erkennbar. Im weiteren Sinne autofiktional ist der Roman, indem er die Erfahrung der Autorin dort reflektiert.[60]

Wird in *Vielleicht Esther* die mit den besuchten Orten verbundene jüdische und europäische Geschichte in Bewegung gebracht und damit als geteiltes europäisches ‚Erbe' sichtbar, schafft die Bewegung des erzählenden Ichs durch die Stadtlandschaft in *Milkman* einen eigenen, sich den äußeren Strukturen entziehenden Erfahrungs- und Zeitraum. Dadurch verändert sich die von den politischen Grenzen und umkämpften Territorien des Nordirlandkonflikts bestimmte Stadtlandschaft auch in der Wahrnehmung anderer Figuren und des Lesers. Das gilt für die vom Ich auf der Gegenwartsebene erfahrenen Trennlinien ebenso wie das darin sichtbar werdende, von beiden Konfliktparteien für sich vereinnahmte Erbe kolonialer Gewalt und des Opfertums.

Erzählt wird im Rückblick, wie die Ich-Erzählerin als junge Frau zwischen die Fronten gerät, weil sie ungewollt das Interesse des Anführers der lokalen Paramilitärs auf sich zieht. Bei ihren Wegen durch die Stadt wird sie von diesem Mann, der nur mit seinem Decknamen ‚Milchmann' bezeichnet wird, gestalkt. Neben der körperlichen Bedrohung zieht sie so die Aufmerksamkeit von beiden Seiten auf sich, einschließlich der eigenen Familie. Dass der Leser bereits im ersten Satz der Erzählung vom Tod dieses Milchmanns unterrichtet wird, lenkt den Blick ab von der Handlung und auf die Bewegung der Erzählerin im Raum.

> „Der Tag, an dem Irgendwer McIrgendwas mir eine Waffe auf die Brust setzte, mich ein Flittchen nannte und drohte, mich zu erschießen, war auch der Tag, an dem der Milchmann starb. Er wurde von einem staatlichen Mordkommando erschossen, und der Tod dieses Mannes war mir herzlich egal. Anderen hingegen war er nicht egal, und manche von denen kannten mich ‚vom Sehen', wie man so sagt, und es gab Gerede über mich, weil jemand, höchstwahrscheinlich Schwager Eins, das Gerücht in die Welt gesetzt hatte, ich hätte eine Affäre mit diesem Milchmann, und dabei sei ich erst achtzehn und er einundvierzig."[61]

60 Vgl. Zipfel, Frank: Autofiktion. Zwischen den Grenzen von Faktualität, Fiktionalität und Literarität? In: Winko, Simone; Jannidis, Fotis; Lauer, Gerhard (Hg.): Grenzen der Literatur. Zu Begriff und Phänomen des Literarischen. Berlin-New York 2009, S. 284–314, hier S. 299.

61 Burns, Milchmann (wie Anm. 4), S. 7. „The day Somebody McSomebody put a gun to my breast and called me a cat and threatened to shoot me was the same day the milkman died. He had been

Die Einschränkung der individuellen Freiheit äußert sich u.a. in den kulturellen Codierungen der Konfliktparteien und ihrer Territorien. Religiös-politische Zugehörigkeit wird mit der Genealogie der ausgedehnten Familien verknüpft. Durch die konsequente Reduktion aller Figurennamen auf solche Codes wird dies zugleich sichtbar gemacht und ironisiert. Insgesamt verbindet die Erzählsprache verschiedene Register, Jargons und damit auch Narrative der verschiedenen Gruppen. Der Ton changiert zwischen Witz und Verzweiflung, mutet skurril an, was die Absurdität des Geschehens verdeutlicht, ohne es zu verharmlosen. Die Einschränkung der Bewegungsfreiheit des Individuums im konkreten Stadtraum und Alltagsleben wird nicht nur auf dieser Ebene durchbrochen. Denn auf ihren täglichen Fußwegen durch die Stadt liest die Erzählerin beim Laufen mit Vorliebe Romane des 19. Jahrhunderts. Das umfasst Texte der englischen Literatur ebenso wie Erzähltexte Tolstojs und anderer europäischer Autoren.[62]

Was zunächst als Flucht in eine literarische Welt bzw. die europäische Hochkultur anmutet, schafft der Erzählerin einen eigenen Raum und deterritorialisiert ihre Erfahrungswelt. In ihrer Umgebung wird das ebenfalls wahrgenommen und als problematisch, sogar als inakzeptabel eingestuft. Der sich im Lesen und Laufen vollziehende Individualismus und damit einhergehende Regelbruch wird von der eigenen ‚Gemeinschaft‘ nicht toleriert. ‚Schwager Drei‘, mit dem sie gemeinsam joggt und ein unausgesprochenes Vertrauensverhältnis verbindet, warnt sie davor:

> „Es ging um mein Im-Gehen-Lesen. Um Bücher und Spazieren. Um mich. Und Spazieren. Und Lesen. […]. ‚Was soll das denn heißen? Du hast doch im Leben noch nicht mit mir geredet.‘ ‚Ich meine nur, sagte Schwager Drei, ‚dass du das lieber lassen solltest, dass es nicht sicher ist, nicht normal, nicht selbsterhaltend, dass du genauso gut einen Bummel unter Löwen und Tigern machen könntest, […] dass du genauso gut mit den Händen in den Taschen rumlaufen könntest‘."[63]

Der durch ihr vom Lesen bestimmtes Lauftempo geschaffene Raum hat eine eigene Temporalität, die auch ihre Wahrnehmung der Außenwelt strukturiert:

shot by one of the state hit squads and I did not care about the shooting of this man. Others did care though, and some were those who, in the parlance ‚knew me to see but not to speak to‘ and I was being talked about because there was a rumour started by them, or more likely by first brother-in-law, that I had been having an affair with the milkman and that I was eighteen and he was forty-one." Dies., Milkman (wie Anm. 4), S. 1.

62 Vgl. Burns, Milchmann (wie Anm. 4), S. 10; Dies., Milkman (wie Anm. 4), S. 5.

63 Burns, Milchmann (wie Anm. 4), S. 78. „This was on the subject of my reading-while-walking. Books and walking. Me. And walking. And reading. […]. ‚What can you mean? You've never spoken to me in your life.‘ ‚It's that I think‘, said third brother-in-law, ‚that you should not do that, that it's not safe, not natural, not dutiful to self, that by doing so […] you're abandoning yourself, that you might as well betake yourself for a stroll amongs the lions and the tigers […] you might as well be walking with your hands in your pockets. –‘ ‚Wouldn't be able to hold the book then –‘ ‚Not funny‘, he said." Dies., Milkman (wie Anm. 4), S. 58.

> „Als ich eine Weile gegangen war […], wachte ich aus meinen Gedanken auf, um mich umzuschauen, und sah, dass ich die Zehnminutengegend am äußeren Rand des Zentrums erreicht hatte. Die Zehnminutengegend hieß nicht offiziell so. Sie wurde so genannt, weil es zehn Minuten dauerte, sie einmal zu durchqueren. […]. Die politischen Probleme kamen einem während dieser zehn Minuten im Vergleich geradezu naiv, unbeholfen, beinahe nebensächlich vor. Die Zehnminutengegend war eine richtig trostlose, unheimliche *Mary-Celeste*-Ecke, und das war sie schon immer gewesen.“[64]

Die „Zehnminutengegend“ ist zugleich eine kollektive Leerstelle, ein potenzieller Gedenkort an ein, wenn auch im negativen Sinne, verbindendes Erbe, das aus der kollektiven Topographie der Stadt ausgeblendet wird. Für die Erzählerin ist der Ort auch deshalb ein Faszinosum. Er mutet unheimlich an, noch bevor sie mehr über seine Geschichte erfährt. Der Verweis auf Arthur Conan Doyles Erzählung über das Geisterschiff Mary Celeste verweist auf das Ineinander von Fakt und Fiktion an Gedächtnisorten in der Stadt. Als in der Zehnminutengegend eine Bombe explodiert, die keine der beiden Seiten für sich beansprucht, eröffnet das komplexe historische Perspektiven:

> „Es war eine alte Bombe gewesen eine geschichtliche Bombe eine antikgriechisch-römische Bombe, eine riesengroße Nazibombe. Na, dann ist es ja gut, dachten alle. Nicht deren Seite. Nicht unsere Seite. Alle Bezichtigungen und Schuldzuweisungen verstummten.“[65]

Die Bombe ist ein Überbleibsel aus dem Zweiten Weltkrieg, als die deutsche Luftwaffe im April und Mai 1941 mehrere Angriffe auf Belfast flog. Hier wurden Rüstungsgüter für die britische Armee produziert. Da der Ort im Kontext der dominanten Diskurse von Loyalisten und Nationalisten nicht für die eine oder andere Seite vereinnahmt wird, bleibt er eine Leerstelle. Er wird nicht als verbindender Gedächtnisort genutzt, sondern von beiden Seiten ausgeblendet. Die ironische Äußerung des Ichs macht diverse kulturelle Bedeutungsschichten sichtbar. Mit dem Verweis auf den Zweiten Weltkrieg und die griechische und römische Antike wird ein

---

64 Burns, Milchmann (wie Anm. 4), S. 106. „I came out of my thoughts to give attention to my surroundings which was when I noticed I'd reached the ten-minute area on the outskirts of downtown. This ten-minute-area wasn't officially called the ten-minute-area. It was that it took ten minutes to walk through it. […]. The political problems, for the duration of these minutes, seemed in comparison with this area to be naïve, clumsy, hardly of consequence. It was that the ten-minute area was, and always had been, some bleak, eerie, *Mary Celeste* little place.“ Dies., Milkman (wie Anm. 4), S. 80f.

65 Burns, Milchmann (wie Anm. 4). „It had been an old bomb, a history bomb, an antiquity Greek and Roman bomb, a big giant Nazi bomb. That was okay then, thought everybody. Not their side. Not our side. All slinging of accusation and recrimination stopped.“ Dies., Milkman (wie Anm. 4), S. 83.

gemeinsames europäisches Erbe angesprochen, das über die beiden sich auf dem gegenwärtigen „Schlachtfeld namens Straße“[66] bekriegenden Parteien hinausreicht. Aber auch in dem so geschaffenen Interferenzraum überwiegt ein negativer Grundton: Der Nordirlandkonflikt reiht sich ein in ein Muster immer wiederkehrender Zerstörung und Gewalt, von dem die europäische Geschichte geprägt ist. Die damit verbundene Hoffnungslosigkeit wird als ‚Dunkelheit‘ und Leere verbildlicht.[67] Der Katzenkopf, den die Erzählerin in der Zehnminutengegend findet, verkörpert die Sinnlosigkeit solcher Gewalt und die von ihr ausgehende Bedrohung für die Bewegungsfreiheit bzw. Individualität des – und mehr noch der weiblichen – Einzelnen, Nicht-Angepassten.[68] Durch das vom antiken Griechenland und Rom, von England und dem nationalsozialistischen Deutschland geteilte koloniale Erbe erhält dieses Muster implizit auch eine globale Dimension.

Positiv besetzt sind dagegen Bezüge zu einem europäischen oder globalen Kosmopolitismus, der Freiräume aufzeigt. Neben den beim Laufen gelesenen Romanen gehört dazu auch der Französisch-Abendkurs, an dem die Erzählerin „außerhalb meiner Gegend und außerhalb meiner Religionsgemeinschaft“[69] teilnimmt. Die Kursteilnehmer entdecken gemeinsam eine ‚neutrale‘ Sprache und Kultur und dabei neue, offene Wahrnehmungsweisen ihrer eigenen komplexen Realität. Die herrschende Trennlinien überschreitenden Wahrnehmungsweisen werden aber vor allem durch ein international erfolgreiches Tanzpaar verdeutlicht. Zum einen bietet der Gesellschaftstanz auf professioneller Ebene diesem Paar einen Raum der Selbstverwirklichung jenseits vorgeschriebener sozialer Rollen und einen Fluchtweg aus der Stadt als Kampfzone. Zum anderen machen kleine Mädchen im Viertel der Erzählerin deren Art des Tanzens zum transgressiven Akt innerhalb der Stadtlandschaft. Auch hier findet damit ein Prozess der Deterritorialisierung statt. Bei dem Paar handelt es sich um die Eltern von „Vielleicht-Freund“,[70] die ihre teils minderjährigen Söhne verlassen haben, um sich ganz ihrer Karriere als Standardtänzer widmen zu können. Ist der Weggang des Paares bereits vor Beginn der erzählten Handlung geschehen und wird im Rückblick erzählt, hat das Paar gerade aufgrund

66 Burns, Milchmann (wie Anm. 4), S. 126; „the battlefield which is the street“ Dies., Milkman (wie Anm. 4), S. 96.

67 Vgl. Burns, Milchmann (wie Anm. 4), S.118. Die Schwierigkeit des Umgangs mit einer scheinbar ausweglosen Situation angesichts eines solchen Musters wird im Buch immer wieder angesprochen. Wenn die Erzählerin es mit der Depression des Vaters verbindet (vgl. ebd., S. 114; Burns, Milkman (wie Anm. 4), S. 92), verweist das auf psychologische Folgen solcher Konflikte, die mehrere Generationen betreffen.

68 In der Kindheit der Erzählerin galten Katzen als „subversiv, hexenhaft, link, pechbringend, das Weibliche symbolisierend“. Burns, Milchmann (wie Anm. 4), S. 122; „subversive, witch-like, the left-hand, bad luck, feminine“ Dies., Milkman (wie Anm. 4), S. 93.

69 Burns, Milchmann (wie Anm. 4), S. 93. „outside my own area, which meant outside my own religion“ Dies., Milkman (wie Anm. 4), S. 71.

70 Burns, Milchmann (wie Anm. 4), S. 25; „maybe-boyfriend“ Dies., Milkman (wie Anm. 4), S. 15.

seiner Abwesenheit und internationalen Karriere besondere Präsenz in der alltäglichen Gegenwart der Erzählerin und ihrer Umgebung. Das deutet auf den Status des Paares in den Augen der Gemeinschaft, da es zusammen mit „Rockstars, Filmstars und Sportstars […] über die Grenzen der Gemeinschaft hinaus akzeptiert" wird.[71] Ihre Präsenz erreicht einen Höhepunkt, als die Erzählerin auf den Straßen ihres Viertels zahllose kleine Mädchen sieht, die in Kleidern, die aus den Schubladen der älteren Geschwister und Mütter entliehen sind, das Paar nachahmen:

> „Alle kleinen Mädchen, auf unserer Seite und auf deren Seite, trugen lange Kleider und Stöckelschuhe und fielen alle naselang hin, während sie das internationale Tanzpaar spielten und damit bewiesen, dass dieses Paar, die Eltern von Ex-Vielleicht-Freund, sehr viel mehr waren als nur Standardtanzweltmeister. Sie hatten die Ausnahmegrätsche zwischen den beiden Seiten der Kluft geschafft, die außerhalb der fraglichen radikalisierten Gebiete wahrscheinlich keinerlei Bedeutung gehabt hätte, innerhalb jedoch war es das Unwahrscheinlichste und Hoffnungsschürendste der Welt."[72]

Dass sich die Erzählerin der Wirkung des Paares auf die jüngeren Mädchen des Viertels und auf deren Tanzen als Modell der Grenzüberschreitung im Verlauf der Erzählung zunehmend bewusst wird, reflektiert ihre eigene Entwicklung.[73] Als sie die Bedrohung durch den Milchmann und das von ihm verkörperte System einschließlich eines Giftanschlags überlebt hat, erweitert sich ihr Bewegungsradius, und sie nimmt gleichzeitig vermehrt Begegnungen und Annäherungsprozesse auf menschlicher Ebene im eigenen Viertel wahr. Dazu gehört die Verliebtheit ihrer Mutter in den echten Milchmann oder, dass Bruder Drei seine eigentliche Liebe, die Schwester des Tablettenmädchens, auf offener Straße in die Arme nimmt.[74] Die Befreiung von der zerstörerischen „Normalität"[75] des Systems vollzieht sich als kör-

71 Burns, Milchmann (wie Anm. 4), S. 156; „crossover rock stars, the film stars, the rock stars" Dies., Milkman (wie Anm. 4), S. 120.

72 Burns, Milchmann (wie Anm. 4), S. 406. „All these little girls – ‚our side', ‚their side' – were dressed in long clothes and high heels and were falling over as they played the international couple, proving this couple – ex-maybe-boyfriend's parents – meant very much more here than mere ballroom-dancing champions of the world. They had achieved that outstanding status of straddling the sectarian divide, a feat probably meaning nothing outside the sectarian areas in question, but which inside equated with the most rare and hopeful occurrence in the world." Dies., Milkman (wie Anm. 4), S. 314.

73 Vgl. Burns, Milchmann (wie Anm. 4), S. 406f. Vgl. Dies., Milkman (wie Anm. 4), S. 314f.

74 Er bringt seine von deren eigener Schwester vergiftete Ex-Geliebte ins Krankenhaus, das von der Gemeinschaft als Teil des von ihnen als unterdrückend wahrgenommenen Kolonialstaates gemieden wird, und ermöglicht dadurch vielleicht ihre Heilung. Vgl. ebd., S. 348–358; Burns, Milkman (wie Anm. 4), S. 272.

75 „Normalität" war „bei uns unter anderem ein dauerhaftes Nicht-sehen-Können", über das nicht gesprochen wurde. Burns, Milchmann (wie Anm. 4), S. 117; „normality here was this constant, unacknowledged struggle to see" Dies., Milkman (wie Anm. 4), S. 89.

perlicher, schmerzhafter Akt, der verschiedene Sinne und den Raum selbst umfasst. Es sind die hochbegabten, kritisch denkenden kleinen Schwestern und deren Altersgenossinnen, die die Straßen des Viertels tanzend zur Heterotopie einer besseren Zukunft auf individueller und gesellschaftlicher Ebene machen.[76] Denn was ihre Vorbilder auf der internationalen Bühne erreicht haben, setzen die Mädchen konkret auf der Straße um, wenn sie die umkämpfte Zone zu einem Freiluft-Tanzsaal machen, in dem Grenzen aufgelöst werden.[77] Dass sie dabei immer wieder hinfallen und sich kleine Verletzungen zuziehen, oder dass „die kleinen Jungs [sich] weigerten […] mitzuspielen" und stattdessen weiter „Granaten auf die fremden Soldaten" werfen wollen,[78] ist kein Hindernis und hebt sowohl die für den Roman insgesamt wichtigen Genderfragen als auch das mit den jüngeren Figuren verknüpfte Hoffnungspotenzial hervor. Im Gegensatz zur Mutter und den älteren Schwestern befreien sich die jüngeren Mädchen von patriarchalischen Strukturen und dekonstruieren dominante Frauenbilder ihrer Gemeinschaft:

> „Den kleinen Mädchen blieb also nichts anderes übrig, als sich untereinander zusammenzutun und sich abzuwechseln, einmal die glamouröse, superschöne Mutter […] zu sein und einmal der nicht ganz so glamouröse und – jedenfalls für kleine Mädchen – nicht ganz so interessante, langweilig gekleidete berühmte Vater."[79]

Doch sie gehen noch einen Schritt weiter und „schafften […] den Vater kurzerhand ab".[80] Die beschriebene Szene ist das Modell einer Zukunft ohne die im Roman von Männern verkörperte Gewalt.[81] Es sind die tanzenden Mädchen, die die Richtung und die Art der Bewegung bestimmen.

76 Vgl. Burns, Milchmann (wie Anm. 4), S. 189–191; Dies., Milkman (wie Anm. 4), S. 147–149. Zum Begriff der Heterotopie vgl. Foucault, Michel: Andere Räume (1967). In: Barck, Karlheinz (Hg.): Aisthesis: Wahrnehmung heute oder Perspektiven einer anderen Ästhetik; Essais. 5. Auflage. Leipzig 1993, S. 39. Von Interesse sind in diesem Zusammenhang auch Foucaults Überlegungen zum Körper als Ursprung von Utopien Ende der 1960er Jahre. Vgl. Foucault, Michel: Die Heterotopien/Der utopische Körper. Zwei Radiovorträge. Zweisprachige Ausgabe. Aus dem Französischen von Michael Bischoff. Frankfurt/M. 2005.

77 Vgl. Burns, Milchmann (wie Anm. 4), S. 407; Dies., Milkman (wie Anm. 4), S. 314.

78 Ebd.

79 Burns, Milchmann (wie Anm. 4), S. 408. „This left the little girls no choice but to double-up and take turns at being both ex-maybe-boyfriend's glamorous, super-beautiful mother as well as his not-so-glamorous, or interesting – least not to the little girls – boringly dressed famous father […]." Dies., Milkman (wie Anm. 4), S. 315.

80 Ebd.

81 Es gibt Ausnahmen wie Vielleicht-Freund oder der richtige Milchmann. Umgekehrt tun Frauen, die das gewalttätige System mittragen, dies überwiegend in passiven, unterstützenden Rollen, denen nur schwer zu entkommen ist, wie die „Paramilitär-Groupies" (Ebd., S. 162; „paramilitary groupies" Burns, Milkman (wie Anm. 4), S. 123) oder die Mütter, die die Paramilitärs verstecken und verarzten.

Die Bedeutung des „Internationalen Tanzpaares"[82] klingt bereits im ersten Teil des Buches an, als die Erzählerin erfährt, dass es die Eltern von Vielleicht-Freund sind.[83] Selbst der Umstand, dass das Paar die eigenen Kinder verlassen hat, erscheint in den Augen der Erzählerin ausschließlich positiv, da es für sie die Befreiung von vorgeschriebenen sozialen Rollen wie auch der von Gewalt bestimmten, provinziellen Enge repräsentiert. Aufgrund der homodiegetischen Erzählstruktur werden dem keine anderen Figurenperspektiven entgegengestellt bzw. diese durch die Wahrnehmung der Erzählerin gefiltert. Dagegen sind die von der – katholischen[84] – Gemeinschaft vorgegebenen Rollenbilder im Text deutlich negativ bewertet, so die Heirat mit einem aus kollektiver Sicht passenden Partner mit sechzehn, gefolgt von der Mutterrolle.[85] Dem entzieht sich dieses Paar vollkommen. Der Tausch der Elternrolle gegen die Rolle professioneller Tänzer wird mit ihrer Unterschrift unter den Abschiedsbrief an die vier Söhne, „die Tänzer"[86] von einem weit entfernten Ort, jenseits der am heimischen Konflikt beteiligten Länder, besiegelt.

Das Tanzpaar bricht durch seine Art der Bewegung starre Geschlechterrollen auf, die in der beschriebenen patriarchalischen Gesellschaft politische ebenso wie familiäre Strukturen beherrschen und ein ständig präsentes Moment gewaltsamer Unterdrückung schaffen. Als sie dem Paar im Fernsehen fasziniert bei einem Wettbewerb zuschaut, beginnt die Erzählerin, nach Ähnlichkeiten zwischen den zwei sich elegant durch eine internationale Welt bewegenden Körpern und dem des Freundes zu suchen. Die Rückenlinien des Paares in ihrer kunstvoll-spielerischen Bewegung eröffnen damit andere genealogische Verbindungen als die im direkten Umfeld bestimmenden. Es fällt der Erzählerin schwer zu entscheiden, mit wessen Rücken der von Vielleicht-Freund größere Ähnlichkeit hat. Ein Verfließen der Geschlechterrollen – und familiären Strukturen – bestimmt ihr Verhältnis zu Vielleicht-Freund und dessen Haus als Fluchtraum. Die Offenheit ihrer Beziehung kommt bereits in seinem Namen zum Ausdruck. Eine ähnliche Fluidität verkörpert die Figur des zum Haushalt von Vielleicht-Freund gehörenden männlichen Freundes, des ‚Chefkochs', und der Dreiecksbeziehung, die den Freund, den Chefkoch und die Erzählerin verbindet. So notiert die Erzählerin u.a. Ähnlichkeiten zwischen spielerischen Dialogen mit unsichtbaren Gesprächspartnern, denen sie auf ihren Wanderungen durch die Stadt ihre Orientierungspunkte erklärt, und den Selbstgesprächen des Chefkochs mit unsichtbaren Teilnehmern seiner imaginären Kochsendung.[87]

82 Burns, Milchmann (wie Anm. 4), S. 55; Dies., Milkman (wie Anm. 4), S. 40.

83 Vgl. Burns, Milchmann (wie Anm. 4), S. 53–56; Dies., Milkman (wie Anm. 4), S. 38–41.

84 Dass es sich hier um Normen bestimmter Religionen handelt, wird nicht gesagt. Ebenso werden andere spezifische Merkmale des Nordirlandkonflikts bewusst verallgemeinert. Das ermöglicht die strukturelle Universalisierung der Geschichte.

85 Vgl. Burns, Milchmann (wie Anm. 4), S. 57–59; Dies., Milkman (wie Anm. 4), S. 42f.

86 Burns, Milchmann (wie Anm. 4), S. 55; Dies., Milkman (wie Anm. 4), S. 39.

87 Vgl. Burns, Milchmann (wie Anm. 4), S. 51; Dies., Milkman (wie Anm. 4), S. 35f.

4. Performativ einen transkulturellen Erinnerungsraum schaffen?

In *Das andere Kap. Erinnerungen, Antworten und Verantwortungen* (1990) führt Derrida aus, wie die Sprache eines geteilten europäischen Erbes durch performative Akte entsteht.[88] Mit dem Erbe verbundene Performativa sind dabei solche des Un-Möglichen, die sich durch eine unentscheidbare Ambivalenz und Zukünftigkeit auszeichnen. Derrida argumentiert in *Das andere Kap* für ein Europa, das sich nicht in einer vermeintlichen Identität abschließt, sondern dessen Gedächtnis Offenheit für das temporal und kulturell Andere umfasst. Sowohl Petrowskaja als auch Burns setzen sich in ihren Texten mit ihren Familiengeschichten in einem größeren europäischen bzw. postkolonialen Kontext auseinander. Die erzählte Welt umfasst in Petrowskajas *Vielleicht Esther* Mittel- und Osteuropa, dessen jüdisches Erbe und die Auswirkungen deutscher und sowjetischer (und Habsburger) Machtpolitik darauf, aber erweitert diesen Raum durch Bezüge auf die jüdische Diaspora zu einem globalen Raum der Zugehörigkeit. Bei Burns öffnet die in *Milkman* erzählte Welt am nordwestlichen Rand Europas auch den Blick für kosmopolitische Perspektiven, die ‚über das Wasser', das heißt die Fixierung auf die ehemalige Kolonialmacht England und damit eingefahrene Erinnerungsdiskurse, hinausreichen. Zum einen werden die gewalttätigen Auseinandersetzungen im nordirischen Belfast der 1970er-Jahre innerhalb eines europäischen Erbes des Kolonialismus, patriarchalischer Strukturen, des Holocausts und Zweiten Weltkriegs verortet. Zum anderen wird auf das positive, befreiende Potenzial dieses Erbes als eines transkulturellen der Literatur, Kunst und Hochkultur verwiesen.

In meinem Beitrag ging es nicht um postkoloniale Fragestellungen, die an anderer Stelle weiter untersucht werden sollen, sondern um die Funktion und Form der durch Bewegung im Raum vollzogenen performativen Akte für die Entstehung eines transkulturellen Erinnerungsraumes. Dieser ermöglicht eine gemeinsame Zukunft. Ist der Reisetopos in *Vielleicht Esther* Teil einer Ästhetik der Bewegung, die unterschiedliche Formen des Tanzes umfasst, verbinden sich in *Milkman* wiederkehrende Bilder der beim Laufen Bücher lesenden Ich-Erzählerin, des internationalen Tanzpaares und derer, die sie nachahmen, auf den Straßen der Stadt zu einer Ästhetik der Transgression und Dekonstruktion. In beiden Texten überschreitet das erzählende Ich in performativen Akten Grenzen der ihm vom Kollektiv aufgezwungenen Mikroräume und beobachtet andere Figuren bei solchen Akten. Genealogische, kulturelle und politische Ortszuweisungen werden dekonstruiert. Das gilt für Erinnerungsorte, aber teils auch für die kollektive Wahrnehmung von Gedenkorten

88 Derrida, Jacques: Das andere Kap. Erinnerungen, Antworten und Verantwortungen (Mai 1990). In: Ders.: Das andere Kap. Die vertagte Demokratie. Zwei Essays zu Europa. Aus dem Französischen von Alexander Garćia. Frankfurt/M. 1992, S. 9–80. Csongor Lőrincz hat bereits im Rahmen der Tagung auf Derridas Europaidee verwiesen.

wie Babij Jar. Die tänzerische Grenzüberschreitung führt damit zur Transformation des Raumes, wie sie Derrida in *Choreographies* beschreibt. In beiden Texten wird im Tanz über bestehende Paradigmen hinausgegangen und damit eine potenzielle Veränderung vorstellbar – ähnlich wie es Derrida in seinem späteren Vortrag zum europäischen Erbe ausführt. Ein transkultureller und in seiner Offenheit über Europa noch hinausweisender Raum der Erinnerung und Zugehörigkeit wird entworfen. Als Motiv im erzählten Raum wie auch auf Erzählebene hinterfragt der Tanz auf teils karnevaleske Weise neben Paradigmen des Erinnerns ebenso solche, die körperliche Lebenswelt und kulturelle Codes als Antithese definieren. Tanz wird damit zu einer räumlichen Form der Remedialisierung und Dynamisierung von Erinnerungsdiskursen und der mit ihnen verbundenen Orte. Durch den Tanz werden diese in Erinnerungsräume transformiert, die Interferenzen ermöglichen und sich als multidirektional und damit transkulturell beschreiben lassen.[89]

89 Erll, Travelling Memory (wie Anm. 5), S. 12.

III. Zur Poetologie literarischer Shared Heritage-Texte – am Beispiel der Regionen Böhmen/Mähren, Schlesien und Galizien, Siebenbürgen/Banat sowie Kärnten

Anne Hultsch

Nordböhmen als gemeinsamer deutsch-tschechischer Erzählraum

1. Ein- und Entgrenzungen

Der Titel des Beitrags enthält drei wichtige Worte: ‚Nordböhmen', ‚gemeinsam' und ‚Erzählraum', auf die zunächst kurz eingegangen wird, ehe eine Hinwendung zu konkreten literarischen Texten erfolgt.

Wo sich Nordböhmen befindet, ist geographisch einfach zu bestimmen. Es handelt sich um den Landstrich südlich des Erzgebirges, der Sächsischen Schweiz und des Lausitzer Gebirges, dem grob die heute tschechischsprachigen Städte Chomutov (Komotau), Most (Brüx), Teplice (Teplitz), Ústí nad Labem (Außig), Děčín (Tetschen), Liberec (Reichenberg) und Jablonec nad Nisou (Gablonz) zuzuordnen sind. In diesen Städten wurde bis zur Vertreibung der Deutschen nach 1945 mehrheitlich deutsch gesprochen, sie gehörten zum deutschsprachigen Sprachgebiet Böhmens. Aus diesem wurde 1938 die tschechischsprachige Bevölkerung in das sogenannte böhmische Kernland vertrieben, nach 1945 die deutschsprachige Bevölkerung nach Deutschland. Wenngleich der Grenzverlauf Böhmens naturgeographisch durch das Mittelgebirge gegeben ist und deshalb seit ca. tausend Jahren Bestand hat – der sächsisch-böhmische Grenzabschnitt besteht so seit 1760 –, waren Landes- und Sprachgrenze nicht identisch. Die heutige Sprachgrenze existiert erst seit 1945.[1]

Mit dem Begriff des ‚Gemeinsamen' wird hier die Beobachtung unterstrichen, dass Nordböhmen heute sowohl in Texte tschechisch- als auch deutschsprachiger Autoren Eingang findet und dass diese Texte Spuren der je anderen Bevölkerungsgruppe enthalten. Die Grenze ist – auch literarisch – frei passierbar, was gemeinsamen Vorhaben von deutschen und tschechischen Autoren zugutekommt. Exemplarisch genannt seien die Festivals ‚Sudety' [Sudeten] und ‚Literární Zarafest' [Literarisches Zarafest],[2]

1 Vgl. Lozoviuk, Petr: Grenzland als Zwischenwelt. Zur Ethnographie der sächsisch-böhmischen Grenze. In: Řezník, Miloš (Hg.): Grenzraum und Transfer. Perspektiven der Geschichtswissenschaft in Sachsen und Tschechien. Berlin 2007, S. 119–137, hier S. 127; Luft, Robert: „Alte Grenzen" und Kulturgeographie. Zur historischen Konstanz der Grenzen Böhmens und der böhmischen Länder. In: Lemberg, Hans (Hg.): Grenzen in Ostmitteleuropa im 19. und 20. Jahrhundert. Aktuelle Forschungsprobleme. Marburg 2000, S. 95–135, hier S. 95.

2 Das Logo des Festivals ‚Sudety' setzt sich vertikal aus einem Eichen- und Lindenblatt zusammen, die durch ein invertiertes, in beide Richtungen in die Blattadern übergehendes ‚S' verbunden werden. Der deutsche und der tschechische ‚Nationalbaum' bilden durch das ‚S' (= ‚Sudety' [Sudeten],

das Nordböhmen gewidmete erste Heft der Revue *Sever západ východ* [Nord West Ost] (2009), in das aufgrund der engen Verbindungen auch Texte deutsch-, sorbisch- und polnischsprachiger Autoren Eingang fanden,[3] der *Exkurs Nordböhmen* der in Dresden erscheinenden Zeitschrift *Signum. Blätter für Literatur und Kritik* (2011) oder die dreisprachige Anthologie *„Die schönen Überbleibsel nach dem Ende der Welt.“ Sudeten, literarisch* (2017), „die in ihrer Vielstimmigkeit und Vielgestaltigkeit eine gemeinsame Beschreibung eines gemeinsamen Raumes“ darstellt.[4]

Mit dem Erzählraum ist hier ein dargestellter – immaterieller und imaginärer – Raum gemeint, der erst durch die jeweilige Autorin, den jeweiligen Autor im Akt des Erzählens erschlossen respektive erschaffen wird und, so Jörg Bernig, „in de[m] das Gegenwärtige genauso lebt wie das Verschwundene und eben nur in der Erzählung Wiederbringliche“.[5] Dieser Begriff richtet sich gegen die Nostalgie nach dem real bzw. materiell Unwiederbringlichen, denn dieser Raum kann ohne gegenseitige Besitzansprüche literarisch ‚bewohnt‘ werden. Nordböhmen ist vielleicht schwer adäquat – ohne Ausgrenzungen oder Vereinnahmungen – konzeptualisier-, jedoch erzählbar. Dabei sind es einerseits die jetzigen Bewohner, die ihre „Erzählung zu den fremden (zurückgelassenen) Dingen finden“ müssen, und andererseits die Vertriebenen oder ihre Nachfahren, die vor der Aufgabe stehen, „eine Erzählung ohne die Dinge zu finden“.[6]

Wenn man von einem geteilten – und eben nicht nur deutschen *oder* tschechischen, sondern mittlerweile deutschen *und* tschechischen – Erbe Nordböhmens ausgeht, das in zahlreichen Texten zu finden ist, dann scheint gerade der Begriff des Erzählraums im Kontext eines Shared Heritage passend, denn es geht, so noch einmal Bernig,

‚smíření‘ [Aussöhnung], ‚sever‘ [Norden]) ein Hybrid. Der Begriff ‚Sudeten‘ wird von Kulturschaffenden im Norden selbstbewusst, vielleicht auch etwas trotzig, positiv umgewertet. Es gibt mittlerweile die Selbstbezeichnung als „Sudetenčeši“ (Putna, Martin C.: Vždycky v menšině. Rozhovor s Martinem Bedřichem [Immer in der Minderheit. Gespräch mit Martin Bedřich]. Praha 2013, S. 70), die insofern äußerst interessant ist, weil sie den Begriff wieder als geographischen aktualisiert und ihm damit die negative Konnotation nimmt. Es handelt sich gleichzeitig um ein Sprachhybrid, das in sich eine deutsche und eine tschechische Komponente vereint (Tschechisch wäre korrekt: ‚sudetské Češi‘ oder ‚Češi Sudet‘). An diesem Begriff sieht man beispielhaft, was sich in den letzten Jahren getan hat: Es findet eine Aneignung statt, die jedem das Seine belässt, dabei sich aber in dieses selbst einschreibt. – Alle Übersetzungen stammen, wenn es nicht anders angegeben ist, von der Verfasserin.

3 Vgl. Suk, Tomáš: Pár slov na úvod [Einige einleitende Worte]. In: Sever, západ, východ 1 (2009), S. 3f., hier S. 3.

4 Bernig, Jörg; Browarny, Wojciech; Prunitsch, Christian: Vorbemerkung. In: Dies. (Hg.): „Die schönen Überbleibsel nach dem Ende der Welt.“ Sudeten, literarisch. „Piękne resztki po końcu świata.“ Sudety literackie. „Krásné relikty po konci světa.“ Sudety literárně. Dresden 2017, S. 6–13, hier S. 13.

5 Bernig, Jörg: Der Gablonzer Glasknopf. In: Ders.: Der Gablonzer Glasknopf. Essays aus Mitteleuropa. Dresden 2011, S. 95–138, hier S. 132.

6 Ebd., S. 101f.

> „ums Erzählen und zum Erzählen gehören immer zwei: Jemand, der erzählt und jemand, der zuhört. Das ist, glaube ich, etwas, was im Gange ist, über die Grenzen hinweg. Wir haben einen gemeinsamen Hintergrund in diesen Gebieten. Auch die jüngere Generation hat ein Identifikationsangebot über die eigene Herkunft."[7]

Der Begriff des ‚Erbes' ist weniger ein räumlicher denn ein zeitlicher, wenn etwas von Generation auf Generation übergeht. Er wird hier insofern in den Raum übertragen, als das Erbe sich in ihm festsetzt und dadurch gemeinsam nutzbar wird. In neueren Texten wird weniger der Vorgang der Vertreibung (als horizontale Bewegung im Raum) aufgegriffen als vielmehr auf Spuren – oder eben das Erbe – der einst Vertriebenen verwiesen, die von ihnen im Raum verblieben und einen Teil des (vertikalen) Palimpsests bilden. Es findet nun ein An-eignen dieses Erbes statt, das (nicht mehr) mit dem Ent-eignen anderer einhergeht, wie es nicht nur die wilden Plünderungen in der zweiten Hälfte der 1940er-Jahre, die Zerstörung von (materiellen und immateriellen) Kulturgütern, gesellschaftlichen und siedlungsgeographischen Strukturen waren, sondern wozu mit dem Braunkohlenabbau auch die rücksichtslose Devastation der Landschaft und Umwelt gehören.[8]

Was finden die heutigen Autoren nach dieser Zeit der Verwüstung hinter dem dichten Nebel, der in keinem Text fehlt, der mit Nordböhmen in Beziehung steht?[9] Was scheint ihnen einer literarischen Verarbeitung und damit Ästhetisierung wert? Diesen Fragen soll im Folgenden anhand von Texten dreier tschechischsprachiger Autoren und einer tschechischsprachigen Autorin sowie eines deutschsprachigen Autors nachgegangen werden, von denen drei selbst aus Nordböhmen stammen und zwei noch heute dort leben.

2. Radek Fridrich oder das Überschreiten von horizontalen und vertikalen Grenzen

Radek Fridrich (geb. 1968) kann nicht ungenannt bleiben, wenn man sich mit Literatur aus Nordböhmen beschäftigt. Es sind hauptsächlich zwei Aspekte des deutschen Erbes, denen Fridrich über viele Jahre kontinuierlich nachgeht, indem er sie

---

7 Jörg Bernig im Gespräch mit Fritz Klein, Heinrich Olschowsky und Johanna Wanka: Geschichte als Tabu. Die DDR und die Geschichte der Deutschen im östlichen Europa. Podiumsgespräch im Alten Rathaus Potsdam mit Jörg Bernig, Fritz Klein, Heinrich Olschowsky und Johanna Wanka [2002]. Potsdam 2003, S. 40.

8 Vgl. Havel, Václav: Hrozí další odsun. Rozumu [Es droht eine weitere Vertreibung. Des Verstandes]. In: Lidové noviny. Nr. 291. 14.12.2005, S. 11.

9 Dieser Nebel ist nicht zu verwechseln mit dem positiv konnotierten Nebel der Romantik. Vgl. Vokolek, Václav; Helfert, Zdeněk: Mezi nebem a zemí. Praha 2005, S. 13, S. 15; Dies.: Zwischen Himmel und Erde. Aus dem Tschechischen von Eleonore und Rainer Barczaitis. Praha 2015, S. 13, S. 15.

sammelt und auf seine Weise weiterverarbeitet: zum einen deutsche Grabsteine auf nordböhmischen Friedhöfen, zum anderen schriftlich fixierte Überlieferungen deutscher regionaler Sagen.

Fridrichs deutsche Toten sind nicht vertrieben worden, schließlich liegen sie in Nordböhmen begraben. Aber es ist keiner mehr da, der an sie erinnern könnte, der weiß, wer sie waren. Also fährt er mit dem Fahrrad von Friedhof zu Friedhof. Erst schreibt er sich nur die Grabinschriften ab, dann kommt er auf den Einfall, die – zuvor von ihm freigelegten und gereinigten – Grabsteine zu frottieren (310 auf über 20 Friedhöfen), was er selbst 2017 mit den Worten kommentiert: „Ich mache Frottagen, also bin ich".[10] Dieser zunächst nur witzig anmutende Satz enthält eine tiefere Wahrheit, denn durch diese mühevolle, haptische, ihn auch körperlich verletzende Arbeit wird er sich seiner selbst bewusst: Er schneidet sich an scharfen Kanten, an kalten Tagen frieren ihm fast die Finger ab, an heißen Tagen verbrennt er sich hingegen fast an dem aufgeheizten Granit.[11] Die Frottagen bilden vom Format

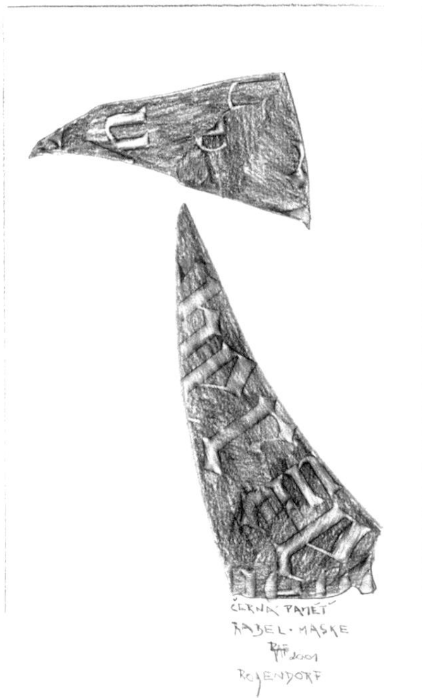

Abb. 1: Radek Fridrich, *Rabel Maske*, 2001 (Frottage). © Radek Fridrich.

Abb. 2: Radek Fridrich, *Springer Anton*, 2001 (Frottage). © Radek Fridrich.

10 Fridrich, Radek: Janusovská krajina. Januskopflandschaft. Aus dem Tschechischen von Jana Krötzsch. In: Bernig/Browarny/Prunitsch, Sudeten (wie Anm. 4), S. 42–73, hier S. 58.

11 Vgl. ebd., S. 62. Der Abdruck der drei Frottagen aus der Serie *Černá paměť* erfolgt mit freundlicher Einwilligung Radek Fridrichs.

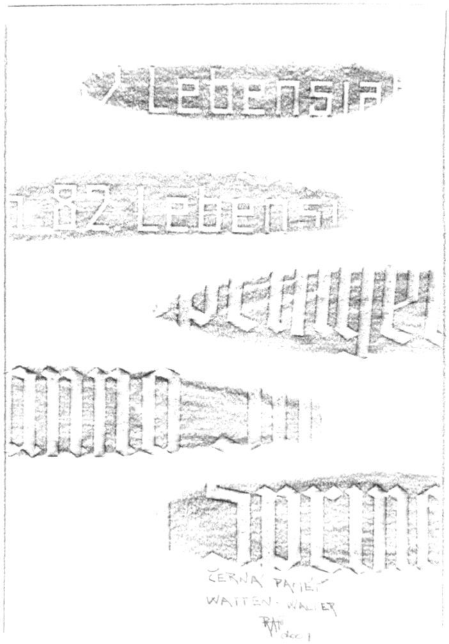

Abb. 3: Radek Fridrich, *Watten Walter*, 2001 (Frottage). © Radek Fridrich.

und Inhalt her eins zu eins das ab, was er vorfindet, wobei er es aber nicht belässt, denn er beginnt neben diesen Frottagen, die er *Černá paměť* [Schwarzes Gedächtnis] nennt, eine Serie von Gedichten zu schreiben, die zunächst den toten Männern gewidmet sind, denen er ein Schicksal und damit Individualität verleiht, die er aus den Gräbern herausliest bzw. in der Landschaft findet. Daraus entsteht der Band *Řeč mrtvejch. Die Totenrede* mit dem Untertitel *Textové varianty. Textvarianten* (2001), den er selbst zweisprachig verfasst bzw. richtiger:

> „Der Gedichtzyklus Řeč mrtvejch/Die Totenrede entstand aufgrund der authentischen Erinnerungen von den deutschen Einwohnern des Dorfes Rosendorf, das nicht weit von Děčín liegt. Der Autor wollte diese Gedichte nicht als Übersetzungen, sondern als Textvarianten bilden."[12]

Es handelt sich der Form nach um Mikroerzählungen. In selten mehr als zehn freien Versen wird das Leben der jeweiligen Person (geb. 1849 bis 1887, mit Erinnerungen bis in die 1930er-Jahre) unsentimental in der ersten Person geschildert: Schule, Lehre, Heirat, Kinder, Arbeit, Krankheiten, Kriegsdienst, Verlust naher Angehöriger.

12 „Básnický cyklus Řeč mrtvejch/Die Totenrede je insporován autentickými vzpomínkami německých obyvatel vesnice Růžové nedaleko Děčína. Autor tyto básně vytvářel nikoli jako překlady z němčiny do češtiny, ale pouze jako textové varianty." Fridrich, Radek: Řeč mrtvejch/Die Totenrede. Textové varianty/Textvarianten. Děčín 2001 (Edice Nomisterion 7), S. 72f.

Dabei wird schnell deutlich, dass die Lebensgeschichten aus dem deutschsprachigen böhmischen Dorf nichts aufweisen, das es nicht auch in einem tschechischsprachigen Dorf gegeben haben könnte. Das Leben ist für alle gleichermaßen hart, von Krankheiten, Kriegen, Bränden und Naturkatastrophen bedroht.

Dann wendet Fridrich sich den Frauen zu, bei deren Schicksalen er etwas mehr fabuliert, woraus der ebenfalls zweisprachige Band *Nebožky • Selige* (2011) entsteht, bei dem allerdings eine Übersetzerin (Jana Krötzsch) für die deutschen Texte verantwortlich zeichnet. Bei den Frauen sind es weniger allgemeine Lebensstationen, die in den Blick genommen werden, als vielmehr ihr Schicksal bestimmende Einzelereignisse (Kindstod, eigener vorzeitiger Tod, Ermordung durch den Ehemann etc.). Die Texte in *Nebožky • Selige* sind etwas länger als die in *Řeč mrtvejch. Die Totenrede* und weisen auch nicht die Geburtsjahre auf, wodurch sie weniger chronikalisch wirken.

Auch die deutschen Sagen *findet* Fridrich in Form zweier deutscher Bücher,[13] die ihn nicht loslassen, weil sie lauter ihm unbekannte Ortsnamen enthalten.[14] Er beschäftigt sich damit, indem er eine Auswahl ins Tschechische übersetzt,[15] die er aber nicht ohne persönliche Interventionen herausgibt, sondern sich beim Verlag ausbedingt, dass er einige eigene Paraphrasen und Mystifikationen einfügen dürfe. Das heißt, er erweitert in *Modroret. Z pověstí Děčínska* [Blaulippe. Aus den Sagen der Gegend von Děčín] (2008) Sagen des Gebietes Tetschen um einige aus Děčín, schreibt den Sagenschatz fort, den er parallel in epischen Gedichten in konzentrierter Form weiterverarbeitet.[16]

In seiner 2019 wiederum zweisprachig herausgegebenen Gedichtsammlung *Linie S1* begibt sich das lyrische Ich mit der Bahn auf eine Fahrt von Děčín-Podmokly, ab Schöna mit der titel- und farbgebenden roten S1 bis an deren Endstation in Meißen-Triebischtal, nordwestlich von Dresden, und kommentiert Station für Station.[17] Die so manifestierte Orientierung Fridrichs gen Dresden, in ein anderes Land, in einen anderen Sprachraum, ist programmatisch, denn er fühlt sich als

13 Es handelt sich dabei um Dörre, Rudolf; Mauder, Emil: Sagenkranz aus dem Tetschner Gau. Band I. Tetschen 1921 und Band II. Tetschen 1924.

14 Vgl. Fridrich, Januskopflandschaft (wie Anm. 10), S. 62–66.

15 Wenn man die Einleitung zu dem Buch liest, in der ausgeführt wird, dass die dortige Bevölkerung deutsch sprach und dass deshalb auch ihre Sagen in deutscher Sprache waren, ist man doch etwas erstaunt, dass dieser explizite Hinweis heute notwendig zu sein scheint. Vgl. Slavíčková, Hana: Úvodem [Einleitung]. In: Fridrich, Radek: Modroret. Z pověsti Děčínska [Blaulippe. Aus den Sagen der Gegend von Děčín]. Děčín 2008, S. 5f., hier S. 5.

16 Vgl. (abermals zweisprachig) Fridrich, Radek: Šrakakel – der Schreckliche. Aus dem Tschechischen von Christa Rothmeier. Děčín 2005 (Edice Nomisterion 14). Václav Smyčka spricht davon, dass Fridrich auf diese Art und Weise die Geschichte ‚remythisiere', vgl. Smyčka, Václav: Das Gedächtnis der Vertreibung. Interkulturelle Perspektiven auf deutsche und tschechische Gegenwartsliteratur und Erinnerungskulturen. Bielefeld 2019 (Interkulturalität. Studien zu Sprache, Literatur und Gesellschaft 15), S. 85.

17 Vgl. Fridrich, Radek: Linie S1. Aus dem Tschechischen von Kristina Kallert. Opava 2019.

‚euroregionaler Dichter'.[18] Sie ist ihm jedoch nicht in seine tschechische Wiege gelegt, wenngleich seine Großmutter väterlicherseits Deutsche war, die als Kommunistin nicht vertrieben wurde und die hin und wieder mit ihrem Sohn deutsch sprach, wenn der Enkel sie nicht verstehen sollte. Er selbst lernte die Sprache eines Teils seiner Vorfahren erst in der Schule.[19] Seine Orientierung gen Dresden entwickelte sich so, dass er zunächst die vertikale tschechisch-deutsche Grenze überschritt, indem er Schicht für Schicht die deutschen Spuren für sich erschloss, die sich in seinem Nordböhmen finden ließen, bis er dann auch die horizontale tschechisch-deutsche Grenze überschritt und ins Nachbarland aufbrach.[20]

Die Zweisprachigkeit der Gedichtbände, die zudem in den tschechischen Varianten deutschsprachige Einsprengsel enthalten, kann man als ein Kommunikationsangebot oder als bewusste Transparenz auffassen. Fridrich hantiert nicht im Verborgenen mit dem deutschen Erbe, wovon die Deutschen keine Ahnung erhalten, sondern er geht ihnen mit seinen Texten aus dem heutigen Nordböhmen entgegen. Václav Vokolek habe ihm einst gesagt, dass es an seinen Texten zu erkennen sein müsse, dass er ein Dichter aus Děčín sei.[21] Dies erfülle Fridrich, denn seine Texte atmen „zodpovědnost. Zodpovědnost za dějiny, za krajinu, za lidské osudy, za mrtvé stejně jako za živé, zodpovědnost za minulost, která tak úzce souvisí se zodpovědností za budoucnost"[22] [Verantwortung. Verantwortung für die Geschichte, für die Landschaft, für die menschlichen Schicksale, sowohl der Lebenden als auch der Toten, Verantwortung für die Vergangenheit, die so eng mit der Verantwortung für die Zukunft zusammenhängt].

Ein weiterer Aspekt, der sich hier spiegelt, ist, dass die aus dem Norden stammenden Autoren zusammenhalten und mit ihren Texten untereinander in einen Austausch treten. Ähnlich wie für die Sächsische Dichterschule als ein Merkmal „ein Prozess der Intertextualität in Gestalt einer literarischen Korrespondenz" festgestellt

18 Vgl.: „Chtěl bych být euroregionálním básníkem" [Ich möchte ein euroregionaler Dichter sein], Špánek, Petr: Die romantische Landschaft. S Václavem Vokolkem a Radkem Fridrichem o Sudetech, znovunalézání historie a severočeských básnících [Mit Václav Vokolek und Radek Fridrich über die Sudeten, das Wiederfinden der Geschichte und nordböhmische Dichter]. In: Babylon 13/5 (2004), S. I und S. III, hier S. III.

19 Vgl. Fridrich, Radek; Balaštík, Miroslav: Němčina je pro mě dodnes tajemným jazykem z dětství [Deutsch ist für mich bis heute eine Geheimsprache aus der Kindheit]. In: Host 22/9 (2006), S. 5–8, hier S. 6.

20 Zuvor waren es schon Gestalten in seinen Gedichten wie beispielsweise Klatzek, der „krooa, krooa" die Elbe nach Sachsen bzw. in die Sächsische Schweiz hinabkrächzt, vgl. Fridrich, Radek: krooa krooa. Brno 2011 (Edice ReX 10), S. 56; der erste Teil des Buches erschien als zweisprachige bibliophile Ausgabe, vgl. Fridrich, Radek: krah krah. Aus dem Tschechischen von Jana Krötzsch. Paris 2019.

21 Vgl. Fridrich, Radek; Procházka, Michal: Krajina u Děčína je českoněmecky rozpolcená. Trochu jako já [Die Landschaft bei Děčín ist tschechisch-deutsch zerrüttet. Ein wenig wie ich]. In: Právo. Nr. 283. 04.12.2003, Beilage Salon, S. 1 und S. 3, hier S. 1.

22 Špánek, Landschaft (wie Anm. 18), S. I.

werden kann,[23] kann man auch in Bänden nordböhmischer Autoren viele Bezugnahmen aufeinander finden. Am deutlichsten wird dies anhand der zahlreichen Widmungstexte, aus denen sich ein ganzes Netz persönlicher Bekanntschaften rekonstruieren ließe, das sich über gesamt Nordböhmen spannt.[24]

3. Martin Fibiger oder das Gedächtnis einer fragmentierten Landschaft

Ein Radek Fridrich gewidmetes Buch ist *Anděl odešel* [Der Engel ist fort] (2008) von Martin Fibiger (geb. 1964). Es handelt sich um das vierte und bislang letzte belletristische Werk des Autors, von denen zumindest noch der Roman *Aussiger* (*Příběh ze Sudet*) [Aussiger (Eine Begebenheit aus den Sudeten)] (2004) erwähnt sei. Fibiger ist in Ústí nad Labem, dem früheren Außig, beheimatet. Jan M. Heller beschreibt sehr gut, wie es Fibiger in *Aussiger* gelingt, durch Fragmentarisierung und Diskontinuität das Gefühl einer zerschlagenen literarischen Welt zu erzeugen, das mit der geschundenen nordböhmischen Landschaft korrespondiert, die von eingefallenen Häusern und überwucherten Wegen übersät ist.[25] Der Rezipient wird durch Leerstellen im Text, die sich aufsässig bemerkbar machen, dazu aufgefordert, sich an der Konstituierung des Sinns zu beteiligen, denn es geht um das (Weiter-)Leben in diesem Raum, den es aus Verantwortung für die Zukunft (nicht nur literarisch) zu gestalten gilt. In *Anděl odešel* verfeinert Fibiger diese Erzähltechnik weiter, indem er den unpersönlichen Erzählertext stärker (z. B. durch sich wiederholende Motive und eine sehr ausgeprägte Metaphorik) poetisiert und dadurch zu längeren erzählenden Passagen in Kontrast treten lässt, die sprachlich individuell markiert sind und in denen die handelnden Figuren in konzentrierter Form ihre gesamte Geschichte wiedergeben, die zum einen sehr konkret mit dem Handlungsort, zum anderen mit der ‚großen Geschichte', die an diesem nicht vorübergegangen ist, verbunden ist. Die Obsession der Personen zu erzählen, spiegelt die Notwendigkeit, den Erinnernden eine Stimme zu geben, um die Zeit, die vor über einem halben Jahrhundert gleichsam zum Stillstand gekommen ist, wieder in Bewegung zu setzen, denn:

> „Es geht nicht nur um das individuelle Gedächtnis, sondern auch um das Gedächtnis der Landschaft, die Spuren der verschwundenen Generationen trägt. […] Die Prosatexte Martin Fibigers bringen einen neuen, individuellen Blick auf den Genius Loci

23 Berendse, Gerrit-Jan: Die Überlebensfigur Sächsische Dichterschule. In: German Life and Letters 63/3 (2010), S. 280–294, hier S. 287.

24 Vgl. z. B. den Abschnitt „Studená severní města" [Kalte nördliche Städte]. In: Fridrich, Radek: Molchloch (1998–2003). Brno 2004 (Edice poesie Host 70), S. 49–56 oder dass das Frontispiz in Fridrich, Radek: V zahradě Bredovských (1996–1998) [Im Garten der Bredas]. Brno 1999 (Edice poesie Host 40) von Václav Vokolek stammt.

25 Vgl. Heller, Jan M.: Tkáň umírajícího kraje [Das Gewebe eines sterbenden Gebiets]. In: Souvislosti 16/3 (2005), S. 262–264, hier S. 263.

> der Sudeten, der durch seine vielschichtige Semantik und moderne Erzählverfahren fesselt und außerdem zu den grundlegenden Fragen des menschlichen Erlebens von Zeit und Raum vordringt."[26]

Dass auch die Landschaft über ein Gedächtnis verfügt, wird dadurch unterstrichen, dass diese personifiziert wird. Gleich zu Beginn von *Anděl odešel* ist zu lesen: „A za řekou valy kopců zvedající se k nebe, obrovské hlavy vyrostlé z břehů s řídkými vlasy stromů, kterými prosvítá bílá zem jako kůže, s nádory pískovcových skal na temeni"[27] [Und jenseits des Flusses erheben sich Bergwälle zum Himmel empor, riesige Köpfe, die mit schütteren Baumhaaren aus den Ufern emporwachsen, durch die der weiße Boden wie Haut durchscheint, mit Geschwülsten von Sandsteinfelsen auf dem Scheitel]. So muss es nicht verwundern, dass Fibiger über die ‚Sudeten' schreibt, dass sie für ihn vor allem der „hornatý prostor s úžasnou atmosférou" [das gebirgige Gebiet mit der großartigen Atmosphäre] seien, wo er „za každým kamenem" [hinter jedem Stein] eine Geschichte finde.[28]

4. Václav Vokolek oder die romantische nordböhmische Landschaft

Von Václav Vokolek, einem etwas älteren Autor und bildenden Künstler (geb. 1947), der wie Radek Fridrich aus Děčín stammt, im Gegensatz zu jenem aber nicht mehr dort lebt, gibt es zahlreiche sich zwischen Essayistik, Erinnerungen, Fiktion bewegende Texte, die die Landschaft Nordböhmens zum Gegenstand haben. Vokolek setzt sich intensiv mit Darstellungen der bizarren sächsisch-böhmischen Elb- und Erzgebirgslandschaft auf Bildern deutscher romantischer Maler auseinander: vor allem Caspar David Friedrichs und Ludwig Richters.[29] Daraus ging u. a. in Zusammenarbeit mit dem Fotografen Zdeněk Helfert das Buch *Mezi nebem a zemí* (2015; dt. *Zwischen Himmel und Erde*, 2015) hervor. Die Maler kamen in Bewunderung der Landschaft von Sachsen nach Nordböhmen herüber. Vokolek wählt nun mit Hans Altwurm einen Dresdner Protagonisten, der sich den Standorten

26 Tlustý, Jan: Cesta do hlubin Sudet. Nad prózami Martina Fibigera [Weg in die Tiefen der Sudeten. Zur Prosa Martin Fibigers]. In: Jungmannová, Lenka (Hg.): Česká literatura rozhraní a okraje [Tschechische Literatur der Grenzen und Ränder]. Praha 2010, S. 315–324, hier S. 317, S. 322f. Das tschechische Originalzitat lautet: „[N]ejde jen o individuální paměť, ale také o paměť krajiny, která nese stopy zmizelých generací. [...] Prózy Martina Fibigera přinášejí nový, osobitý pohled na genius loci Sudet, který zaujme mnohovrstevnatou sémantikou, moderními vypravěčskými postupy, a zároveň míří k základním otázkám lidského prožívání času a prostoru."

27 Fibiger, Martin: Anděl odešel [Der Engel ist fort]. Brno 2008, S. 5.

28 Strnad, Radek: Fibiger nachází za každým kamenem příběh [Fibiger findet hinter jedem Stein eine Geschichte]. In: Ústecký deník. Nr. 23. 28.01.2004, S. 18.

29 Auch Fridrich bezieht sich auf Richter und Friedrich. Vgl. Fridrich, Radek: Nebožky • Selige. Aus dem Tschechischen von Jana Krötzsch. Opava 2011, S. 67, S. 75.

der Bilder Friedrichs folgend durch die Sächsische und Böhmische Schweiz bewegt und sogar an denselben Kalendertagen in denselben Herbergen übernachtet wie einst der Maler.[30] Zu seinen Erkundungen dient ihm eine alte Landkarte, die *Neue Karte von Nordböhmen, der Oberlausitz und der Sächsischen Schweiz*, in die er die in den Skizzen und Bildern Friedrichs zu findenden Ausgangspunkte der Blicke und Landschaften einzeichnet.[31] Diese im ersten Viertel des 20. Jahrhunderts für den Verlag Heinrich Pfeifer in Rumburg (Rumburk) von C. C. Meinhold & Söhne in Dresden lithographisch erstellte und gedruckte Karte ist weder zeitgenössisch noch romantisch, sondern stammt aus einer Zeit dazwischen.[32] Wie ihr Titel andeutet, handelt es sich um eine Karte, die die Landschaft in ihrer Gesamtheit darstellt und nicht durch politische Landesgrenzen bestimmt wird.

Der Text Vokoleks beginnt mit folgendem philosophischen Credo Altwurms:

> „Im Spiegel der Seele des Liebhabers [von Bildern] werden Bilder von Bildern überlagert und es entsteht eine überaus verworrene Komposition. Der Traum eines jeden Bewunderers der Bilder ist es, im Zustand des Überlagerns zu verharren."[33]

Der Idealzustand ist demzufolge nicht die Eindeutigkeit, die Reduktion auf ein – das vermeintlich richtige – Bild, sondern gerade die Überlagerung, die Verworrenheit, die Existenz mehrerer Bilder in einem, wobei der Betrachter zum Teil des Bildes wird und „die falschen Interpretationen" laut Erzähler „zum Sinn des Daseins erhoben" gehören.[34] Das auf diese Weise erschlossene Bild bleibt immer dasselbe und ist es doch nie. Diese Vorstellung lässt sich von den künstlerischen Darstellungen der

30 Vgl. Vokolek, Mezi nebem (wie Anm. 9), S. 10; Ders., Himmel (wie Anm. 9), S. 10.

31 Vgl. ebd., S. 6.

32 Vgl. Neue Karte von Nordböhmen, der Oberlausitz und der Sächsischen Schweiz. URL: http://digitool.is.cuni.cz/R/CYBATY6F9RN8RPR6HRAPJC27IBKF2V811JEELXX696D-TF8A3Q4-00534 (27.07.2021). Wem sich hier eine Parallele zu Jaroslav Rudišs *Winterbergs letzte Reise* aufdrängt, in der Winterberg über die nationalstaatlichen Grenzen von 2019 die Karte des Baedekers von 1913 legt, der sei auf einen Unterschied hingewiesen: Altwurm erkennt explizit, dass die Karte kaum noch mit der Wirklichkeit übereinstimme und ihre Gültigkeit verloren habe, vgl. Vokolek, Mezi nebem (wie Anm. 9), S. 16; Ders., Himmel (wie Anm. 9), S. 16f. Eine Parallele zu Winterberg stellt hingegen dar, dass nicht nur dieser sich schließlich von seinem Buch trennt, sondern auch Altwurm seine Karte von einem Felsen in der Sächsischen Schweiz herunterwirft, wobei sie jedoch „zwischen dieser Welt und der Welt unten" hängenbleibt, vgl. ebd., S. 21. Die Karte ist doppelt unzeitgemäß und schwebt deshalb zwischen (vgl. das *Zwischen* aus dem Titel des Buches) der Welt der Romantik (oben; der *Himmel* aus dem Titel) und der Welt der Gegenwart (unten; die *Erde* aus dem Titel).

33 Vokolek, Himmel (wie Anm. 9), S. 5. „Obrazy v zrcadle milovníkovy duše jsou překrývány dalšími obrazy do velice zmatené kompozice. Ustrnout v překrývání je snem každého obdivovatele obrazů" Ders., Mezi nebem (wie Anm. 9), S. 5.

34 Vokolek, Himmel (wie Anm. 9), S. 5. „[...] by se mělo [...] chybné interpretace povýšit na smysl bytí!" Ders., Mezi nebem (wie Anm. 9), S. 5.

Abb. 4: Václav Vokolek/Zdeněk Helfert, Mezi nebem a zemí, 2005, S. [31]. (Fotografie). © Zdeněk Helfert.

Abb. 5: Václav Vokolek/Zdeněk Helfert, Mezi nebem a zemí, 2005, S. [49]. (Fotografie). © Zdeněk Helfert.

Abb. 6: Václav Vokolek/Zdeněk Helfert, Mezi nebem a zemí, 2005, S. [99]. (Fotografie). © Zdeněk Helfert.

Landschaft auf die Landschaft selbst, die Altwurm durch die Bilder betrachtet,[35] übertragen. Auch diese gehört allen und ist offen für Interpretationen. Die den Text begleitenden Fotografien von Zdeněk Helfert zeigen jeweils zwei der Friedrich'schen Rückenfiguren – in langem Mantel und mit Barrett – in der Landschaft.[36] Durch sie wird man bereits durch die Gestaltung des Umschlags in das Buch hineingezogen, da sie auf diesem schon in glänzendem Schwarz auf mattem schwarzem Grund abgebildet sind und in das Buch hineinschauen. Sie zeigen sich gegenseitig etwas, sind ins Erzählen vertieft, das offensichtlich ihr Aufenthalt in der Landschaft auslöst. Die Zeigegesten bestätigen die Dialoghaftigkeit ebenso wie das (deutschsprachige) *Geheime Tagebuch von einem Beobachter Seiner Selbst*, das Altwurm in seiner Herberge findet und mit dem er nach einem Jahr tot aufgefunden wird.[37] Es sind ER und ER miteinander in einem Gespräch, das den gesamten zweiten Teil des Buches bildet.[38]

Das Ineinanderfließen romantischer Bilder und zeitgenössischer Protagonisten verfolgte Vokolek bereits in seinem 2006 erschienenen Buch *Exily a úkryty v české krajině* (*Nahlédnutí za nízké horizonty*) [Exile und Verstecke in der böhmischen

35 Vgl. Vokolek, Himmel (wie Anm. 9), S. 6: „längst unterschied er nicht mehr zwischen dem, was auf dem Bild zu sehen war[,] und dem, was er vor sich sah". „dávno nerozeznával, co je na obraze a co před ním" Ders., Mezi nebem (wie Anm. 9), S. 6.

36 Der Abdruck erfolgt mit freundlicher Einwilligung von Václav Vokolek und Zdeněk Helfert.

37 Vgl. Vokolek, Mezi nebem (wie Anm. 9), S. 11, S. 21; Ders., Himmel (wie Anm. 9), S. 11, S. 21.

38 Vgl. Vokolek, Mezi nebem (wie Anm. 9), S. 22–110; Ders., Himmel (wie Anm. 9), S. 22–110.

Landschaft (Das Schauen hinter niedrige Horizonte)], in dem sich in insgesamt 23 Kapiteln fiktive Abschnitte mit essayistischen und Erinnerungspassagen an tschechische Künstler, die in Nordböhmen im ‚inneren Exil' lebten, abwechseln. Bei den vier fiktiven Abschnitten handelt es sich um einen fortlaufenden Text, der jeweils durch Bilder Friedrichs eingeleitet wird, die der Protagonist Klamm zu durchwandern und dabei Grenzen zu überschreiten imstande ist, wie andere Menschen durch die Malern als Modell dienenden wirklichen Landschaften wandern.[39] Auch weitere Figuren dieses Textes tragen zum Teil deutsche, sprechende Namen: Karl Traum, Frau (Thea) Dunkel, inženýr Šalebný [Ingenieur – wörtlich – täuschend, [be]trügerisch], Jáchym Trug.[40] Die Illusionshaftigkeit der Personen entspricht der im Text formulierten Idee, dass gerade das, was sich verberge, das Wesentliche der Welt, der Landschaft, eines Bildes sei.[41] Klamm ist nicht persönlich anwesend, er ist nur der Gegenstand der Erzählung, die reihum erfolgt, zu deren Gelingen mithin verschiedene Erzähler mit deutschen und tschechischen Namen beitragen. Klamm begibt sich bei seinem Betreten von Bildern Friedrichs u. a. in die Dresdner Galerie, wo er in das Gemälde *Zwei Männer in Betrachtung des Mondes* (1818) eintritt und den zwei Männern bei ihrem Gespräch lauscht.[42] In der Landschaft, in dem Bild sind die Worte gespeichert, die nur eines Erzählers harren.

Die romantisch konnotierten Texte Vokoleks stehen nicht unter dem Vorzeichen der Vertreibung,[43] die zwischen Romantik und Handlungszeit vonstattengegangen ist, sondern knüpfen an ein Erbe an, das als sächsisch-nordböhmisch bezeichnet werden kann. Wenig überraschend trägt das bereits erwähnte Doppel-Interview mit Vokolek und Fridrich die deutschsprachige Überschrift *Die romantische Landschaft*.[44] Vokolek sagt darin, dass die Landschaft wichtiger als der Mensch sei; Fridrich, dass ihn das Gedächtnis dieser Landschaft fasziniere und inspiriere.[45] Beide sind sich darin einig, dass die in ihr zu findenden deutschen Spuren ständig gegenwärtig seien.[46]

39 Vgl. Vokolek, Václav: Exily a úkryty v české krajině (Nahlédnutí za nízké horizonty). Praha 2006, S. 27, S. 115.

40 Vgl. ebd., S. 26, S. 28, S. 30.

41 Ebd., S. 31. Auch das tschechische Wort ‚klam' (vgl. den Namen ‚Klamm') bedeutet ‚Täuschung', ‚Illusion', ‚Trug'.

42 Vgl. ebd., S. 115.

43 Dieser hat er in den 1970er-Jahren zwei eigene Erzählungen, *Pátým pádem voláme smrt* [Den Tod rufen wir im Vokativ] und *Pátým pádem oslovujeme* [Wir reden im Vokativ an], gewidmet, die allerdings erst nach 1989 erscheinen konnten. Vgl. Vokolek, Václav: Pátým pádem [Im Vokativ]. Praha 1996; eine deutsche Übersetzung des Buches erschien 1999 unter dem Titel *Unangenehme Geschichte. Zwei Erzählungen*. Aus dem Tschechischen von Eleonore und Rainer Barczaitis. Hildesheim 1999 (bzw. Weimar 2005).

44 Vgl. Špánek, Landschaft (wie Anm. 18).

45 Vgl. ebd., S. I.

46 Vgl. Fridrich/Procházka, Krajina (wie Anm. 21), S. 3.

5. Jörg Bernig oder eine gescheiterte Utopie

Bereits 2002 veröffentlichte Jörg Bernig (geb. 1964), dessen Vorfahren väterlicherseits ihre deutschen Spuren in Nordböhmen hinterlassen haben, seinen Roman *Niemandszeit*, der seit 2004 unter dem Titel *Čas nikoho* auch in der tschechischen Übersetzung von Jana Kudělková vorliegt. Die Handlung bezieht sich auf das Jahr 1946; der tschechoslowakische Ort, an dem deutsche und tschechische Protagonisten, die sich gleichermaßen auf der Flucht befinden, zusammentreffen, wird charakterisiert als:

> „Abgelegen. Vergessen. Hingelehnt an den nördlichen Grenzwinkel. Ausläufer von Bergen stießen da, aus allen Himmelsrichtungen kommend, aufeinander, als wäre es ein verabredeter Treffpunkt. Oder als läge der ihnen allen gemeinsame Anfang irgendwo dort in der Gegend […].“[47]

Der „allen gemeinsame Anfang“ bezieht sich sowohl auf die Berge als auch auf die Menschen, „die auf dieser Insel in der Wildnis angespült werden“ und „die Male ihrer je eigenen Vergangenheit mit sich“ tragen, wobei ‚Täter‘ und ‚Opfer‘ – miteinander narrativ verschränkt – „einen neuen gemeinsamen Alltag suchen“.[48] Die Vergangenheit lässt sich jedoch „nicht einfach abstreifen und vergessen“,[49] sodass dieser utopische Versuch letztlich zum Scheitern verurteilt ist. Was allerdings nicht scheitert, ist das Erzählen. Über den kindlichen Protagonisten Frieder Mohaupt, dessen Name die letzten beiden Worte des gesamten Textes bildet,[50] heißt es: „Aus einem wie Frieder kann nur eines werden – ein Erzähler!“[51] Dem Erzähler gehört die Zukunft, nachdem der empfundene geschichtliche Stillstand, die ‚Niemandszeit‘, aufgehoben ist und die Zeit wieder weiterläuft, denn es ist nicht möglich, ohne Geschichte zu leben.[52] Die Vergangenheit dringt in das Leben ein, macht angreifbar und generiert zugleich das neue Erzählen jenseits ethnischer Zuordnungen.

6. Veronika Bendová oder das gescheiterte Suchen nach einer Dystopie

Noch ein neueres Phänomen sei erwähnt: das Infragestellen der Echtheit der Spuren. Veronika Bendovás (geb. 1974) Roman, um den es hier abschließend gehen soll, heißt mehrdeutig *Vytěženej kraj* [Das abgebaute Gebiet] (2019). ‚Kraj‘ bezeichnet

47 Bernig, Jörg: Niemandszeit. Stuttgart 2002, S. 23.

48 Fröschle, Ulrich: Niemandszeit, Niemandssöhne – Niemandsland. Zur Anamnese und Neuvermessung des Vertreibungskomplexes in der deutschen Literatur der Gegenwart. In: Almai, Frank; Fröschle, Ulrich (Hg.): Literatur im Kontext. Kunst und Medien, Religion und Politik. Festschrift für Walter Schmitz. Dresden 2014, S. 583–606, hier S. 591.

49 Ebd.

50 Bernig, Niemandszeit (wie Anm. 47), unpag. [S. 283].

51 Ebd., S. 272.

52 Vgl. ebd., S. 232.

einerseits die Gegend oder Landschaft, andererseits aber auch den Rand oder die Kante. Das Wort ist hier im doppelten Sinn zu verstehen als Gegend am Rand, fern des Zentrums. ‚Vytěženej' oder schriftsprachlich ‚vytěžený' steht für ‚abgebaut', ‚gefördert' im Sinne des Abbaus von Braunkohle, aber auch ‚ausgebeutet'. Es ist bereits alles herausgeholt, was zu holen war.[53] Und das bezieht sich in diesem Werk nicht nur auf die Braunkohle, sondern auch auf diese zerkraterte Gegend als Filmkulisse.[54] Denn darin besteht die Handlung des Textes, dass zwei Protagonisten in Nordböhmen unterwegs sind, um für eine Filmproduktion – es soll sich um einen tschechischen Krimi aus dem Norden handeln, der in den 1970er-Jahren spielt[55] – passende (damit ist gemeint: dystopische) Drehorte zu finden. Dabei stellt sich im Verlauf des Textes als zunehmendes Problem heraus, dass in den letzten Jahren bereits unzählige Filme in dieser Gegend gedreht worden sind und weitere sich gerade in Arbeit befinden. Es können keine ‚von der Kamera unberührten' Orte mehr gefunden werden, die gesamte Gegend ist bereits ausgebeutet. Zudem erweisen sich die Orte, die besonders geeignet hätten sein sollen, plötzlich in ihrer Hässlichkeit von einer ästhetischen Schönheit, die sie als ungeeignet ausweist. Eine Szene führt die Protagonisten nach Ústí nad Labem in die berühmt-berüchtigte Matiční ulice, in der 1999 eine Mauer errichtet (und nach erfolgreichen Protesten schnell wieder abgerissen) worden ist, um verschiedene dort lebende Bevölkerungsgruppen zu segregieren:

> „Vor ihnen, hinter einem Maschendraht mit der Aufschrift, dass der Zutritt verboten sei, erstreckten sich zwei sich gegenüberliegende Blöcke unglaublich kaputter Mietshäuser.
>
> Einige Wände waren schwarz geworden, anderswo waren ganze Kubikmeter Putz abgefallen. Den Häusern fehlten die Fenster, einigen auch die Dächer, von dort, wo einst eine Dachrinne war, wuchsen krumme Birken heraus. […] In dem äußersten Haus war irgendwann ein Geschäft oder eher ein Café gewesen. Über dem mit Stuck versehenen Torbogen, der von Gestrüpp überwachsen war, zeichnete sich auf dem Putz ein schlecht lesbarer Rest einer deutschen Aufschrift ab: *Johannes Wild. Kaffee und Konditorei.*
>
> ‚Das ist stark,' ließ sich Hugo hören. ‚Und ich hab' die Knipse im Auto gelassen …'
>
> ‚Dann lass' sie da. Das ist eher für einen Film aus dem Warschauer Ghetto als aus der Normalisierungszeit [= die 1970er/80er-Jahre in der ČSSR],' bemerkte Ira. Aber auch sie hatte der Blick auf diese Vernichtung der ursprünglich schönen Mietshäuser betroffen gemacht.
>
> Sie hob die Hand mit dem Handy und zoomte das Bild heran.
>
> ‚Die Aufschrift kommt mir irgendwie merkwürdig vor. Schließlich konnte hier kein deutsches Aushängeschild so viele Jahre nach dem Krieg durchhalten?'

53 Vgl. Bendová, Veronika: Vytěženej kraj [Das abgebaute Gebiet]. 2. Auflage. Praha 2020, S. 153.
54 Vgl. ebd., S. 155, S. 157.
55 Vgl. ebd., S. 61–64.

> Sie verband sich mit dem Internet und gab den Straßennamen in die Suchmaschine ein. […]
> ‚Sie haben hier einige Kriegsfilme gedreht. Auch einen tschechischen, und außerdem die Amerikaner was […].'"[56]

Es stellt sich hier die Frage, ob damit nicht bereits der von Joanna Czaplińska mit dem Generationenwechsel ab der Jahrtausendwende beobachtete Paradigmenwechsel in der Erinnerungskultur[57] nun nach Verlauf einer weiteren Generation einem abermaligen Wechsel unterliege bzw. ein bevorstehender weiterer Wechsel angedeutet werde. Die tatsächlichen Spuren werden durch nur vermeintlich echte überschrieben, wodurch ihre Authentizität in Frage gestellt wird. Das Interesse an dem zu teilenden Erbe hält an, selbst wenn ihm ‚nachgeholfen' werden muss. Aber auch diese – von internationalen Filmgesellschaften – neu aufgetragenen exterritorialisierenden Schichten (der fragliche Film spielte wohl in Hamburg) werden Teil des Palimpsests, schreiben sich über das Deutsche, über das sich das Tschechische schrieb.

7. Zusammenfassende Überlegungen

Die meisten hier betrachteten Texte agieren nicht nur transkulturell und verhandeln das Erinnern dialogisch, sondern es kommen neben dem literarischen weitere Medien zum Einsatz (bei Bendová der Film, bei Vokolek die Malerei, bei Fridrich die Frottage). Dies ausschließlich mit postmodernen Schreibweisen zu begründen, scheint eine verkürzte Deutung. Es lässt sich vielmehr annehmen, dass gerade darin ein Aspekt des ‚geteilten Erbes' zu sehen ist. Die Literatur entdecke nach und nach die verborgenen Dinge:

---

56 Ebd., S. 37. Das tschechische Originalzitat lautet: „Před nimi za pletivem se zákazem vstupu se táhly do dálky dva protilehlé bloky neuvěřitelně zničených činžáků.
Některé zdi byly zčernalé, jinde opadaly celé metry omítky. Domům chyběla okna, několika i střechy, z míst, kde býval okap, vyrůstaly pokroucené břízky. […] Na krajním domě kdysi býval obchod nebo spíš kavárna. Nad štukovaným obloukem vchodu, zarostlého keři, se na omítce rýsoval špatně čitelný zbytek německého nápisu Johannes Wild Kaffee und Konditorei.
‚To je síla,' hlesl Hugo. ‚A já nechal foťák v autě…'
‚Tak ho tam nech. Tohle je spíš tak na film z varšavskýho ghetta než z normalizace,' poznamenala Ira. I ji ale pohled na ten zmar původně krásných činžáků zasáhl. Zdvihla ruku s mobilem a přiblížila obraz.
‚Ten nápis se mi ale nezdá. Přece tu nemohl vydržet německej vývěsní štít tolik let po válce?'
Připojila se na net a zadala jméno ulice do vyhledavače. […]
‚Točili tu několik válečných filmů. I jeden českej, a kromě toho Američani něco […].'"

57 Vgl. Czaplińska, Joanna: Reflexe odsunu Němců v nejnovější české a slovenské próze psané ženami [Die Reflexion der Vertreibung der Deutschen in der neuesten tschechischen und slowakischen Prosa von Frauen]. In: Kratochvil, Alexander; Soukup, Jiří (Hg.): Paměť válek a konfliktů [Das Gedächtnis von Kriegen und Konflikten]. Praha 2016, S. 337–345, hier S. 337f.

> „Sie zögert nicht, sich durch die vergangenen Schicksale der deutsch sprechenden Bevölkerung inspirieren zu lassen, die sie schon nicht mehr als fremdes Element, sondern als Teil des hiesigen Universums wahrnimmt, das bis jetzt in den Mythen und in der Landschaft lebendig ist. Die Aufmerksamkeit gegenüber diesen Traditionen macht uns offener gegenüber Andersartigkeit. Das, was uns zunächst fremd bis feindlich erschien, wurde wieder zu einem wesentlichen Teil unserer eigenen Integrität und Identität.“[58]

Die Wertschätzung dessen, was zum Erzählen vorgefunden, aufgesammelt oder freigelegt wird, drückt sich darin aus, dass es produktiv durch Überführung in ein anderes Medium angeeignet, ihm seine Geschichte entlockt wird. Die Autoren schreiben sich damit gleichzeitig selbst in eine gemeinsame Geschichte ein. Es geht nicht nur um das Wahren des Erbes, sondern auch um das Mehren, nicht nur um das Nehmen, sondern auch um das Geben. Erst mit der Annahme des Erbes durch die nicht mehr beteiligte bzw. betroffene Generation setzt der Erzählvorgang (wieder) ein,[59] sodass nicht nur auf Vokolek die ethnisch undefinierte lateinische Bezeichnung als *scriptor BOHEMICUS* zutrifft, der im besten Sinne regionale Literatur schreibe.[60] Aus den gefundenen Spuren werden erzählte Texte, die jedoch, sofern sie von Autoren aus Nordböhmen stammen, noch eher kurz sind, eine fragmentarische Form oder einen Genremix aufweisen. Bendová und Bernig, die längere Texte mit einem größeren Erzählbogen vorlegen, stammen selbst nicht aus Nordböhmen.[61] Aber die

58 Harák, Ivo: Země pustá, nesličná? Severní Čechy v kontrastech (nejen) literárních [Leeres, abstoßendes Land? Nordböhmen in (nicht nur) literarischen Kontrasten]. In: Host 30/6 (2014), S. 26–29, hier S. 29. Das tschechische Originalzitat lautet: „Neváhá se inspirovat dávnými osudy německy hovořících obyvatel, které už nevnímá jako cizí živel, ale jako součást zdejšího univerza, doposud živého v mýtech i v krajině. Vnímavost k těmto tradicím činí nás otevřenějšími k jinakosti. To, co se nám zprvu zdálo cizí, až nepřátelské, stalo se znova podstatnou součástí naší vlastní integrity a identity.“

59 Vgl. Fridrich/Balaštík, Němčina (wie Anm. 19), S. 5: „Já a moji vrstevníci jsme vlastně první generace, která severní Čechy bere jako svůj domov, cítí nějakou identitu a snaží se ji objevit, poznat tento prostor […], proto o něm píšeme. Po tom, co tady kdysi bylo, zůstávají stopy – osudy lidí, kteří tady kdysi žili“ [Ich und meine Altersgenossen sind eigentlich die erste Generation, die Nordböhmen als ihr Zuhause betrachtet, eine Identität empfindet und sich darum bemüht, diesen Raum zu entdecken, kennenzulernen […], deshalb schreiben wir über ihn. Von dem, was hier einst war, bleiben Spuren – die Schicksale der Menschen, die hier einst lebten].

60 Vgl. Putna, Martin C.: Vnitřní exulant na vnější scéně [Ein innerer Exilant auf der Außenszene]. In: Matoušová, Věra (Hg.): Jméno Vokolek. Václav Vokolek, Vlastimil Vokolek, Vojmír Vokolek, Vladimír Vokolek, Květa Vokolková, Václav Vokolek [Der Name Vokolek. Václav Vokolek, Vlastimil Vokolek, Vojmír Vokolek, Vladimír Vokolek, Květa Vokolková, Václav Vokolek]. Praha 2011, S. 415–424, hier S. 417.

61 Rudiš schreibt seinen Roman *Winterbergs letzte Reise* auf Deutsch. In diesem Buch geht es immer wieder um ‚historische Anfälle‘ und die Thematisierung dessen, dass Winterberg einfach „erzählte […], weil er erzählen musste“, denn er wird von einer regelrechten Obsession zu erzählen getrieben, wie auch die häufig auftretende Anapher „Er erzählte […]“ verdeutlicht, vgl. Rudiš, Jaroslav: Winterbergs letzte Reise. Roman. München 2019, S. 93, S. 142f.

Zeit der großen Sprach- und Erinnerungslosigkeit scheint überwunden, es wird nun weniger der Vorgang der Vertreibung und/oder Neubesiedlung thematisiert, der mit einer fast gewalttätigen Konzentration auf die Gegenwart einherging.[62]

Einer der zentralen Begriffe der betrachteten Texte ist der der Landschaft, wobei in den Texten konkret die Landschaft an der Peripherie in den Blick genommen wird. In dem Klappentext zu Bendovás *Vytěženej kraj* heißt es: „V hlavní roli severní Čechy" [In der Hauptrolle Nordböhmen]. Gerade die Landschaft berge gleichzeitig Vergangenheit, Gegenwart und Zukunft in sich, sei „ein Kronzeuge der Schöpfung", wie Vokolek in seinem kurzen Text *Krajina na kraji*, das *Land am Rand* schreibt.[63] Sie ist eben nicht bloße Natur, sondern durch Eingriffe der Menschen aller Zeiten geprägt. Zudem wird unsere Wahrnehmung von ihr durch die Autoren gelenkt, wozu in starkem Maße die Inter- und Transmedialität, die Bezüge auf die Malerei und zum Film, dienen, die eine weitere Brechung darstellen. Es ist nicht nur die Wahrnehmung der Landschaft durch die Malerei bestimmt, sondern der Raum wird performativ im Erzählen erschaffen. Landschaft und Sprache an sich hängen eng zusammen, wenn man mit John B. Jackson beide genannten Elemente als „das sich allmählich entwickelnde, schöpferische Produkt aller gesellschaftlichen Kräfte" sieht.[64] An der Schaffung ihrer Lesbarkeit sind alle beteiligt (gewesen). Vokoleks, Fridrichs, Bendovás Protagonisten bewegen sich in dem Raum, während der Versuch, an einem Ort sesshaft zu werden, wie ihn Bernig darstellt, zwar zum Scheitern verurteilt ist, aber in positivem Sinne ins Erzählen übergeht. Bernig und Fibiger rücken stärker die Komponente ‚Zeit' in den Mittelpunkt, die auch bei Bendová eine nicht zu unterschätzende Rolle spielt, denn die beiden Protagonisten kommen im Grunde zu spät nach Nordböhmen, um die Dystopie zu finden, die sie dort suchen. Das Narrativ des ewig im Nebel versunkenen, zerkraterten, grauenhaften, unzivilisierten etc. Nordböhmens führt ein Eigenleben, das heute jedoch nicht mehr einlösbar ist.

62 Vgl. Vokolek, Unangenehme Geschichte (wie Anm. 43), S. 57: „[...] es verbindet sie nur dies: Sie erkennen die Vergangenheit ebensowenig an wie sie an die Zukunft glauben. Und die Gegenwart? Sie leben halt ..."

63 Vokolek, Václav: Krajina na kraji. The land on the Edge. Land am Rand. In: Bárta, Jaroslav; Vokolek, Václav: Krajiny na kraji. Lands on the Edge. Land am Rand. Praha 2005, unpag.

64 Jackson, John Brinckerhoff: Landschaft. Ein Resümee [1984]. Aus dem Englischen von Catrin Gersdorf. In: Franzen, Brigitte; Krebs, Stefanie (Hg.): Landschaftstheorie. Texte der Cultural Landscape Studies. Köln 2005 (Kunstwissenschaftliche Bibliothek 26), S. 29–44, hier S. 31.

Jan V. König

Figuren des Dritten in der tschechischen Gegenwartsliteratur als Figurationen des Shared Heritage

1. Zur Auseinandersetzung mit dem Thema Vertreibung in der tschechischen Gesellschaft und Gegenwartsliteratur

Seit der Jahrtausendwende lässt sich beobachten, dass sich Schriftsteller*innen in Tschechien vermehrt mit der Vertreibung der deutschsprachigen Bevölkerung aus der Tschechoslowakei nach dem Ende des Zweiten Weltkriegs auseinandersetzen. Hintergrund dieser verstärkten Beschäftigung sind die veränderten politischen und gesellschaftlichen Rahmenbedingungen im Ausgang der Samtenen Revolution 1989. Im politischen Feld waren der *Vertrag über gute Nachbarschaft* (1992) und die *Deutsch-Tschechische Erklärung* (1997) Meilensteine der Aussöhnung zwischen den Völkern.[1] Weil der Versöhnungsprozess vor allem aufgrund der Reparationsfrage ins Stocken geriet,[2] verlagerte sich die Aufarbeitung der zwischen 1938 bis 1946 stattgefundenen Ereignisse in die Wissenschaft, die Zivilgesellschaft und die Kultur. Der tschechische Historiker Vladimír Handl spricht von der Entdeckung der „Geschichte von unten"[3] und meint damit die Graswurzelbewegungen um Gruppen wie Antikomplex, die seit den 1990er-Jahren an der Er- und Aufklärungsarbeit über die jüdisch-tschechisch-deutschen Interferenzen mitwirken. Mit der Bildung der Deutsch-Tschechischen

1 Neben dem gegenseitigen Gewaltverzicht und der Erklärung über die friedliche Zusammenarbeit sind die Begriffe ‚Generation' und ‚Erbe' in den Vertragstext eingearbeitet. Die Präambel von 1992 betont die Verantwortung, die im Aufbau „dieses neuen, durch ein gemeinsames Erbe und gemeinsame Werte vereinten Europa" erwächst. In Artikel 24 des Vertrags wird explizit die Denkmalpflege erwähnt, der Bereich des Erbes wird dann aber auch auf „Orte und Kulturgüter, die von geschichtlichen Ereignissen sowie kulturellen und wissenschaftlichen Leistungen und Traditionen der anderen Seite zeugen" ausgeweitet. Beachtenswert ist die Wechselseitigkeit des Erbes, das sich als ein ‚gemeinsames Erbe' präsentiert. Als letzter Punkt der Einleitung wird konstatiert, dass „der jungen Generation bei der Neugestaltung der Beziehungen und der Zusammenarbeit zwischen ihren Völkern eine besondere Rolle zukommt". Dieser Punkt wird in Paragraph 29 noch einmal bekräftigt, wenn festgehalten wird, dass die zukünftige Beziehung „wesentlich von dem gegenseitigen Verständnis und der aktiven Beteiligung der jungen Generation abhängt." Vgl. den Vertragstext vom 27.02.1992: https://prag.diplo.de/cz-de/themen/politik/seite-text-nachbarschaftsvertrag/1126986 (04.08.2023).

2 Vgl. die Rechtsgutachten in Ermacora, Felix: Die sudetendeutsche Frage. München 1992.

3 Handl, Vladimír: Vertraute Fremde. Die tschechisch-deutschen Beziehungen 1989–2021. In: Ders.; Sapper, Manfred; Weichsel, Volker: Schlüsselland Tschechien. Politik und Gesellschaft in der Mitte Europas. Bonn 2023, S. 163–183, hier S. 172.

Historikerkommission (1990) und des Deutsch-Tschechischen Zukunftsfonds (1997) legten die Regierungen institutionelle und finanzielle Grundlagen für die wissenschaftliche und zivilgesellschaftliche Beschäftigung mit den Verbrechen des 20. Jahrhunderts. Wie notwendig die Erinnerungsarbeit bezüglich des jüdisch-tschechisch-deutschen Zusammenlebens vor 1945 in der Tschechoslowakei war, bezeugen die Ausführungen des tschechischen Historikers Jan Křen in seinem Werk *Die Konfliktgemeinschaft*. In dem 1996 publizierten Band kritisiert er seine tschechischen Landsleute wegen ihres Umgangs mit der deutschen Vergangenheit. Nach Křen sind auch die heutigen Tschech*innen „vom deutschen Erbe nicht unbeeinflußt, auch wenn sie sich das kaum eingestehen und bewußt machen."[4] Das fehlende Bewusstsein für die jüdisch-tschechisch-deutschen Interferenzen in der tschechischen Gesellschaft der 1990er-Jahre begründet er mit der generationalen Abfolge und der Einstellung der jeweiligen Generation zur Geschichte des eigenen Landes:

> „Die ältere Generation, die um diese Zusammenhänge weiß, vollzieht diese Einsicht deshalb nicht, weil sie immer noch Mißtrauen und das Gefühl erlittenen Unrechts und der Demütigung verspürt. Die jüngere Generation, bei der diese Barrieren nicht bestehen, ist sich jenes Erbes deshalb nicht bewußt, weil sie um die Zusammenhänge nicht weiß."[5]

Wie groß die Unwissenheit in der jüngsten Generation und wie wichtig die wissenschaftliche Aufarbeitung und das zivilgesellschaftliche Engagement für die Entstehung einer neuen Erinnerungskultur und -literatur in der Tschechischen Republik seit den 1990er-Jahren waren, lässt sich beispielhaft an den Äußerungen von Kateřina Tučková zu ihrem Roman über die Vertreibung der deutschsprachigen Bevölkerung aus Brünn (Brno) ablesen. Im Interview berichtet sie über ihre Recherchearbeit:

> „Nachdem ich auf das Thema gestoßen bin, habe ich drei Jahre recherchiert. Ich habe Material aus den 1990er Jahren gelesen, von Historikertreffen zum Beispiel, von Konferenzen, ich war in der Bibliothek und in Archiven, das war alles kein Problem. Schwierig war es, jemanden zu finden, der das selbst erlebt hat, Augenzeugen. Zum Glück habe ich einen Freund, der Historiker ist, der mir dabei geholfen hat, Frauen zu finden, die an dem Marsch teilnehmen mussten. […] Dank ihnen habe ich angefangen, tschechische Geschichte aus einer absolut anderen Perspektive zu betrachten. Und so habe ich auch bemerkt, dass es während unserer Erziehung – und ich meine die Erziehung aller Kinder in Tschechien – einen blinden Fleck gab, über den nicht gesprochen wurde, der tabu war. Deshalb musste ich darüber schreiben."[6]

---

4 Křen, Jan: Die Konfliktgemeinschaft. Tschechen und Deutsche 1780–1918. Aus dem Tschechischen von Peter Heumos. München 1996, S. 23.

5 Ebd.

6 Silke Bartlick im Gespräch mit Kateřina Tučková: „Ich halte nichts von kollektiver Schuld". In: Deutsche Welle. 19.03.2019. URL: https://www.dw.com/de/kate%C5%99ina-tu%C4%8Dkov%C3%A1-ich-halte-nichts-von-kollektiver-schuld/a-47965606 (09.08.2023).

Hier deckt sich Křens Analyse mit Tučkovás Perspektive. Wie der deutsche Historiker Tobias Weger feststellt, gab es in der tschechischen und slowakischen Gesellschaft seit 1945 keine Tabuisierung der Vertreibung, „sondern lediglich unterschiedliche Phasen, in denen jeweils unterschiedliche offizielle und nicht-offizielle Sichtweisen auf die Ereignisse dominierten."[7] Diese Perspektiven, so Weger, gingen je nach Zustand des gesellschaftspolitischen Diskursraumes „mit gewandelten Konnotationen einher."[8] Was hier zunächst als Widerspruch erscheint, löst sich auf, wenn man nicht von Tabus, sondern von marginalisierten Erinnerungen spricht. Es sind die vergessenen und unterdrückten Perspektiven auf die Vergangenheit, die in der tschechischen Gesellschaft seit der Jahrtausendwende neu verhandelt werden. Mit der neuen Generation „wandelten sich die Wahrnehmungen der Konflikte und der Blickwinkel, der nun auf das Miteinander zielte,"[9] was sich auch in der tschechischen Gegenwartsliteratur bemerkbar machte. Neben Tučkovás Roman sind unter anderem noch die Werke von Radka Denemarková, Jaroslav Rudiš oder Jakuba Katalpa zu nennen, die gegen das von Křen beschriebene Vergessen des geteilten Erbes in den Interferenzräumen Böhmen, Mähren und Schlesien anschrieben.

2. Figuren des Dritten in der tschechischen Gegenwartsliteratur zwischen Erinnerung und Erbe

Ein gemeinsames Merkmal der genannten Werke ist das gehäufte Auftreten von Figuren mit ‚multiplen Identitäten'.[10] Interferenz erscheint damit nicht nur als eine räumliche Dimension, sondern kommt auch über die Biografien literarischer Figuren zum Ausdruck. In seiner detaillierten Analyse der tschechischen und deutschen Literatur über die Vertreibung der Sudetendeutschen stellt Václav Smyčka in *Das Gedächtnis der Vertreibung* dieses Charakteristikum der tschechischen Erinnerungsliteratur heraus:

> „Nur eine oberflächliche Einsicht in die Gegenwartsliteratur über Vertreibung macht aber deutlich, dass im Mittelpunkt der Texte meistens weder rein tschechisch noch deutsch kodierte Figuren auftreten, sondern dass im Mittelpunkt gerade solche Figuren stehen, die sich entweder durch eine ambivalente Stellung oder eine ‚dritte'

---

7 Weger, Tobias: Flucht und Vertreibung. Die Tschechoslowakei und ihre Nachfolgestaaten. In: Einsichten und Perspektiven 1 (2021), S.130–141, hier S. 131.

8 Ebd.

9 Novotný, Lukáš: 20 Jahre Deutsch-Tschechische Erklärung. In: Liebold, Sebastian; Mannewitz, Tom; Petschke, Madleine; Thieme, Tom (Hg.): Demokratie in unruhigen Zeiten. Baden-Baden 2018, S. 441–454, hier S. 443.

10 Zu den multiplen Identitäten Böhmens und Prags vgl. Csáky, Moritz: Das Gedächtnis der Städte. Wien-Köln-Weimar 2010, S. 331–344.

> Perspektive auszeichnen. In erster Linie sind es sicher die Figuren, die durch ihre ‚vermischte' Herkunft gekennzeichnet sind."[11]

Für Figuren mit ambivalenter Stellung hat der Germanist Albrecht Koschorke die Bezeichnung ‚die Figur des Dritten' geprägt. In ihrem „Wechselspiel zwischen Selbst- und Fremdwahrnehmung"[12] lösen sie die binären Strukturen auf und ermöglichen eine Verwischung der Grenze von Eigenem und Fremden. Damit knüpfen Koschorkes Ausführungen an Theorien zur Hybridität, vor allem an Homi Bhabhas Theorie des Third Space an.[13] Während Bhabha die Identitäten in postkolonialen Räumen als Ausgangspunkt seiner Theorie nimmt, versteht sich das Koschorkes Konzept explizit als Analysekategorie für literarische Figuren in fiktionalen Texten. Beispielhaft nennt Koschorke Vermittler, Doppelagenten, Grenzwärter und Schmuggler als Figurationen dieses Dritten.[14] Durch die Überwindung binärer Strukturen zeigen sich diese Figuren als Herausforderung und Provokation für die Gesellschaft, innerhalb der erzählten Welten der Literatur wie auch außerhalb. Diese Figuren des Dritten rücken in den letzten Jahren auch in der Erinnerungskultur vermehrt in den Vordergrund des literarischen und wissenschaftlichen Diskurses. Im Begleitband zur Ausstellung *Geteilte Erinnerung/Rozdělené vzpomínky/Rozdelené spomienky* werden im Hinblick auf die jüdisch-tschechisch-deutsche Nachkriegsgeschichte solche Lebensgeschichten verstanden als

> „komplexe Biografien, die dem nationalen Entweder-Oder widersprechen: etwa die Biografien von Menschen aus deutsch-tschechisch oder deutsch-slowakisch(-ungarisch) gemischten Familien und von mehrsprachig aufgewachsenen Menschen, von deutschsprachigen Nazigegnern oder primär deutschsprachig sozialisierten Jüdinnen und Juden, die von den Nazis verfolgt und, wenn sie überlebten, nach 1945 häufig wieder wegen ihrer Deutschsprachigkeit diskriminiert wurden."[15]

Diese multiplen Identitäten zeichnen sich durch Mehrfachzugehörigkeit aus, die einerseits eine Stärke darstellt, andererseits diese Figuren aber auch zu vulnerablen Personen macht. So sind gerade solche Figuren prädestiniert, wie Traska bemerkt, Opfer von Diskriminierungen und Fremdzuschreibungen zu werden. Je nach Machtkonstellation erfahren sie Ausgrenzung, die besonders in der tschechischen Gegen-

---

11 Smyčka, Václav: Das Gedächtnis der Vertreibung. Interkulturelle Perspektiven auf deutsche und tschechische Gegenwartsliteratur und Erinnerungskulturen. Bielefeld 2019, S. 213.

12 Koschorke, Albrecht: Ein neues Paradigma der Kulturwissenschaft. In: Eßlinger, Eva; Schlechtriemen, Tobias; Schweitzer, Doris; Zons, Alexander (Hg.): Die Figur des Dritten. Ein kulturwissenschaftliches Paradigma. Frankfurt/M. 2010, S. 9–31, hier S. 26.

13 Vgl. Bhabha, Homi K.: The Location of Culture. Abingdon 2004.

14 Vgl. Koschorke, Ein neues Paradigma (wie Anm. 12), S. 29.

15 Traska, Georg: Einführung. In: Ders. (Hg.): Geteilte Erinnerungen. Tschechoslowakei, Nationalismus und die Vertreibung der deutschsprachigen Bevölkerung 1937–1948. Wien 2017, S. 8–22, hier S. 10.

wartsliteratur über die Vertreibung beschrieben wird. Wie Smyčka weiter ausführt, funktionieren die Figuren des Dritten in der tschechischen Gegenwartsliteratur „als Fokalisation der Handlung und vermitteln (nicht vertreten) den Lesern die Perspektive des ‚Anderen'."[16] Neben dieser textimmanenten Funktion stellt sich auch die Frage nach der Funktion dieser Figuren im wechselseitigen gesellschaftlichen Dialog des Erinnerns. Dafür fokussiert dieser Beitrag die Figuren des Dritten in drei Erzähltexten der tschechischen Gegenwartsliteratur und rekonstruiert die Prozesse der Diskriminierung, Marginalisierung und Fremdzuschreibung. Anschließend wird die Analyse in den Kontext aktueller Entwicklungen des tschechischen Erinnerungsdiskurses gestellt.

2.1. Die Figur der Zurückgekehrten in Radka Denemarkovás *Ein herrlicher Flecken Erde*

Die 1968 in Kutná Hora (Kuttenberg) geborene Radka Denemarková setzt sich in ihrem literarischen Werk mit verdrängten und vergessenen Teilen der tschechischen, europäischen und internationalen Geschichte auseinander. So unterhalten die drei Hauptfiguren ihres Romans *Příspěvek k dějinám radosti* (2014, dt. *Ein Beitrag zur Geschichte der Freude*, 2019) in Prag ein geheimes Archiv über die Gewalt gegen Frauen. Zuletzt veröffentlichte die promovierte Germanistin und Bohemistin mit *Hodiny z olova* (2018, dt. *Stunden aus Blei*, 2022) einen kritischen Roman über die chinesische Diktatur. Mit ihrem zweiten Roman *Peníze od Hitlera* (2006, dt. *Ein herrlicher Flecken Erde*, 2009) gelang Radka Denemarková nicht nur der Durchbruch auf dem tschechischen und internationalen Buchmarkt, sie gab dem tschechischen Erinnerungsdiskurs auch einen neuen Impuls für die Beurteilung der unmittelbaren Nachkriegsgeschichte. Dies liegt auch daran, dass der Roman das in der tschechischen Gesellschaft der Jahrtausendwende immer noch konfliktbeladene Sujet von der Vertreibung der Sudetendeutschen aus der Perspektive einer jüdischen Protagonistin behandelt. Im Mittelpunkt des Romans steht die Darstellung von Willkür und Gesetzlosigkeit, dem die Suche nach Gerechtigkeit gegenübergestellt wird. Hervorzuheben ist die achronologische Erzählweise: Der Text setzt mit der unmittelbaren Nachkriegszeit ein, springt dann in das Jahr 2005, wobei die Geschehnisse der Zwischenzeit durch die Protagonist*innen langsam aufgedeckt werden. Im Mittelpunkt des Romans steht die Hauptfigur Gita Lauschmannová. Die 1929 geborene Protagonistin wuchs in dem ostböhmischen Dorf Puklice (Puklitz) in einer deutschsprachigen jüdischen Familie auf. Doch Denemarková berichtet nicht von dem Naheliegenden, dem Menschheitsverbrechen der Shoah, sondern lässt die Erzählung mit der Rückkehr aus dem Konzentrationslager in den Heimatort

16 Smyčka, Das Gedächtnis (wie Anm. 11), S. 213.

einsetzen. Dort muss Gita Lauschmannová feststellen, dass die ehemaligen tschechischen Mitarbeiter den Familienbesitz beschlagnahmt haben. Als sie ihr Recht auf ihr Erbe einfordert, wird sie von der Anklagenden zur Angeklagten. In einem Verhör durch die zwei Mitarbeiter wird sie ermahnt:

> „Das hier ist nicht dein Zuhause. Kein Haus gehört dir hier. Hier gehört dir überhaupt nichts. Ihr habt den Krieg verloren. Euer ganzer Besitz ist im Namen des Präsidenten der Republik an den Staat gefallen. Alles wurde von uns rechtens konfisziert. Und mit dir Faschistengöre haben wir jetzt schon genug Zeit verloren. Wir haben nämlich anderes zu tun, als hier rumzuhängen. Es liegt ne Menge Arbeit an. Die Schuld deiner werten Familie ist unstrittig. Ausschlaggebend ist, welche Sprache gesprochen wurde. Und bei euch wurde hinter verschlossener Tür eindeutig nur Deutsch gesprochen."[17]

Es ist eine doppelte Ausgrenzung, die Lauschmannová erfährt: Durch den Antisemitismus erlebte sie das Trauma des Konzentrationslagers, bei ihrer Rückkehr erfolgt die Zuschreibung als Deutsche und die Enteignung ihres Besitzes durch die tschechische Bevölkerung. Gleichzeitig verlängert sich auch ihr Martyrium: Lauschmannová wird von den tschechischen Arbeitern niedergeschlagen und im Schweinestall gefangen gehalten. Es ist nur dem Mitgefühl einer Ehefrau zu verdanken, dass sie dieser zweiten Gefangenschaft entkommt.[18] Mit der doppelten Ausgrenzung spielt Denemarková auf die Mittler-Position vieler böhmischer Juden in der Tschechoslowakei der Zwischenkriegszeit an. Wie Kateřina Čapková in ihrer Analyse der jüdischen Geschichte Böhmens und Mährens feststellt, war eine grundlegende Bedingung für die Integration der jüdischen Bevölkerung die Akzeptanz in der Mehrheitsgesellschaft.[19] Nicht zuletzt durch die Wahl des Deutschen als Umgangssprache und die Orientierung am deutschen Liberalismus waren die böhmischen Juden in der Ersten Tschechoslowakischen Republik Fremde geblieben. Die Anerkennung des in der Shoa erlittenen Leids wird Lauschmannová nach dem Zweiten Weltkrieg versagt, und ihr wird seitens der Tschechen ausgerechnet eine deutsche Identität zugeschrieben. Dabei übersieht diese Zuschreibung die komplexen Verflechtungen böhmischer Juden mit den tschechischen und deutschen

17 Denemarková, Radka: Ein herrlicher Flecken Erde. Aus dem Tschechischen von Eva Profousová. München 2006, S. 38f. Tschechisches Original: „Tady nejni žádný tvoje doma. Žádnej haus už nejni tvůj. Tady už není tvýho nic. Válku jste prohráli. Jménem prezidenta republiky propad celej váš majetek státu. Všechno jsme po právu zabavili. Už jsme se s tebou, ty smrade, mazali až dost. Máme jinačí starosti než tady pauzírovat. A fůru práce. Vina tvý famílije je nezvratná. Podstatná byla a je vobcovací řeč. A ausgerechnet u vás se za zavřenýma dveřma šprechtilo vostošest." Dies.: Peníze od Hitlera. Brno 2021, S. 37.

18 Ihr Martyrium soll aber noch bis in die 1960er-Jahre weitergehen, als sie von zwei Männern in ihrer Prager Wohnung überwältigt und vergewaltigt wird.

19 Vgl. Čapková, Kateřina: Czechs, Germans, Jews? National Identity and the Jews of Bohemia, Aus dem Tschechischen von Derek und Marzia Paton. New York-Oxford 2015, S. 252.

Gemeinschaften. So sieht sie sich selbst als „tschechoslowakische Staatsbürgerin“ und als jüdische „Deutschböhmin“,[20] wird aber immer wieder mit neuen Identitätszuschreibungen konfrontiert:

> „Hören Sie, *dort*, von wo ich gekommen bin, hat man mir wiederum eingebläut, dass ich eine Jüdin bin. Dass ich eine Jüdin bin, wusste ich vorher nicht, zu Hause hat es mir keiner gesagt, erst kurz bevor wir in den Transport mussten… Und was kommt als Nächstes? Womöglich bin ich noch etwas anderes, etwas, wovon ich noch überhaupt keine Ahnung habe. Was werde ich als Nächstes erfahren, welches Etikett kriege ich dann verpasst?“[21]

Damit führt Denemarková die verschiedenen Identitätszuschreibungen ad absurdum. Zudem zeigt sie auf, wie das Nationale als Unterscheidungsmerkmal auch in der Tschechoslowakei fortgeführt wurde. Es entwickelt sich dadurch ein Kontinuum, in der Textstelle angezeigt durch „dort“ und den Verweis auf das Konzentrationslager. So verbindet sich in Denemarkovás Darstellung die Zeit des Zweiten Weltkriegs mit der Nachkriegszeit.

Die Erlebnisse dieser Jahre führen zu Gita Lauschmannovás Bemühungen am Ende ihres Lebens, „den beschmutzten Namen ihres Urgroßvaters wieder reinzuwaschen. Darum, dass der Kreislauf des Bösen unterbrochen wird.“[22] Um die Gerechtigkeit wiederherzustellen, sucht sie ihre Heimatgemeinde wieder auf mit dem Ansinnen, ein Denkmal für ihren Vater zu bauen. Dabei begegnet sie ihren Peinigern bzw. deren Nachfahren. Doch wie bereits fünfzig Jahre zuvor findet sie mit ihrem Anliegen kein Gehör. Ihre Erinnerung als Rückkehrerin in ihren Heimatort wird diskreditiert und die Verantwortlichen im Ort ziehen sich hinter die Paragraphen zurück.

Dass solche Vorgänge keine Einzelfälle, sondern Teil der jüdischen Erfahrungen in der tschechoslowakischen Nachkriegszeit waren, wurde in der Erinnerungsliteratur bereits beschrieben.[23] Mit der Perspektive einer jüdischen Böhmin verlieh Denemarková der vergessenen Erinnerung der jüdischen Bevölkerung in der Tschechoslowakei eine Stimme.

---

20 Denemarková, Ein herrlicher Flecken (wie Anm. 17), S. 56. Im tschechischen Original heißt es „československé občanství“ und „česká Němka“. Vgl. Dies., Peníze (wie Anm. 17), S. 56.

21 Ebd. Tschechisches Original: „Heleďte, vrátila jsem se *odtamtud*, kde do mě zas hustili, že jsem Židovka. A že jsem Židovka, to jsem nevěděla, doma mi to nikdo neřekl, až těsně předtím, než nás odvezli… A s čím na mě přijdete zítra? Třeba jsem ještě něco, o čem vůbec netuším. Co se dozvím příště, jakou nálepku budu muset nosit?“ Denemarková, Peníze (wie Anm. 17), S. 56. Hervorhebungen im Original.

22 Ebd., S. 288. Tschechisches Original: „Šlo jí o očištění jména vašeho pradědečka. Utnout řetězec.“ Denemarková, Peníze (wie Anm. 17), S. 290.

23 Vgl. u. a. Umlauf, Eva: Die Nummer auf deinem Unterarm ist blau wie deine Augen. Hamburg 2016, S. 125–161. Umlauf benutzt den Begriff der „Gefühlserbschaft“ zur Beschreibung ihres Judentums und für ihre Erfahrungen im Holocaust, die sie als Kleinkind erlebte. Vgl. ebd., S. 132.

2.2. Jan Štifters Kathy als Figur der Dagebliebenen

Eine andere Perspektive auf die Nachkriegszeit als Denemarková erschließt sich der Schriftsteller Jan Štifter. In seinen Werken beschäftigt sich der 1984 in České Budějovice (Budweis) geborene Journalist und Publizist mit der Geschichte der Region Südböhmen.[24] Sein Interesse an den historischen Ereignissen rund um Menschen, Häuser und Orte der Region prägt sein publizistisches wie auch sein literarischen Schaffen, wie beispielsweise in der Novelle *Café Groll* (2016), dem Roman *Sběratel sněhu* [Der Schneesammler] (2018) oder der Romanchronik *Paví hody* [Pfauenschmaus] (2022). Als Shared Heritage-Text wird Štifters Debütwerk *Kathy* (2014) untersucht, in dem die Lebensgeschichte seiner verstorbenen Großmutter behandelt wird. In der kommunistischen Tschechoslowakei sollte in der Familie die Erinnerung an Kateřina Štifterová überlagert werden, um sie schließlich ganz aus dem Familiengedächtnis zu löschen, wie Štifter in einem Gespräch berichtet:

> „Man sprach von einem Verwandten mütterlicherseits, der als Partisan gegen die Deutschen kämpfte. Aber von der zweiten Großmutter Kateřina Štifterová legte Jan nur ein Koffer Zeugnis ab. „Ich konnte sie nicht kennen. Sie starb im Dezember 1964. Sie war fünfzig“, erklärt er. „Ich habe das sonderbare Formular nur entdeckt, weil die Überlebenden vergessen haben, es zu verbrennen. Ansonsten hat nach ihr praktisch nichts überlebt. Außer ihre Kinder. Und die schwiegen. In der Zeit, als ich sie befragte, waren sie alt und starben einer nach dem anderen. Niemand wollte in diese Zeit zurück.“[25]

Am Beispiel der Großmutter zeigt sich, wie mit dem Heldenepos der kommunistischen Partisanenfigur andere Erinnerungsnarrative verdrängt wurden. Während in Štifters Familie zur Biografie der Großmutter geschwiegen wurde, um sie dem Vergessen preiszugeben, nutzte der zur Enkelgeneration gehörende Jan Štifter diese marginalisierte Erinnerung als Folie für sein literarisches Schaffen. Štifters Recherchen begannen mit einem Formular vom April 1946, mit dem sich die Großmutter als Angehörige der deutschen Minderheit registriert hatte. Dieses Formular hatte

24 Vorfahren Jan Štifters stammen aus Adalbert Stifters südböhmischem Geburtsort Oberplan (Horní Planá); verwandtschaftliche Beziehungen zu Stifter sind jedoch nur indirekt nachweisbar.

25 Musil, Josef: Jan Štifter: příběh Kathy pro Čechy i Němce [Jan Štifter: Kathys Geschichte für Tschechen und Deutsche]. In: barbar!. 02.11.2014. URL: https://www.casopisbarbar.cz/kultura/jan-Štifter-pribeh-kathy-pro-cechy-i-nemce (07.08.2023). Tschechisches Original: „Mluvilo se o příbuzném z matčiny strany, ten bojoval proti Němcům jako partyzán. Ale o druhé babičce, Kateřině Štifterové, vydal Honzovi svědectví až kufřík. ‚Nemohl jsem ji znát. Zemřela v prosinci 1964. Bylo jí padesát,‘ vysvětluje. ‚Ten podivný formulář jsem objevil jen proto, že ho pozůstalí zapomněli spálit. Jinak se po ní prakticky nic nezachovalo. Kromě jejích dětí. A ty mlčely. V době, kdy jsem se jich na to ptal, už byli staří a jeden po druhém umírali. Nikdo se k té době nechtěl vracet.‘“ Wenn nicht anders vermerkt, stammen alle Übersetzungen aus dem Tschechischen von dem Verfasser.

Stifter schon als Kind in einem alten Koffer auf dem Dachboden gefunden. Als zentrales Dokument und Ausgangspunkt des Schreibprozesses montiert Štifter die Meldung neben weiteren auffindbaren Dokumenten in die Novelle.[26] Letztlich brach auch die letzte lebende Tante, die den Koffer aufbewahrt hatte, ihr Schweigen und klärte Štifter über die Hintergründe der Familiengeschichte auf.[27]

Štifters Aufarbeitung der großmütterlichen Lebensgeschichte ist keine präzise Rekonstruktion der Ereignisse, dafür waren zu viele Dokumente zerstört und die Beteiligten bereits verstorben. Dadurch, dass ihm seine Großmutter unbekannt blieb, nutzte er Verfahren des literarischen Erzählens, um ihr Schicksal der Nachkriegsjahre nachzuzeichnen. Die Großmutter erscheint in der Novelle als die 1914 in einem Dorf südlich von České Budějovice geborene Kateřina Zahradniková. Neben dieser Verfremdung weist die Novelle ein hohes Maß an Literarizität auf, was sich in Komposition und Stil zeigt. Der Text ist in 37 kurze Kapitel gegliedert, die jeweils nur mit einer Jahreszahl überschrieben sind. Die zeitliche Verortung ist notwendig, da die Novelle keinem diachronen Aufbau folgt, sondern zwischen den Jahren springt. Dem Leser werden Fragmente und Mosaiksteine des Lebens von Kateřina Zahradniková präsentiert, was sich in der Erzählweise niederschlägt: Der heterodiegetische Erzähler besitzt vor allem eine Kommentarfunktion. Oft gibt er die Innenwelt der Hauptfigur wieder, die dem Lesenden sonst verborgen bliebe.

Ein weiteres Strukturmerkmal des Texts ist der Einsatz von Dialogen. Da die Figurenrede nur durch Spiegelstriche eingeleitet wird, obliegt die Zuordnung des Gesagten den Lesenden. Dadurch wirkt die Novelle, als ob Štifter darin die Akteure, aber vor allem die Großmutter, nach dem langen Schweigen zum Sprechen bringen und ihnen eine Stimme verleihen möchte. Die Nähe zum dramatischen Text bleibt durch das Szenenhafte und Dialogische groß. Auch weil der Erzähler nur eine geringe Präsenz zeigt, kommt die Gewalt und die Ungerechtigkeit dieser Zeit vor allem in der Figurenrede zum Ausdruck, wie der Einstieg in die Novelle verdeutlicht. Die Szene schildert die Befragung der verheirateten Kateřina Zahradniková wahrscheinlich durch einen tschechischen Verwaltungsbeamten:

„– Nachname?
– Schwarz.
– Vorname?
– Kateřina.
– Staatsangehörigkeit?
– Tschechisch.
– Ich frage Sie noch einmal. Langsam und deutlich, Frau Schwarz. Staatsangehörigkeit?
– Tschechisch.

26 Vgl. Štifter, Jan: Kathy. České Budějovice 2014, S. 54f.
27 Vgl. Musil, Štifter (wie Anm. 25).

- Hm...Sie wollen mich auf den Arm nehmen.
- Ich habe keinen Grund dazu.
- Und ich habe keine Lust den ganzen Tag mit dir zu verbringen. Dein Alter ist Deutscher. Er hat in der Wehrmacht gekämpft. Wie viele von uns hat er kaltgemacht? Hat er dir das nicht erzählt, als er dich hier fickte? Staatsangehörigkeit Deutsch. Merk dir das!“[28]

Die aggressive und vulgäre Sprache des tschechischen Beamten ist Ausdruck einer doppelten Herabwürdigung. Einerseits verdeutlicht die sexualisierte Sprache die Gewalt gegen Frauen in den Kriegs- und Nachkriegsjahren allgemein, andererseits äußert sich in der brachialen Rede auch die Geringschätzung ihrer Identität als Mensch zwischen tschechischer und deutschsprachiger Kultur. Über diesen Ort zwischen den Kulturen wird im Zusammenhang mit der Ehe berichtet. Kathy und der deutschsprachige Johann Schwarz hatten sich erst Ende 1938 kennengelernt und gleich im nächsten Jahr geheiratet. Als sie sich kennenlernten, war Kathy schon von einem tschechischen Mann schwanger. Johann Schwarz, von dem der Leser vor allem aus der Perspektive Kathys erfährt, wird positiv konnotiert und, wie es im tschechischen Text auf Deutsch heißt, als „Junge aus [dem J. K.] Böhmerwald“[29] bezeichnet. Mit der Hochzeit kommt bei der in einfachen Verhältnissen aufgewachsenen Kathy – ihre Mutter war verstorben, als sie zehn Jahre alt war – die Hoffnung auf, dass sie endlich ein normales Leben beginnt.[30] Die drei Kinder des Ehepaars kommen im Zweiten Weltkrieg zur Welt und wachsen zweisprachig auf, wobei das Tschechische ihnen näher ist. Der beginnende Krieg zerstört nicht nur die Familienstruktur, da Johann Schwarz sich zur Wehrmacht meldet, sondern wirft auch Fragen nach der Identität auf, die zuvor nur eine untergeordnete Rolle gespielt hatten. Kathy ist unentschieden zwischen der Perspektive ihres Ehemanns und der tschechischen Perspektive:

---

28 Štifter, Kathy (wie Anm. 26), S. 11. Tschechisches Original:
„– Příjmení?
- Schwarzová.
- Křestní jménho?
- Kateřina.
- Národnost?
- Česká.
- Zeptám se ještě jednou. Langsam und deutlich, Frau Schwarz. Národnost?
- Česká.
- Hm...Checete ze mě dělat vola.
- Nemám důvod.
- A já nemám chuť tady s tebou sedět do večera. Tvůj starej je Němec. Ve wehrmachtu bojoval. Kolik asi voddělal našich? Neřikal to to, když tě sem jezdil šukat? Národnost německá. Zapamatuj si to!“

29 Ebd., S.16.

30 Ebd. Tschechisches Original: „že konečně začne žít normálně“.

> „Wenn Kateřina nur mit Johann zusammenleben würde, würde sie wahrscheinlich alles glauben, was er sagt. Aber zum Glück gab es Vater Tomáš, der eine etwas andere Antwort auf alles hatte. In dieser Welt, in der es zwei verschiedene Wahrheiten über ein und dieselbe Sache gab, lebten Kateřina und die Kinder. Und Johann war nicht böse, er stimmte dem alten Tomáš öfter zu, als dieser ihm zustimmte. Auch das war etwas, worauf Kateřina stolz war – dass sie zwischen zwei Universen schweben und ihre Sterne verschlucken konnte, ein bisschen von jedem."[31]

In der Metapher der unterschiedlichen Universen zeigt sich am deutlichsten Kateřinas Position als Dritte. Die transnationale Ehe zwischen Kateřina und Johann ist dabei der Nukleus des südböhmischen Interferenzraums, der in den Vorkriegsjahren als Ort der Koexistenz gezeichnet wird. Als Brücke zwischen ihrem Ehemann und ihrem Vater nimmt Kateřina dabei eine hybride Stellung ein.

Doch gerade diese Position als Dritte wird ihr im Laufe der Jahre zum Verhängnis: Während des Krieges beginnt ihr Ehemann, beeinflusst durch die nationalsozialistische Propaganda, die Partnerschaft zu hinterfragen.[32] Es deuten sich erste Risse in der Beziehung an, als Johann sich in einem Gespräch daran stört, dass Kateřina keine Deutsche ist.[33] Mit dem Kriegsende wird Johann Schwarz gefangen genommen. Zwar macht Kateřina ihn in einem französischen Lager ausfindig, doch er bricht den Kontakt ab und kehrt nicht mehr nach Südböhmen zurück. Dort beginnen nach Kriegsende die Vertreibungen der Sudetendeutschen:

> „Dieses Gerede! Sie können uns doch nicht vertreiben. Sie wollen uns nur Angst einjagen. Sollen alle Deutschen Budweis verlassen? Außerdem ist nur Johann Deutscher. Wir hören von verschiedenen Seiten, wie viele Menschen durch den Krieg gestorben sind, den Hitler verursacht hat. Aber das war Hitler. Wir sind die Familie Schwarz."[34]

Glaubt die Protagonistin zunächst noch, sich gegen die zunehmende Nationalisierung wehren und die eigene Stellung verteidigen zu können, wird sie in der Nachkriegszeit von den Fremdzuschreibungen des tschechischen Verwaltungsapparats eingeholt. Ihr Leben wird zunehmend fremdbestimmt: Existenzielle Fragen, die Angst vor den Soldaten der russischen Armee und der regelmäßige, durch die Stadtverwaltung verordnete Wohnungswechsel hinterlassen Spuren im Selbstbewusstsein

31 Ebd., S. 22f. Tschechisches Original: „Kdyby Kateřina žila jen s Johannem, asi by dokázala uvěřit všemu, co říká. Ale naštěstí tu stál otec Tomáš, ktery na všechno měl trochu jinou odpověd. Ve světě, kde jsou na stejnou věc dvě různé pravdy, žila Kateřina i děti. A Johann se nehněval, se starým Tomášem souhlasil častěji než Tomáš s ním. I na tohle byla Kateřina pyšná – že dokázala plout mezi dvěma vesmíry a polykat jejich hvězdy, od každého kousek."

32 Vgl. ebd., S. 45–48.

33 Vgl. ebd., S. 47.

34 Ebd., S. 20. Tschechisches Original: „Tyhle řeči! Přece nás nemůžou vyhnat. Jen se nás snaží zastrašit. Že by měli odejít všichni Němci z Budějovic? A navíc, Němec je jen Johann. Z různých stran se doslýchá, kolik lidí zemřelo kvůli válce, kterou vyvolal Hitler. Ale to byl Hitler. My jsme Schwarzovi."

der Figur. In der Aberkennung der tschechischen Staatsbürgerschaft durch die Verwaltung und im steten Ortswechsel zeigen sich Charakteristika der Figur des Dritten, die nicht mehr wie in der Ehe mit Johann Schwarz positiv konnotiert sind, sondern in der Situation Isolation und Unsicherheit bedeuten.

In seiner Novelle erzählt Jan Štifter auf eindrucksvolle Weise die Geschichte von Flucht und Vertreibung aus der Perspektive einer Dagebliebenen. Kathy wehrt sich gegen ihr Schicksal, das ihr von ihren Landsleuten auferlegt wurde, und verbleibt trotz aller Widerstände in České Budějovice. Dabei lenkt Štifter den Blick auf diese Repressalien und verleiht damit einem vergessenen Kapitel der tschechisch-deutschen Beziehungen eine neue Relevanz.

2.3. Kateřina Tučkovás Roman *Gerta* und die Figur der zurückgekehrten Deutschen

Eine andere Perspektive auf die Nachkriegsjahre als Štifter und Denemarková nimmt die 1980 in Brno geborene Kateřina Tučková ein. Die Schriftstellerin thematisiert in ihren Werken vergessene Kapitel der tschechischen Gesellschafts- und Regionalgeschichte. In dem 2014 veröffentlichten Roman *Fabrika* [Die Fabrik] erzählt sie die Familiengeschichte des Unternehmers Johann Heinrich Offermann, der im Brünn des 18. Jahrhunderts zum Textilunternehmer aufstieg. Der 2022 erschiene Roman *Bílá Voda* [Weißwasser] behandelt das Schicksal von katholischen Ordensschwestern in der kommunistischen Tschechoslowakei. Große Aufmerksamkeit erregte ihr Debütroman *Vyhnání Gerty Schnirch* (2009, dt. *Gerta. Das deutsche Mädchen*, 2018). In Deutschland setzte die literarische Anerkennung erst verspätet ein. Als die Tschechische Republik 2019 Gastland der Leipziger Buchmesse war, wurde auch Tučkovás Roman ins Deutsche übersetzt, wodurch eine breite Rezeption in den deutschsprachigen Medien möglich wurde.

Anders als bei Štifter und dem verschwiegenen Familienerbe war es bei Tučková die vielfältige Geschichte ihrer Heimatstadt, die den Schreibimpuls auslöste. Während ihrer Studienzeit bezog sie eine Wohnung in einem Brünner Stadtteil, der bis in die Nachkriegszeit von der deutschsprachigen Gemeinschaft bewohnt wurde, und stieß dabei auf die deutsche Geschichte des Ortes:

> „Als ich dann meine erste eigene Wohnung bezogen habe, bin ich jeden Tag an einer Inschrift an einer alten Fassade vorbeigelaufen: ‚Mährische Glas- und Spiegelindustrie'. Und weil ich gar nichts über die Anwesenheit von Deutschen in meiner Stadt wusste, wurde ich neugierig. Warum stand das da noch im Jahr 2002, 2003? Und warum sind keine Deutschen mehr da? Was ist passiert?"[35]

35 Silke Bartlick im Gespräch mit Kateřina Tučková (wie Anm. 6).

Die Vielschichtigkeit der Stadt, die sie mit anderen urbanen Strukturen Mitteleuropas teilt,[36] löste bei der damaligen Studentin einen Verstehens- und Schreibprozess aus. Hinzukommt auch der gesellschaftliche Wandel, der in der tschechischen Gesellschaft nach dem Fall des Eisernen Vorhangs eingesetzt hat und auch auf die Autorin gewirkt hat. Als ein Kind der 1990er-Jahre,[37] wie sich Tučková selbst bezeichnet, erfuhr sie in ihrer Jugend die „stärkere Betonung auf Menschenrechte, auf gesellschaftliche Fragen, auf Kultur und die feinsinnigeren Fragen rund um unser Leben: das alles hat mich geformt."[38]

Diesen umfassenden Blick auf die Ereignisse der Vertreibung unternimmt Tučková auch in ihrem Werk *Gerta*. Auch wenn die Geschehnisse und die Folgen den thematischen Schwerpunkt des Romans bilden, setzt der Roman schon in den 1920er-Jahren ein und erzählt auch die Vorgeschichte und die Kriegszeit. Eine breite Perspektive ermöglichen auch die erzähltechnischen Verfahren des Romans. Der heterodiegetische Erzähler legt zwar einen Schwerpunkt auf Gerta, aber durch die wechselnde interne Fokalisierung erhalten die Leser*innen Einblick auch in das Innenleben anderer Figuren. Durch die Montage von Briefen und Reden wird dieses Verfahren noch unterstützt, das den Leser*innen ein umfassendes Wissen über die erzählte Welt bietet. So erfahren die Leser*innen in einem Brief von dem Verbleib des Bruders Frieder nach dem Zweiten Weltkrieg, ein Brief, der Gerta nie erreichen wird. Ähnlich wie in Jan Štifters *Kathy* ist die Familienkonstellation für die Handlung von großer Bedeutung. Gertas Vater ist ein Sudetendeutscher, der sich im Laufe der 1930er-Jahre immer weiter radikalisiert und der nationalsozialistischen Ideologie nahesteht. Die tschechische Mutter wird für Gerta zur zentralen Orientierungsfigur. So wachsen die Kinder in einem mehrsprachigen Elternhaus auf. Doch mit der Besetzung der Tschechoslowakei durch deutsche Truppen und der Radikalisierung des Vaters ändert sich auch das Familienleben. Vor allem die Mehrsprachigkeit und die Mehrfachzugehörigkeit werden dabei zum Makel:

> „[Die Mutter] würde nicht einmal dagegen aufbegehren, dass er ihr täglich vorhielt, eine ‚typische Tschechin' zu sein. Sie würde sich nicht widersetzen, Gerta schon. Andererseits war es ja ganz natürlich, dass Gerta die Dinge infrage stellt. Zum Beispiel, warum sie nicht mehr Tschechisch sprechen durfte. Sie hatten die beiden schließlich zweisprachig erzogen, Gerta und Frieder. Sie wechselten problemlos von einer in die andere Sprache, als sei nichts gewesen, genauso wir ungefähr die Hälfte der Kinder, die sie kannten. Ist denn nicht jeder Brünner auch ein bisschen Wiener? Wie viele

---

36 Vgl. Csáky, Das Gedächtnis (wie Anm. 10), S. 96–99.

37 Vgl. Hochweis, Olga: „Ich bin ein Ergebnis der 90er-Jahre". In: Deutschlandfunk Kultur. 06.03. 2019. URL: https://www.deutschlandfunkkultur.de/tschechische-autorin-katerina-tuckova-ich-bin-ein-ergebnis-100.html (04.09.2023).

38 Ebd.

> Brünner waren wenigstens imstande, beide Sprachen zu verstehen? Alle. Er hatte Deutsch mit ihnen gesprochen, sie Tschechisch.“[39]

Mit dem Zweiten Weltkrieg lösen sich die Familienbande jedoch auf: Die Mutter verstirbt 1942, Frieder kämpft als Soldat und der Vater stirbt bei einem Luftangriff der sowjetischen Armee. So bleibt Gerta bei Kriegsende allein mit ihrer jungen Tochter zurück und ist den Konflikten der Nachkriegszeit schutzlos ausgeliefert. Ähnlich wie in Štifters Novelle ist auch Gerta eine Figur des Dritten, deren Identität nun zur Verhandlung steht. Diese Neuordnung der Verhältnisse wird mit Bezug auf Brno wie folgt beschrieben:

> „Die Stadt war in Bewegung, sie ordnete sich neu, bewohnte Wohnungen leerten sich, unbewohnte füllten sich, an den Stadträndern entstanden neue Gefängnisse, Brünn wand sich im Nachkriegschaos, an jedem neuen Morgen war alles ein bisschen anders. Das war nicht mehr die Stadt im ständigen Spagat zwischen deutschen und tschechischen Befindlichkeiten, von Tag zu Tag wurde sie Gerta fremder.“[40]

Diese Entfremdung gipfelt in der Vertreibung der deutschsprachigen Bevölkerung aus der südmährischen Metropole, die im Roman eine zentrale Stellung einnimmt. Bei dieser ‚wilden‘ Vertreibung mussten ab dem 31. Mai 1945 etwa 26 000 Deutsche die Stadt verlassen.[41] Die Deutschen wurden zu Fuß zur österreichischen Grenze getrieben, wobei viele aus Erschöpfung oder wegen Epidemien und Gewaltakten ihr Leben ließen. Tučková stellt die Vertreibung und die damit verbundenen Leiden in ihrem Roman besonders nachdrücklich heraus. Die Autorin war selbst den Weg nachgelaufen, den die Vertriebenen damals gehen mussten. In diesem Reenactment zeigt sich eine tiefe emotionale Verbundenheit.

Während der Flucht meldet sich Gerta als arbeitsfähige, junge Frau zum Arbeitseinsatz in der Landwirtschaft und darf deshalb in der Tschechoslowakei bleiben. Im grenznahen Ort Perná kommen sie und ihre Tochter bei der Witwe Zipfelová unter,

---

39 Tučková, Kateřina: Gerta. Das deutsche Mädchen, Aus dem Tschechischen von Iris Milde. Berlin 2019, S. 41. Tschechisches Original: „Nenapadlo by ji se mu vzpírat, ani co se týče jejího češství, které jí předhazoval dennodenně. Ji by to nenapadlo, ale Gertu ano. Však je to tak přirozené, proč by se ho nemohla Gerta ptát, proč ji zakazuje mluvit česky? Učili je to tak přece oba, ji a Fridríška. Přecházejí z jazyka do jazyka, jako by se nechumelilo, stejně jako dobrá polovina dětí, se kterými se znají. Copak každý Brňák není trochu Vídeňák? Kdopak tady v Brně alespoň nerozuměl oběma jazykům? Všichni. On na ně mluvil německy, ona česky.“ Dies.: Vyhnání Gerty Schnirch. Brno 2009, S. 37f.

40 Ebd., S. 91. Tschechisches Original: „Město se přeskupovalo, hýbalo, obývané byty se vyprazdňovaly, neobývané zaplňovaly, na periferiích byli noví vězněnění, Brno se kroutilo v poválečném zmatku, den ode dne se proměňovalo. Už to nebylo město svých obyvstel rozkročených v česko-německém sváru a zápolení, den ze dne bylo víc cizí.“ Tučková, Vyhnání (wie Anm. 39), S. 73.

41 Vgl. Brandes, Detlef: Der Weg zur Vertreibung 1938–1945. Pläne und Entscheidungen zum ‚Transfer‘ der Deutschen aus der Tschechoslowakei und aus Polen. München 2011, S. 379.

die selbst zur österreichischen Minderheit im Dorf gehört. Nach sechs Jahren harter landwirtschaftlicher Arbeit und sozialer Isolation kehrt sie wieder in ihre Heimatstadt zurück. Dort versucht sie durch alte Kontakte an eine Arbeitsstelle und eine Wohnung zu kommen. Doch das Leben als Staatenlose und die veränderten gesellschaftlichen und politischen Rahmenbedingungen lassen Gerta zu einer Außenseiterin werden. Sie lebt „in einer Art Zwischenraum zwischen den Nationalitäten, mit einer zerrütteten Beziehung zu beiden Seiten."[42] So befindet sich die Hauptfigur in ihrer Heimatstadt, ohne sich heimisch zu fühlen. Erst dank der Enkelgeneration und ihres zivilgesellschaftlichen Engagements bekommt Gerta die Anerkennung ihres Leids, die ihr zuvor verwehrt geblieben war.

3. Das geteilte Erbe und die Ausdifferenzierung der tschechischen Erinnerungsnarration

Welche Gemeinsamkeiten haben die drei Protagonistinnen und in welcher Beziehung stehen die betrachteten literarischen Texte für ein Shared Heritage in der tschechischen Erinnerungskultur? Wie die Slawistin Alfrun Kliems treffend herausgearbeitet hat, funktionieren die Vertreibungsgeschichten als ‚Frauengeschichten'.[43] Die Protagonistinnen fungieren dabei „als transterritorial Überlebende, die den Heimatraum zwar verlassen [...], ihn sich zugleich aber in der Erinnerung bewahren."[44] Dabei erinnern und repräsentieren die Hauptfiguren die vielfältigen Interferenzräume der Vorkriegsjahre. So stehen die Figuren in einer „breiteren ‚Erinnerungslandschaft'", in der „am Rande auch der Holocaust, der nationalsozialistische Terror in den okkupierten Ländern oder die späteren kommunistischen Diktaturen thematisiert" werden.[45]

Doch während Kliems die Vertreibung und das Verlassen der Heimat betont, steht für das Shared Heritage ein anderes Motiv im Vordergrund. Trotz aller Widrigkeiten verlassen die drei Frauen ihre Heimat nicht bzw. kehren in diese zurück. Als Dagebliebene bzw. Zurückgekehrte werden sie zu einer Provokation für die Mehrheitsgesellschaft, weil sie sich dem Schicksal der Vertreibung nicht ergeben. In der Nachkriegszeit rufen die Figuren Gewalt, Aggression und Ausgrenzung hervor, die

42 Tučková, Gerta (wie Anm. 39), S. 312. Tschechisches Original: „v meziprostoru národností, s rozpolceným vztahem ke všemu kolem." Dies., Vyhnání (wie Anm. 39), S. 239.

43 Vgl. Kliems, Alfrun: Der absentierte Mann. Zur figurativen Dominanz des Weiblichen in der Vertreibungsliteratur (Denemarková, Katalpa, Tučková). In: Dorn, Lena; Nekula, Marek, Smyčka, Václav (Hg.): Zwischen nationalen und transnationalen Erinnerungsnarrativen in Zentraleuropa. Berlin-Boston 2021, S. 131–151, hier S. 132.

44 Ebd., S. 148.

45 Smyčka, Das Gedächtnis (wie Anm. 11), S. 216.

erst durch Rückzug aus der Mehrheitsgesellschaft beendet werden. Gerta lebt zurückgezogen in Brno und führt einen schweren Kampf gegen die Behörden. Kathy verflucht am Ende der Novelle den deutschsprachigen Gesang ihrer Nachbarin Kleinová.[46] Gita stirbt verbittert, ohne ihr Ziel erreicht zu haben. In ihren selbstverfassten Erinnerungen hält sie fest:

> „Ich weiß noch nicht alles, das Mosaik ist nicht vollständig, ich werde alles, was ich bisher geschrieben habe, zerreißen, es ist nicht meine Geschichte, die ich mit mir herumtrage, ich schleppe Geschichten von anderen mit, man hat sie mir auf den Buckel geladen, mich mit ihnen beschwert, mir die Entscheidungsfreiheit genommen, mir wurde der Erbanteil fremder Taten aufgenötigt."[47]

Nun könnte man das Leid der Figuren als Beispiel für das Scheitern des transkulturellen Projekts lesen. Dabei würde man aber die wichtige Funktion dieser Figuren des Dritten für die heutige Gesellschaft verkennen. Das kulturelle und familiäre Erbe fungiert dabei wie angedeutet als „Mittler zwischen Vergangenheit und Zukunft".[48]

Die „negativen Erinnerungen"[49] sollen uns dazu bewegen, die gegenwärtige politische und gesellschaftliche Ordnung zu hinterfragen. Für den Erinnerungsdiskurs bedeutet dies, die Täter-Opfer-Dichotomie aufzubrechen, um den Diskurs weiter auszudifferenzieren. Dazu hat die vorgestellte Literatur einen wesentlichen Beitrag, indem sie veranschaulicht, wie in der tschechischen Nachkriegsgesellschaft mit den menschlichen Schicksalen und den Erinnerungen von Minderheiten umgegangen wurde. Die drei Hauptfiguren Gita, Kathy und Gerta repräsentieren in den hier behandelten Texten das marginalisierte Gedächtnis der Vertreibung und der kulturellen Konflikte der unmittelbaren Nachkriegszeit.

Das Zwiegespräch zwischen Lebenden und Toten ermöglicht die zeitliche Simultaneität und Mehrstimmigkeit, die schließlich zur angesprochenen Ausdifferenzierung des Erinnerungsdiskurses führt. Diese Gleichzeitigkeit führt zu einer multidirektionalen Erinnerung, also dem Nebeneinander unterschiedlicher Erinnerungen, die nicht als Konkurrenz zueinander, sondern als komplementäre Narrationen zu verstehen sind. Narrative sollen nicht gegeneinandergestellt werden, sondern miteinander in Verbindung gebracht und additiv ergänzt werden. Dabei gilt es, „die

46 Vgl. Štifter, Kathy (wie Anm. 26), S. 87.

47 Denemarková, Ein herrlicher Flecken (wie Anm. 17), S. 291f. Tschechisches Original: „Ještě nevím všechno, ještě ta mozaika není zaplněná, co jsem zapsala, všechno roztrhám, nenesu svůj příběh, poponáším příběhy jiných, nakládali mi je na hrb, těžknu, nerozhoduju, přebírám dědický podíl cizích činů." Dies., Peníze (wie Anm. 17), S. 294.

48 Vedder, Ulrike: Erbe und Literatur. Testamentarisches Schreiben im 19. Jahrhundert. In: Willer, Stefan; Weigel, Sigrid; Jussen, Bernhard (Hg.): Erbe. Übertragungskonzepte zwischen Natur und Kultur. Berlin 2013, S. 126–159, hier S. 126.

49 Vgl. Koselleck, Reinhard: Formen und Traditionen des negativen Gedächtnisses. In: Knigge, Volkhard; Frei, Norbert (Hg.): Verbrechen erinnern. Die Auseinandersetzung mit Holocaust und Völkermord. Bonn 2005, S. 21–32.

Leerstellen der Erinnerung“[50] zu schließen, was letztlich dazu führt, dass nationale Meistererzählungen ihre dominante Stellung verlieren und durch neue Perspektiven ergänzt werden. So lassen sich die drei Protagonistinnen als Figurationen des Shared Heritage interpretieren, als Repräsentantinnen eines geteilten Erbes, die die wechselhaften Interferenzen des böhmischen und mährischen Raums in sich vereinigen. Mit der Konzeption und Gestaltung der Hauptfiguren als Figuren des Dritten wird in den Texten das Denken in nationalen Kategorien infrage gestellt, indem die jüdisch-tschechisch-deutschen Interferenzen als geteiltes resp. gemeinsames Erbe herausgestellt werden.

Diese Ausdifferenzierung des tschechischen Erinnerungsnarrativs blieb im politischen Feld nicht ohne Wirkung. Nach Erscheinen von Kateřina Tučkovás *Gerta* bat der Brünner Stadtrat 2015 bei den deutschen Opfern um Vergebung, sicherlich eine Reaktion auf die literarische Darstellung des Brünner Todesmarschs im Roman und dessen Erfolg auf dem tschechischen Buchmarkt. Aber auch im Konflikt von tschechischer Regierung und den Nachfahren der Sudetendeutschen entspannten sich die Fronten. Standen sich die tschechische und die bayrische Regierung zur Jahrtausendwende wegen der Frage der Restituierung noch unversöhnlich gegenüber, näherten sich die beiden Seiten im Laufe der Jahre an. Als ‚Pfingstwunder‘ bezeichnet der tschechische Botschafter in Deutschland den Besuch seines Ministerpräsidenten Petr Fiala und des Staatspräsidenten Petr Pavel mit Vertretern der bayrischen Staatsregierung, die sich immer als politische Vertreter der sudentendeutschen Interessen verstanden.[51] So fand schließlich auch im politischen Raum eine Annäherung statt, die vor zwanzig Jahren noch undenkbar gewesen war.

Denemarková, Štifter und Tučková folgen mit einer empathischen und respektvollen Annäherung an das fremde Erbe dem dialogischen Erinnerungsmodell.[52] Die Interferenzen stoßen als eine Art Beschleuniger der Erinnerung den Produktionsprozess an, der die vorhandenen Texte überhaupt erst entstehen ließ. Auch wenn die Figuren einen leidvollen Prozess durchlaufen, zeigt sich im Leseprozess ein empathischer Umgang mit dem Erbe des Anderen. Dadurch entstand in der tschechischen Erinnerungsliteratur der letzten Jahre, vorangetrieben durch die zivilgesellschaftliche und kulturelle Entwicklung, ein „‚mitfühlendes‘ Gedächtnis“.[53]

---

50 Davies, Franziska; Makhotina, Katja: Offene Wunden Osteuropas. Reisen zu Erinnerungsorten des Zweiten Weltkriegs. Bonn 2022, S. 14.

51 Vgl. Kafka, Tomáš: Es gibt noch Wunder. In: Frankfurter Allgemeine Zeitung. 01.06.2023. URL: https://www.faz.net/-iw3-b9rn0 (15.06.2023).

52 Vgl. Assmann, Aleida: Das neue Unbehagen in der Gedächtniskultur. 3. Auflage. München 2020, S. 196.

53 Agazzi, Elena: Gedächtnis/Erinnerung. In: Öhlschläger, Claudia; Niehaus, Michael (Hg.): W.G. Sebald Handbuch. Stuttgart 2017, S. 206–212, hier S. 207.

Aleksandra Burdziej

Von gebrochenen Erinnerungen zum gemeinsamen Erbe. Flucht und Vertreibung in der Literatur der deutschen Enkel

Flucht und Vertreibung der deutschen Bevölkerung aus dem östlichen Europa stellen sowohl in Polen als auch in Deutschland ein brisantes und immer noch aktuelles Thema dar, das auf beiden Seiten der Oder nichts an politischer Sprengkraft eingebüßt hat. Und das, obwohl seit Ende des Zweiten Weltkriegs über 75 Jahre vergangen sind. So ist es nicht verwunderlich, dass nach wie vor erhitzte geschichts- und erinnerungspolitische Diskussionen um diese die Geschichte Polens und Deutschlands betreffenden Ereignisse, die auch Fragen der nationalen Zugehörigkeit berühren, geführt werden. In erster Linie geht es dabei um Formen und Fragen des Erinnerns – und darum, wie der deutschen Opfer des Zweiten Weltkrieges angemessen gedacht werden sollte. Vor diesem Hintergrund stellt sich die Frage, ob angesichts der Ausmaße der deutschen Verbrechen ein angemessenes Gedenken überhaupt möglich sei. Diese Problemkonstellation bildet den Ausgangspunkt dieses Aufsatzes, der zum Ziel hat, die Diskurse über die Erinnerung an die deutsche Leiderfahrung in der deutschen Gegenwartsliteratur nachzuzeichnen. Meine Hauptthese lautet, dass die deutsche Prosa zum Thema ‚Flucht und Vertreibung' seit Kriegsende einen langen Entwicklungsprozess durchgemacht hat, um schließlich Anfang des 21. Jahrhunderts in den Romanen von Sabrina Janesch (geb. 1985) und Ulrike Draesner (geb. 1962) eine sowohl für Deutsche als auch für Polen nicht nur akzeptable, sondern auch durchaus würdevolle Form des Gedenkens anzunehmen. In Anlehnung an Überlegungen von Reinhart Koselleck, die ich um Konzepte von Aleida Assmann ergänze, werde ich die Entwicklung der literarischen Narrative zu diesem komplexen Kapitel der deutsch-polnischen Geschichte veranschaulichen. Das Hauptaugenmerk meines Aufsatzes liegt dabei auf den Romanen von Sabrina Janesch *Katzenberge* (2010) [1] und Ulrike Draesner *Sieben Sprünge vom Rand der Welt* (2014). [2] Diese betrachte ich als besonders bemerkenswerte literarische Beispiele für die Überwindung der auf den ersten Blick unvereinbaren Erinnerungen: Es handelt sich um Romane, die in überzeugender Weise

1 Janesch, Sabrina: Katzenberge. Berlin 2010.
2 Draesner, Ulrike: Sieben Sprünge vom Rand der Welt. München 2014.

zeigen, dass aus getrennten Flucht- und Vertreibungsnarrativen eine gemeinsame Erzählung entstehen kann, die die dramatischen Schicksale auf beiden Seiten berücksichtigt und entsprechend zu würdigen vermag.[3]

1. Reinhart Kosellecks geteilte und gebrochene Erinnerungen

Der bekannte deutsche Historiker und Geschichtstheoretiker Reinhart Koselleck unterscheidet in seinem kurzen, gedanklich jedoch dichten Text, den er im Jahre 2000 unter dem Titel *Gebrochene Erinnerung? Deutsche und polnische Vergangenheiten*[4] veröffentlichte, zwischen geteilten und gebrochenen Erinnerungen. Mit dem Begriff der ‚geteilten Erinnerungen' bezieht sich Koselleck auf „[d]eutsche und polnische Vergangenheiten, die einander ausschließen, aber auch zusammenführen mögen".[5] Um diese – auf den ersten Blick widersprüchliche Formulierung – zu erklären und zu veranschaulichen, bedient sich der Autor u. a. zweier Sprichwörter: ‚Des einen Freund ist des andern Leid', und: ‚Geteiltes Leid ist halbes Leid'. Die zwei Weisheiten verdeutlichen die semantische Zwiespältigkeit des Wortes ‚geteilt', und zwar, wie es Koselleck in seinem Text erklärt: „Geteilte Erinnerung ist nicht nur getrennte [ausschließende] Erinnerung, sondern auch eine solche, die gemeinsam geteilt werden kann".[6] Dies lässt zwar sofort an die für diesen Band leitende Kategorie und Vorstellung von Shared Heritage denken, doch bis überhaupt in sinnvoller Weise vom ‚gemeinsamen Erbe' gesprochen werden kann, ist es in vielen Fällen ein langer und schmerzhafter Weg. Manche Geschichten und Erinnerungen scheinen an und für sich unvereinbar und unversöhnlich zu sein. Dafür kann als Beispiel die deutsch-polnische Geschichte dienen: eine jahrhundertelange Aggressions- und Konfliktgeschichte, die im Zweiten Weltkrieg und ihren tragischen Folgen gipfelte. Seither „[..] zieht sich durch die polnischen und die deutschen Erinnerungsräume immer wieder ein Riss [...]",[7] wie es Koselleck ausdrückt. Daher bezeichnet er die polnischen und deutschen Erinnerungen an den Zweiten Weltkrieg als „gebrochen".[8] Die Formulierung ‚gebrochene Erinnerungen' meint Ereignisse und Erfahrungen,

3 Dieser Aufsatz erweitert und vertieft Thesen, die ich in meinem Buch bereits partiell behandelt habe. Vgl. Burdziej, Aleksandra: Utracony ‚Heimat'. Pamięć rodzinna a tożsamość ‚niemieckich wnuków' we współczesnej prozie niemieckojęzycznej [Verlorene Heimat. Familiengedächtnis und Identität der deutschen Enkel in der deutschen Gegenwartsprosa]. Thorn 2018.

4 Vgl. Koselleck, Reinhart: Gebrochene Erinnerung? Deutsche und polnische Vergangenheiten. In: Assmann, Michael (Hg.): Jahrbuch 2000. Deutsche Akademie für Sprache und Dichtung. Göttingen 2001, S. 19–32.

5 Ebd., S. 22.

6 Ebd., S. 27.

7 Ebd., S. 28.

8 Ebd.

die von beiden Seiten grundsätzlich unterschiedlich erlebt wurden und deswegen heute ganz unterschiedlich erinnert werden, sodass sie von der jeweils anderen Seite nie gänzlich nachvollzogen werden können.[9]

Es geht dabei aber auch um traumatische Erinnerungen, die angesichts des Ausmaßes der auf sich geladenen historischen Schuld verschwiegen und tabuisiert werden, wie etwa die deutschen Erinnerungen, die das Thema ‚Flucht und Vertreibung' nach dem Zweiten Weltkrieg betreffen: Jene Deutschen, die der eigenen Opfer und Leiden sowie ihrer im Osten verlorenen Heimat gedenken, müssen ihre Traumata mit der historischen Verantwortung für den Zweiten Weltkrieg und der Erinnerung an Millionen von Ermordeten und Gefallenen vereinen. Hier haben wir es mit dem Problem zu tun, wie auch über die oft durchaus tragischen Schicksale der Deutschen im Krieg erzählt werden könne, ohne dabei andere Opfer sowie die Verantwortung für die Verbrechen des eigenen Volkes aus den Augen zu verlieren. Denn, wie Koselleck betont, alle Opfer – unabhängig von ihrer nationalen Zugehörigkeit – haben ein Recht darauf, erinnert zu werden:

> „Wenn die Deutschen heute dabei sind, die von ihnen Ermordeten in ihrem Gedächtnis wachzuhalten, dann sind sie auch verpflichtet, die Erinnerung an ihre eigenen Toten zu pflegen. Das eine ist nicht auf Kosten des anderen zu haben. Das hat mit Revanchismus nichts zu tun."[10]

Ähnlich sieht es auch die Gedächtnisforscherin Aleida Assmann, die zwar die Tendenzen bestimmter deutscher Kreise, die Verantwortung für die während des Zweiten Weltkriegs begangenen Verbrechen zu relativieren, keineswegs ignoriert, aber dennoch entschieden auf dem Recht auf Erinnerung insistiert:

> „Die Bereitschaft der Deutschen, sich mit der Opferrolle aus ihrer geschichtlichen Verantwortung zu stehlen, darf gewiss nicht unterschätzt werden. Man sollte dennoch nicht überall, wo von Leiden die Rede ist, automatisch auf eine Schuldvermeidungs- oder gar -verweigerungsstrategie schließen. So oder so gewendet, führt die Entweder-oder-Logik, in der das Problem der Unvereinbarkeit von Schuld und Leid derzeit auf beiden Seiten diskutiert wird, in eine Sackgasse. Man wird die Leidensgeschichten in deutschen Familiengedächtnissen nicht mit der Bemerkung aus der Welt schaffen können, dass sie politisch nicht korrekt sind. Es gibt so etwas wie

9 Als Beispiel für gebrochene Erinnerungen führt Koselleck polnische und deutsche Erinnerungen an den Zweiten Weltkrieg an: Es sind einerseits Erinnerungen an die brutalen deutschen Unterwerfungsaktionen gegen die Polen bzw. die nationalsozialistischen Vernichtungsaktionen auf polnischem Boden, an die aus den polnischen Ostgebieten vertriebenen und umgesiedelten Polen, andererseits die Erinnerungen an die aus den ehemaligen deutschen Ostprovinzen vertriebenen und geflüchteten Deutschen. Als den „tiefsten Bruch, der sich durch unser aller Erinnerung zieht" bezeichnet er die ermordeten Juden. Vgl. Koselleck, Gebrochene Erinnerung (wie Anm. 4), S. 27–29.

10 Ebd., S. 30.

> ein Menschenrecht auf die eigene Erinnerung, das mit Zensur und Tabuisierung schwerlich außer Kraft gesetzt werden kann. Wie kommen wir aus der leidigen Zwangsalternative heraus?“[11]

Letztlich handelt es sich also um die Frage nach einer adäquaten Form des Erinnerns, wenn es um das Leid und die Traumata geht, die Deutsche im Zweiten Weltkrieg erfahren haben.[12] Um nun meine These paraphrasiert zu wiederholen: Die Romane *Katzenberge* von Sabrina Janesch sowie *Sieben Sprünge vom Rand der Welt* von Ulrike Draesner stellen beachtenswerte Beispiele dafür dar, wie man – zumindest literarisch – die Risse in den polnischen und deutschen Erinnerungen überwinden und aus gebrochenen Erinnerungen wenigstens zum Teil gemeinsame Erinnerungen entstehen lassen kann. Flucht und Vertreibung und die mit diesen Erfahrungen verbundenen Traumata werden somit zum geteilten Schicksal und zu einer Ebene, auf der die beiden Seiten gegenseitiges Verständnis finden können. Damit werden sie auch ein Teil des gemeinsamen deutsch-polnischen Erbes.

2. Literarische Narrative über die Flucht und Vertreibung der Deutschen

Die literarische Auseinandersetzung mit dem Thema ‚Flucht und Vertreibung‘ der Deutschen nach dem Zweiten Weltkrieg hat in der deutschen Literatur (Prosa, Lyrik, Tagebücher, Memoiren) von ihren Anfängen bis heute eine komplexe Entwicklung durchlaufen. Als Inspirationsquelle für prominente SchriftstellerInnen wie Siegfried

11 Assmann, Aleida: Der lange Schatten der Vergangenheit. Erinnerungskultur und Geschichtspolitik. München 2006, S. 201f. Die Lösung dieses Erinnerungskonflikts sieht Assmann in einer transparenten ‚Hierarchie‘ von Opfern und Leiden sowie in der Schaffung eines Bewusstseins für historische Zusammenhänge. Assmann erklärt: „Nachdem die jüdische Opfererfahrung im Gedächtnis der Deutschen verankert ist, können andere Leidensgeschichten in dieses Bild mit eingezeichnet werden, ohne das gesamte Gefüge zu verschieben. Die Traumata der deutschen Zivilbevölkerung haben in dem Maße Platz neben den Traumata der Holocaustopfer, in dem sich ein Bewusstsein historischer Zusammenhänge etabliert. Es kann nicht darum gehen, dass Hamburg und Dresden von Auschwitz und Treblinka übertrumpft werden oder umgekehrt, sondern dass Hamburg und Dresden zusammen mit Auschwitz und Treblinka zu erinnern sind.“ Ebd., S. 188.

12 Ich verwende hier den Begriff Trauma im modernen, allgemeinen und allgemein bekannten Sinn und stütze mich dabei auf die Definition von Aleida Assmann, die den Begriff des Traumas in den Kontext der Gedächtnisforschung stellt: „Das psychische Trauma geht auf lebensbedrohende und die Seele tief verwundende Erfahrungen von extremer Gewalt zurück, deren Wucht den Reizschutz der Wahrnehmung zerschlägt und die aufgrund ihrer fremdartigen und identitätsbedrohenden Qualität psychisch nicht verarbeitet werden können. Ebd., S. 93. Vgl. auch den Begriff ‚Trauma‘ bei Hirsch, Marianne: Family Frames: Photography, Narrative and Postmemory. Cambridge 1997; Dies.: The Generation of Postmemory: Writing and Visual Culture after the Holocaust. Columbia 2012.

Lenz (geb. 1926), Günter Grass (geb. 1927) oder Christa Wolf (geb. 1929) prägte dieses Thema das kollektive Bewusstsein der Deutschen in der Nachkriegsgeschichte. In der sogenannten Literatur der ersten Generation, d. h. der Kriegsgeneration, setzen sich AutorInnen mit dem persönlichen Verlust der eigenen Heimat und den selbsterlebten traumatischen Erfahrungen von Flucht, Umsiedlung oder Vertreibung auseinander.[13] Es ist die Verlusterfahrung, die den Anstoß zur literarischen Rekonstruktion der alten Heimat gibt.[14] So wird in diesen Romanen neben der oft idealisierten und melancholischen Schilderung der verlorenen Heimat, wie z. B. sehr deutlich in *Heimatmuseum* (1978) von Siegfried Lenz, das persönliche Drama von Flucht und Vertreibung sowie des damit verbundenen Verlustes der bis dato vertrauten Umgebung fokussiert. Dabei liefern die Romane einen breiteren historischen Kontext dieser Erfahrungen wie bei Horst Bienek (geb. 1930) und können als Versuche gelesen werden, sich in der neuen Heimat – im Westen – einzuleben und zurechtzufinden, z. B. bei Ursula Höntsch (geb. 1934).[15]

Die sogenannte Väterliteratur der turbulenten 1970er-Jahre, die von der zweiten Generation geschrieben wurde, konzentrierte sich vor allem auf die deutsche Schuld und Verantwortung für den Zweiten Weltkrieg. Deswegen wurden die deutschen Leiderfahrungen und somit auch die von Flucht und Vertreibung aus dem Osten aufgrund der Abgrenzung von revanchistischen Positionen nicht thematisiert. Die zwischen 1935 und 1950 geborenen AutorInnen[16] wollten in erster Linie die Eltern für ihre Haltung während des Krieges zur Verantwortung ziehen und dementsprechend konzentrierten sich ihre Romane vor allem auf die kollektive Schuld der Deutschen am Nationalsozialismus. Den Eltern – Vertretern der Kriegsgeneration – wird von ihren Kindern in diesen Werken vorgeworfen, das verbrecherische NS-Regime mitbegründet, unterstützt oder stillschweigend akzeptiert zu haben. So gehört zu den charakteristischen Merkmalen von Romanen der zweiten Genera-

13 Siehe u. a. Wolf, Christa: Kindheitsmuster. Berlin 1976; Lenz, Siegfried: Heimatmuseum. Hamburg 1978; Bienek, Horst: Gleiwitz. Eine oberschlesische Chronik in vier Romanen: Die erste Polka. München-Wien 1975; Septemberlicht. München-Wien 1977; Zeit ohne Glocken. München-Wien 1979; Erde und Feuer. München 1982; Höntsch, Ursula: Wir Flüchtlingskinder. Halle-Leipzig 1985.

14 Vgl. Flinik, Joanna: Literarische Räume der Heimat. Theoretische Überlegungen zur Heimat als anthropologischer Kategorie in der deutschsprachigen Literatur nach 1945. In: Bescansa, Carme; Nagelschmidt, Ilse (Hg.): Heimat als Chance und Herausforderung: Repräsentationen der verlorenen Heimat. Berlin 2014, S. 51–66, hier S. 58.

15 Vgl. dazu die bereits genannten Titel von Lenz, Bienek und Höntsch.

16 Siehe u. a. Vesper, Bernward: Die Reise. Frankfurt/M. 1977; Meckel, Christoph: Suchbild. Über meinen Vater. Düsseldorf 1980; Härtling, Peter: Nachgetragene Liebe. Darmstadt-Neuwied 1980; Gauch, Sigfrid: Vaterspuren. Königstein/Taunus 1979; Rauter, Ernst A.: Brief an meine Erzieher. München 1979; Henisch, Peter: Die kleine Figur meines Vaters. Frankfurt/M. 1975; Schwaiger, Brigitte: Lange Abwesenheit. Wien-Hamburg 1980; Plessen, Elisabeth: Mitteilung an den Adel. Zürich-Köln 1976; Seuren, Günter: Abschied von einem Mörder. Reinbek bei Hamburg 1980.

tion – folgt man der Argumentation Aleida Assmanns[17] – vor allem ihr duales Generationenmodell: Die Handlung orientiert sich hier primär am Konflikt zwischen dem Sohn oder der Tochter[18] und dem Vater. In diesen Werken ist kein Platz für eine generationenübergreifende Retrospektive, für eine multiperspektivische Darstellung, die Motivationen oder auch deutsche Leiderfahrungen mitberücksichtigt. Erst die nächste Generation, also die Generation der Enkelkinder[19] – obwohl auch sie Klarheit und Transparenz über die Vergangenheit der Großeltern verlangt –, will die lange zurückliegenden Ereignisse und Traumata in einen größeren familiären, generationsspezifischen und geschichtlichen Kontext stellen. Ohne die deutsche Verantwortung für die Verbrechen des Zweiten Weltkriegs zu schmälern, hört die Enkelgeneration ihren Großeltern bis zuletzt zu und nimmt auch die Zeugnisse ihrer mit der Flucht und Vertreibung verbundenen Erfahrungen an. Auf der Suche nach der eigenen Identität brechen die Enkel das Schweigen, und sie brechen mit Tabus und Traumata.

Die Enkel-Generation der ehemaligen Flüchtlinge, Vertriebenen und Umgesiedelten, die nicht selten Nachfahren ehemaliger NationalsozialistInnen sind, ergreift nach der Jahrtausendwende das Wort. Anfang des neuen Jahrtausends kommt es in der deutschen Prosa noch einmal zur literarischen Auseinandersetzung mit dem Thema ‚Flucht und Vertreibung'. Die komplexe Problematik der deutschen Opfer-

17 Vgl. Assmann, Aleida: Geschichte im Gedächtnis. Von der individuellen Erfahrung zur öffentlichen Inszenierung. München 2007, S. 73.

18 Julian Reidy dekonstruiert diese unter LiteraturwissenschaftlerInnen verbreitete These (auf die schon der Begriff ‚Väterliteratur' verweist), wonach Frauen – Mütter – in den dem Genre der Väterliteratur zugeschriebenen Romanen keine oder nur eine vernachlässigbare Rolle spielten. Er weist darauf hin, dass in vielen dieser Werke die Mutter-Figuren von eminenter Bedeutung sind. Darüber hinaus haben viele AutorInnen, die zuerst einen Roman über die Beziehung zum Vater geschrieben haben, dann noch ein Buch über die Beziehung zur Mutter veröffentlicht. Von ‚Väterliteratur' im wörtlichen Sinne zu sprechen, sei daher nach Ansicht Reidys eine ungerechtfertigte Vereinfachung und in vielen Fällen geradezu eine Verfälschung. Vgl. Reidy, Julian: Vergessen, was Eltern sind. Relektüre und literaturgeschichtliche Neusituierung der angeblichen Väterliteratur. Göttingen 2012, S. 23f.

19 Der Begriff ‚Enkelliteratur' hat sich bereits in der deutschen Literaturwissenschaft etabliert. Vgl. Kallweit, Sabine: Cimis Perlucidus und die Einsamkeit zwischen zwei Generationen. Tanja Dückers' Roman Himmelskörper als Beitrag zum kulturellen Gedächtnis. In: Bartl, Andrea (Hg.): Verbalträume. Beiträge zur deutschsprachigen Gegenwartsliteratur. Augsburg 2005, S. 177–186; Ganeva, Mila: From West-German ‚Väterliteratur' to Post-Wall ‚Enkelliteratur'. The End of the Generation Conflict in Marcel Beyer's ‚Spione' und Tanja Dückers's ‚Himmelskörper'. In: Seminar. A Journal of Germanic Studies 43/2 (2007), S. 149–162; Schaumann, Caroline: A Third-Generation World War II Narrative: Tanja Dückers's ‚Himmelskörper'. In: Gegenwartsliteratur. Ein Germanistisches Jahrbuch 4 (2005), S. 259–280; Stüben, Jens: Erfragte Erinnerung – entsorgte Familiengeschichte. Tanja Dückers' ‚Wilhelm-Gustloff'-Roman ‚Himmelskörper'. In: Beßlich, Barbara; Grätz, Katharina; Hildebrandt, Olaf (Hg.): Wende des Erinnerns? Geschichtskonstruktionen in der deutschen Literatur nach 1989. Berlin 2006, S. 169–189.

erfahrung wird nun im öffentlichen deutschen Erinnerungsdiskurs erneut und sehr intensiv aufgegriffen und problematisiert. Mit dem Roman von Günter Grass *Im Krebsgang* (2002),[20] der den Untergang des Schiffes Wilhelm Gustloff beschreibt, werden die deutschen Opfernarrative[21] zum ersten Mal seit dem Zweiten Weltkrieg salonfähig. Zuvor hat das Problem der deutschen Leiden W. G. Sebald (geb. 1944) in seinem 1999 erschienenen Buch *Luftkrieg und Literatur*[22] berührt, in dem er die Unfähigkeit der deutschen Nachkriegsliteratur aufzeigte, das Thema des zerstörerischen Luftkriegs der Alliierten am Ende des Zweiten Weltkriegs anzugehen. Sowohl Grass als auch Sebald waren sich einig, dass die Nachkriegsliteratur einen Fehler begangen habe, indem sie das Leid vieler Deutscher während des Zweiten Weltkriegs lange Zeit ignoriert hatte. Dies führte unter anderem dazu, dass dieses Thema den Rechtsextremen überlassen wurde.[23] Bis in die 1990er-Jahre konnten Texte, die sich mit diesem stark tabuisierten Thema beschäftigten, schlechterdings auf keine positive Resonanz hoffen. Es galt als politisch inkorrekt, über die Deutschen in einem anderen Kontext als dem der Täterschaft zu sprechen, denn es fehlte der „soziale Rahmen“, der es ermöglicht hätte, deutsches Leiden von reaktionär-revisionistischen Argumentationen zu trennen.[24] Nach 2000, ermutigt durch die Werke von Grass und Sebald, befasst sich die dritte Nachkriegsgeneration der Deutschen mit den Erinnerungen ihrer Großeltern. Dies ist auch der Moment, an dem mit beispielloser emotionaler Stärke die Erinnerung an das Leiden der Deutschen zurückkehrt.

---

20 Grass, Günter: Im Krebsgang. Göttingen 2002.

21 Die sogenannten deutschen Opfernarrative umfassen fünf grundlegende Erfahrungskomplexe: Flucht, Vertreibung und Umsiedlung aus dem Osten, Vergewaltigung deutscher Frauen durch Soldaten der Roten Armee, Bombardierung deutscher Städte am Ende des Zweiten Weltkrieges, die sogenannten Heimkehrer (deutsche Soldaten und Kriegsgefangene, die von der Ostfront nach Deutschland zurückkehren) sowie den deutschen Widerstand.

22 Sebald, W. G.: Luftkrieg und Literatur. München 1999.

23 Im Roman *Im Krebsgang* von Günter Grass wird diese These von dem ‚Alten‘ wie folgt formuliert: „Eigentlich, sagt er, wäre es Aufgabe seiner Generation gewesen, dem Elend der ostpreußischen Flüchtlinge Ausdruck zu geben: den winterlichen Trecks gen Westen, dem Tod in Schneewehen, dem Verrecken am Straßenrand und in Eislöchern, sobald das gefrorene Frische Haff nach Bombenabwürfen und unter der Last der Pferdewagen zu brechen begann, und trotzdem von Heiligenbeil aus immer mehr Menschen aus Furcht vor russischer Rache über endlose Schneeflächen… Flucht… Der weiße Tod… Niemals, sagt er, hätte man über so viel Leid, nur weil die eigene Schuld übermächtig und bekennende Reue in all den Jahren vordringlich gewesen sei, schweigen, das gemiedene Thema den Rechtsgestrickten überlassen dürfen. Dieses Versäumnis sei bodenlos…“. Vgl. Grass, Im Krebsgang (wie Anm. 20), S. 99.

24 Assmann, Aleida: Zur (Un-)Vereinbarkeit von Leid und Schuld in der deutschen Erinnerungsgeschichte. In: Jeftic, Karolina; Joly, Jean-Baptiste (Hg.): Erinnern und Vergessen. Zur Darstellbarkeit von Traumata. Dettingen-Erms 2005, S. 117–131, hier S. 129. Vgl. auch Dies., Der lange Schatten (wie Anm. 11), S. 199–202.

3. Geteilte und gebrochene Erinnerungen an Flucht und Vertreibung in den Romanen der Enkelgeneration (Petra Reski, Olaf Müller, Tanja Dückers)

Die Romane der dritten Nachkriegsgeneration, die zentrale literarische Themen ihrer Eltern und Großeltern weiterverarbeiten, bringen völlig neue Inhalte ein. Auch die Akzente werden anders gesetzt. Die Enkel scheuen sich nicht mehr, auf Motive zurückzugreifen, die mit den Traumata der Großeltern zu tun haben. Die Auseinandersetzung mit der Vergangenheit der Großeltern ist für sie nicht selten auch eine Konfrontation mit der verlorenen Heimat im Osten. Als Herkunftsland der eigenen Familie stellen Regionen im östlichen Europa das wesentliche Element der individuellen Identität vieler Enkel dar.

Schaut man sich die Textbeispiele der deutschen Enkelgeneration – wie Petra Reskis (geb. 1958) *Ein Land so weit* (2002),[25] Olaf Müllers (geb. 1959) *Schlesisches Wetter* (2003)[26] und Tanja Dückers' (geb. 1968) *Himmelskörper* (2003)[27] genauer an, sind die Gemeinsamkeiten im Bereich der Ideen, Themen und Motive nicht zu übersehen. Alle drei Texte sind mehr oder weniger stark autobiografisch gefärbt, und die familiäre Herkunft der AutorInnen dieser Texte liegt im heutigen Polen: in Schlesien, in Pommern oder in Ermland bzw. in Masuren. Zum zentralen Element der Handlung gehört ein Familiengeheimnis oder ein Familientabu, das die jungen ProtagonistInnen zu enthüllen bzw. zu brechen versuchen. Die Geheimnisse und Unklarheiten beziehen sich jeweils auf die Erlebnisse der Vorfahren während ihrer Flucht aus dem Osten am Ende bzw. kurz nach dem Zweiten Weltkrieg. Im Laufe der Zeit werden die Erfahrungen zum Tabu in der Familie und dadurch letztendlich auch zu einem Trauma, das von Generation zu Generation weitergegeben wird. Deswegen reisen die ProtagonistInnen nach Polen, auf der Suche nach Orten, an denen die Geheimnisse und Tabus, die im Familiengedächtnis gespeichert sind, ihren Ursprung haben. Sie begegnen verschiedenen Bewohnern, besuchen und besichtigen die Heimat ihrer Großeltern. Sie versuchen auch zu verstehen, was in der Vergangenheit geschehen ist und wie sie heute – auch vor dem Hintergrund der ihnen stark eingeprägten deutschen Schuld – an die Erlebnisse der Vorfahren und an die Traumata, die die eigenen Familien erlebt haben, denken und sich ihrer erinnern sollten.

Sowohl Reski als auch Dückers und Müller konzentrieren sich in ihren Romanen ausschließlich auf die Perspektive der Nachfahren deutscher Flüchtlinge und Vertriebener aus dem Osten. Ihre ProtagonistInnen setzen sich einzig und allein mit den Erinnerungen ihrer deutschen Eltern und Großeltern auseinander. Wenn also in diesen Texten über die dramatischen Erfahrungen – und die Erinnerungen

25 Reski, Petra: Ein Land so weit. München 2002.

26 Müller, Olaf: Schlesisches Wetter. Berlin 2003.

27 Dückers, Tanja: Himmelskörper. Berlin 2003.

daran – erzählt wird, dann nur von jenen, die die Deutschen selbst erfahren und erlitten haben. So betrachten in *Ein Land so weit* von Petra Reski die LeserInnen die Flucht der Deutschen aus Ostpreußen ausschließlich aus der Perspektive der 1952 im Ruhrgebiet geborenen Enkelin deutscher Flüchtlinge. In Olaf Müllers *Schlesisches Wetter* ist zwar nebenbei die Rede von Polen, die aus dem Osten nach Schlesien vertrieben wurden, aber auch hier bleibt die Perspektive ausschließlich deutsch. So ist es konsequenterweise der Blick eines Enkels, der an einem von seinen Eltern und Großeltern – Deutschen aus Niederschlesien – vererbten Trauma leidet. In *Himmelskörper* vermittelt Tanja Dückers den LeserInnen den deutschen Gesichtspunkt über die Katastrophe der Wilhelm Gustloff, indem sie die Ich-Erzählerin des Romans in ein Kontinuum mehrerer Frauen aus der Familie einbindet, die von Generation zu Generation die Geschichte von Flucht weitergeben. In allen drei Texten wird aber der historische Kontext nur aus der deutschen Perspektive wiedergegeben: Es wird nur die eigene, das heißt die Vergangenheit der eigenen Familie thematisiert.

Zwar werden die ProtagonistInnen ab und zu auch mit der polnischen Sicht und den polnischen Traumata in Bezug auf die Kriegszeit konfrontiert, alle Hauptfiguren setzen sich auch mehr oder weniger mit der deutschen Schuld auseinander; dies stellt aber jeweils einen vagen Hintergrund der Handlung dar. Die Tatsache, dass die polnische Sichtweise kaum berücksichtigt wird und die Frage nach der deutschen Verantwortung für die im Zweiten Weltkrieg begangenen Untaten nur nebenbei thematisiert wird, veranschaulicht dabei einen Riss, der durch die deutschen Erinnerungen geht. In diesen Romanen sind nämlich die eigenen traumatischen Erinnerungen mit dem Gedenken an andere Opfer noch nicht versöhnt; sie stehen in Konkurrenz zueinander. In ihrer Erzählweise kommen die Romane von Reski, Dückers und Müller noch nicht über getrennte Erinnerungen hinaus. Den Weg zu einer Versöhnung konkurrierender Erinnerungsformen bahnen erst die einige Jahre später veröffentlichten Werke von Sabrina Janesch und Ulrike Draesner.

4. Geteiltes Trauma, gemeinsames Erbe. Flucht und Vertreibung in Sabrina Janeschs *Katzenberge* (2010) und Ulrike Draesners *Sieben Sprünge vom Rand der Welt* (2014)

In der zweiten Dekade des 21. Jahrhunderts kommt es zu einem Durchbruch in der literarischen Erzählung über Flucht und Vertreibung der Deutschen nach dem Zweiten Weltkrieg, so meine These. Um dies zu veranschaulichen, beginne ich mit einem aussagekräftigen Zitat aus Ulrike Draesners Roman *Sieben Sprünge vom Rand der Welt:*

> „Annegret Schönfließer, getauft im Mai 1942, wir hatten die Fotos gesehen, Annegret auf dem Schoß ihrer Mutter, Annegret, zweijährig, mit großer weißer Haarschleife.

> Der Vater in Uniform, der Vater in Zivil. Im Rahmen der Küchentür steckten Haken für eine Kinderschaukel. Den Namen ‚Schönfließer' sprach Mutter inzwischen fließend aus. Wie dünn die Eheleute sich auf dem Bild vom Sommer 1944 in der Hofecke aneinanderdrückten, dort, wo jetzt die Mülltonne stand. Wie jung und rund das Paar zehn Jahre zuvor gelächelt hatte, auf dem Hochzeitsfoto. Alles erkennbar, alles wie bei uns. Unsere Alben lagen bis auf eines in Lwów. Andere Menschen durchblätterten sie. Warfen sie weg? Lachten über uns? Uns steckte das Lachen im Hals."[28]

Diese Szene verdeutlicht die dramatischen Folgen der Westverschiebung Polens nach dem Zweiten Weltkrieg. Viele polnische Flüchtlinge aus dem Osten, das heißt aus den ehemaligen polnischen Gebieten in Galizien oder Wolhynien, waren gezwungen, das von deutschen Flüchtlingen verlassene Eigentum in Schlesien zu übernehmen. Diese Situation wird im Roman von Draesner literarisch verarbeitet: Eine polnische Flüchtlingsfamilie aus Lemberg (L'viv, Lwów) nimmt dort, wenn auch voller Skrupel, eine von den deutschen Flüchtlingen verlassene Wohnung in Breslau (Wrocław) in Besitz. Die Figuren Grażyna, Leszek und Halka Nienaltowscy – polnische Flüchtlinge, die gerade in Breslau angekommen sind – überlegen angsterfüllt, ob sie in die fremde Wohnung einziehen dürfen. Ohne Hab und Gut, dessen sie noch in Lemberg beraubt wurden, fangen sie allmählich an, die von der deutschen Familie verlassenen Gegenstände zu benutzen: Bettwäsche, Geschirr, Besteck, Leuchter. Zunächst haben sie das Gefühl, sich fremdes Eigentum unrechtmäßig angeeignet zu haben. Weil sie die Vertreibung aus der Heimat am eigenen Leib erlebt haben, empfinden sie Mitleid mit der vertriebenen Familie Schönfließer. Schnell stehen ihnen die deutschen Flüchtlinge, über die sie immer mehr durch Alben, Familienfotos und Souvenirs erfahren, sehr nahe. Bald kennen die Geflüchteten aus Lemberg viele Details aus dem Leben der Deutschen; eines Tages fällt ihnen ein, dass – genauso wie sie in den Alben der Familie Schönfließer stöbern – vielleicht auch ihre Familienalben gerade von den neuen Besitzern ihrer Wohnung in Lemberg angesehen werden. Sie fragen sich, wie mit ihren Habseligkeiten umgegangen wird. An dieser suggestiven Stelle veranschaulicht Ulrike Draesner die Flucht und Vertreibung der Deutschen und stellt sie neben ähnlich gelagerte Erfahrungen der Polen. Eine solche Perspektivierung stellt ein Novum in der literarischen Herangehensweise an das Thema ‚Flucht und Vertreibung' dar. 2010 hat sich Sabrina Janesch zum ersten Mal des Sujets der polnischen Flüchtlinge aus dem Osten (aus Galizien und Wolhynien) in der deutschsprachigen Literatur in ihrem Roman *Katzenberge* angenommen. Im Gegensatz zum Roman von Draesner, der parallel, multiperspektivisch und sehr ausführlich Traumata sowohl von geflüchteten Deutschen als auch von Polen behandelt, hat sich Janesch vor allem auf die Geschichte der polnischen Vertreibung aus dem Osten konzentriert. Der Roman *Katzenberge* handelt von einer jungen Deutschen mit polnischen Wurzeln, deren polnischer Großvater Stanisław

28 Draesner, Sieben Sprünge (wie Anm. 2), S. 465.

Janeczko im Rahmen des sogenannten Wolhynien-Massakers[29] aus einem kleinen Dorf im ehemaligen Polen von Ukrainern brutal vertrieben wurde. Die Hauptfigur Nele Leibert macht sich auf den Spuren ihres Großvaters auf den Weg über Schlesien, den Südosten Polens bis in die Ukraine. Das dramatische Schicksal der wolhynischen Polen, die entweder barbarisch ermordet wurden oder denen es gelang, in den Westen zu fliehen, wird im Roman sehr anschaulich dargestellt. Zwar wird diesmal nahezu ausschließlich die Vertreibung der Polen behandelt, dadurch aber, dass der Roman im deutschsprachigen Raum und von einer jungen Deutschen veröffentlicht wurde, verfügt dieses Thema über eine weitere Dimension. Schließlich wird auf diese Weise die polnische Vertreibungsgeschichte mit der deutschen zusammengeführt: Schlesien wird im Roman zur Schnittstelle – als Ort, aus dem die Deutschen vertrieben wurden und zugleich als die neue Heimat der aus Wolhynien vertriebenen polnischen Familie Janeczko.

Es ist Sabrina Janesch, die erstmals als Vertreterin der jüngsten deutschen Schriftstellergeneration deutlich macht, dass Schlesien nicht nur ein Erinnerungsort deutscher Traumata ist, sondern auch ein Gebiet, das mit den dramatischen Schicksalen tausender vertriebener Polen verbunden ist, die Schlesien als ihre neue Heimat akzeptieren mussten. Auch wenn die in Deutschland sozialisierte Enkelin die Erzählerin des Romans bleibt, verleiht die Autorin Sabrina Janesch in gewisser Weise auch dem polnischen Großvater der Protagonistin eine Stimme.[30] So gibt es im Text zwei Generationen, die miteinander kommunizieren: die der Enkelin sowie die des Großvaters.

Eine wirklich transgenerationale und transnationale Auffassung ist jedoch erst in Ulrike Draesners Roman *Sieben Sprünge vom Rand der Welt* zu finden. Der Autorin Sabrina Janesch folgend, geht Draesner noch einen Schritt weiter. Neben den Enkeln wird in ihrem Werk noch drei weiteren Generationen eine Stimme verliehen, und zwar der der Großeltern, der Eltern und der Urenkel. Somit besteht die Handlung des Romans aus Geschichten von neun Figuren, die vier aufeinanderfolgende Generationen repräsentieren. Das Neue resultiert also aus der originellen Erzählweise, die den Prozess der Weitergabe traumatischer Erfahrungen von Generation zu Generation veranschaulicht.

29 Es handelt sich um die in den Jahren 1943–1944 durch die Ukrainische Aufständische Armee (UPA) durchgeführten Massaker an der polnischen Zivilbevölkerung in den ehemaligen polnischen Ostgebieten Wolhynien und Ostgalizien, die sich 1941–1944 unter deutscher Herrschaft befanden. Bei diesen ethnischen Säuberungen wurden ca. 100.000 Polen brutal ermordet. Vgl. Hryciuk, Grzegorz: Polen aus Wolhynien und Ostgalizien: Ermordung und Flucht. In: Brandes, Detlef; Sundhaussen, Holm; Troebst, Stefan (Hg.): Lexikon der Vertreibungen. Deportation, Zwangsaussiedlung und ethnische Säuberung im Europa des 20. Jahrhunderts. Wien-Köln-Weimar 2010, S. 529–532.

30 Im Grunde ist es also die Geschichte des Großvaters, gefiltert durch die Perspektive seiner Enkelin. Jeder Teilabschnitt des Romans, der die Erinnerungen des Großvaters wachruft, beginnt mit den Worten: „Großvater sagte […]“.

Anders als in *Katzenberge* behandelt Ulrike Draesner in ihrem Roman *Sieben Sprünge vom Rand der Welt* die Geschichte zweier Familien: einer polnischen, die aus Lemberg vertrieben wurde, und einer deutschen, die aus Breslau fliehen musste. Die Schicksale und Wege beider Familien kreuzen sich zuerst in Breslau, wohin die polnische Familie Nienaltowski zwangsweise umgesiedelt wurde, und woher die deutsche Familie Grolmann vertrieben wurde; und später auch noch einmal in Bayern, wo sich Nachfahren der beiden Familien zufällig treffen und eine Beziehung entwickeln.

So verschränkt Draesner – ähnlich wie Janesch – die deutsche Perspektive mit dem Blick polnischer Flüchtlinge aus dem Osten. Auch sie kommen zu Wort.[31] Unübersehbar ist hier die enorme Forschungsarbeit der Autorin, die einfühlsam und präzise nicht nur Breslau in der Vorkriegszeit und im Krieg schildert, sondern auch – mit den Augen polnischer Aussiedler – das ehemalige Lemberg darstellt. Auch dieser Aspekt unterscheidet Draesners Werk von anderen Enkelromanen, in denen polnische bzw. östlich gelegene Städte und Orte nur beiläufig und eher stereotyp beschrieben werden.

Eine Reihe von Motiven teilt der Roman von Ulrike Draesner jedoch sowohl mit Sabrina Janeschs *Katzenberge* als auch mit den anderen erwähnten Enkelromanen. Denn auch bei Draesner stellt ein Familiengeheimnis in Bezug auf die Zeit der Vertreibung einen der zentralen Fäden der Handlung dar, es kommt außerdem das Motiv des (Ver-)Schweigens, der Verdrängung der Vergangenheit, eine Atmosphäre der Angst sowie das Motiv der Reise der Nachfahren in den Osten vor. Neu ist aber, wie diese Motive und Themen literarisch verarbeitet werden: Erzählt wird aus unterschiedlichen Perspektiven, insofern die Angehörigen von vier Generationen zweier Familien, einer deutschen und einer polnischen Familie, zu Wort kommen. Auf diese Weise ‚kommentieren' die handelnden Figuren einander, ihre Handlungen, Verhaltensweisen, aber auch Ängste und Erfahrungen. Deutungen einzelner Ereignisse gibt es daher im Roman *de facto* so viele, wie es HeldInnen gibt. Indem die LeserInnen den aufeinanderfolgenden Generationen folgen und die Ereignisse mit den Augen einzelner Figuren betrachten, schauen sie in eine Art Kaleidoskop, in dem das Trauma von Flucht und Vertreibung immer wieder neuen Ausdruck und neue Form findet. Erst diese deutsch-polnische Polyphonie der Stimmen macht deutlich, wie tief und generationenübergreifend die vergangenen Ereignisse und Traumata verwurzelt sind.

In dem Roman *Sieben Sprünge vom Rande der Welt* werden die in früheren Enkelromanen skizzierten Motive und Erzählstränge zusammengefasst und erweitert.

31 Während Sabrina Janesch in Katzenberge zahlreiche polnischsprachige Einschübe verwendet, die ihrem Roman einen originellen Stil und Authentizität verleihen, geht Draesner auch in dieser Hinsicht noch einen Schritt weiter: In ihrem Werk kommen nicht nur polnische, sondern auch ukrainische und englischsprachige Elemente in der Sprache vor. Letztere lassen die Szenen amerikanischer Verhöre deutscher Staatsbürger im Rahmen der sogenannten Entnazifizierung nach dem Zweiten Weltkrieg besonders authentisch wirken.

Somit stellt er einen spezifischen Wendepunkt dieser Literatur dar, so meine These. Wie in den anderen Texten fungiert auch bei Draesner die Familie als entscheidender Erinnerungsraum, als Ort, an dem man *gegen* Erinnerungen und *um* sie kämpft.[32] Jede Generation – sei es der deutschen oder der polnischen Familie – geht auf ihre eigene Weise mit den Erinnerungen an Flucht und Vertreibung um. Wie aber Janesch und Draesner mit ihren Romanen zeigen, sind erst die Enkel und Urenkel imstande, eine breitere Perspektive einzunehmen, indem sie gleichzeitig auch anderer Opfer würdevoll gedenken und die traumatischen Erinnerungen ihrer Großeltern in den breiteren Kontext deutscher Verantwortung für den Krieg zu setzen vermögen. Und obwohl es auf der Ebene der in den Romanen erzählten Welten, das heißt in den Augen der ProtagonistInnen, so erscheint, als ob die Brüche in den Erinnerungsräumen noch nicht überwunden worden sind, gelingt dies den Romanen von Janesch und Draesner paradoxerweise dennoch: Durch die narrative Struktur wird letztlich der Riss, der durch die Erinnerungen verläuft, aufgehoben. Aus der Menge der erzählten individuellen Geschichten erfahren die LeserInnen von vielen Details aus dem Leben der dargestellten Familien: von ihren Erinnerungen, Gefühlen, Emotionen, Erlebnissen, Eindrücken, Gedanken. Jedem Leid und jedem Opfer wird in den beiden Romanen individuell gedacht; das eine Leid schließt dabei das andere nie aus.

Insofern überwinden die Romane von Janesch und Draesner als literarische Werke die getrennten Erinnerungen sowie in gewissem Sinne auch die Brüche in den Erinnerungsräumen. Ganz im Sinne der Idee des Shared Heritage: Nicht nur Schlesien als symbolischer Schnittpunkt deutsch-polnischer und polnisch-deutscher Erinnerungen wird hier zu einem gemeinsamen Erbe. Auch jene durch Flucht und Vertreibung verursachten Traumata bleiben integraler Bestandteil dieses gemeinsamen Erbes und beschäftigen die nachfolgenden Generationen auf je spezifische Weise.

5. Schlussbemerkungen

Es mussten mehrere Jahrzehnte vergehen, bis Romane wie Sabrina Janeschs *Katzenberge* oder Ulrike Draesners *Sieben Sprünge vom Rand der Welt* entstehen konnten. Diese lange Zeitspanne zeugt von der Komplexität des Prozesses der Auseinandersetzung mit dem Krieg, der deutschen Schuld, aber gleichzeitig auch mit den eigenen Leiden und Traumata. Sie veranschaulicht, wie tief der Riss in deutschen Erinnerungen war, von dem Koselleck schrieb, dass er kaum zu überwinden sei.[33] Dieser Bruch

32 Vgl. Cohen-Pfister, Laurel: Kriegstrauma und die deutsche Familie. Identitätssuche im deutschen Gegenwartsroman. In: Martinec, Thomas; Nitschke, Claudia: Familie und Identität in der deutschen Literatur. Frankfurt/M. 2009, S. 243–258, hier S. 244.

33 Koselleck, Gebrochene Erinnerung (wie Anm. 4), S. 28.

machte es sowohl der ersten als auch der zweiten Generation unmöglich, über die eigenen Leiden und Opfer zu sprechen; er trug auch zu der Überzeugung bei, dass die deutschen Erinnerungen an Flucht und Vertreibung mit den traumatischen Erinnerungen anderer Völker unvereinbar seien. Erst die sogenannten deutschen Enkel, die um 2000 zu Wort kommen, befassen sich in differenzierter Weise mit der eigenen Familiengeschichte und Herkunftswelt. Um dies mit den Worten Aleida Assmanns auszudrücken: „Was der ersten Generation nicht möglich war und von der zweiten Generation ignoriert wurde, kann in der dritten Generation leichter zum Gegenstand gegenseitiger Erzählung und emphatischer Aufnahme werden."[34]

Die Romane von Janesch und Draesner nehmen im Kontext der Familien- und Generationenromane eine Sonderstellung ein: Meines Erachtens bilden sie eine Art Wendepunkt der literarischen Erzählung über die Flucht und Vertreibung der Deutschen aus dem Osten. Dabei stellt insbesondere der umfangreiche Text von Ulrike Draesner ein literarisches Beispiel für die Überwindung der getrennten Erinnerungen dar und zeugt von dem Bestreben, die deutschen und polnischen Kriegserinnerungen zusammenwachsen zu lassen, indem der Roman generationenübergreifend und in gleichwertiger Weise die Perspektive von zwei Flüchtlingsfamilien vor Augen führt – einer polnischen aus Lemberg sowie einer Deutschen aus Breslau. Die durch Flucht und Vertreibung verursachten Traumata werden somit zum gemeinsamen deutsch-polnischen Schicksal und auf diese Weise zum geteilten Erbe. Dies ist auch durchaus im Sinne des von Aleida Assmann geforderten „dialogischen Erinnerns", unter dem die Gedächtnisforscherin eine „[...] wechselseitige Anerkennung von Opfer- und Täterkonstellationen in Bezug auf eine gemeinsame Gewaltgeschichte" versteht.[35] Inwieweit dabei eine solche Überwindung der getrennten deutsch-polnischen Erinnerungen über die ausschließlich literarische Ebene hinausgehen kann, sei dahingestellt.

34 Assmann, Aleida: Das neue Unbehagen an der Erinnerungskultur. Eine Intervention. München 2013, S. 202f.

35 Ebd., S. 197. Ein bewegendes Beispiel für ein solches dialogisches Erinnern ist in der Autobiografie von Maria Daniel zu finden. Die 1928 in Graudenz (Grudziądz) geborene Polin, Tochter eines polnischen Offiziers, deren Familie im Krieg sehr gelitten hat, erinnert sich retrospektiv an den Januar 1945, als sie im besetzten Graudenz an der Weichsel die deutschen Flüchtlinge aus dem Osten beobachtete: „So warteten die Leute bei diesem bitteren Frost stundenlang auf die Überfahrt, auf den Karren Familien mit Kindern, manchmal sehr kleinen, und mit alten Menschen (wahrscheinlich Großeltern). Beim Anblick dieser schrecklich frierenden Menschen, die doch zu unseren Feinden zählten, hatten wir Mitleid. Uns kam gleichzeitig eine Überlegung in den Sinn: Welcher Hass und welche Hölle wurden verursacht durch die überbordenden, kranken Ambitionen zweier Verrückter – Hitler und Stalin – und ihr Streben, die Welt zu beherrschen!". Siehe Daniel, Maria: Wspomnienia z czasu wojny 1939–1945. Bydgoszcz – Horodło – Grudziądz [Erinnerungen aus der Kriegszeit 1939–1945. Bromberg – Horodlo – Graudenz]. Thorn 2017, S. 169. (Übersetzung Aleksandra Burdziej).

Erik Schilling

Multiperspektivität und subjektive Zeitwahrnehmung. Ulrike Draesners *Sieben Sprünge vom Rand der Welt*

Ulrike Draesner (geb. 1962) ist eine der profiliertesten Autorinnen der Gegenwart. In ihren Romanen und Gedichten umkreist sie Fragen von Sprache und Fiktion ebenso wie Körperlichkeit, Fremdheitserfahrung und Kulturtransfer. Draesner ist seit 2018 Professorin am Deutschen Literaturinstitut Leipzig, 2017 hielt sie die Frankfurter Poetik-Vorlesungen. In ihrem 2014 publizierten Roman *Sieben Sprünge vom Rand der Welt* erzählt sie Ausschnitte aus der Geschichte des 20. Jahrhunderts.[1] Sie verwendet dazu die multiperspektivische Sicht von insgesamt neun Figuren, die zwei Familien, verschiedenen kulturellen Räumen in Deutschland und dem östlichen Europa sowie unterschiedlichen Generationen angehören. Das Geschehen reicht vom Ersten Weltkrieg bis in die Gegenwart; von allen Erzählern wird die Vertreibung beider Familien aus bzw. nach Schlesien 1945 thematisiert.[2]

Eine zentrale Rolle im Roman spielen Geschichte und Gedächtnis. Neben den ständigen Referenzen auf historische Ereignisse wird dazu eine biologische Perspektive eingebunden, die – am Beispiel der Protagonistin Simone Grolmann und ihres Vaters Eustachius, beide in der Forschung an Affen tätig – nach den Möglichkeiten und Grenzen des Gedächtnisses fragt und reflektiert, inwieweit das individuelle Gedächtnis stets mit dem kulturellen Gedächtnis (im Sinne von Aleida und Jan Assmann)[3] verknüpft ist. Die unterschiedlichen Räume, die die Figuren durchschreiten – Schlesien als Zentrum, aber auch die Flucht in den Westen und die Flucht aus dem Osten Polens sowie der Ukraine nach Schlesien – tragen zu Verschiebungen im kulturellen Gedächtnis bei, die der Roman ebenfalls thematisiert und problematisiert.

Besonders gut lässt sich die Multiperspektivität des Romans fassen, wenn man sie im Kontext aktueller Positionen von Kultur und Geschichte lokalisiert. Ich möchte dazu zunächst je einen konzeptionellen Vorschlag von Hans Ulrich Gumbrecht

---

1 Draesner, Ulrike: Sieben Sprünge vom Rand der Welt. München 2014.

2 Dabei ist das Erzählte biographisch grundiert, worauf u. a. die Danksagung sowie Draesners Homepage der-siebte-sprung.de aufmerksam machen. Zu den autobiographischen Aspekten vgl. auch Rusciano, Dora: Memoria, identità, e finzione letteraria. Alcune riflessioni su „Sieben Sprünge vom Rand der Welt" di Ulrike Draesner [Erinnerung, Identität und literarische Fiktion. Einige Überlegungen zu Ulrike Draesners „Sieben Sprünge vom Rand der Welt"]. In: Studi Germanici 11 (2017), S. 171–196, hier S. 177.

3 Vgl. z. B. Assmann, Jan: Kollektives Gedächtnis und kulturelle Identität. In: Ders.; Hölscher, Tonio (Hg.): Kultur und Gedächtnis. Frankfurt/M. 1988, S. 9–19; Assmann, Aleida: Erinnerungsräume. Formen und Wandlungen des kulturellen Gedächtnisses. München 1999.

und Aleida Assmann vorstellen. Gumbrecht und Assmann werfen die Frage auf, ob an die Stelle einer linear ablaufenden Zeit eine ‚breite Gegenwart' getreten oder die Zeit generell ‚aus den Fugen' sei.[4] Mit den Begriffen der ‚breiten Gegenwart' (Gumbrecht) sowie der ‚Kulturalisierung der Zeit' (Assmann) können Draesners *Sieben Sprünge* analysiert werden. Meine These ist, dass der Roman Multiperspektivität einsetzt, um einen subjektiven Zugriff auf Zeit und Geschichte darzustellen – und damit die ordnende Herangehensweise einer linear verfahrenden Historiographie infrage stellt.

Der Begriff der Interferenz, der für den vorliegenden Band im Zentrum steht, kann vor diesem Hintergrund dazu dienen, das Überlappen der verschiedenen Perspektiven metaphorisch zu veranschaulichen. So wie zwei Wellen bei ihrem Aufeinandertreffen eine Interferenz bilden, zeichnen sich zwei (oder mehr) Betrachtungsweisen eines historischen Ereignisses durch Gemeinsamkeiten und Brechungen aus, die nicht zwingend zu einer gemeinsamen Anschauung synthetisiert werden können. Ebenso wird damit die Vorstellung eines gemeinsamen Erbes problematisiert. Ein Erbe gibt es im Roman nicht im juristisch-materiellen Sinne, sondern allenfalls gebrochen für unterschiedliche Figuren. Zudem rückt der Begriff des Erbes im Roman in die Nähe des Traumas: Was die Figuren von ihren Eltern und Großeltern vererbt bekommen, sind belastende Erfahrungen von Vertreibung und Flucht.

1. Hans Ulrich Gumbrecht: *Unsere breite Gegenwart*

Hans Ulrich Gumbrechts *Unsere breite Gegenwart* beschreibt eine Differenz zwischen dem ‚historischen Denken' und dem ‚Chronotop' der Jahre um 2010, der sogenannten ‚breiten Gegenwart': Für das historische Denken sei eine lineare Auffassung von Zeit maßgeblich. Die Vergangenheit biete nur kurzfristig einen Orientierungswert. Die Zukunft erscheine als „ein offener Horizont von Möglichkeiten".[5] Zwischen Vergangenheit und Zukunft sei die Gegenwart ein kurzer, kaum wahrzunehmender Moment. In dieser Gegenwart konstituiere sich das „cartesianische[] Subjekt",[6] das seine Position in der Zeit als Motivation für eigenes Handeln verstehe.

In der ‚breiten Gegenwart' hätten sich diese Aspekte verändert. Die Zukunft werde „als Bedrohung"[7] empfunden, weil bestimmte Phänomene – Gumbrecht nennt den Klimawandel – nicht mehr vom Menschen zu gestalten seien. Zugleich überschwemme die Vergangenheit die Gegenwart, wie die zahlreichen Museen und Erinnerungsinstitutionen verdeutlichten. Weil die Gegenwart die Vergangenheit in

4 Vgl. Gumbrecht, Hans Ulrich: Unsere breite Gegenwart. Berlin 2010; Assmann, Aleida: Ist die Zeit aus den Fugen? Aufstieg und Fall des Zeitregimes der Moderne. München 2013.

5 Gumbrecht, Unsere breite Gegenwart (wie Anm. 4), S. 15.

6 Ebd.

7 Ebd., S. 16.

sich aufnehme, seien zahlreiche Stilrichtungen gleichermaßen präsent, es ergebe sich eine Dominanz der Simultaneität. Schließlich gehe das cartesianische Subjekt als handelnde und ordnende Instanz verloren; an seine Stelle sieht Gumbrecht ein Insistieren auf vorhermeneutische Präsenzerlebnisse treten.

Gumbrechts Konzept der ‚breiten Gegenwart' deckt sich in vielen Punkten mit der Zeitauffassung der Postmoderne.[8] Das Phänomen der Simultaneität etwa ist charakteristisch für postmoderne Kunst, ebenso die Hinwendung zur Geschichte, die in der Literatur prominent in der Renaissance des historischen Romans zum Tragen kommt.[9] Es stellt sich also die Frage, ob mit der Postmoderne eine Auffassung von Zeit und Geschichte dominant geworden ist, die sich vom linearen historischen Denken fundamental unterscheidet. Für diese These sprechen nicht nur die von Gumbrecht genannten Differenzen, sondern insbesondere die – von ihm ebenfalls erwähnte – Digitalisierung, die zuvorderst räumliche, in nicht unbeträchtlichem Maße aber auch zeitliche Distanzen aufzuheben imstande ist.[10]

2. Aleida Assmann: Zeit und Gedächtnis

Unmittelbar an Gumbrecht an schließt Aleida Assmann mit ihrer Frage, ob die *Zeit aus den Fugen* sei. Auch sie geht – im Untertitel ihrer Monographie – zunächst vom „Aufstieg und Fall des Zeitregimes der Moderne" aus. Unter ‚Zeitregime' versteht sie dabei „einen Komplex kultureller Vorannahmen, Werte und Entscheidungen, der menschliches Wollen, Handeln, Fühlen und Deuten steuert, ohne dass diese Grundlagen vom Individuum selbst bewusst reflektiert werden".[11] Assmann fragt also global nach den Voraussetzungen menschlichen Agierens, wobei sie diese auch, aber nicht ausschließlich auf die damit verbundene Vorstellung von Zeit und Geschichte zurückführt. Ihre kulturgeschichtlichen Beobachtungen decken sich zunächst mit denjenigen Gumbrechts: Auch Assmann spricht von einem engen Verhältnis zwischen Zeit und Moderne, das sich insbesondere im Fortschrittsbegriff äußere. Wenn sie „gesteigertes Zeitbewusstsein, Zeitreflexivität und Zeitrelationalität"[12] als Charakteristika der Moderne ausmacht, lässt sie den einschlägigen Zeitraum – wie Gumbrecht – implizit mit Kosellecks Sattelzeit beginnen.

8 Vgl. dazu Birnstiel, Klaus; Schilling, Erik (Hg.): Literatur und Theorie seit der Postmoderne. Mit einem Nachwort von Hans Ulrich Gumbrecht. Stuttgart 2012.

9 Vgl. Schilling, Erik: Der historische Roman seit der Postmoderne. Umberto Eco und die deutsche Literatur. Heidelberg 2012.

10 Zu der These hingegen, dass die Digitalisierung an Strukturen anschließe, die bereits in der nicht technisch-digitalen Gesellschaft vorhanden seien, vgl. Nassehi, Armin: Muster. Theorie der digitalen Gesellschaft. München 2019.

11 Assmann, Ist die Zeit aus den Fugen? (wie Anm. 4), S. 19.

12 Ebd., S. 24.

Entschieden wendet sich Assmann jedoch gegen eine normative Festschreibung dieses modernen Zeitregimes als maßgeblich. Bei Gumbrecht und anderen beobachtet sie ein Unbehagen gegenüber „dem neuen Chronotop",[13] das sich in kulturpessimistischen Äußerungen manifestiere. Assmann hingegen nimmt als gegeben, dass sich das Verständnis von Vergangenheit, Gegenwart und Zukunft wandle. Vor diesem Hintergrund plädiert sie für eine subjektiv-kulturelle Wahrnehmung von Zeit: eine „Kulturalisierung der Zeit".[14] Vergangenheit und Zukunft würden – so Assmann unter Bezugnahme auf Augustinus – im Rahmen der Gegenwart erfahren als Erinnern und Erwarten. Die subjektiv-kulturelle Komponente führe zu einer Pluralisierung der Zeitwahrnehmung, die die physikalisch-lineare Zeitauffassung der Moderne als Fiktion entlarve. Dies aber sei kein Skandalon, sondern die Rückbindung des Zeitverständnisses an seine kulturelle Funktion, „Zeitrahmen zu schaffen, in denen Gegenwärtiges in die Zukunft hineinwirkt und Vergangenes gegenwärtig gehalten oder in die Gegenwart zurückgeholt werden kann".[15]

3. Zwischenfazit

Zu fragen ist auf dieser Basis, ob die Beobachtungen, die Gumbrecht, Assmann und andere machen, Ausdruck ein und derselben Veränderung sind – mag man diese als postmodernen Chronotop, als ‚breite Gegenwart' oder als Wandel innerhalb des Zeitregimes der Moderne fassen. Einig sind sich Gumbrecht und Assmann hinsichtlich der ‚Integration' von Vergangenheit und Zukunft in die Gegenwart. Wenn Gumbrecht als Merkmal der Gegenwart ansieht, dass diese sich in Richtung von Vergangenheit und Zukunft ausdehne, deckt sich dies mit Assmanns Insistieren auf der Rolle des kulturellen Gedächtnisses für die Gegenwart und ihrem Ansatz, Zukunft zu beschreiben als „Verlängerung von Gegenwärtigem und Vergangenem".[16] Ein linearer, fortschrittsorientierter Verlauf der Geschichte wird damit nicht länger angenommen. Wie oben angedeutet, hat dies Konsequenzen für die Vorstellung von einem gemeinsamen Erbe: Auch dafür ist kein linearer, geordneter Verlauf mehr anzunehmen, sondern eine plurale Übertragung in verschiedenen Brechungen und betrachtet aus unterschiedlichen Perspektiven. An seine Stelle tritt das Wissen um die Gebundenheit der Beobachtung an den Beobachter, also von zeitlicher Wahrnehmung an das wahrnehmende Individuum oder die schreibende Historikerin. Die begrifflichen Konzepte der ‚breiten Gegenwart' sowie der ‚Kulturalisierung der Zeit' illustrieren dies.

13 Ebd., S. 267.
14 Ebd., S. 273.
15 Ebd., S. 290.
16 Ebd., S. 322.

4. Multiperspektivität und subjektive Zeitwahrnehmung in Ulrike Draesners *Sieben Sprüngen vom Rand der Welt*

Wie sieht dies nun konkret in der Gegenwartsliteratur aus – wie lassen sich auf dieser Basis Multiperspektivität und subjektive Zeitwahrnehmung in Ulrike Draesners *Sieben Sprüngen vom Rand der Welt* beobachten? Im Roman werden durch die multiperspektivische Erzählweise verschiedene Varianten derselben Geschichte präsentiert, die teils explizit, teils implizit voneinander abweichen und nicht zu einer ‚wahren' Geschichte synthetisiert werden können.[17] Der Roman ist daher als ‚metahistoriographisch' (im Sinne Ansgar Nünnings)[18] zu verstehen: Eine ‚Wahrheit' bezüglich der Geschichte gibt es nicht. Stattdessen ist für die Figuren eine Wahrnehmung von ‚breiter Gegenwart' bzw. ‚Kulturalisierung der Zeit' zu beobachten, im Zuge derer das subjektive Element dominant wird gegenüber naturwissenschaftlichen (‚linearen') oder historiographischen (‚wahrscheinlichkeitsorientierten') Zugriffen auf Zeit und Geschichte. Verbunden ist dies mit verschiedenen Varianten, mit dem kollektiven Trauma der Flucht umzugehen.[19] Die Multiperspektivität – Christine Lubkoll spricht von einem „polyphonen Erzählmodell[]"[20] – dient u.a. dazu, „das kollektive Trauma von Flucht und Vertreibung nach 1945 differenziert in den Blick zu nehmen".[21] Es ist somit eine Analogie von Erzählweise, Funktionsweisen des Gedächtnisses und Erinnerungsprozess zu konstatieren. Metaphorisch könnte man

17 Nicole Sütterlin stellt auf dieser Basis überzeugend einen Bezug zu Draesners erstem Gedichtband *gedächtnisschleifen* her, vgl. Sütterlin, Nicole A.: Trauma-Poetik. Ulrike Draesners „Sieben Sprünge vom Rand der Welt" und die Körperliteratur der 1990er Jahre. In: GegenwartsLiteratur 15 (2016), S. 167–190.

18 Vgl. Nünning, Ansgar: Von historischer Fiktion zu historiographischer Metafiktion. Bd. 1: Theorie, Typologie und Poetik des historischen Romans. Trier 1995.

19 Eine übersichtliche Darstellung dazu bei Lubkoll, Christine: Flucht und Vertreibung als Fokus politischer Reflexion. Neue Bestimmungen von ‚Exilliteratur' in der Gegenwart (Ulrike Draesner, Jenny Erpenbeck, Abbas Khider). In: Dies.; Illi, Manuel; Hampel, Anna (Hg.): Politische Literatur. Begriffe, Debatten, Aktualität. Stuttgart 2018, S. 283–305, hier S. 293–296. Zu detaillierten Auseinandersetzungen mit dem Thema ‚Trauma' vgl. z. B. Strehle, Lisa-Marie: Körpertrauma in Ulrike Draesners „Sieben Sprünge vom Rand der Welt" (2014). In: Nesselhauf, Jonas; Nitschmann, Till; Röhrs, Steffen (Hg.): Körperbewegungen in (Nach-)Kriegszeiten. Zu künstlerisch-medialen Repräsentationsformen von der Frühen Neuzeit bis zur Gegenwart. Hannover 2018, S. 259–278; Ludden, Theresa: Mobilisations of Mediation and Aporias. Reading Trauma as Metaphor in Ulrike Draesner's „Sieben Sprünge vom Rand der Welt" with Caruth, Derrida, and Agamben. In: German Life and Letters 72 (2019), S. 443–468. Salama, Dina Aboul Fotouh Hussein: Flucht und Exil. Die Quantentheorie und die Poetisierung transgenerationaler Gedankenwelten in Ulrike Draesners „Sieben Sprünge vom Rand der Welt". In: Zeitschrift für interkulturelle Germanistik 10 (2019), S. 89–104, hier S. 95 zeigt darüber hinaus, „wie mittels einer sog. Quantenpoetik die transgenerationale Trauma-Übertragung im Roman *Sieben Sprünge vom Rand der Welt* literarisch und ästhetisch mit den Mitteln einer Quantenpoesie gelesen werden kann".

20 Lubkoll, Flucht und Vertreibung (wie Anm. 19), S. 296.

21 Ebd., S. 291.

für den Roman von einem erzählerischen Mosaik sprechen, das sich zwar – je nach konkreter Perspektive der Rezipientinnen und Rezipienten – zu einer kohärenten Erzählung fügt, in dem aber die einzelnen Bestandteile ihre Eigenständigkeit bewahren und sich nicht völlig nahtlos in das große Ganze einfügen.

Die Protagonistin Simone bemerkt zum Beispiel, dass ihr Vater Eustachius die Erinnerung an seine Flucht aus Schlesien mit ähnlichen Ereignissen vermischt, die er nicht erlebt hat. Er erwähnt einen Flüchtlingszug, in dem er mitgelaufen sei, aber Simone findet heraus, dass kein solcher Zug seine Route genommen hat. Sie kommt zu dem Schluss, dass ihr Vater die Bilder in einem Dokumentarfilm gesehen und sie danach in sein persönliches Gedächtnis integriert haben muss. Darüber hinaus ist der multiperspektivische Ansatz ein Charakterzug der Figuren selbst. Viele von ihnen kombinieren Erfahrungen aus verschiedenen Ländern und Kulturen, sie werden zu einer Art biographischem Interferenzraum. Simones Geliebter Boris zum Beispiel bezeichnet sich selbst als Menschen mit vier Gesichtern: „schlesisch, polnisch, ukrainisch, deutsch“.[22]

Simones Großmutter Lilly ist bezeichnend für das, was Boris als einen Wesenszug aller Flüchtlinge beschreibt: einen Verlust der Gegenwart, der die Erinnerung zum Zentrum der gedanklichen Beschäftigung macht. Ein formales Mittel hebt Lillys Konzentration auf Erinnerungen hervor: Während der Roman zunächst im Blocksatz gesetzt ist, kommt es in den ihr gewidmeten Abschnitten zu Zeilenbrüchen, die an Dichtung erinnern. Besonders dominant werden die Brüche dort, wo Bilder der Vergangenheit heraufbeschworen werden. So wird die Erinnerung als fragmentarisch dargestellt. Erst Lillys (Re-)Konstruktion der Ereignisse fügt sie zu einer zusammenhängenden Erzählung zusammen.

In einigen Momenten übernimmt Lillys Ehemann Hannes diesen fragmentarischen Modus des Erinnerns. Vor allem aber entwickelt er einen Zugang zur Geschichte, für den eine gleichzeitige Präsenz verschiedener Zeitschichten charakteristisch ist – eine Art ‚breite Gegenwart‘: „[D]ie Zeit hat sich aufgerollt wie ein Farnwedel, ich weiß nicht, ob sie schrumpft oder wächst: Da steht Eustachius und ist noch nicht gezeugt [...].“[23] In Hannes' Fall gibt es einen funktionalen Grund für den Verlust des Zeitgefühls: Seine Perspektive reicht bis zu entferntesten Erinnerungen an den Ersten Weltkrieg. Da er in beiden Kriegen Soldat war, ist die ‚große‘ Geschichte in ihm besonders lebendig. Für ihn sind Mikro- und Makrogeschichte untrennbar miteinander verbunden. Hannes hat Erfahrungen gemacht, die er nicht benennen, manchmal nicht einmal erinnern kann: „Die Kuhhaut ist klein, es geht nicht darauf. Sie schrumpft von Minute zu Minute, sie ist kleiner als gedacht. Sie ist gar nicht da. Das nennt sich Erinnerung. Erinnerung | ist, was er zu vergessen versucht“.[24] Anders

22 Draesner, Sieben Sprünge (wie Anm. 1), S. 266.
23 Ebd., S. 286.
24 Ebd., S. 350.

als Lilly will Hannes die Vergangenheit nicht bewahren. Er versucht verzweifelt, sie loszuwerden, aber es gelingt ihm nicht. Daher wendet er sich dem Schweigen zu. Die unmittelbare Betroffenheit durch die Geschichte verursacht Sprachlosigkeit.

Besonders folgenreich ist die Kombination aus Multiperspektivität und subjektivem Zeitempfinden in Bezug auf ein Ereignis rings um die Brüder Eustachius und Emil: Emil geht auf der Flucht aus Schlesien in den Westen unter ungeklärten Umständen verloren. Was passiert sein könnte, erklären die Figuren in unterschiedlicher Weise. Emils Schicksal bildet damit die Unmöglichkeit einer exakten Rekonstruktion der Geschichte paradigmatisch ab.[25] Sein Verschwinden im Zuge der Flucht 1945 wird aus mehreren Perspektiven geschildert, ohne dass eine davon eine Geschichte ergäbe, die glaubwürdiger wäre als die anderen Versionen. Seine Mutter Lilly etwa bemerkt in der fraglichen Nacht nur, dass Emil nicht bei ihnen ist und Eustachius das gemeinsame Lager kurz verlässt. Was passiert, erfährt sie nicht. Dass Eustachius seinen Bruder getötet haben könnte, deutet Lilly an, als sie Eustachius Jahre später nach der Pistole seines Vaters fragt. Doch er gibt keine Antwort, Lilly bleibt im Unklaren.

Seiner Enkelin Esther erzählt Eustachius eine drastisch-explizite Version vom Tod Emils: „Ich habe meinen Bruder getötet. Damals, im kältesten Winter. Auf der Flucht. […] Ich erschoss ihn".[26] Eine Erklärung für dieses Handeln gibt er nicht, es bleibt beim Konstatieren eines Faktums. Entsprechend skeptisch reagiert Esther: Sie spielt verschiedene Überlegungen durch, um die Plausibilität seiner Behauptung zu prüfen, kommt jedoch zu keinem Ergebnis. Die Ausführungen ihres Großvaters könnten einer Altersverwirrung entstammen, aber auch die Wahrheit bezeichnen. Auch Esther wird somit nie erfahren, was mit Emil passiert ist.

Besonders kompliziert ist die Lage für Eustachius selbst. Er interpretiert die Vergangenheit über weite Strecken seines Lebens aus naturwissenschaftlich-distanzierter Perspektive, nämlich physiologisch. Mit seiner Forschung über Affen möchte er zeigen, dass sich das Vergangene als „neurologische[] Geschichte"[27] über die Generationen verfolgen lässt. Dieses Insistieren auf messbare, körperliche Aspekte des Vergangenen lässt sich jedoch untergründig psychologisch fassen: als Vermeidungsstrategie gegenüber einer Auseinandersetzung mit der individuellen Geschichte. Eustachius hält die Vergangenheit verschlossen als „dumpfes, unausgesprochenes Leiden".[28]

Es gibt jedoch einen Moment im Roman, in dem ihm die Vergangenheit plastisch vor Augen tritt, als Vermischung vergangener und gegenwärtiger Elemente, die sich zu einer Art ‚breiten Gegenwart' zusammensetzen: Vlak, einer der beiden Affen, die

25 Die entsprechende Unzuverlässigkeit von Gedächtnis und Erinnerung wurde in der neueren Forschung an vielen Stellen thematisiert und analysiert. Einen Überblick bietet beispielsweise Erll, Astrid: Kollektives Gedächtnis und Erinnerungskulturen. Eine Einführung. 3., aktualisierte und erweiterte Auflage. Stuttgart 2017.

26 Draesner, Sieben Sprünge (wie Anm. 1), S. 501.

27 Ebd., S. 37.

28 Ebd., S. 57.

Eustachius illegal bei sich zu Hause hält, ist davongelaufen. Eustachius muss ihn wieder einfangen. Die Szene ruft konkrete Erinnerungen an den verlorenen Bruder Emil hervor. Vlak verschmilzt in Eustachius' Wahrnehmung direkt mit Emil:[29] „Als er [Vlak] seinen Namen hörte, drehte er sich um und wartete auf mich. [...] Emil, hochgewachsener als noch vor einer Stunde, den Rücken durchgedrückt".[30] In dieser Vermischung von gegenwärtigem Affen und vergangenem Menschen scheint die Motivation auf, die Eustachius sowohl zu seiner lebenslangen Forschertätigkeit als auch zu seinem privaten Altersprojekt führt: Für den Affen möchte er die fürsorgliche Rolle übernehmen, in der er für Emil versagt hat. Der Affe, der ihm fast siebzig Jahre nach dem Verlust Emils entläuft, lässt das Trauma des verlorenen Bruders aufbrechen. Doch dem alten Eustachius gelingt, was dem jungen versagt bleibt: Mit den Worten „Mein Menschentier"[31] schließt er den wiedergefundenen Vlak in die Arme. Die subjektive Deutung des Geschehens ist offensichtlich. Mit Assmann kann man für Eustachius von einer ‚Kulturalisierung der Zeit' sprechen, weil Eustachius unwillkürlich-willkürlich Vergangenheit und Gegenwart ineinander blendet und – zumindest für ihn selbst – der lineare Verlauf der Geschichte für mindestens einen Moment an Bedeutung verliert. Simultaneität tritt an die Stelle aufeinanderfolgender Ereignisse.

Auf den letzten Seiten des Romans scheint hingegen ein Ende der Multiperspektivität in Sicht, eine Art Auflösung der subjektiven Wahrnehmung von Zeit und Geschichte, zumindest im Blick auf die Frage nach dem Verschwinden Emils. Denn die Geschichte Emils aus dessen eigener Perspektive beschließt den Roman. Doch die Auflösung bleibt aus. Zum einen ist unsicher, inwieweit Emil als zuverlässiger Erzähler gelten kann. Zum anderen wird auch inhaltlich das Geschehen des Tages, an dem Emil verloren geht, nur schemenhaft umrissen. Emils Perspektive blendet – wie Eustachius Jahrzehnte später – Ereignisse der Vergangenheit in Momente der Gegenwart: Fragmente von Jugenderinnerungen blitzen auf, so die wiederholt empfundene Erniedrigung wegen seiner Behinderung und der daraus resultierende Wunsch, als Soldat eingezogen zu werden, um seine ‚Tauglichkeit' zu beweisen. Der innere Monolog Emils endet mit einigen Überlegungen zu Eustachius und der Zukunft der Familie sowie schließlich mit einer Abschiedsformel: „ich wünsche euch Glück".[32] Es folgt die Schilderung eines kryptischen Naturbildes, dann ist der Roman zu Ende. Emils Situation bleibt offen. Denkbar ist, dass er an die Front nach Osten zieht, um – als Spätberufener – der Soldat zu werden, der er sein wollte. Ebenso ist es möglich, dass er die zweite Pistole bei sich trägt, von der zuvor im

29 Interessant wäre es, diese Überlagerung mit dem quantentheoretischen Ansatz der Superposition zu deuten, den Salama, Flucht und Exil (wie Anm. 19), S. 102 für andere Aspekte des Romans ins Feld führt.

30 Draesner, Sieben Sprünge (wie Anm.1), S. 168.

31 Ebd., S. 177.

32 Ebd., S. 555.

Roman die Rede war, und Selbstmord begeht, um seiner Familie einen leichteren Neuanfang zu ermöglichen. Und schließlich steht die Geschichte im Raum, die Eustachius seiner Enkelin erzählt: dass er seinen Bruder getötet habe.

5. Fazit

Ulrike Draesners *Sieben Sprünge vom Rand der Welt* präsentiert eine subjektiv geprägte Simultaneität, die mit Gumbrechts und Assmanns Konzepten der ‚breiten Gegenwart' bzw. der ‚Kulturalisierung der Zeit' analysiert werden kann. Der Roman verfährt multiperspektivisch und gestaltet eine partielle Suspension linear ablaufender Zeit sowie einen individuellen Zugriff auf Geschichte im Gedächtnis. Was am Ende bleibt, sind Geschichten von der Geschichte. In ihrer Pluralität ergeben sie ein (unvollständiges) Mosaik des Geschehens, das zwar keine ‚wahre' Erzählung liefert, jedoch in seiner Vielfalt möglicherweise glaubwürdiger ist, als es eine einzelne Erzählung sein könnte.

Eine weitere Form der Multiperspektivität eröffnet der Roman, wo Draesner ihn nicht auf Papier enden lässt, sondern auf der Homepage der-siebte-sprung.de weitererzählt. Dort präsentiert sie Quellen und gibt den Leserinnen und Lesern die Möglichkeit, ihre eigenen Geschichten digital zu erzählen. Draesners Roman ist somit auch ein Beispiel für das Erzählen von und mit der Zäsur der Digitalisierung und die kulturellen Interferenzräume, die sich daraus ergeben. Doch dies im Detail zu untersuchen, wäre eine andere Geschichte.[33]

33 Erste Überlegungen zu diesem Medienwechsel stellt Rusciano, Memoria, identità, e finzione letteraria (wie Anm. 2), S. 190–193 an: „il settimo salto al quale fa riferimento il titolo è quello che fa il libro stesso attraverso un cambio di medium" [der im Titel erwähnte siebte Sprung ist derjenige, den das Buch selbst durch den Wechsel des Mediums macht].

Michaela Nowotnick

Leer wie der Himmel. Der rumäniendeutsche Exodus in zeitgenössischer deutschsprachiger Prosaliteratur

1. Der rumäniendeutsche Exodus und das gemeinsame kulturelle Erbe

Der Fall des Eisernen Vorhangs führte 1989 im östlichen Europa zu fundamentalen Veränderungen, deren Nachbeben bis in die unmittelbare Gegenwart spürbar sind. Politische und wirtschaftliche Systeme brachen praktisch über Nacht in sich zusammen, gewachsene Strukturen veränderten sich binnen kürzester Zeit, kaum ein Bereich war nicht von großen Umwälzungen betroffen. In Rumänien kam es im Dezember 1989 zu massiven Protesten seitens der Bevölkerung, die zur rumänischen Revolution führten, infolgedessen das Regime gestürzt und das Diktatorenehepaar Elena und Nicolae Ceaușescu hingerichtet wurde. Die neue Regierung versuchte daraufhin, der Lebensmittelknappheit entgegenzuwirken und zuvor erlassene Dekrete aufzuheben. Zugleich wurden die vormals fest geschlossenen Grenzen geöffnet und so eine unproblematische Ausreise der rumänischen Bevölkerung ermöglicht. In Verbindung mit Zusagen seitens der Bundesrepublik Deutschland, Rumäniendeutsche[1] als bundesdeutsche Staatsbürger aufzunehmen, beschleunigte sich eine Entwicklung, die nach dem Zweiten Weltkrieg begonnen hatte,[2] und innerhalb nur weniger Monate zu einer Massenabwanderung der rumäniendeutschen Bevölkerung führte: Zwischen Winter 1989 und Herbst 1990 verließ ein großer Teil der jungen und mittleren Generation das Land, um – überwiegend in Deutschland – ein neues Leben zu beginnen. Die in Rumänien gebliebene, vorrangig ältere Generation konnte und kann die einstigen, über Jahrhunderte gewachsenen Strukturen nicht oder nur mit großer Mühe aufrechterhalten. Die Zahl der in Rumänien lebenden

1 Die Begriffe ‚Rumäniendeutsche', ‚Deutsche in Rumänien' sowie ‚deutschsprachige Bevölkerung Rumäniens' werden im Folgenden weitgehend synonym verwendet.

2 Nach dem Zweiten Weltkrieg kehrten Deutsche aus Rumänien, die sich zu dieser Zeit in Deutschland befanden, vielfach nicht in ihre Heimat zurück. Durch Familienzusammenführung, die von bundesdeutscher Seite unter anderem mittels Geldleistungen gefördert wurden, begann eine zunehmende Ausreise der Bevölkerung. Zur Abwanderung der Rumäniendeutschen und dem sogenannten ‚Freikauf' seitens der Bundesrepublik vgl. u. a.: Baier, Hannelore; Hüsch, Dietmar; Leber, Peter-Dietmar: Wege in die Freiheit. Deutsch-rumänische Dokumente zur Familienzusammenführung und Aussiedlung 1968–1989. Hg. von der Landsmannschaft der Banater Schwaben. Aachen 2016.

Deutschen ist seitdem rückläufig, wenngleich das Deutsche und die deutsche Sprache vor allem in bestimmten Regionen des Landes wie Südsiebenbürgen noch präsent sind.[3]

Mit dem Fortgang ihrer Akteurinnen und Akteure sowie der Auflösung von einschlägigen Veröffentlichungsorganen wie Verlagen und Literaturzeitschriften[4] in den 1990er-Jahren war das unmittelbar bevorstehende Ende der rumäniendeutschen Literatur prognostiziert worden.[5] Heute, 30 Jahre nach den Ereignissen, zeigt sich, dass weiterhin Texte erscheinen, die der rumäniendeutschen Literatur zugeordnet werden können und gar junge Autorinnen und Autoren die literarische Bühne betreten, deren Wurzeln in Rumänien liegen.[6] Zugleich hat es den Anschein, dass seit der Öffnung Rumäniens deutschsprachige Literatur veröffentlicht wird, deren Strahlkraft weit über den Rahmen der Minderheitenliteratur hinausgeht.[7] Autorinnen und Autoren wie Oskar Pastior, Werner Söllner, Richard Wagner, Herta Müller und Eginald Schlattner, deren Texte prägend für die rumäniendeutsche Literatur der 1990er- und 2000er-Jahre waren, wurde internationale Anerkennung zuteil: von Besprechungen im überregionalen Feuilleton, über Übersetzungen und Preise bis hin zum Nobelpreis für Literatur, der 2009 Herta Müller zuerkannte wurde. Die genannten Autorinnen und Autoren wurden zwischen Ende der 1920er- und Mitte der 1950er-Jahre geboren. Sie haben ihre Kindheit, Jugend und einen Teil des Erwachsenenlebens in Rumänien verbracht bzw. leben wie im Fall Schlattners weiterhin dort. Sieht man sich ihre Texte hinsichtlich der behandelten Zeit genauer an, fällt auf, dass zeitaktuelle Strömungen zwar durchaus präsent sind, überwiegend aber auf ein Rumänien vor 1989 fokussiert wird. So hat beispielsweise Eginald Schlattner drei Romane vorgelegt, die sich der Kriegs- und Nachkriegszeit sowie den

3 Institutionen wie deutschsprachige Schulen werden von der rumänischen Mehrheitsbevölkerung bis heute weitergeführt und es gibt weiterhin eine deutschsprachige Presselandschaft. Verglichen mit der Situation vor 1990 kann dabei allerdings lediglich von Rudimenten gesprochen werden.

4 Im kommunistischen Rumänien, in dem die deutsche Gemeinschaft eine der anerkannten Minderheiten des Landes war, gab es in mehreren Verlagen Abteilungen, in denen deutschsprachige Bücher veröffentlicht wurden (u. a. Staatsverlag für Literatur und Kunst, Jugendverlag, Kriterion- und Dacia-Verlag). In der Literaturzeitschrift *Neue Literatur* wurden neben Autorinnen und Autoren aus Rumänien auch Beiträge aus der DDR sowie aus der Bundesrepublik im Erstdruck veröffentlicht.

5 Vgl. Solms, Wilhelm: Nachruf auf die rumäniendeutsche Literatur. Marburg 1990; Tudorică, Cristina: Rumäniendeutsche Literatur (1970–1990). Die letzte Epoche einer Minderheitenliteratur. Tübingen 1997.

6 Unter rumäniendeutscher Literatur werden hier Texte von Autorinnen und Autoren verstanden, die sich in ihrem Selbstverständnis als Angehörige der deutschen Minderheit Rumäniens sehen, d. h. Deutschsprachige, die familiäre Wurzeln in Rumänien haben und sich damit literarisch auseinandersetzen. An dieser Stelle nicht beachtet werden Sprachwechsler wie Dana Grigorcea, Alexandru Bulucz oder Carmen-Francesca Banciu.

7 Die Frage, ob es sich hierbei um ein Phänomen handelt, das auf das unmittelbar bevorstehende Ende einer Minderheit und damit auch der Minderheitenliteratur zurückzuführen ist, kann momentan nicht beantwortet werden.

ersten Jahren des Kommunismus in Rumänien widmen.[8] Eine Zeit, die in Texten Frieder Schullers, Joachim Wittstocks und anderer rumäniendeutscher Autorinnen und Autoren ebenfalls erzählt wird.[9] Auch die um eine Generation Jüngeren wie Herta Müller, William Totok, Werner Söllner und Richard Wagner sind in Deutschland vor allem mit Darstellungen des rumänischen Kommunismus und damit verbundener Repressalien bekannt geworden.[10] Die Texte stellen vorwiegend die rumäniendeutsche Bevölkerung in den Mittelpunkt und fokussieren auf minderheitenspezifische Belange und Themenkreise, wenngleich das multikulturelle Rumänien immer miterzählt wird. Sie spiegeln damit eine historisch gewachsene Situation, in der es natürlich Berührungspunkte zwischen der Mehrheitsbevölkerung und den Minderheiten gab und gibt, in vielen Bereichen aber deutliche Trennlinien vorliegen. Neben dem Gebrauch der jeweiligen Muttersprache als auffälligstes Distinktionsmerkmal fallen hierunter unter anderem die religiöse Prägung, die Ausübung von Bräuchen und Traditionen sowie das nationale Zugehörigkeitsgefühl.

Trotz des Sonderwegs, den die rumäniendeutsche Bevölkerung in vielfacher Hinsicht ging, ist sie mit der rumänischen Mehrheitsbevölkerung und anderen Minderheiten[11] Träger eines gemeinsamen Erbes. Dieses ist vor allem in den deutschen beziehungsweise ehemals deutschen Siedlungsgebieten des Landes augenfällig. So identifiziert sich beispielsweise die rumänische Mehrheitsbevölkerung vermehrt mit dem kulturellen Erbe der deutsch-österreichisch geprägten Kulturlandschaft Siebenbürgens. Deutschsprachige Schulen bzw. deutschsprachige Klassenzüge werden mittlerweile hauptsächlich von nicht-deutschen Schülerinnen und Schülern besucht und mit Klaus Johannis ist 2014 erstmalig ein Rumäniendeutscher zum Staatsoberhaupt gewählt worden. Insbesondere die deutschsprachige Literatur und Literaturlandschaft fungiert dabei nicht nur als ein Bindeglied, sondern auch als identitätsstiftendes Moment, zum Beispiel dann, wenn institutionelle und universitäre Projekte, die den multiethnischen und -nationalen südosteuropäischen Raum mit Fokus auf das heutige Rumänien untersuchen, das gemeinsame literarisch-kulturelle Erbe aufzeigen.[12] Die Region mit ihren historischen, sozialen und kulturellen

8 Die Handlung von *Der geköpfte Hahn* (Wien 1998) spielt an einem einzigen Tag, dem 23. August 1944, *Rote Handschuhe* (Wien 2001) umfasst die 1950er- sowie den Beginn der 1960-Jahre und *Das Klavier im Nebel* (Wien 2007) ist in den 1960er-Jahren angesiedelt.

9 Vgl. u. a.: Bergel, Hans: Der Tanz in Ketten. Innsbruck 1977; Schuller, Frieder: Mein Vaterland ging auf den roten Strich. Gedichte aus den Jahren keiner Begeisterung. 1975–1978. Hermannstadt (Sibiu) 2006; Wittstock, Joachim: Die uns angebotene Welt. Jahre in Klausenburg. Bukarest (București) 2007.

10 Vgl. u. a. Müller, Herta: Der Fuchs war damals schon der Jäger. Reinbek bei Hamburg 1992; Totok, William: ... an den Fahnenstangen fault die Wut. Ludwigsburg 2016; Söllner, Werner: Kopfland, Passagen. Frankfurt/M. 1988; Wagner, Richard: Rostregen. Darmstadt-Neuwied 1986.

11 In Rumänien leben zurzeit 18 offiziell anerkannte Minderheiten.

12 Vgl. u. a. die länderübergreifenden Projekte „Literarische Stätten in Osteuropa. Das multiethnische Kronstadt als literarischer Erfahrungsraum in der ersten Hälfte des 20. Jahrhunderts“

Besonderheiten schrieb und schreibt sich sowohl in die rumänische als auch die rumäniendeutsche Literatur ein. Gerade in zeitgenössischer Prosaliteratur kann dabei eine Fokussierung auf die Darstellung der kommunistischen Diktatur festgestellt werden. Neben Herta Müller und Eginald Schlattner, die vordergründig auf das Schicksal der rumäniendeutschen Bevölkerung nach 1945 eingehen, wird dieses Thema von rumänischen Autorinnen und Autoren wie Gabriela Adameșteanu und Mircea Cătărescu bearbeitet.[13] Auch bei Sprachwechslern, muttersprachlich rumänische Autorinnen und Autoren, die in deutscher Sprache publizieren, fällt eine Hinwendung zur Beschreibung der Zeit vor 1990 sowie deren Auswirkungen auf die Gegenwart auf. Wie die genannten rumäniendeutschen Autorinnen und Autoren gehören Carmen-Francesca Banciu und Claudiu Florian[14] der Erlebnisgeneration an, und ihre Texte sind vielfach autofiktional intendiert. Neben Diktaturerfahrungen werden übergreifend die Suche nach Heimat und der drohende sowie vollzogene Verlust derselben, der auch die rumänische Mehrheitsbevölkerung betraf und betrifft, beschrieben.[15]

2. Der Exodus als Sujet in der jüngeren rumäniendeutschen Literatur

Auf den ersten Blick mag es erstaunen, dass die Auswirkungen des rumäniendeutschen Exodus vergleichsweise wenig literarischen Niederschlag gefunden haben, zumal der Verlust von Heimat und Identität jene, die gegangen sind, in einem vergleichbaren Maß getroffen hat wie jene, die blieben.[16] Umso deutlicher lässt sich der Beginn einer in den 2000er-Jahren einsetzenden Strömung markieren: Autorinnen

URL: https://www.ikgs.de/literarische-staetten-in-suedosteuropa (15.08.2021) und „Wir wohnen Wort an Wort. Banat, Siebenbürgen, Bukowina: Ein Ethnograffiti Südosteuropas" URL: https://ausstellungen.deutsche-digitale-bibliothek.de/wortanwort/#s0 (15.08.2021).

13 Vgl. hierzu u. a. Müller, Herta: Atemschaukel. München 2009; Schlattner, Eginald: Rote Handschuhe. Wien 2001; Adameșteanu, Gabriela: Provizorat. Iași 2010; Dies.: Das Provisorium der Liebe. Aus dem Rumänischen von Eva Ruth Wemme. Berlin 2021; Cătărescu, Mircea: Solenoid. București 2015; Dies.: Solenoid. Aus dem Rumänischen von Ernest Wichner. Wien 2019.

14 Vgl. u. a.: Banciu, Carmen-Francesca: Lebt wohl, Ihr Genossen und Geliebten! Berlin 2018; Florian, Claudiu: Zweieinhalb Störche. Berlin 2012.

15 Wenngleich lediglich bei der rumäniendeutschen Bevölkerung von einem tatsächlichen Exodus gesprochen werden kann, so sind doch auch andere Ethnien stark von Weggang und Ausreise betroffen und nehmen das Thema in ihren Texten auf. Hierzu u. a. den Erzählband *Der Nabel der Welt* von Cătălin Dorian Florescu, in dem die Frage nach Heimat sowie dessen Verlust eine zentrale Rolle spielt. Vgl. Florescu, Cătălin Dorian: Der Nabel der Welt. München 2017.

16 Um 1990 sind mehrere Prosatexte erschienen, die sich mit der individuellen Ausreise und der Ankunft im westlichen Deutschland auseinandersetzen. Vorrangig Autorinnen und Autoren aus dem Umfeld der Aktionsgruppe Banat haben hier ihre eigenen Erfahrungen literarisch verarbeitet. Vgl. u. a.: Lippet, Johann: Abschied, Laut und Wahrnehmung. Heidelberg 1994; Wagner, Richard: Begrüßungsgeld. Darmstadt 1989 und Müller, Herta: Reisende auf einem Bein. Berlin 1989.

und Autoren, die zur Zeit der rumänischen Revolution Kinder waren, setzen sich literarisch mit rumäniendeutscher Herkunft und damit auch mit der eigenen Vergangenheit bzw. der ihrer Familie auseinander. Sie selbst gehören nicht mehr der unmittelbaren Erlebnisgeneration an; die Zeit vor 1990 wird ihnen vor allem durch die Elterngeneration vermittelt. Die Autorinnen und Autoren nähern sich den großen Themen der Migration und des Heimatverlustes an und diskutieren die Frage nach einer Zugehörigkeit, die nicht an nationale Grenzen gebunden ist.

Es handelt sich hierbei um eine auch auf andere Texte der jüngeren deutschsprachigen Literatur zutreffende Beobachtung, wie beispielsweise den Roman *Herkunft* von Saša Stanišić,[17] für den er 2019 mit dem Deutschen Buchpreis ausgezeichnet wurde. Es ist eben diese ‚Herkunft' und damit verbundene Fragen nach dem eigenen Sein, der sich verstärkt auch jüngere Autorinnen und Autoren der rumäniendeutschen Literatur annähern. Die Ausreise des Einzelnen und der sich daraus ergebenden Folgen für die Gemeinschaft ist dabei nicht mehr nur Randerscheinung, sondern Kern der erzählten Welt. In jüngst erschienenen sowie in Vorbereitung befindlichen Texten findet sich die Literarisierung dieses Themenkomplexes signifikant häufig.[18]

Insbesondere die jüngere Autorengeneration, von der zwei 2018 und 2019 in Österreich veröffentlichte Texte im Folgenden exemplarisch untersucht werden sollen, ist auf der Suche nach einer Identität, die sich zwischen Herkunft und familiärer Prägung verortet. Nadine Schneider und Thomas Perle, die deutschen Minderheitsgruppierungen Rumäniens angehören,[19] haben jeweils als Kind Rumänien gemeinsam mit ihren Eltern verlassen oder sind kurz nach der Ausreise der Familie geboren worden. Im Klappentext des Romans *Drei Kilometer*[20] heißt es, dass Nadine Schneider „1990 in Nürnberg als Tochter von Auswanderern aus dem rumänischen Banat"[21] zur Welt kam. Der Geburtsort ist hierbei auch als Hinweis auf die Herkunft Schneiders zu verstehen, handelt es sich doch um jene Stadt, die für viele Ausgewanderte die erste Station in Deutschland war.[22] Schneider kann entsprechend aus der Innensicht der Elterngeneration erzählen, kann deren Erzählungen weitertragen. In *Drei Kilometer*, dem Debütroman Nadine Schneiders, wird aus der Perspektive der

---

17 Stanišić, Saša: Herkunft. München 2019.

18 Ob und inwiefern es sich hierbei um eine Strömung handelt, kann zum jetzigen Zeitpunkt nicht beantwortet werden, doch findet sich die Thematik auch in Texten anderer Autorinnen und Autoren: Vgl. u. a.: Wolff, Iris: Die Unschärfe der Welt. Stuttgart 2020; Schuller, Frieder: Dr. Draculescu. Unveröffentlichtes Manuskript.

19 Im Rahmen dieser Untersuchung wird nicht zwischen den verschiedenen deutschsprachigen Minderheiten Rumäniens wie Siebenbürger Sachsen, Banater Schwaben und Zipser Deutsche unterschieden, sondern hierfür der Begriff ‚Rumäniendeutsche' beziehungsweise ‚Deutsche aus Rumänien' verwendet.

20 Schneider, Nadine: Drei Kilometer. Salzburg-Wien 2019.

21 Ebd. Klappentext.

22 In Nürnberg befand sich die sogenannte Durchgangsstelle für Aussiedler, eine von zwei großen Aufnahmestellen der Bundesrepublik für ausreisende deutsche Personen aus Osteuropa.

etwa 20-jährigen Anna berichtet. Die Ich-Erzählerin, deren Umfeld sich durch die sukzessive Abwanderung gravierend verändert, muss sich die Frage nach dem Gehen oder Bleiben immer wieder neu stellen und zu einer Entscheidung kommen.

Thomas Perle, der 1987 im Nordwesten Rumäniens geboren wurde und in Deutschland aufwuchs,[23] ist bislang vor allem als Autor von Theaterstücken[24] hervorgetreten. Im Zentrum der titelgebenden Erzählung seines ersten Prosabands *wir gingen weil alle gingen* steht ebenfalls eine junge Ich-Erzählerin. Diese reist mit ihrer Familie kurz nach der rumänischen Revolution nach Deutschland aus. Geschildert werden Ausreise, Schwierigkeiten des Ankommens und die Suche nach einer Identität, die es ohne das einstige Gegenüber, ohne den anderen nicht zu geben scheint. In beiden Texten werden Abwanderung und Exodus, aber auch die Folgen für den Einzelnen und die Gemeinschaft beschrieben und kritisch hinterfragt, wenngleich die Zugänge sowie die Gewichtung des Erzählten unterschiedlich sind.

3. Nadine Schneiders Roman *Drei Kilometer*

3.1. Die fehlende Alternative zur Abwanderung

Erzählerin und zugleich Hauptfigur in Nadine Schneiders Roman *Drei Kilometer* ist die im Banat lebende Anna, Angehörige der dort beheimateten deutschen Minderheit der Banater Schwaben. Erzählt werden die Monate von Sommer 1989 bis zum Winter 1990, kurz nach der rumänischen Revolution. Es ist dies die Zeit, in der sich die Ich-Erzählerin entschließt, ihre Heimat zu verlassen und – wie der überwiegende Teil ihres deutschsprachigen Umfelds – auszuwandern. Die Abwanderung der deutschen Bevölkerung wird dabei von Anfang an als alternativlos dargestellt, wenngleich Anna selbst den tatsächlichen Schritt erst am Ende des Romans gehen wird. Ihr Findungsprozess orientiert sich dabei am Zustand der deutschen Gemeinschaft, in der sich Schneiders Protagonisten vorwiegend bewegen. Diese Gemeinschaft wiederum befindet sich unmittelbar vor dem endgültigen Zerfall, der – wie auch Annas Abwanderung – keine Frage des Wie, sondern lediglich des Wann zu sein scheint. Im Verlauf des Romans erkennt die Ich-Erzählerin, dass sie innerhalb dieses nicht umkehrbaren Prozesses eine eigene Haltung finden muss, und diese kann letztendlich nur bedeuten, selbst auszureisen: „Der Fahrtwind war der schönste Begleiter“[25], lautet der erste Satz des Textes und etwas später: „es [war] nun wirklich Zeit abzuhauen“.[26] Der Drang nach Veränderung und dem Ausbruch aus dem bisherigen Leben („denn

23 Vgl. Autoreninformation in Perle, Thomas: wir gingen weil alle gingen. Wien 2018, S. 136.

24 Vgl. u. a. Perle, Thomas: karpatenflecken. Uraufführung Mai 2020, Burgtheater Wien.

25 Schneider, Drei Kilometer (wie Anm. 20), S. 7.

26 Ebd.

was gab es hier schon?“[27]) ist bei Anna und ihren Freunden von Anfang an präsent, genauso wie eine mögliche Abwanderung beziehungsweise Flucht aus Rumänien. Der Impuls, den Geburtsort, die Heimat zu verlassen, wird von Schneider dabei vor allem auf die unter kommunistischen Vorzeichen stehenden, sich stetig verschlechternden Lebensbedingungen in Rumänien zurückgeführt. Beschrieben werden unter anderem der allgegenwärtige Mangel an allem, sogar an Grundnahrungsmitteln, und Versprechungen der kommunistischen Regierung, die nicht erfüllt werden.[28] Androhungen des Diktators Nicolae Ceaușescu, Rumänien umzustrukturieren und damit der Bevölkerung die Lebensgrundlage zu entziehen, verunsichern und lassen nicht zu, Vertrauen in das Land und seine Regierung zu fassen.[29] Anna, die erst im Verlauf des Romans beginnt, ihre eigenen Lebensbedingungen umfassend zu reflektieren, ist darüber hinaus von einer jugendlichen Aufgeregtheit erfüllt, die wiederum verbunden ist mit dem Wunsch nach Veränderung. Ihre „Fingerspitzen kribbelten vor Übermut“[30] und sie „hatte das Gefühl, dass noch etwas geschehen musste, bevor die Nacht vorüber war“.[31] Auf die Frage, wie diese Veränderung aussehen kann, hat Anna vorerst keine Antwort, wenngleich die Möglichkeit, den engen dörflichen Strukturen zu entkommen, die eintönige Arbeit hinter sich zu lassen und ein anderes Leben zu führen, von außen an sie herangetragen wird. Insbesondere ihre Freunde Misch und Hans sind sich dabei von Anfang an sicher, Rumänien verlassen zu wollen. Und so wachsen auch in Anna mehr und mehr Zweifel, ob das Leben, das sie führt, das richtige ist. Beispielsweise wird ihre eintönige Arbeit in der Fabrik von ihr erst dann hinterfragt, als Hans wissen möchte, ob sie damit zufrieden sei „Tag um Tag mit ein und derselben Bewegung Spulen von einem Band zu nehmen. Sie zu prüfen, einen Pinsel in scharf riechenden Lack zu tauchen und vorsichtig über den Draht zu fahren“.[32] Die Ich-Erzählerin kommentiert, dass sie sich „immer wenig vorgestellt“[33] habe und gern zu Hause gewesen sei, im Garten, bei den Tieren, auf dem Feld. Die aktive Gestaltung der Zukunft habe bislang keine Rolle gespielt, denn das dörfliche Leben, das im katholischen Banat in einen engen Rahmen gefasst ist, bestand für Anna zu einem großen Teil aus der Gemeinschaft, aus der erweiterten Familie, den deutschen Nachbarn, Bekannten und Freunden. Ein Ausbruch aus dieser gewachsenen Struktur, so wird der Leserin und dem Leser suggeriert, war bislang nicht notwendig. Diese feste Gemeinschaft aber löst sich zunehmend auf und lässt auch Anna unsicher über ihre

27 Ebd.

28 Ebd., S. 8.

29 Genannt wird u. a. das Dorfsystematisierungsprogramm (rumänisch: *sistematizarea satelor*), das den Abriss von Dörfern und die Zwangsumsiedlung der dortigen Bevölkerung zugunsten einer umfassenden Industrialisierung Rumäniens vorsah. Vgl. ebd.

30 Ebd., S. 7.

31 Ebd.

32 Ebd., S. 26.

33 Ebd.

eigene Situation werden. Die Abwanderung der Familienmitglieder, Nachbarn und Bekannten bestätigen sie im Verlauf des Textes darin, dass der Ort ihrer Herkunft nicht mehr ihre Heimat ist, sondern sich diese in Deutschland – bei den bereits Abgewanderten – befindet. Deutschland, das Sehnsuchtsland, aber kennen die noch in Rumänien Lebenden und kennt auch Anna lediglich durch diejenigen, die schon dorthin gegangen sind. In Briefen und bei Besuchen wird von diesen versucht, ein Erwartungsbild aufzubauen, das von Anna hinterfragt und in Relation zu ihrer eigenen Lebenssituation gestellt wird: „Ich hatte keine Ahnung von Deutschland, wo sie alle hinwollten. Wenn ich ‚Deutschland' hörte, dachte ich an endlose Reihen von Häusern in gepflasterten Straßen, unter denen jedes Grün begraben war."[34]

Die Handlung von *Drei Kilometer* setzt im Sommer ein, der zumindest punktuell geprägt ist von dörflichem Leben, Festen und einer gewissen Leichtigkeit. Mit dem sich ankündigenden Herbst kommt es zu immer größer werdenden Lebensmittelengpässen, Häuser können nicht ausreichend geheizt werden und das Gefühl der Unfreiheit beginnt die Ich-Erzählerin zu dominieren. Ein unbeschwertes Leben scheint lediglich in der Erinnerung zu existieren, wie Anna bei einem Badeausflug im Spätsommer resümiert: „Solche Tage erinnerten mich daran, dass noch eine Leichtigkeit in den Dingen steckte. Dass die Schwere sich nicht an alles gehängt hatte."[35]

Während Anna versucht, die sich stetig verschlechternde Situation zu begreifen und sich selbst darin zu verorten, ist für Misch und Hans die einzig denkbare Reaktion darauf die Flucht. „Es sind nur drei Kilometer! Drei Kilometer bis zur Freiheit"[36], sagt Hans und meint damit die hinter einem Maisfeld liegende Grenze zu Jugoslawien, über die er gemeinsam mit den Freunden gehen möchte. Misch, so erzählt Anna, „hätte schon hundertmal abhauen können" und tue es doch „unseretwegen" nicht, da sie und Hans sich bislang nicht entschließen konnten, mit ihm zu gehen.[37] Auch Annas Vater trägt sich mit dem Gedanken auszuwandern. Er hat einen Antrag gestellt, um in Deutschland seinen kranken Bruder zu besuchen.[38] Als diesem stattgegeben wird, macht er deutlich, dass er nicht wieder zurückkommen möchte, sondern vielmehr in der Bundesrepublik bleiben, um von dort aus zu versuchen, den Rest der Familie nachzuholen.[39] Doch nach dem Tod des Bruders kehrt er entgegen seines Vorhabens ins Banat zurück, denn: „Danach habe ich nicht mehr gewusst, was ich dort noch machen soll."[40] Ein Leben in Deutschland, so wird deutlich, ist unauflöslich an die anderen gebunden, daran, nicht allein dort zu sein. Von Schneider minutiös nachvollzogen wird hier eine Kettenreaktion, bei der der

34 Ebd., S. 10.
35 Ebd., S. 25.
36 Ebd., S. 8.
37 Ebd.
38 Vgl. ebd., S. 55.
39 Vgl. ebd., S. 75f.
40 Ebd., S. 118.

Weggang jedes Einzelnen die Verbliebenen einen Schritt mehr zur Ausreise drängt. Anna scheut anfangs den mit ihrer Ausreise unweigerlich verbundenen Abbruch der familiären und gemeinschaftlichen Bindungen, sie „wollte nicht weg“.[41] Mit dem Zerfall des Umfelds aber werden diese Argumente obsolet, denn Fragen wie „Was sollte denn werden mit meiner Mutter und meinem Vater [...]. Wie tief würde sie mein Fortgehen beugen?“[42] stellen sich nach dem Ausreiseantrag ihres Vaters nicht mehr. Auch das Dorf, das unmittelbare Umfeld Annas, wird mit jedem, der geht, weniger zur Heimat. Entsprechend führt die Entscheidung des Einzelnen zur kollektiven Auflösung der Gemeinschaft: „Man konnte niemandem vorwerfen, dass er frei sein wollte. Und so war es mit allen, die fortgingen, sie waren nicht verantwortlich für die Leere, die nach ihrem Verschwinden die Häuser besetzte.“[43] Die Häuser in den einstigen überwiegend deutsch besiedelten Dörfern stehen leer, ganze Straßenzüge verwaisen. Bräuche und Gewohnheiten verlieren ihren angestammten Sinn und die Toten auf dem Friedhof sind den Protagonistinnen und Protagonisten plötzlich näher als die ausgewanderten Lebenden:

> „Die meisten verschwanden einfach. Katharina, Josef, Paul. Sie waren Namen geworden, die mich verfolgten. Die mich an jeder Ecke stellen konnten, um mich daran zu erinnern, dass Freunde von mir vielleicht tot waren, vielleicht im Gefängnis oder vielleicht am Leben und glücklicher als ich.“[44]

3.2. Fehlende kulturelle Überschneidungen

Es ist dieses „vielleicht“, das Zweifel sät und den Wunsch nach Veränderung in den Dagebliebenen verstärkt. Mit jedem aber, der geht, entsteht eine neue Leerstelle, die nicht mehr ausgefüllt werden kann. Zwar werden die Häuser des Dorfes wieder neu belebt, doch beschleunigt der Zuzug von Personen, die nicht der deutschen Minderheit entstammen, den Prozess des Fremdwerdens. Die Fortgegangenen werden von Anna mit „Gespenst[ern]“ verglichen, die „schwer an [den] Arm[en]“[45] hängen und die Dortgebliebenen lähmen, fühlen sie sich doch nicht in der Lage, ihr Leben unter den anderen Bedingungen auch neu auszurichten.

Schneiders Hauptfiguren tragen mit Hans, Anna und Misch[46] unverkennbar deutsche bzw. rumäniendeutsche Namen. Wenn möglich, bewegen sie sich im deutschen Umfeld, die rumänische Mehrheitsbevölkerung erscheint nur dann relevant, wenn

41 Ebd., S. 8.
42 Ebd., S. 9.
43 Ebd., S. 15.
44 Ebd., S. 10.
45 Ebd., S. 16.
46 Es handelt sich um die rumäniendeutsche Koseform von Michael.

sie das Schicksal mit ihnen teilt. Lediglich eine Person, die durch die Namensgebung als Rumänin kenntlich gemacht ist, wird näher beschrieben. Doch Ioana ist weder Teil der deutschsprachigen Gemeinschaft noch der erweiterten Familie. Obwohl sie in unmittelbarer Nähe zueinander leben und Zeit miteinander verbringen, bleibt sie fremd. Ursachen dafür, dass Ioana, die Rumänin, dem ‚wir' gegenübersteht, werden nicht erkundet, sondern vielmehr als gegeben hingenommen.[47]

Die rumänische Sprache nimmt eine untergeordnete Rolle in *Drei Kilometer* ein und wird nur an sehr wenigen Stellen verwendet. Sie blitzt auf, wenn die Protagonistinnen und Protagonisten typische rumänische Gerichte wie „Ciorbă",[48] Suppe, essen und „Vișinată",[49] Sauerkirschlikör, trinken sowie wenn für Nicolae Ceaușescu die zeithistorische Bezeichnung „Conducător"[50] benutzt wird. Berührungspunkte zu anderen Bevölkerungsgruppen Rumäniens scheinen so minimal zu sein, dass es keine erzählenswerten Überschneidungen gibt. Der Text klammert hier explizit Lebensbereiche aus, wie den Umstand, dass an Annas Arbeitsplatz in der Fabrik auch Rumäninnen und Rumänen beschäftigt sind. Schneider beschränkt sich vielmehr auf das Erzählen des deutschen Lebens, ohne dessen Bezugspunkte zu anderen kenntlich zu machen. So treten ‚die Anderen', die Nichtdeutschen, den deutschen Bewohnerinnen und Bewohnern und damit auch der Ich-Erzählerin als Fremde gegenüber, mit denen sie nichts verbindet: Die leeren Häuser, die die weggegangenen Deutschen hinterlassen, werden beispielsweise von „Walachen"[51] bezogen, einer abwertend konnotierten Fremdbezeichnung für die rumänische Bevölkerung.

Andere Rumänien bewohnende Personengruppen werden in stereotyp erzählten Exotismen erzählt. Besonders deutlich wird diese Art des Erzählens bei der Schilderung eines „Zigeunerjahrmarkt[s]", an den sich die Ich-Erzählerin erinnert. Gruppen von Roma „bevölkerten" mit „Wagen und Zelte[n]" Orte außerhalb des Dorfes. Ihre Anwesenheit wird durch Musik und „Rauch von Lagerfeuern" begleitet.[52] Während die Ich-Erzählerin von dem Treiben in Bann gezogen wird, „[begegnen] die Erwachsenen den Zigeunern mit Misstrauen".[53] Dieses Misstrauen findet sich auch für die Ich-Erzählerin bestätigt, als sich die Zukunftsprognose einer Romni, die sich als Wahrsagerin ausgibt, als Schwindel herausstellt. „Die Zigeuner sind alle Halsabschneider",[54] ist das Fazit dieser kurzen Episode, mit der das zweite Kapitel beginnt und ohne offensichtliche Einbindung in die Handlung solitär steht. So

47 So spielt anscheinend für Ioana die eigene Ausreise keine Rolle, wenn sie äußert: „Und ich will, dass ihr alle dableibt." Ebd., S. 35.

48 Ebd., S. 22.

49 Ebd., S. 36.

50 Ebd., S. 64.

51 Ebd., S. 147.

52 Ebd., S. 47.

53 Ebd.

54 Ebd., S. 50.

scheint sie – neben der Erzählung von Exotik – vor allem die Funktion zu haben, die Abgrenzung der deutschen Bevölkerung gegenüber der Minderheit der Roma zu verdeutlichen. Diese eigne sich nicht zur Identifikation und kann entsprechend die Leerstellen nicht füllen.

Schneider beschreibt facettenreich die zunehmende Verunsicherung der Protagonistin, die durch den Weggang der deutschen Bevölkerung hervorgerufen wird, die immer größer werdende Einsamkeit durch den stetig wachsenden Verlust. Einziger Ausweg kann nur die Ausreise sein, denn mit denen, die im Land verbleiben oder mit denen, die in die durch den Weggang entstehenden Lücken ziehen, teilt sie nichts. Ein gemeinsames Erbe existiert nur innerhalb der deutschen Gemeinschaft und somit ist nach deren Auseinanderbrechen auch keine Zukunft in Rumänien mehr möglich. Vielmehr verliert das Alte, das Deutsche zunehmend an Relevanz und wird letztendlich verdrängt, da die neu hinzukommenden Bewohnerinnen und Bewohner nicht produktiv mit dem umgehen, was sie vorfinden. Sie nehmen sich der Höfe wie „Verbrecher [an], wenn sie die Nägel aus den Holzbrettern vor den Fenstern und Toren [der verlassenen Häuser ziehen]."[55] Ihr Ende ist bereits in die noch bestehende deutsche Gemeinschaft eingeschrieben, denn die Traditionen und die Kultur, das, was im weitesten Sinn als Erbe verstanden werden kann, wird nach dem Weggang der deutschen Bevölkerung nicht weitergeführt werden. Und so schließt der Text auch damit, dass Anna in die Stadt fährt, um sich „die Papiere für die Ausreise abzuholen".[56] Wie es für sie weitergehen wird, weiß sie nicht. Während Stationen ihres bisherigen Lebens auf den Ausreisepapieren festgehalten sind („Geburt, Schule, Arbeit"[57]), ist die Zukunft offen: „Ich hatte das zweite Blatt [der Ausreisepapiere] umgedreht, in der Annahme, dass dort noch etwas stehen müsste. Doch es war weiß und leer wie der Himmel, der sich heute Vormittag über den Feldern spannte."[58] Die Romanhandlung endet an dieser Stelle, muss hier abbrechen, denn, so resümiert Anna: „Aber davon, wie das Ende ist, ahnt man nichts. Man ahnt nicht, dass kein Frühling mehr kommt und nichts von einem letzten Sommer."[59] Annas Weggang wird zwangsläufig auch das Ende der beschriebenen deutschen Welt in Rumänien bedeuten, die durch den Exodus aufhören wird zu existieren.

4. Thomas Perles Prosaband *wir gingen weil alle gingen* als Gegenentwurf

Dort, wo Schneiders Text endet, erzählt Thomas Perle (geb. 1987) in *wir gingen weil alle gingen* weiter. Die Handlung setzt am 25. Dezember 1989, dem Tag der

55 Ebd., S. 147.
56 Ebd., S. 150.
57 Ebd.
58 Ebd.
59 Ebd., S. 151.

Erschießung von Elena und Nicolae Ceaușescu, ein. Die Ich-Erzählerin und zentrale Figur des Textes ist zum Einsetzen der Erzählung ein Kind. Sie schildert stark elliptisch in reduzierter Grammatik und Sprache die Herkunft einer in Rumänien lebenden deutsch-ungarischen Familie. Die Sehnsucht der Mutter in den Westen, in dem bereits ein Teil der Angehörigen lebt, beherrscht bald das Denken und Handeln der Familie und führt letztendlich zur Abwanderung nach Deutschland. Wie auch Schneider beschreibt Perle den langwierigen und schmerzhaften Prozess der Auswanderung, die Fragen nach dem Gehen oder dem Bleiben, das Abwägen von Möglichkeiten. Er legt dabei aber den Fokus auf die sich unweigerlich anschließenden Lebensabschnitte: die tatsächliche Auswanderung und die nicht gelingende Ankunft der Eltern in dem neuen Leben in Deutschland. Deutlich wird das Paradox, das diesen Prozess begleitet. „[U]ns ging es gut",[60] werden die äußeren Lebensumstände der Familie vor der Ausreise zusammengefasst. Sie sei in gewisser Weise „reich",[61] denn: „[es] mangelte […] uns an nichts".[62] Wachsender Mangel und die Unfreiheit in Rumänien scheinen für die Eltern kaum Relevanz zu haben. So wird die Mutter als „herzenskommunistin" beschrieben, „weil ihr kommunismus etwas mit reisen nach leningrad und pelzen zu tun hatte".[63] Der letztendliche Entschluss zur Ausreise wird – wie auch bei Schneider – damit begründet, dass die anderen Mitglieder der deutschen Gemeinschaft bereits gegangen seien. „wir gingen weil alle gingen",[64] heißt es knapp resümierend. Doch anders als Schneiders Figuren werden Perles Protagonisten nach ihrer Ausreise zu Wanderern zwischen den Welten. „[Je]des jahr", so heißt es, „sollten wir wieder zurück. wie wenn uns etwas jedes jahr hierherziehen würde. immer wenn es wärmer wird. wie zugvögel."[65] Die Gemeinschaft in Rumänien, aus der sie austreten, bleibt nach der Ausreise bestehen, wird weitergeführt von denen, die geblieben sind. Wie auch bei Schneider identifiziert sich die Ich-Erzählerin mit der deutschen Minderheit Rumäniens. Doch, so ein signifikanter Unterschied, findet keine hermetische Abgrenzung nach außen statt. Vielmehr sprechen die Eltern Rumänisch miteinander und Rumäninnen und Rumänen sowie andere Minderheiten sind selbstverständlicher Teil des eigenen Lebens. Man fühlt sich in der Pluralität der rumänischen Mehrheitsbevölkerung zugehörig und vergleicht sich mit „andere[n] rumänische[n] familien".[66] Rumänien fungiert dabei als multikultureller und -lingualer Raum. Perle entwirft aus der Sicht eines Kindes, beziehungsweise einer Jugendlichen, das breite Panorama einer bunten, einer reichen Welt, die von Vielfalt und Austausch geprägt ist. Auf sprachlicher Ebene

60 Perle, wir gingen (wie Anm. 23), S. 9.
61 Ebd.
62 Ebd.
63 Ebd.
64 Ebd., S. 25.
65 Ebd., S. 37.
66 Ebd., S. 9.

äußert diese sich unter anderem in der Verwendung zahlreicher nichtdeutscher Begriffe. Wie auch schon in *Drei Kilometer* werden typische rumänische Gerichte wie *mămăligă cu brânză* und *mici*[67] nicht ins Deutsche übersetzt.[68] Doch anders als bei Nadine Schneider nimmt in *wir gingen weil alle gingen* das Rumänische eine Funktion über die Beschreibung des Lokalkolorits hinaus ein: Perle nutzt sprachliche Besonderheiten und Regionalismen für die Darstellung eines mehrschichtigen Interferenzraums. Entscheidend sind dabei nicht die Abgrenzungen der Bevölkerungsgruppen, sondern deren Gemeinsamkeiten und die kulturellen Überlappungen. Begreift man Sprachen als Kulturträger, so spiegelt die Verwendung mehrerer in Rumänien geläufiger Sprachen und Dialekte in einem Satz die eng miteinander verwobenen kulturellen Einflüsse wider, die ein ‚wir', ein gemeinsames Erbe, formen: „tanten sind bei uns *nénis*. Die begrüßt man mit *csókolom* oder *kisstihand*. Eine rumänische tante ist eine *tanti*, die begrüßt man mit *sărut-mâna*."[69] Die ungarischdeutsche Bezeichnung ‚néni' steht hier gleichwertig neben der rumänischen ‚tanti'. Sie dient hier in erster Linie der Verortung innerhalb der ethnischen Vielfalt. Anhand der Herkunft der Ich-Erzählerin, die sich sicher zwischen den Kulturen und an ihren Rändern sowie Überschneidungen bewegt, erzählt Perle den breiten rumänischen Raum in seiner regionalen Besonderheit als kulturellen Flickenteppich. „[W]as uns deutsch"[70] lautet eine Kapitelüberschrift und hinterfragt schon durch den im Hochdeutschen unvollständigen, im Dialekt aber gebräuchlichen Satz das Deutschsein. Dieses, so zeigen die nachfolgenden Ausführungen, ist ein fragwürdiges Konstrukt, wenn die Ahnen wie im Fall der Familie der Protagonistin aus Tirol, der Zips oder Oberösterreich stammen. Identität entsteht, so der Text, durch ein anders geprägtes Gegenüber und die Zugehörigkeit zu einer Gemeinschaft mit ähnlichen Werten und Vorstellungen. Diese Herkunft – die Ich-Erzählerin beherrscht neben Deutsch „zwei weitere muttersprachen"[71] – wird in Deutschland lediglich unter Kindern und Jugendlichen als Bereicherung empfunden, während sie in der Schule nicht den gymnasialen Zweig besuchen kann, denn „in osteuropa sind kinder nämlich dumm. dachte sich die direktorin."[72] Rumänien zu verlassen, ist für die Ich-Erzählerin und ihre Familie eine einschneidende Erfahrung. Minutiös schildert Perle das Ankommen in Deutschland, den Versuch sich zu integrieren, teilzuhaben an der fremden Gesellschaft, in die man eingewandert ist. Deutschsein in Rumänien, so zeigt sich bald, ist etwas anderes als das Leben deutscher Aussiedler in Deutschland. Das einstige Sehnsuchtsland hält nach einem „zwischenleben"[73]

67 Maisbrei mit Käse sowie die rumänische Variante von Cevapcici.

68 Ebd., S. 13.

69 Ebd., S. 15. Hervorhebungen im Original.

70 Ebd., S. 25.

71 Ebd., S. 35.

72 Ebd.

73 Ebd., S. 31

und einem „übergangsleben"[74] ein neues Leben als deutsche Staatsbürger für die Familie bereit. Rituale werden übernommen, ohne deren tatsächliche Bedeutung zu erfassen. So verlangt beispielsweise der kleine Bruder zur Einschulung nach einer Schultüte, die allerdings anders befüllt als die der Klassenkameraden zu einem großen Moment der Enttäuschung wird: „wir hatten doch keine ahnung [...], dass es auch brauch war, eine überraschung darin zu verstecken."[75] Die Fragilität der neuen Identität führt zudem zu einer Entfremdung von Kindern und Eltern, die einen sozialen Abstieg erleben und als einstige Akademiker nun als Lagerarbeiter tätig sind.[76] Der Bruder spricht bald „rumänisch mit deutschem akzent",[77] während als „kostbare[r] moment des glücks"[78] der mit einer Videokamera eingefangene Augenblick beschrieben wird, in dem die Mutter zum Vater sagt „stell dir vor. stell dir vor, jetzt schon zehn jahre in deutschland zu sein."[79] Dass dieser Satz auf Rumänisch fällt, zeigt, dass es der Elterngeneration nicht gelingen wird, was die Kinder längst vollzogen haben. Und so verbringt die Mutter auch ein Vierteljahrhundert nach der Ausreise die Sommer in Rumänien, wo das eigentliche, das wirkliche Leben zu sein scheint.[80] Am Ende des Textes bleibt die Haltung der Ich-Erzählerin zu ihrer Herkunft und zum gemeinschaftlichen Erbe offen. „[F]ür euch"[81] hatte ihr die Mutter während des Prozesses der Auswanderung „ins Ohr geflüstert".[82] Mit „jetzt begreife ich die worte"[83] schließt Perle seine Erzählung und lässt Interpretationsspielraum. Da der Weg der Protagonistin in Deutschland mit nur wenigen Strichen skizziert wird, wird entsprechend nicht erzählt, ob die zweite Generation im Gegensatz zur Elterngeneration in Deutschland eine neue Heimat finden kann.

Weiterhin wird nicht beantwortet, inwiefern das Erbe, das sie in sich trägt, auch weitergegeben wird, oder ob die Integration in die deutsche Mehrheitsgesellschaft mit dessen Verlust verbunden ist. Dort, wo Schneiders Protagonisten nicht Teil eines gemeinsamen Erbes im Sinne von ethnischen und kulturellen Überschneidungen sind, ist sich Perles Ich-Erzählerin dieser Interferenzräume bewusst. Die Frage des zukünftigen Umgangs mit dem gemeinsamen Erbe, sowohl derjenigen, die gegangen sind, als auch jener, die Rumänien nicht verlassen haben, bleibt unbeantwortet.

74 Ebd., S. 33.
75 Ebd., S. 38.
76 Vgl. ebd., S. 34.
77 Ebd., S. 37.
78 Ebd., S. 39.
79 Ebd. Hervorhebungen im Original.
80 Vgl. ebd., S. 37.
81 Ebd., S. 40.
82 Ebd.
83 Ebd.

Csongor Lőrincz

Sprache(n) unter (der) Sprache(n). Narrativ und Übersetzung bei Ádám Bodor

1. Latenz des Erbes in Ostmitteleuropa

Starke literarische Texte wie beispielsweise von Herta Müller und Ádám Bodor erkunden im Schreiben nicht nur historische und kulturelle Konstellationen, sondern auch eine historische Anthropologie der mittelosteuropäischen Region. Es handelt sich um ein komplexes Zusammenspiel von Geschichtlichem, Kulturellem und der Natur. Eine Lektürestrategie, die diesem Geflecht entspricht, seine Spuren in den Texten aufsucht, besser: sie liest, stünde Entwürfen des Geopoetischen als einem Interpretationsdispositiv am nächsten. Gleichzeitig muss diese Strategie aber mit einem Fokus auf mögliche Figuren des Menschlichen die genannten drei Elemente umfassen: die Prägung durch die Präsenz, die Existenz und das Selbstverständnis des Menschen im Komplex aus Geschichte, Natur und Kultur, im Sinne von Naturkulturgeschichten.[1] Würde man in diesem Komplex eine seiner Komponenten vernachlässigen, könnten für das Verstehen entscheidende Aspekte verloren gehen.[2] Nur unter Berücksichtigung aller genannten Bestandteile kann die Spezifizität ostmitteleuropäischer historischer Erfahrungen und der durch sie geprägten historisch- und kulturanthropologischen Seinsweise annähernd erfasst werden. Im östlichen Europa wird dieser Zusammenhang außerdem – neben der Vielsprachigkeit – bekanntlich durch genuine Latenzen geprägt, Latenzen von ehemaligen Imperien, kulturellen und religiösen Räumen, den korrelativen *mental maps*, *ghost borders* etc.

1 Der ‚geopoetische' Ansatz ist zugestandenermaßen an der Priorität der symbolischen Konstruktion von Räumen interessiert, er situiert also die literarisch-poetologische Relevanz von geographischen Räumen und Gegebenheiten bzw. ihren natürlichen Hintergründen. Vgl. Frank, Susi K.: Geokulturologie – Geopoetik. Definitions- und Abgrenzungsvorschläge. In: Dies.; Marszałek, Magdalena (Hg.): Geopoetiken. Geographische Entwürfe in den mittel- und osteuropäischen Literaturen. Berlin 2010, S. 19–42.

2 Zum Naturaspekt vgl. Stasiuk, Andrzej: Die Karpaten. In: Ders.: Fado. Reiseskizzen. Aus dem Polnischen von Renate Schmidgall. Frankfurt/M. 2008, S. 61–64, etwa diese Sätze: „Die Karpaten gehören zu vier oder sogar fünf Ländern, doch zugleich gehören sie niemandem. Sie führen ihr eigenes archaisches Leben […] Quer zum Bergrücken verlaufen in tiefen Tälern einige Bahnlinien und Straßen, die fremde Staaten miteinander verbinden. Sowohl die Straßen als auch die Bahn sehen aus wie eine unsinnige Laune, wie exterritoriale Korridore, die auf die andere Seite der Berge führen. Der lärmende, unruhige Strom der Neuzeit fließt durch sie hindurch, aber die Berge selbst bleiben davon unberührt." Ebd., S. 62 und 64.

Die Literatur dieser Region ist von vornherein in dieses Geflecht eingelassen, partizipiert an den verschiedenen Semiosphären, die sowohl räumlich als auch zeitlich unterschiedliche Schichten der lebensweltlichen und kulturellen wie historischen Realität bzw. ihrer kollektiven und individuellen Gedächtnisse darstellen.

Die genannten Latenzen können in verwickelten Verhältnissen zu Aspekten oder Strukturen des kulturellen Erbes stehen. Zugleich, wie angedeutet, auch zur Natur oder Landschaft als Erbe, das selbstverständlich von der Kulturalität nicht zu trennen, auf diese aber auch nicht vollständig zu reduzieren ist. In diesem Zusammenhang wäre über Geschichte als Naturgeschichte in Bezug auf die Region nachzudenken. Schließlich existiert dieses Erbe oftmals nur als Latenz – allerdings zuweilen in vielfältiger Weise. Die Latenz stellt ein chronotopisches Korrelat einer gewissen *post-histoire*, einer „breiten Gegenwart“[3] dar, nach Ende der Imperien, in verschiedenen totalitären Staatsregimen und dann nochmals nach dem Sturz der kommunistischen Führung. Kennzeichnend für das Erbe oder die Erben, die Erbhaftigkeit sind mit Renate Lachmann gesprochen verschiedene – historische, mentale, kulturelle, politische – Löschungsaktionen als Desemiotisierungen. Eine partielle Desemiotisierung gehört zum Funktionsmechanismus einer jeden Kultur und ihres Gedächtnisses, die laut Lachmann durch den Kommunikationsprozess „letztendlich dem kulturellen Vergessen im Sinne eines Löschens entgegen arbeitet.“[4] Nun sind in Ostmitteleuropa gewaltsame, traumatische Löschungsaktionen sehr häufig vorgekommen, deren Überdeckung mit den Desemiotisierungen und zugleich ihre Differenz zum Gedächtnis sich öfters in einem schillernden Licht zeigen. Infolge dieser – in besagter Region wohl mit beispielloser Intensität stattfindenden – Oszillation zwischen zwei teilweise heterogenen, sogar agonalen Modi kulturellen Vergessens tritt das Erbe gleichsam in die Dimension des Gespenstischen oder Unheimlichen über. Eine spektrale Seinsweise wird fortan das Erbe kennzeichnen. Auch wird dem Erbe durch die erwähnte differenzielle Spannung zweier Modi des Vergessens eine Heterogenität zukommen. Diese Heterogenität des Erbes als einer ‚Differenz ohne Opposition‘ ist in der Deutung Derridas dafür verantwortlich, dass sich das Erbe im Grunde nur als Geheimnis erfahren lässt: „Man erbt immer ein Geheimnis – ‚Lies mich!‘ sagt es, ‚Wirst du jemals dazu imstande sein?‘.“[5] Ferner: „Niemals erbt man, ohne sich mit Gespenstigem auseinanderzusetzen, und das heißt immer schon: mit *mehr als einem* Gespenst. Mit der Schuld, aber auch mit der Verfügung von *mehr als einem*.“[6] Bei Freud wird die Korrelation zwischen dem Unheimlichen und dem Geheimnis aufgestellt: „Unheimlich sei alles, was ein Geheimnis, im Verborgenen

3 Ich entleihe den Begriff von Gumbrecht, Hans Ulrich: Unsere breite Gegenwart. Frankfurt/M. 2005.

4 Lachmann, Renate: Kultursemiotischer Prospekt. In: Dies.; Haverkamp, Anselm (Hg.): Memoria. Vergessen und Erinnern (= Poetik und Hermeneutik 15). München 1993, S. 17–27, hier S. 18.

5 Derrida, Jacques: Marx' Gespenster. Der Staat der Schuld, die Trauerarbeit und die neue Internationale. Aus dem Französischen von Susanne Lüdemann. Frankfurt/M. 2004, S. 32.

6 Ebd., S. 39.

bleiben sollte und hervorgetreten ist."[7] Die Seinsweise besagter Erben zeigt diese Art von (Nicht-)Phänomenalität auf.

2. Zu Bodors Werk

Der Siebenbürger Ungar Ádám Bodor (geb. 1936) ist einer der wichtigsten zeitgenössischen ungarischen Schriftsteller, dessen Werke in zahlreiche Sprachen übersetzt worden sind. Er hat u. a. Andrzej Stasiuk beeinflusst, wie der jüngere polnische Schriftsteller, Autor von *Opowieści galicyjskie* (1995, dt. *Galizische Geschichten*, 2002) oder *Dukla* (1997, dt. *Die Welt hinter Dukla*, 2000), mehrmals betont hat.[8] Die Texte beider Autoren widmen sich einer geopoetischen Erkundung bzw. dem entsprechenden Imaginären eines Territoriums und seiner tierischen, vegetativen und menschlichen Lebensformen im Vierländereck Polens, der Slowakei, der Ukraine und Rumäniens. Es geht um genuin topographische und geopoetische Erzählweisen, die vieles mit dem ‚ethnographischen Erzählen'[9] gemeinsam haben.

Bodor ist ein genuiner Vertreter einer kleinen oder minoritären Literatur. Als Siebenbürger Ungar armenischer Herkunft verbrachte er die ersten knapp fünf Jahrzehnte seines Lebens in Rumänien und schrieb auf Ungarisch. Die ungarischsprachige literarische Tradition Siebenbürgens wies immer schon markante Eigentümlichkeiten im Vergleich zur ungarischen Literatur außerhalb Siebenbürgens auf, zugleich war sie von dieser auch beeinflusst. Bodor kann man einer bestimmten Linie der siebenbürgischen ungarischen Erzählprosa zuordnen, die sich in kleinen Formen des Erzählens wie Kurzgeschichten und in einer novellistischen Schreibweise realisiert. Sein Roman *Sinistra körzet* (1992, dt. *Schutzgebiet Sinistra*, 1994) trägt den Untertitel „Kapitel eines Romans".[10] Er besteht im Grunde genommen

7 Freud, Sigmund: Das Unheimliche (1919). In: Ders.: Studienausgabe. Hg. von Alexander Mitscherlich. Band IV: Psychologische Schriften. Frankfurt/M. 1970, S. 241–257, hier S. 249.

8 Vgl. Stasiuk, Andrzej: Sinistra lässt mich nicht schlafen. In: Ders.: Unterwegs nach Babadag. Aus dem Polnischen von Renate Schmidgall. Frankfurt/M. 2005, S. 14–27; Ders.: *On the road* auf slawisch. In: Ders., Fado (wie Anm. 2), S. 13–23, hier S. 18–20.

9 Zu den ‚Merkmalen ethnographischen Erzählens' vgl. Makarska, Renata; Werberger, Annette: Die ethnographische Narration als mitteleuropäische Erzählweise. In: Frank/Marszałek, Geopoetiken (wie Anm. 1), S. 96–100. Diese sind: „1) ein teilweise geradezu handlungssprengender Detailrealismus, der auf Erinnern und Memorieren zielt; 2) die Bezugnahme auf Bausteine von Volksmythen, die zum Beispiel das Territorium (Karpaten) einer bestimmten Gemeinschaft kartographieren, eine angebliche Abstammung oder Genealogie beanspruchen [...] sowie 3) die Vermischung ethnischer und religiöser Elemente." Ebd., S. 96f.

10 Bodor, Ádám: Schutzgebiet Sinistra. Aus dem Ungarischen von Hans Skirecki. Zürich 1994. Der (vielleicht vom Verlag vorgegebene) Untertitel in der Übersetzung lautet: „Ein Roman in Novellen". Im Original liest man „Egy regény fejezetei", also wortwörtlich übersetzt ‚Kapitel eines Romans'. Wenn nicht anders vermerkt, stammen alle Übersetzungen aus dem Ungarischen von dem Verfasser.

aus einzelnen Novellen, lässt sich aber auch als eine Art fragmentarischer Roman, etwa als ein verkappter Familienroman, Künstlerroman etc. lesen. In Rumänien nimmt das Ungarische in Siebenbürgen als Sprache einer Minderheit die Rolle einer deterritorialisierten Sprache ein. Dieser Sachverhalt wird durch den armenischen Hintergrund Bodors womöglich nochmals verstärkt. Stereotype Vorstellungen von den Armeniern als Dolmetscher oder Übersetzer zwischen Ost und West, zwischen Mittelalter und Moderne werden in den Texten Bodors auf mehreren sprachlichen und textuellen Ebenen aufgerufen oder simuliert. Seine sowohl sachliche und minimalistische als auch zuweilen metaphorische Sprache ist nicht selten mit ironischen Effekten geladen. Sie trägt Spuren gewisser Soziolekte bzw. Idiolekte, und die Eigennamen der Protagonisten sowie der Lokalitäten stellen heterogene, multilinguale fiktive Mischnamen dar. Diese für Bodor unverkennbare hybride Namensgebung funktioniert als eine Art Emblem für die mehrsprachliche und multikulturelle Verfasstheit der Region. Seine Texte bringen eine Poetik der Eigennamen in Gang, in der die Namen aufgrund einer symbolischen Logik zwar immer wieder als sprechende Namen funktionieren, ihre Semantisierung aber des Öfteren an Grenzen stößt, indem sie eine gleichsam babylonische Kakophonie heraufbeschwören, sozusagen ‚eine Linie des Nicht-Sinns'. Für Deleuze stellen gerade die Eigennamen, „die ja an sich keinen Sinn haben",[11] ein markantes Exerzierfeld der kleinen Literaturen dar.

Diese Beobachtung von Deleuze könnte man auch gewissermaßen allgemeiner denken oder in der sprachlichen Textur der kleinen Literaturen intensiver betrachten, hier mit Fokus auf Herta Müller. Bekanntlich sind ihre Texte stark von indirekten rumänischsprachigen Einschlägen, von Interferenzen zwischen dem Banatschwäbischen und dem Rumänischen durchtränkt. Das oft genannte Beispiel ist ihr Romantitel *Herztier* (1994), der als ein Kompositum aus der lautlichen Ähnlichkeit der rumänischen Wörter *inima* und *animal*, ‚Herz' und ‚Tier', gebildet wurde. Solche Komposita kommen nicht einfach durch eine vermeintliche semantische Logik zustande, sondern vielmehr durch zufällige phonetische Ähnlichkeiten, letztlich eine anagrammatische Sprachdimension aktivierend. Oskar Pastior, Müllers literarischer Freund und Co-Autor, hat in seiner Dichtung eine explizit anagrammatische Schreibweise praktiziert. So kommt dem Ausdruck ‚Herztier' die Rolle oder die Funktion eines potenziellen Eigennamens zu. Diese Komposita verhalten sich im Endeffekt als Eigennamen, d. h. als sprachliche Materialitäten oder Spuren, die aus der kontingenten Begegnung zweier Ausdrücke einer Fremdsprache und dann ihrer Übersetzung in die oder in der Sprache des Textes hervorgehen, diese dabei verfremden oder deterritorialisieren. Das virtuelle Zum-Eigennamen-Werden der Sprache stellt sich in solchen kontingenten und hybriden zwischensprachlichen Effekten als Merkmal der *littérature mineure* dar.

11 Deleuze, Gilles; Guattari, Félix: Kafka. Für eine kleine Literatur. Aus dem Französischen von Burkhart Kroeber. Frankfurt/M. 1976, S. 25.

Im Werk von Bodor tauchen regelmäßig materielle Relikte aus der historisch-kulturellen Vergangenheit der in der Fiktion aufgerufenen Schauplätze auf, die von einer eigentümlichen Funktionslosigkeit geprägt sind. Ihr Gebrauchswert ist denkbar gering bzw. sie fallen aus den für die fiktive Welt kennzeichnenden pragmatischen Kontexten heraus. Als Überreste aus anderen (geschichtlichen) Zeiten markieren sie eine spezifische Ungleichzeitigkeit des Gleichzeitigen – als Modus der Spektralität und Gespensterhaftigkeit. Mit Deleuze gesprochen sind diese Relikte oder Überreste deterritorialisiert. Sie führen Effekte der historischen, zeitlichen und sozialen bzw. kulturellen, politischen, religiösen, nicht zuletzt ethnischen Deterritorialisierung vor. In der thematisierten Weise geschieht diese Enträumlichung des Ungarischen, so in Bodors drittem Roman *Verhovina madarai. Változatok végnapokra* (2011, dt. *Die Vögel von Verhovina. Variationen über letzte Tage*, 2022).[12]

3. *Verhovina madarai* als narrative Allegorie von (Un-)Übersetzbarkeiten

In diesem 2011 erschienenen Roman wird eine Region geschildert, die jener im Romandebüt *Sinistra körzet* ähnelt. Irgendwo in den Ostkarpaten, vielleicht auf der bukowinischen Seite, gibt es eine von der Außenwelt abgeschlossene Siedlung mit schillernd-unbestimmter kultureller und nationaler Identität, deren Vergangenheit möglicherweise von der österreichisch-ungarischen Monarchie geprägt war und die nun in einer geschichtslosen ewigen Gegenwart verharrt, die vermutlich im 21. Jahrhundert angesiedelt ist. Einer der Erzähler, der Ich-Erzähler Adam, könnte ein Alter Ego des Autors darstellen (es gibt auch noch einen auktorialen Erzähler) – wie schon im *Sinistra*-Roman die Figur Andrej Bodor.

Der Text ist auch hier durch das Prinzip der Aneinanderreihung bestimmt, denn der Roman weist eine kaum zusammenhängende Handlung auf. Die einzelnen Kapitel, die als selbstständige Novellen lesbar sind, werden nur lose zusammengehalten durch die Figur des Protagonisten und vor allem durch seinen grüblerischen Stiefvater Anatol. Dessen Rolle in der Siedlung, sein Leben als ‚Brigadier' und später seine Verhaftung und Exekution werden allerdings nur angedeutet. Der narrative Rahmen bleibt vage. Eine Vater-Sohn-Geschichte lässt sich ebenso wenig nachzeichnen wie eine psychologisierende Darstellung der Beziehungen zwischen den handelnden Personen. Sie alle erleben Dinge, die sie dazu bringen, entweder das Gebiet zu verlassen oder aus dem Leben zu scheiden.

Im erzählerischen Mittelpunkt der ‚Variationen' steht die jeweils spezifische Art und Weise zu sterben, den Tod gleichsam zu empfangen, wobei das kreatürliche

12 Bodor, Ádám: Verhovina madarai. Változatok végnapokra. Budapest 2011. In deutscher Übersetzung erschienen als Bodor, Ádám: Die Vögel von Verhovina. Variationen über letzte Tage. Aus dem Ungarischen von Timea Tankó. Zürich 2022.

‚nackte Leben' im Zusammenhang mit politischen, sozialen, imaginären, gar mythischen Konfigurationen gesehen und problematisiert wird. Die Natur erscheint als Anfang, der menschliche Tod als ebenfalls natürliches, zugleich aber von einer kulturellen und politischen Gewalt herbeigeführtes Ende. Die wechselseitige Fremdheit von Natur und Kultur bzw. der Geschichte prägt im Roman die Endzeitstimmung, die als osteuropäische *post-histoire* charakterisiert werden kann. Eine spezifische Stimmung wird durch die genannte Fremdheit bzw. durch Interaktionen erzeugt, eine Stimmung, die sich nicht zuletzt in Verbindungen von Sprache und Stille (sowohl der Natur als auch der menschlichen Kommunikation) niederschlägt.

Der Fokus des Erzähldiskurses gilt vor allem den entmenschlichenden Effekten der Natur als eines nicht restlos kultivierbaren Raumes. Nicht nur in einem mythischen Sinne, sondern ganz elementar auch auf der Ebene der Natur als Rohstoff etwa für Speisen wie Blätter, Brennnesseln usw. Der Ich-Erzähler liebt es zu kochen. Eine intratextuelle Grundfolie des Romans stellen ein näher nicht spezifiziertes Kochbuch bzw. die Märchensammlung eines gewissen Eronim Mox dar, aus denen manche Geschichten des Romans hervorimaginiert oder -zitiert werden. Das verstärkt den ironischen (manchmal gar selbstparodierenden) Ton einiger Szenen auch auf der selbstreflexiven Ebene.

Die dem Roman inhärente Anthropologie fokussiert die natürliche Seinsweise des Menschen in ihrer Verflechtung mit historischen, politischen und soziokulturellen Kontexten und deutet damit zugleich die unaufhebbare Fremdheit der Natur und ihrer nicht-anthropomorphen Züge in einer weltgeschichtlichen Perspektive an. Gegen Ende des Romans wird als ein Zitat aus dem geheimnisvollen Buch des Eronim Mox in Bezug auf die Wolken angemerkt: „Diese Wolken werden dann immer noch genauso über den Himmel jagen, wie wenn es jemanden gäbe, der sie von unten bestaune."[13] Der Mensch erscheint in dieser Sicht als ein Wesen zwischen der ‚eigenen' und der ‚fremden' Natur. Auf der zeitlichen Ebene legt das eine zyklische Struktur nahe, die auch von der fehlenden Kausalität und der Poetik der ‚Variationen' im Roman inszeniert wird.

Nun zur bereits erwähnten Deterritorialisierung der Sprache in *Verhovina madarai:* Vor dem hybriden, zugleich nicht referentialisierten sprachlichen Hintergrund entsteht eine implizite Distanz zum Ungarischen, zumindest zu einer Territorialität des Ungarischen. Im Roman sprechen der Ich-Erzähler und die weiteren Figuren auf der Ebene der erzählten Geschichte allem Anschein nach kein Ungarisch; die ungarische Sprache wird im Text als eine fremde, unverständliche, unübersetzbare oder ehemalige, gar tote Sprache charakterisiert. Damit tritt einerseits die nicht-synchrone, gar anachronische Seinsweise, andererseits der nicht-semantische, klangliche

13 Ebd., S. 279. „Hogy ezek a felhők akkor is ugyanúgy fognak rohanni az égen, mintha valaki lentről csodálná őket." Bodor, Verhovina madarai (wie Anm. 12), S. 250f.

Charakter der Sprache in den Vordergrund. Dieses Charakteristikum wird in einer Szene, in der Adam vorliest, vom Ich-Erzähler in folgender Weise dargestellt:

> „Es war Freitag, da verbringe ich einen Teil des Vormittags stets auf dem am Berghang liegenden Hof von Klara Burszen: Auf Wunsch des Fräuleins lese ich ihr eine Stunde lang aus dem ungarischen Buch mit dem Titel ‚Gebirgs- und Gewässerkunde und die Flora und Fauna des Komitats Máramaros' vor. Ungarisch habe ich ein wenig in der Besserungsanstalt aufgeschnappt, aber ich verstehe nicht viel vom dem Text und Klara Burszen überhaupt nichts. Trotzdem lese ich ihr laut vor, die unbekannten Wörter knistern und knirschen im Mund, und das Fräulein spitzt die Ohren: Sie gewöhnt sich an den Klang der ungarischen Sprache."[14]

Dieses Vorlesen ist in mehrerlei Hinsicht durch einen rituellen Charakter gekennzeichnet: Es findet zu einem bestimmten festen Zeitpunkt iterativ statt, sein nichthermeneutischer Charakter betont das phonemische Gewicht der Wörter und dadurch ihre tabuartige, mythisch-symbolische, geheimnisvoll schöne, eventuell eine göttliche Gegenwart konnotierende Gestalt, schlussendlich besitzt es auf explizite Weise einen magischen Wirkungseffekt. Wie sich in einem anderen Kapitel herausstellt, verwendet der Ich-Erzähler, wenn er bei Klara Burszen ankommt, einen ungarischsprachigen Kinderspruch:

> „Noch von der Veranda aus weckte ich Klara Burszen mit leisem Hüsteln und ungarischen Worten: ‚Sonne, schein auf, schein auf, sei gesegnet', damit sie gleich wusste, wer sie sprechen wollte, da ich ihr am vorherigen Freitag etwas ähnliches vorgelesen hatte. Obwohl ich selbst kaum Ungarisch konnte, brachte ich dem Fräulein manchmal etwas bei, indem ich ihr aus der evangelischen Liturgie oder anderen Büchern, manchmal aus einem ungarischen Liederbuch, die Zeilen unter den Noten vorlas. Klara Burszen wusste nun gleich, wer sie sprechen wollte, sie schaltete das Licht an und um mir zu verstehen zu geben, dass sie bereit war, mich zu empfangen, antwortete sie: ‚Dem Lämmchen im Garten der Frosttod begegnet.'"[15]

14 Ebd., S. 127. Ungarisches Original: „Péntek volt, én ilyenkor a délelőtt egy részét szokás szerint Klara Burszen hegyoldali tanyáján töltöm: a kisasszony kívánságára egy órán át felolvasok a Máramaros vármegye hegy- és vízrajza, valamint növény- és állatvilága című magyar nyelvű könyvből. Magyarul egy kevés a javítóban ragadt rám, de nem sokat értek a szövegből, Klara Burszen pedig éppenséggel semmit. Azért csak olvasok fennhangon, recsegtetve, ropogtatva az ismeretlen szavakat, a kisasszony pedig hegyezi a fülét: szoktatja hallását a magyar beszédhez." Bodor, Verhovina madarai (wie Anm. 12), S. 115.

15 Ebd., S. 91. Ungarisches Original: „Klara Burszent még a tornácról halk köhintésekkel és magyar szavakkal ébresztettem: ‚süss fel nap, áldott nap', hogy ebből mindjárt tudja, hogy ki keresi, mivelhogy pont az utolsó pénteken valami ehhez hasonlót olvastam fel neki. Bár magyarul sokat magam sem tudtam, a kisasszonyt néha tanítgattam, úgy, hogy hol az evangélikus liturgiából, hol más könyvekből, néha például egy magyar daloskönyvből, a kotta alatt futó szövegekből felolvastam neki. Klara Burszen most mindjárt rájött, ki keresi, lámpát gyújott és hogy jelezze, hogy kész fogadni, válaszolt is: ‚Kis bárány a kertben egy-kettőre megfagy.'" Bodor, Verhovina madarai (wie Anm. 12), S. 81.

Dieses Verfahren des Romans zeigt den inversen Fall des berühmten Experiments von Kornél Esti, dem zentralen Protagonisten von Dezső Kosztolányis Roman *Esti Kornél* (1934, dt. *Ein Held seiner Zeit*, 2005) in seinem ‚Plaudern' mit dem bulgarischen Schaffner:[16] Hier wird nicht die bulgarische, sondern gerade die ungarische Sprache zu einer unverständlichen, unübersetzbaren, fremden, unbekannten Sprache, als ob sie den Status des Bulgarischen bei Kosztolányi, d. h. einer für den Protagonisten unverständlichen, fremden Sprache, übernehmen würde. Das Moment der sich auf mehreren Ebenen manifestierenden Anachronie ist jedoch wichtig: Die ungarische Sprache wird im fiktiven Territorium nicht mehr verwendet; die für das Vorlesen benutzten Bücher sind alt, vergilbt, zersplittert. Auch das „Komitat Maramuresch"[17] verstärkt den Vergangenheitscharakter der Bücher und ihrer Sprache, nicht zuletzt die in den Ausdrücken *áldott* [gesegnet] und *bárány* [Lamm] bzw. „evangelische Liturgie" angezeigte religiöse Fremdheit bzw. Nicht-Aktualität, das Fehlen der Religion oder des Göttlichen, des Heiligen, was im Roman an einer Stelle durch die Erwähnung einer ruinenhaften, verlassenen Kapelle versinnbildlicht wird. Die ungarische Sprache ist also nicht einfach fremd oder unverständlich, sondern ein mit Nachdruck vergangenes, zu einer endgültig verflossenen historischen Epoche gehörendes, gar totes Idiom, das die Nichtigkeit oder im besten Falle die Musealität konkreter religiöser Glaubenswelten und Praktiken konnotiert. Die Unübersetzbarkeit verfügt über temporal-historische und religiöse Indizes.

Zugleich ist die tatsächliche Sprache des Textes ja Ungarisch, er wurde in dieser Sprache geschrieben. Es erscheint so, als ob dieser Text durch diese thematisch-narrative Figuration sich selbst als eine Übersetzung, als übersetzten Text simulieren würde. Eine Übersetzung aus einer anderen, nicht näher spezifizierten Sprache in das Ungarische also – dessen Effekt wäre eine Allegorie der mehrfachen Deterritorialisierung der (ungarischen) Sprache. Als potenzielle selbstinterpretierende Operation oder als Appell an den impliziten Leser könnte dieser Effekt darauf aufmerksam machen, dass der Text kein autonomes ästhetisches Werkganzes bildet, sondern auf übersetzerische, d. h. immer schon auf interpretative Operationen angewiesen ist.

Diese Differenz zwischen der Sprache des Textes und der repräsentierten Sprache der Erzähler erlaubt es dem Roman, feine Anspielungen auf ein latentes, verschüttetes kulturelles und historisches Erbe, das nicht ausschließlich ungarischer Provenienz ist, zu tätigen. Diese Anspielungen sind deswegen diskret, weil sie keine semantische Reterritorialisierung einleiten. Sie belassen die Referenzen vielmehr in einer Seinsweise des Gespenstischen. Es handelt sich sogar um ausgesprochen fiktive bzw. imaginäre Motive, szenographische Faktoren und narrative Rahmungen. In

16 Vgl. Kosztolányi, Dezső: Ein Held seiner Zeit: die Bekenntnisse des Kornél Esti. Aus dem Ungarischen von Christina Viragh. Reinbek 2005, S. 158–167. Der Reisende Kornél Esti täuscht in Bulgarien (im Zug) ein stundenlanges Gespräch mit dem einheimischen Schaffner vor, dabei kann er nur zwei, drei Wörter Bulgarisch.

17 Im Original *vármegye*, also etwa ‚Burgkomitat', was eindeutig auf die Zeit vor 1918 referiert.

diesen imaginären Inszenierungen simuliert oder schafft der Roman explizit fiktive Heterotopien oder ‚dritte Räume', die jedoch zugleich regelmäßig mit realen historischen Referenzen versehen werden. Diese Oszillation zwischen realen und fiktiven Referenzen bildet eine *literarische* Hybridität im Text, die im Horizont der erwähnten Gespenstartigkeit, Spektralität steht, also in verstärktem Maße zeitliche Indizes trägt. Dieser temporale Charakter manifestiert sich weniger in einer Verzeitlichung von Räumen als vielmehr in der Verräumlichung von Zeit, aufgrund einer palimpsestartigen Logik.[18] Bodors späte Werke *Verhovina madarai* und der vor zwei Jahren erschienene Novellenband *Sehol* [Nirgends] (2019)[19] zeugen davon, dass der Autor die historische Archäologie der Region, innerhalb dieser die Rolle, den Status der ungarischen historischen und kulturellen Präsenz, reflektierter, auf jeden Fall intensiver liest.[20] Unter den imaginären Motiven ist das emblematische Bild, das Mnemotop der im Eis festgefrorenen Wassermühle, der Czervensky-Mühle, hervorzuheben. Die Erzählung schildert bereits zu Beginn des Romans dieses den physikalisch-klimatischen Gesetzen widersprechende Ereignis:

> „Obwohl er eigentlich hätte daran denken können, schließlich war das seit Jahren seine Aufgabe, hatte Balwinder einmal im Spätherbst vergessen, die Schleusen der Wassermühle rechtzeitig zu öffnen, weshalb sie schon vor Einbruch des richtigen Winters einfroren, und auch später nie wieder bewegt werden konnten. Die Eisschicht wurde immer dicker, wuchs bis zur Oberkante der Schleuse und darüber hinaus, das Wasser floss immer weiter und weiter, zunächst erstarrte nur das Mühlenrad im dem Kristallstrom, doch später verschlang er das ganze Holzgebäude, so dass sogar am Schindeldach gewaltige Eiszapfen hingen, diese furchterregenden Fangzähne des Winters. Wie unter Glas, stand die Mühle immer noch vollkommen unversehrt da. Tatjána [die Katze des Ich-Erzählers, C. L.] und ich gehen manchmal vorbei, um uns die bei der Flucht eingefrorenen Mäuse anzusehen, die von der Eisschicht vergrößert mit riesigen Augen ins endlose, ewige Nichts starren."[21]

18 Vgl. zu dieser palimpsestartigen Struktur Kiss, Ernő Csongor: Parergonális emlékezésszférák Bodor Ádám *Verhovina madarai* című regényében [Parergonale Erinnerungssphären in Ádám Bodors *Die Vögel von Verhovina*]. In: Borbély, András; Orbán, Jolán; Pieldner, Judit (Hg.): Irodalom, test, emlékezet [Literatur, Körper, Erinnerung]. Cluj 2014, S. 200–212, hier S. 212.

19 Bodor, Ádám: Sehol [Nirgends]. Budapest 2019.

20 Vgl. die Rezension von László Sturm über *Verhovina madarai*, die eine Reihe von versteckten bzw. weniger versteckten Anspielungen im Text kenntlich macht, beinahe in singulärer Weise in der Rezeption, vgl. Sturm, László: Tisztuló források? [Sich reinigende Quellen?]. In: Kortárs 56/7–8 (2012), S. 152–155.

21 Bodor, Die Vögel von Verhovina (wie Anm. 12), S. 22. „Balwinder valamelyik ősz végén, bár megtehette volna, hiszen évek óta ez a dolga, elmulasztotta a vízimalom zsilipjeit idejében megnyitni, ezért befagytak még az igazi tél érkezése előtt úgy, hogy többet meg sem lehetett őket mozdítani. A jég hízni kezdett, lassacskán föl-púposodott, átbukott a zsilipen, a víz pedig csak jött és jött, először csak a malomkerék dermedt bele a kristályáradatba, amely később az egész boronaépületet körülölelte, hogy még a zsindelyfedélről is hatalmas jégcsapok, a tél rémisztő agyarai villogtak. Mintha üvegbe lenne zárva, a malom most is teljes épségben áll ott. Tatjánával néha kisétálunk

Gegen Ende des Romans wird erneut eine detailliertere Beschreibung der Mühle gegeben, hier in ausgesprochen poetischer Schreibweise:

> „Selbst jetzt, in der grünen Flut des Sommers, steht die Wassermühle in nebligem Dunst, von Eis überzogen da. Im Sonnenschein funkelt sie diamanten, um sie herum flackern regenbogenfarbene Dunstzungen, während aus all ihren lila Nischen der frostige Atem des Winters strömt."[22]

Diese stark ästhetisierte Sprache erfüllt das mystisch-epiphanische Motiv der Mühle mit einer besonderen Rolle bezüglich des kulturellen Gedächtnisses, aber auch der Natur. Die Sprechweise des zitierten Abschnitts lässt sich mit mindestens zwei anderen wichtigen Textstellen in Verbindung bringen: die eine ist der *locus* der bereits zitierten ungarischsprachigen Sprüchlein, wo das „Süss fel nap, áldott nap" [„Sonne, schein auf, schein auf, sei gesegnet"] erklang, worauf die Antwort „Kis bárány a kertben egy-kettőre megfagy" [„Dem Lämmchen im Garten der Frosttod begegnet."][23] lautete. Die Beschreibung intensiviert in diesem intratextuellen Gedächtnis auf der sprachlichen Ebene den quasi-magischen und religiöse Indizes tragenden Charakter des Sprüchleins, als ob die Mühle eine Art Pilgerort sowohl der kulturellen Vergangenheit als auch der Naturgeschichte bzw. deren Kreuzung wäre. Die andere Textstelle beschreibt die Ankunft des ungarischen Offiziers, die Klara Burszen seit langer Zeit erwartete, jedoch nicht mehr erlebte: „Es sei ein Gast aus dem Jenseits eingetroffen, es gehe ein eisiger Hauch von ihm aus, er stehe schwankend inmitten des Saals, umgeben von einer Dunstwolke und um ihn herum wabere züngelnd bunter Dampf. Er, Pochoriles, verstehe kein Wort, von dem, was der Mann sage, wisse nicht, was er wolle, denn er spreche Ungarisch."[24] Wie die Mühle, so verkörpert auch der Offizier ein imaginäres Jenseits, z. B. die Visionen des Märchenbuchs von Eronim Mox, auf das der Ich-Erzähler am Ende dieses Teils auch hinweist.

Auf der nächsten Seite stellt sich auch konkreter heraus, was man in der Mühle sehen – sich vorstellen?[25] – kann:

> „Wenn man die Stirn gegen die Eiswand drückt, die Augen mit den Händen abschirmt, hineinblickt und es wirklich will, erkennt man sogar die einstige Einrich-

---

megnézni a menekülés közben belefagyott egereket, amint a jégréteg nagyításában óriási szemekkel bámulnak a végtelen, örök semmibe." Ders., Verhovina madarai (wie Anm. 12), S. 22f.

22 Ebd., S. 245. „A nyár zöld áradatában itt áll most is ködlő párába burkolózva a jégbe fagyott vízimalom. A napsütésben gyémánt csillogással tündököl, körülötte szivárványos színekben villózó páranyelvek remegnek, miközben valamennyi lila zugából a tél dermesztő lehelete árad." Bodor, Verhovina madarai (wie Anm. 12), S. 220.

23 Bodor, Die Vögel von Verhovina (wie Anm. 12), S. 81.

24 Ebd., S. 213. „A túlvilágról érkezett vendége, magából jeges fuvallatot árasztva, párafelhőbe burkolózva imbolyog a terem közepén, körülötte színes gőznyelvek lebegnek. Közben egy szavát sem érti, nem tudja, mit kíván, mert magyarul beszél." Bodor, Verhovina madarai (wie Anm. 12), S. 190f.

25 Umso mehr, als der vorhergehende Abschnitt gerade das Motiv des Märchenbuchs von Eronim Mox in einen reflektiert halluzinatorischen Zusammenhang stellt.

> tung. Alles steht an seinem Platz, wie in Glas gegossen. Die Getreidekisten, die aneinander gelehnten Mühlensteine, die Sackwaage, daneben die mit Roggen und Mehl gefüllten Säcke, der Tisch des Müllers Filip Gleznár und auf der Kuppe des Eisbergs, als würde er dort schwimmen, sein mehlbestäubter Hut."[26]

Der Erzähldiskurs präsentiert dieses imaginäre bildliche Element als eine Art – teilweise auf natürlichem Wege zustande gekommenes – Diorama, als einen Überrest aus längst vergangenen Zeiten. Sein semantischer Effekt könnte in der Duplizität der erstarrten, angehaltenen Zeit und einer Art Trauerarbeit bezüglich der abgelaufenen Zeit bestehen, wie dies im Diorama-Essay von Durs Grünbein zu lesen ist:

> „Was sich breitmacht, ist weniger das Gefühl angehaltener als das längst abgelaufener Zeit. […] Im Funkeln der Glasaugen, in der absoluten Windstille, in der kein Blatt sich mehr regt, liegt die Drohung restlos entseelter Natur, die alles subjektive Erleben verhöhnt."[27]

Diese Figur verstärkt erneut den Effekt der Anachronie, und zwar durch eine spektakuläre Emblematisierung – bis hin zur ‚transhistorischen' Bedeutungsebene, mit Grünbein:

> „Der am Felsrand festgewachsene Adler, das ewig grasende Antilopenpaar, der in fortwährender Wachsamkeit erstarrte Löwe: in solchen Gestalten zeigt sich das Transhistorische, auf den Fresken der Pharaonen wie im Gedächtnis des Kindes."[28]

Folglich ist diese dioramatische „stille Feier des Augenblicks das *memento mori* einer Natur vor der Ankunft des Menschen."[29] Der Roman thematisiert in diesem emblematischen Bild die Differenz von kultureller Zeit und transhistorischer Zeit(-losigkeit) der Natur, Brüche sowohl in der Kontinuität des kulturellen Gedächtnisses als auch in der Ordnung der Natur, sogar in ihrem Verhältnis, und er thematisiert den Verlust ihres Gleichgewichtes. Der Vergangenheitsindex der Trope von der ‚Waage' kann also auf mehreren Ebenen, durchaus auch in einem ökokritischen Sinne, bedeutsam sein. So skizziert der Text darüber hinaus eine bestimmte Vision in Bezug auf die Natur *nach* dem Abgang des Menschen, also nicht vor seiner Ankunft.

---

26 Bodor, Die Vögel von Verhovina (wie Anm. 12), S. 246. „Ha az ember a homlokát rányomja, és szemét tenyerével beárnyékolva belenéz a jégbe, és nagyon akarja, még látja az egykori berendezést is. Minden a helyén, mintha csak üvegbe öntötték volna. A gabonás ládák, a fal mentén az egymásnak döntött malomkövek, a mázsáló mérleg, mellette a rozzsal, kukoricával teli zsákok, a molnár Filip Gleznár asztala, a jég tetején pedig, mintha úszna rajta, a lisztporos kalapja." Ders., Verhovina madarai (wie Anm. 12), S. 221.

27 Grünbein, Durs: Kindheit im Diorama. In: Ders.: Gedicht und Geheimnis. Aufsätze 1990–2006. Frankfurt/M. 2007, S. 45–56, hier S. 53.

28 Ebd., S. 54.

29 Ebd., S. 55.

4. Übersetzung als Infratext im Roman

Eine intratextuelle und selbstreflexive Grundfolie des Romans repräsentiert das Koch- bzw. Märchenbuch eines gewissen Eronim Mox. Dieses ‚Buch' wird im Text Gegenstand mal der einen, mal der anderen Gattungsmarkierung, bedeutet also bereits auf dieser Ebene einen heterogenen Text. Einige selbstreflexive Signale lassen darauf schließen, dass die Geschichten des Romans aus diesem Buch stammen, durch Zitieren oder Imagination seitens der Figuren, der Erzähler oder gar der Leser.[30] Vermutlich enthält es in irgendeiner Weise die Geschichte von Verhovina. Die Beschreibung der Verwendung von im Buch enthaltenen Rezepten bringt eine ironische, gar selbstparodierende Sprechweise und Erzähltonalität in Gang – gleichsam als eine pastiche-mäßige Umschreibung, eine Transformation, als ein ‚ironischer Hypertext',[31] als Anspielung auf die ästhetischen und sublimierenden Sprachkonzepte der klassisch-modernen ungarischen Erzählprosa (von Gyula Krúdy und Dezső Kosztolányi). Der Roman figuriert sich auf dieser Ebene der Selbstpräsentation – mitsamt dem Index der virtuellen Übersetzung – als ein Hypertext. Dieses Koch- bzw. Märchenbuch bildet gewissermaßen das Pendant zu den vom Ich-Erzähler vorgelesenen ungarischsprachigen Texten, insofern es in betonter Weise auf die ‚Vergangenheit Verhovinas' referiert, Geschichten aus dieser Vergangenheit enthält. Man kann nicht ausschließen, dass es sich um ein aus dem Ungarischen übersetztes Buch handelt, was einerseits vom gastropoetischen intertextuellen Gedächtnis, andererseits vom spiegelartigen Anagramm des Namens ‚Eronim' (‚minore'), ferner von der potenziellen Anspielung auf Ungarn (ungarisch *Magyarország*, öfters als ‚Mo' abgekürzt) im Namen ‚Mox' markiert werden kann.[32] Der Text figuriert sich im selbstreflexiven Moment, im *mise-en-abyme* gleichsam buchstäblich als einen Fall der *littérature mineure*!

Die Konnotationen des Koch- oder Märchenbuchs von Eronim Mox erschöpfen sich aber mitnichten in den obigen Bedeutungen, Allusionen, Assoziationen, die leserabhängig, folglich partiell sein können. Der Name Eronim könnte auf den Heiligen Hieronymus verweisen, den Übersetzer und Herausgeber der Vulgata. Folglich könnte das ominöse Märchen- oder Kochbuch eine Figuration der Vulgata darstellen, zumindest auf der Grundlage des narrativen Profils vom Märchenbuch, während der Signifikant des Applikationscodes vom Kochbuch auf den Theoretiker Hieronymus anspielen könnte, der sich auch mit Fragen des Übersetzens und der Bibelauslegung gründlich befasste. Damit kann die Gattungsduplizität des Buchs von Eronim Mox

30 Das Kochen kann somit zum Emblem des Zitierens oder Übersetzens werden.

31 Vgl. Genette, Gérard: Palimpseste. Die Literatur auf zweiter Stufe. Aus dem Französischen von Wolfram Bayer und Dieter Hornig. Frankfurt/M. 1993, S. 439.

32 Diese beiden Anspielungen hat die Rezension von László Sturm ausbuchstabiert, vgl. Sturm, Tisztuló források? (wie Anm. 20), S. 154.

eine Verdopplung von *Verhovina madarai* als potenziell übersetztem Text und der Selbstreflexion (der Übersetzung) in den Code der Selbstpräsentation des Textes einschreiben. Die Übersetzung manifestiert in einem strukturellen Sinne sowohl einen Handlungs- als auch einen Bewusstseinsraum, oder einen kulturbildenden Dynamismus und dessen Fixierung. Nachdem aber im Roman an mehreren Punkten darauf hingewiesen wird, dass in Verhovina nur Lutheraner leben, die ein orthodoxer Pope vergeblich zum orthodoxen Glauben zu bekehren versucht bzw. ein Teil der ungarischsprachigen Bücher ‚die evangelische Liturgie' enthalte, schreiben sich folglich auch die Übersetzungen der Vulgata in verschiedene Nationalsprachen während der Reformation (vor allem das Werk Luthers) in dieses Übersetzungsspektrum ein. Die Bibel erscheint also im Allusionsgeflecht des Romans in ihrer religions- und kulturhistorischen Bedeutung: Der mehrfach übersetzte Archi- oder Infratext der europäischen Kultur, in der Übersetzungstextur des Hebräischen, des Altgriechischen, der beiden Varianten des Lateinischen und der neuzeitlichen Einzelsprachen – die kanonische Gestalt der letzteren formte sich bekanntlich im Medium der Bibelübersetzungen, – *und* zugleich deren Wirkungsgeschichte. Europa ist also nichts anderes als ein Übersetzungsregime oder das Regime des Übersetzens, dessen Medium oder Metatrope die Heilige Schrift darstellt. Bekanntlich war dies jenes ‚Mehr', das das Christentum dem Erbe der an anderen Sprachen wenig interessierten Griechen hinzufügte; zugleich gingen die Religion und die Kultur der Griechen teilweise auf Übersetzungen aus orientalischen Elementen zurück. Es ist evident, „wie sehr die Bibel am Bau Europas als einer kulturellen Einheit beteiligt war",[33] insofern „die Geschichte ihrer Wirkung in der Literatur und der Kunst sie als eines der Fundamente der kulturellen Einheit Europas [erweist]".[34] Die Präsenz dieses Infratextes wurde in einem materiellen Sinne durch die Übersetzungen und deren nochmalige Übersetzungen – also als ein Prozess des Übersetzens selbst – zur Wirklichkeit. Diese Übersetzungen boten von vornherein auch Antworten auf bestimmte Krisen der europäischen Kultur. So wurden diese zu einem großen Teil gerade durch oder mit diesen Übersetzungen aufgearbeitet und überwunden, wodurch die kulturelle Identität Europas jeweils reformuliert wurde. Die Offenheit für ein sogar kritisches Aufarbeiten, Neu-Verstehen und Neuformulieren von Teilen des eigenen kulturellen Erbes, das ist das Übersetzen selbst als Fundament, mehr noch: (die immer schon applikative) Seinsweise der europäischen Kultur. Keine emanzipatorisch-aufklärerische Geste hätte in der europäischen Geschichte und Kultur auch nur denkbar werden können ohne diese Verwurzelung im Übersetzen als kultureller Existenz.

Es ist eine Frage, zu welchen Übersetzungshandlungen Europa im Interesse der Erneuerung seiner selbst noch fähig ist. Die Szenarien des Romans im Kontext der ‚letzten Tage' suggerieren sowohl in kulturellem als auch in anthropologischem

33 Fuhrmann, Manfred: Bildung. Europas kulturelle Identität. Stuttgart 2002, S. 94.
34 Ebd., S.100.

Sinne die Semantik eines Aufhörens oder zumindest einer Bedrohung. Der Text scheint auch hier auf mehreren Ebenen die Figuren des Endes oder einer historischen Schließung zu inszenieren. Zum Vergangenheitscharakter der ungarischen Sprache bzw. bestimmter kultureller Zusammenhänge gesellt sich die Privation der Natur, die auch in der Zeit der Fiktion in Verhovina stattfindet (die Vögel werden von den Fremden vertrieben) oder die Privatisierung (gewaltsame Übersetzung in die kapitalistische Ordnung?) der Naturressourcen im letzten Kapitel. Mit den Anspielungen auf das Aufhören (Aussterben?) des Menschen und auf die Fortexistenz (nicht unbedingt organischer) Umweltphänomene scheint der Text eine Überlegenheit der Natur über die Kulturalität und Geschichte des Menschen zu suggerieren.

5. K.u.k. Kartographie und das Unübersetzbare

Neben dem Koch- und Märchenbuch von Eronim Mox spielt der Roman auf historische kartographische Techniken an, der Romantext simuliert auch diese. Hierbei wird auf eine tatsächlich existierende Landkarte referiert, auf die Landkarten von Emanuel Thomas Kogutowicz (Manó Kogutowicz), einem der Begründer der ungarischen edierten Kartographie. Genauer handelt es sich um die ‚gebirgs- und gewässerkundliche' Landkarte des Komitats Máramaros (Maramuresch), heute Maramureş in Rumänien, womit der Schauplatz der Handlung womöglich auch verortet wird.[35] Dieser geopoetische Zug im Roman veranschaulicht zum einen die Schreibstrategie des Romans, also die eines textuellen Kartographierens. Zum anderen wird damit einmal mehr auf das Erbe der k.u.k.-Monarchie angespielt, im Sinne der während der damaligen Zeit erfolgten Erfassung und Vermessung der geographischen Gebiete. Die Person von Kogutowicz bezeugt zugleich die interkulturelle Verfasstheit dieses Erbes: Die Familie Kogutowicz stammte ursprünglich aus Ostgalizien, Emanuel wurde aber in Seelowitz (Židlochovice) bei Brünn (Brno) geboren. Er absolvierte die Technische Militärakademie in Wien, danach war er in Olmütz (Olomouc) tätig. Seine Muttersprache war Deutsch, er konnte aber auch Tschechisch. In Wien lernte er die Tochter eines reichen Klavierherstellers kennen. Wegen Akzeptanzproblemen seitens des Vaters flohen die beiden Liebenden nach Ödenburg (Sopron). Dort begann seine Karriere als Kartograph. Er wurde 1883

35 In *Verhovina madarai* wird nur die Landkarte, in einer der Novellen aus dem Band *Sehol* hingegen auch der Name des Kartographen genannt: „Nézd csak, mondta, ez a rész itt, és a flekken márványosan szétfutó inai közti csillogó, soványabb részletre mutatott, ez itt pont olyan alakú, mint az egykori Máramaros vármegye a Kogutowicz Manó-féle régi térképeken." [Sieh nur, sagte er, auch dieser Teil hier, und er zeigte auf die feineren Details, die zwischen den marmorn auseinanderlaufenden Sehnen des Fleischstücks schillerten, das hier hat genau dieselbe Form wie das Komitat Maramuresch auf den alten Karten von Manó Kogutowicz.] Bodor, Ádám: Leordina. In: Ders.: Sehol (wie Anm. 19), S. 71–100, hier S. 99.

zum Leiter der kartographischen Abteilung des Posner-Kunstinstituts in Budapest berufen und realisierte maßgebliche Landkarten des Ungarischen Königreichs. Ab dem 1. September 1881 trug Emanuel Kogutowicz den Namen Manó. Eine für die Verhältnisse in der Monarchie exemplarische Laufbahn: Als Mitglied einer aus Ostgalizien (Südpolen) stammenden Familie wächst er in Böhmen auf, wissenschaftlich wird er in Wien sozialisiert, seine berufliche Karriere übt er dann zeitlebens in Ungarn aus.

Im Kartographierungsdispositiv erscheint das Ungarische mit Deleuze und Guattari gesprochen als ehemalige vehikulare Sprache: als eine „vermittelnde, städtische, Staats- oder gar Weltsprache, die Sprache der Gesellschaft, des Handels, der bürokratischen Transmission etc., d. h. die Sprache der primären Deterritorialisierung. […] Die ‚vernakulare' Sprache ist *hier*, die ‚vehikulare' *überall* …".[36] Die ‚vehikulare Sprache' als ‚dritte Sprache' ermöglicht mit der Kategorie Jan Assmanns gesprochen eine ‚synkretistische Übersetzung';[37] zugleich strebt sie im Sinne der Kartographie als etwas Macht- und Geopolitisches, hier sogar als imperiales Dispositiv, eine ‚assimilatorische oder kompetitive Übersetzung'[38] (im Zeichen der *translatio imperii*) an, oktroyiert diese sogar. So erwartet Klara Burszen schlussendlich einen Militäroffizier, weniger einen frommen Bürger. Im ersten Fall würde die ungarische Sprache als Medium, im zweiten als Botschaft figurieren und performieren. Die Vermittlungsrolle und gewisse Hegemonie der ungarischen Sprache in historischer Perspektive ließe sich als Oszillieren an den Grenzen von synkretistischen und assimilatorischen Übersetzungen beschreiben.

Die ungarische Sprache manifestiert sich jedoch in der Interpretation durch den Roman in einer Wechselseitigkeit: Sie ist gerade in ihrem energetisch-magischen Klangcharakter, siehe die vom Ich-Erzähler und Klara Burszen verlautbarten Sprüchlein, in der erzählten Welt unübersetzbar. In diesem Sinne ist sie die Sprache einer ‚Minderheit',[39] gleichzeitig existiert sie nur als Übersetzung, als eine virtuelle Zielsprache. Die vehikulare Sprache zeigt im Roman den radikalen Vergangenheitscharakter oder die historische Nachzeitigkeit, zugleich die materielle Präsenz (durch das Vorlesen bzw. durch bestimmte Zeichen). Vor allem aber schafft sie in ihrer virtuell übersetzten materiell-textuellen Seinsweise und dem korrelativen Nachleben, in der Latenz des kollektiven Gedächtnisses ein ‚überall und nirgends', also eine gespenstische oder spektrale Präsenz, und zugleich Absenz. Dadurch wird sie zur Sprache der kleinen oder minoritären Literatur. Vermutlich schreibt sich die Fremdheit

36 Deleuze/Guattari, Kafka (wie Anm. 11), S. 34.

37 Vgl. Assmann, Jan: Translating Gods: Religion as a Factor of Cultural (Un)Translatability. In: Budick, Sanford; Iser, Wolfgang (Hg.): The Translatability of Cultures. Figurations of the Space Between. Stanford 1996, S. 33–36.

38 Vgl. ebd.

39 Vgl. ebd., S. 29.

gerade durch die Übersetzung in die ‚eigene' vehikulare Sprache ein, insofern diese dem Unübersetzbaren ausgesetzt wird. Dafür gibt es mehrere Beispiele im Roman. Ihr augenscheinlichstes Paradigma stellen gerade die Eigennamen und verschiedene korrelative anagrammatische Muster dar, ferner die literarischen Allusionen und Zitate, verschiedene Echos und sprachlich-semiotische Spuren. Der paradigmatische kulturelle Fall der (Un-)Übersetzbarkeit manifestiert sich traditionellerweise in der religiösen Dimension, bezüglich der Namen von Göttern, der heiligen Namen (*hieron onoma* – der Name Eronim schimmert da einmal mehr durch). Und in der Tat, der Roman endet im Grunde mit einer rätselhaften Inskription:

> „Er sagt, während er mit dem Apparat über die Wiese geschweift sei, seien ihm am Fuße der Sträucher und Bäume mehrere Holzkreuze aufgefallen, auf denen immer die gleiche Aufschrift zu sehen sei: STLN 2011. Man könnte glauben, sie markierten verschiedene Parzellen, doch die Nummer ändere sich nicht, auf jedem Holzkreuz stünden die gleichen Buchstaben und gleichen Zahlen. Wo sei denn dann der Sinn des Ganzen?
> Das sehe er richtig, sage ich. Was er sehe, seien kleine Grabkreuze. Sie bedeuten nichts anderes als das, was draufstehe. Wir in dieser Gegend benutzen keine Vokale. Wir schreiben mit Konsonanten, den Rest denke sich jeder dazu. STLN – das sage ihm nichts? Nein? Dann gebe es nichts mehr zu sagen."[40]

Der Text distanziert sich auch an dieser Stelle in einer demonstrativen Weise von der ungarischen Sprache, insofern der Aufbau der ungarischen Wörter stark mit Vokalen besetzt ist, Konsonantenhäufungen sind ihr fremd. Zugleich lässt sich die rätselhafte Buchstabenkombination dennoch in den Namen Gottes transformieren oder übertragen, durch eine weitere materielle Verschiebung – durch die Umkehrung des Buchstabens N, die als Motiv im Roman vorkommt, an gewissen Punkten soll er für gewisse Protagonisten umgekehrt erscheinen, entsprechend dem kyrillischen Buchstaben ‚i' (И). In diesem Fall hätte man es statt des ‚N' mit einem ‚I' zu tun, dadurch würde die Buchstabenkombination fast vollständig das ungarische Wort für ‚Gott' *[Isten]* ergeben. Visuell betrachtet erinnert die Buchstabenfolge STLN zudem an das armenische *Տէր* (als ‚Ter' ausgesprochen), das in besagter Sprache ‚Gott' bedeutet. Die Paradigmen der Übersetzbarkeit und der Unübersetzbarkeit kreuzen sich sowohl in interlingualem als auch in interkonfessionellem Sinne. Der

40 Bodor, Die Vögel von Verhovina (wie Anm. 12), S. 272. „Azt mondja, ahogy így pásztázza a rétet, a bokrok, fák tövében több kis fakeresztet lát, mindegyiken ugyanaz a felirat: STLN 2011. Azt hihetné, különböző parcellákat jeleznek, de a szám nem változik,mindenik kis kereszt ugyanazokat a betűket, és ugyanazt a számot viseli. Akkor meg mi értelme az egésznek? Jól látja, mondom. Amiket lát, azok kis sírkeresztek. Semmi mást nem jelentenek, csak ami rájuk van írva. Mi itt errefele nem használunk magánhangzókat. Mássalhangzókkal írunk, a többit mindenki hozzágondolja. STLN – mond ez magának valamit? Nem? Akkor nincs miről beszélni." Ders., Verhovina madarai (wie Anm.12), S. 244.

Roman stellt im Endeffekt einen stark verdichteten Bedeutungszusammenhang her, der auf mehreren Ebenen lesbar ist: Das Erbe der k.u.k-Monarchie wird in einer Latenz der ostmitteleuropäischen Region ausbuchstabiert, das kulturelle Erbe der Bibel(-übersetzungen und ihrer Wirkungsgeschichte) wird in eine (sprach-)ökumenische Konstellation des Christentums und vielleicht in eine sehr diskrete Gotteserwartung übersetzt, schließlich schlägt der Text einen ebenfalls zurückhaltenden ökokritischen Ton, durchaus im Zusammenhang mit dem Verweis auf das Heilige, an. Geschichte, Religion und Natur werden im Roman auf minutiöse, zugleich unscheinbare Weise miteinander verwoben.

Jacqueline Gutjahr

Eine raumbezogene Erinnerungsperformance: Maja Haderlaps *karantanien*

1. Einführung

„Wir begannen mit Mythen und ließen wirkliche / Begebenheiten mit einfließen".[1] Dies ist der Peritext, der dem ersten der vier Gedichte im Zyklus *karantanien* von Maja Haderlap vorangestellt ist. Es handelt sich um einen Vers aus dem Gedichtband *Handwriting* von Michael Ondaatje,[2] zitiert nach der deutschen Übersetzung *Handschrift*[3] von Simon Werle. Der als Motto fungierende Vers von Ondaatje besteht aus einem metafiktionalen Kommentar, der per definitionem die fiktionsspezifische Konstruktion einer Erzählung thematisiert oder eine Reflexion über Fiktionalität im Hinblick auf die Erfundenheit der Geschichte[4] initiieren kann. In dem Vers von Ondaatje behauptet die Sprecher- und Erzählinstanz, das kollektive ‚Wir', mit dem Verweis auf die Einbindung ‚wirklicher Begebenheiten' eine *teilweise* Faktualität der erzählten Geschichte. Als Motto für das erste Gedicht aus *karantanien* – und für die den gesamten Zyklus durchziehende Erinnerungsinszenierung – kann diese intertextuelle Referenz als Einladung an den Leser verstanden werden, die im Text dargestellte Geschichte nicht ausschließlich als rein fiktiv, nicht als gänzlich frei erdacht anzunehmen. Weiter deutet sie auf den der Erinnerung inhärenten und in der Praxis des Erzählens zum Ausdruck kommenden Konstruktions- und Transformationscharakter hin und durch das Pronomen ‚wir' auf die Darstellungsweise der folgenden Geschichte als Geschichte einer Gruppe voraus. Im Anschluss an die Analyse der Gedichte wird auf dieses Motto noch einmal zurückzukommen sein.

In diesem Beitrag[5] wird aufgezeigt, wie Karantanien im Text dargestellt wird, wie in einer Art erinnerungskultureller Performance das Erzählen von einem Anfang auf

1 Haderlap, Maja: langer transit. Göttingen 2014, S. 21. Seitenangaben fortlaufend im Text.

2 Ondaatje, Michael: Handwriting. Poems. Toronto 1998.

3 Ders.: Handschrift. Gedichte. Aus dem Englischen von Simon Werle. München-Wien 2001.

4 Vgl. Neumann, Birgit; Nünning, Ansgar: Metanarration and Metafiction. In: Hühn, Peter; Pier John; Schmid, Wolf; Schönert, Jörg (Hg.): Handbook of Narratology. Berlin-New York 2009 (Narratologia 19), S. 204–211, hier S. 204; Zipfel, Frank: Fiktionssignale. In: Klauk, Tobias; Köppe, Tilmann (Hg.): Fiktionalität. Ein interdisziplinäres Handbuch. Berlin-Boston 2014 (Revisionen 4), S. 97–124, hier S. 115.

5 Der Beitrag basiert auf einem Kapitel zum Zyklus *karantanien* in meiner Dissertation zur Poetik Maja Haderlaps, die voraussichtlich 2024 erscheinen wird.

die „keimende“, aber schließlich „bewehrte, verwehrte sprache“ (S. 24) der Slowenen zuläuft. Der im Präteritum und in Versform verfasste Text *karantanien* lässt sich, wie es die Zahleneinteilung als Benennungsprinzip (I–IV) nahelegt, als vierteiliges erzählendes Gedicht oder Gedichtzyklus bezeichnen. Sein Titel verweist auf das frühmittelalterliche slawische Fürstentum Karantanien, von dem sich auch der Name des Bundeslandes Kärnten herleitet[6] und ruft als Toponym einen in der außertextuellen Wirklichkeit nur über schriftliche und archäologische Quellen rekonstruierbaren kulturellen Interferenzraum sowie ein mythenumwobenes Konstrukt auf. In seiner poetischen Hervorbringung wird Karantanien zu einem sprach- und gruppenbezogenen Erinnerungsraum aus- und umgestaltet. Dieses ästhetisch organisierte Raumkonstrukt dient primär der Darbietung einer perspektivierten Vergangenheitsversion und kollektiven Gedächtniskonstruktion. Die literarische Semantisierung des Raums Karantanien erweist sich dabei als Strategie, Zusammenhänge von Identität und Erinnern[7] auf spezifische Weise vorzuführen.

Für die Analyse von *karantanien* werden zwei miteinander verzahnte Gedächtniskonzepte herangezogen, die Erll und Nünning unterscheiden als „Gedächtnis *in* der Literatur“ und „Literatur als *Medium* des Gedächtnisses“.[8] Die Inszenierung von Erinnerung und Gedächtnis in der Literatur ruft Fragen nach ihrer Darstellung oder Repräsentation auf und rückt ästhetische Formen, Strukturen und Verfahren in den Blick,[9] mit denen imaginative Vergangenheitsmodelle gestaltet und Modalitäten kollektiver Sinnstiftung illustriert werden.[10] Dies schließt die Darstellung gesellschaftlich verdrängter und nicht-sanktionierter Erfahrungen ein.[11] Das Konzept ‚Literatur als Medium des (kollektiven) Gedächtnisses‘ zielt über die Inszenierungen in Texten hinaus auf Vermittlungsprozesse von Gedächtnis in der Erinnerungskultur.[12]

6 Gleirscher, Paul: Karantanien. Slawisches Fürstentum und bairische Grafschaft. 2. Auflage. Klagenfurt 2019, S. 153.

7 Vgl. Neumann, Birgit: Erinnerung, Identität, Nation. Gattungstypologie und Funktionen kanadischer „Fictions of Memory“. Berlin-New York 2005 (Media and Cultural Memory 3), S. 194.

8 Erll, Astrid; Nünning, Ansgar: Literaturwissenschaftliche Konzepte von Gedächtnis: Ein einführender Überblick. In: Dies. (Hg.): Gedächtniskonzepte der Literaturwissenschaft. Theoretische Grundlegung und Anwendungsperspektiven. Berlin-New York 2005 (Media and Cultural Memory 2), S. 1–10, hier S. 2.

9 Vgl. ebd., S. 4.

10 Vgl. Neumann, Birgit: Literarische Inszenierungen und Interventionen: Mediale Erinnerungskonkurrenz in Guy Vanderhaeghes The Englishman's Boy und Michael Ondaatjes Running in the Family. In: Erll, Astrid; Nünning, Ansgar (Hg.): Medien des kollektiven Gedächtnisses. Konstruktivität, Historizität, Kulturspezifität. Berlin-New York 2004 (Media and Cultural Memory 1), S. 195–215, hier S. 203.

11 Vgl. Neumann, Erinnerung (wie Anm. 7), S. 120.

12 Vgl. Erll/Nünning, Konzepte von Gedächtnis (wie Anm. 8), S. 5; Neumann, Erinnerung (wie Anm. 7), S. 120.

Literatur wird verstanden als Medium, das in der Erinnerungskultur *„wirkt"*.[13] Literarische Inszenierungen von Erinnerung wirken, so die Annahme, durch ihr Vermögen, Vergangenheitsversionen und Selbstbilder aktiv mitzuprägen.[14] Die Fähigkeit, „Neues und Anderes in die Erinnerungskultur"[15] einzuspeisen, wird Literatur aufgrund ihrer symbolsystemspezifischen Merkmale zugesprochen, zu denen u. a. ein eingeschränkter Anspruch auf Referenzialität, Faktentreue und Objektivität[16] sowie Polyvalenz durch die über gesteigerte Verdichtung erreichte Komplexität oft auch ambiger Vergangenheitsdarstellungen[17] gezählt werden.

Der Schwerpunkt der Analyse in diesem Beitrag liegt auf der Inszenierung von Raum und Erinnerung *im* Text *karantanien*, zielt also auf die Verfahren und textuellen Strategien, mit denen darin über ‚Raum' ein spezifisches Gruppengedächtnis konstruiert und imaginiert wird. Von besonderem Interesse sind Elemente und Verfahren der topographisch-topologischen Ausgestaltung, die erzählerische Vermittlung und Perspektivierung des Dargestellten sowie Strategien der intertextuellen Verknüpfung. Als Besonderheit erweist sich, dass der Zyklus *karantanien* nicht nur im Modus des Erinnerns verfasst ist, sondern gleichzeitig die Mechanismen und Funktionen von Erinnerung und kollektiver Gedächtnisbildung vorführt. Darauf und auf eine Eigenart von Literatur sind die Formulierungen *inszenierte Erinnerung* oder *Erinnerungsperformance*, mit der das Dargestellte, wie es die Metapher der Inszenierung nahelegt, gleichsam auf eine Bühne gestellt wird,[18] zu beziehen: „Der Geltungsanspruch aller Repräsentationen wird suspendiert und problematisiert durch ihre ästhetische Präsentation oder *performance*."[19] Überlegungen zu dem realisierbaren Wirkungspotenzial des Textes in sozialen Erinnerungsprozessen bilden den Abschluss des Beitrags.

2. Das Erzählen von einem Anfang als fiktive Ursprungserzählung

Das erste Gedicht (I, S. 21) der literarischen Konfiguration des Raums Karantanien ist wie der gesamte Zyklus fast durchgängig im Typus des späteren Erzählens gestaltet und beginnt mit einer Art Exposition:

13 Vgl. Erll, Astrid: Kollektives Gedächtnis und Erinnerungskulturen. Eine Einführung. 2. Auflage. Stuttgart-Weimar 2011, S. 173. Hervorhebung im Original.

14 Vgl. Neumann, Erinnerung (wie Anm. 7), S. 149f.

15 Erll, Kollektives Gedächtnis (wie Anm. 13), S. 178.

16 Vgl. ebd. S. 178; Neumann, Erinnerung (wie Anm. 7), S. 258.

17 Vgl. Erll, Kollektives Gedächtnis (wie Anm. 13), S. 178.

18 Vgl. Mecklenburg, Norbert: Das Mädchen aus der Fremde. Germanistik als interkulturelle Literaturwissenschaft. München 2008, S. 20.

19 Ebd. Hervorhebung im Original.

I

> Wir begannen mit Mythen und ließen wirkliche
> Begebenheiten mit einfließen
> *Michael Ondaatje*

es begann mit der drift aus dem ovum
der welt von ravenna, als man sich nah
am golfus occidentalis wähnte und westlich
von tracien fand. syrien schwebte über
den schwärmenden köpfen, kontinente
trieben vorüber wie opalisierende fische.
da erschien der erste slawische könig,
samo, als einsamer fürst, ein fränkischer
kaufmann. wer ist er, der da herbeikommt,
fragten die bauern. ich bin die stimme
meiner nachbarn, sagte der neue fürst
und heiratete zwölf eroberte frauen.
steinfreundlich sei er gewesen, dessen
stamm nah am gebirge siedelte. jahr
für jahr schritt er sein land ab im
rückwärtsgang, sah die städte zu hügeln
mutieren und dörfer zu äckern, die ihre
schatten verwahrten. aus den eisengruben
seines reiches stiegen leibeigene knappen,
gewöhnt an die himmellose erde, ans spärliche
licht. sie staunten, etwas bewegte sich doch.

Die einleitende Formel „es begann mit" zeigt an, dass ein Erzählen von einem Anfang folgt und die Ergänzung „mit der drift aus dem ovum" markiert diese Erzählung als eine Art Ursprungs- oder Herkunftsmythos.[20] Sie stellt den Ursprung Karantaniens oder die Herkunft der sich erst als solche aus diesem Konstrukt herauskristallisierenden Gruppe zugleich als einen natürlichen, „aus dem ovum", aus. Zudem klingt in der Formel „es begann mit" sowie in der hohen Stillage der Verse[21] die Gattung des Epos an, das „für die Vergegenwärtigung des Ursprungs und der

20 Im Kontext dieses ersten Gedichts erscheint ‚Mythos' also im Rekurs auf sein frühzeitliches Ursprungsdenken; als solches bezeichnet Angehrn den Mythos durch seinen Inhalt, er sei Erinnerung des Anfangs und der Herkunft, seine zentrale Funktion sei die Genealogie.Vgl. Angehrn, Emil: Ursprungsmythos und Geschichtsdenken. In: Nagl-Docekal, Herta; Ders. (Hg.): Der Sinn des Historischen. Geschichtsphilosophische Debatten. Frankfurt/M. 1996 (Philosophie der Gegenwart 12776), S. 305–332, hier S. 306.

21 Vgl. Auerochs, Bernd: Epos. In: Burdorf, Dieter; Fasbender, Christoph, Moennighoff, Burkhard; Schweikle, Günther; Schweikle; Irmgard (Hg.): Metzler Lexikon Literatur. Begriffe und Definitionen. 3., völlig neu bearbeitete Auflage. Stuttgart-Weimar 2007, S. 200–202, hier S. 201.

Eigenart von Kulturgemeinschaften lange Zeit ein zentrales Verständigungsmuster“[22] war und damit eine zentrale erinnerungskulturelle Aufgabe erfüllte. Entstanden ist *karantanien* oder die Gruppe allerdings, wie es der heterodiegetische Erzähler vermittelt, „aus dem ovum / der welt von ravenna“, also doch nicht natürlich geboren in die Welt, sondern aus einer spezifischen Weltsicht oder einer (Re)konstruktion heraus. Die „welt von ravenna“ ist in Anspielung auf die *Cosmographia*[23] des anonymen Geographen von Ravenna, eine in lateinischer Übersetzung erhaltene Erdbeschreibung,[24] poetisch ausgestaltet. Dieser Quelle wird der erste Beleg in der Form „Carontani“, für die „neuen slawischen *gens* mit dem Namen *Carantani*“[25] zugeschrieben. Die in den Auftaktversen von *karantanien* realisierte raumzeitliche Orientierung der Vorstellungswelt scheint sich ausgehend von dieser Erdbeschreibung oder, noch wahrscheinlicher, von den auf einer rekonstruierten „Weltkarte des Ravennaten“[26] dargestellten räumlichen Lagebeziehungen zu entspinnen (Abb. 1). Im ersten Gedicht des Zyklus wird Karantanien also, im Medium der Literatur, durch die Referenz auf eine außertextuelle Karte und somit im Rückgriff auf ein anderes Repräsentationsmedium von Raum modelliert.

Dies kann durch den Vergleich eines vergrößerten Ausschnitts der rekonstruierten Karte (Abb. 2) mit den kartierbar wirkenden Versen aus *karantanien* veranschaulicht werden: „als man sich nah / am golfus occidentalis wähnte und westlich / von tracien fand. syrien schwebte über / den schwärmenden köpfen, kontinente / trieben vorüber wie opalisierende fische.“

Die Übersetzung der rekonstruierten Karte des Ravennaten in eine poetische Raumkonstitution manifestiert sich in der bildlichen Rede, in dem Vergleich „kontinente / trieben vorüber wie opalisierende fische“. In dem Erzählerbericht wird durch die Formulierung „als man sich […] wähnte“ die vorgeführte Weltsicht oder Verortung als irrige, überholte Annahme oder auch als Einbildung markiert. Das Indefinitpronomen ‚man‘ bewirkt, dass die Gruppe, von der erzählt wird, unspezifi-

22 Erll, Kollektives Gedächtnis (wie Anm. 13), S. 176.

23 Die erste Edition wurde 1860 von Pinder und Partley herausgegeben. Die Ausgabe von Schnetz *Ravennatis Anonymi Cosmographia et Guidonis Geographica* aus dem Jahr 1940 bildet die Grundlage für seine 1951 erschienene Übersetzung *Ravennas Anonymus: Cosmographia. Eine Erdbeschreibung um das Jahr 700.* Vgl. Englisch, Brigitte: Ordo orbis terrae. Die Weltsicht in den „Mappae mundi“ des frühen und hohen Mittelalters. Berlin 2002 (Orbis mediaevalis 3), hier S. 162.

24 Englisch macht zwei komplementäre Erdbeschreibungen aus. Die erste befinde sich in Buch 1 der *Cosmographia* und enthalte eine auf die göttliche Intervention zurückgehende Gliederung der Erde, die zweite umfasse Buch 2–5, enthalte mehr als 5300 Namen von Flüssen, Ländern und Städten und werde in engen Zusammenhang mit einer römischen Straßenkarte, vorzugsweise der Peutingerschen Tafel, gesetzt. Vgl. Englisch, Ordo orbis terrae (wie Anm. 23), S. 162–167.

25 Bratož, Rajko: Anfänge der slowenischen Ethnogenese. Fakten, Thesen und Hypothesen. In: Bernik, France; Lauer, Reinhard (Hg.): Die Grundlagen der slowenischen Kultur. Berlin-New York 2010, S. 1–38, hier S. 28. Hervorhebung im Original.

26 Miller, Konrad: Mappae mundi. Die ältesten Weltkarten. Stuttgart 1898, Heft VI, Taf. 1.

Abb. 1: Rekonstruktion der „Weltkarte des Ravennaten".[27]

ziert bleibt. Die als schwebend und vorübertreibend dargestellten Raumelemente („syrien", „kontinente") betonen – verstärkt durch den Vergleich mit den ebenfalls beweglichen Fischen und die Synekdoche der ‚schwärmenden Köpfe' – die Instabilität der Verortung und die Relativität des für die Geschichte gewählten Anfangs-

27 Miller stützt seine Rekonstruktion der Karte auf das erste Buch der *Cosmographia* und legt neben den Quellen auch die kosmographische Weltanschauung des Ravennaten und den Grundgedanken seiner Karte dar. Er wolle die Länder bezeichnen dem Lauf der Sonne folgend und sie nach ihrer Himmelsrichtung darstellen. Miller folgert, damit sei „aber auch gegeben, dass der Mittelpunkt dieser Stunden- und Ländereinteilung kein anderer sein kann als der Standpunkt des Autors, d. h. Ravenna oder dessen Nähe." Mit Rückgriff auf das Wissen von römischen und mittelalterlichen Karten und die Angaben des Ravennaten kommt Miller zu dem Schluss, dass „die Weltkarte des Ra geostet war, d. h. Osten oben hatte". Ebd., S. 53. Siehe Abb. 1 und Abb. 2: Digitalisat der Karte aus dem Bestand der Niedersächsischen Staats- und Universitätsbibliothek Göttingen, Signatur KART F 211:6.

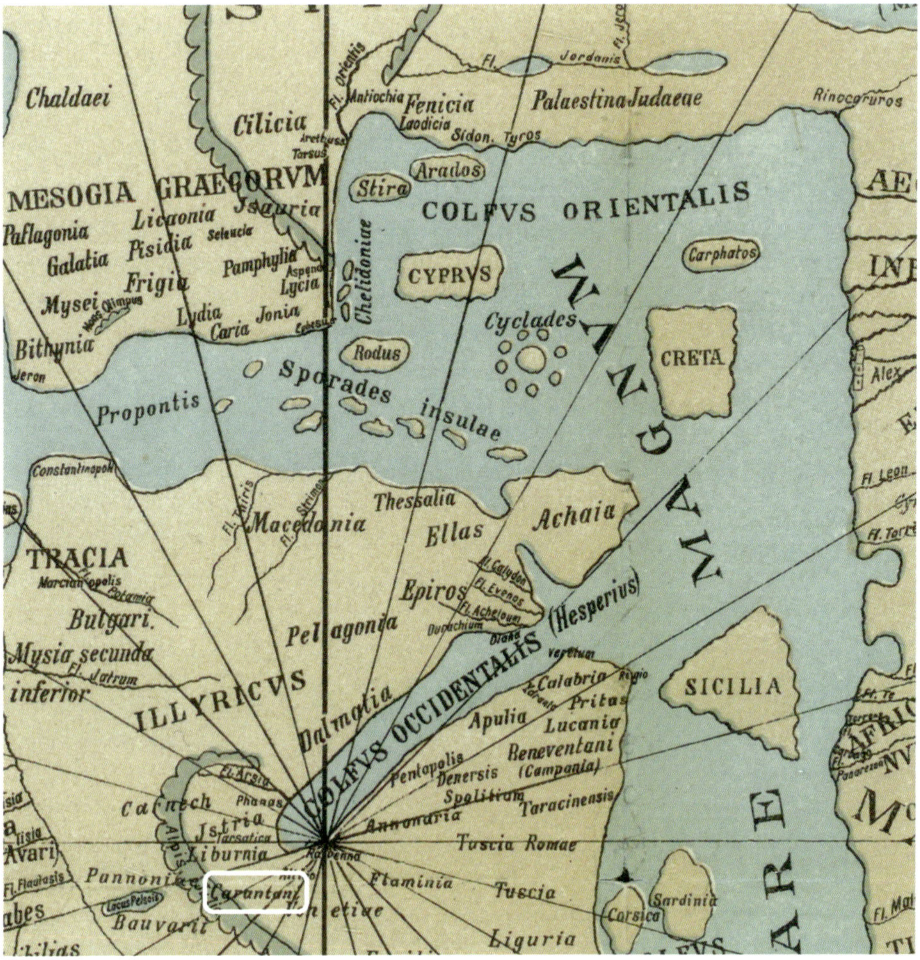

Abb. 2: Vergrößerter Ausschnitt der „Weltkarte des Ravennaten“: Carantani „nah am golfus occidentalis“.

punkts. Sie lassen den Raum wie auch die damit verbundene Raumvorstellung als fluid und transitorisch, die relationalen und topologischen Angaben („nah am“, „westlich von“), über die „man“ sich verortet, als wenig zuverlässig erscheinen.

Die in *karantanien* erstgenannte Figur tritt, wie es die Kombination des Adverbs ‚da‘ mit dem Verb ‚erscheinen‘ nahelegt, sozusagen *als* (quasi biblische) Erscheinung *in* Erscheinung: „da erschien der erste slawische könig, / samo“. Das deiktisch verwendete „da“ leitet von der expositorischen Verortung auf das im Folgenden dargestellte Ereignis hin, bewirkt also eine Umorientierung der Aufmerksamkeit des Lesers.[28] Die Figur wird, typisch für erzählende Gedichttypen mit historischen oder

28 Vgl. Ehlich, Konrad: Literarische Landschaft und deiktische Prozedur: Eichendorff. In: Schweizer,

legendenhaften Themen, mit einem Eigennamen benannt,[29] und der Name Samo verweist auf eine historische Person. Näher bezeichnet wird Samo mit den Nominalphrasen „der erste slawische könig“, „einsamer fürst“, „ein fränkischer / kaufmann“ und diese ihm im Gedicht zugeschriebenen Informationen lassen sich zum Teil auf die Chronik des Fredegar[30] zurückführen. Die erzählte und imaginierte Begegnung von Samo mit ‚den Bauern‘ wird durch die Integration der Rede anderer in die eigene Rede perspektiviert. So wird die Distanz zwischen Erzähler und Dargestelltem durch den Wechsel vom narrativen in den dramatischen Modus kurzzeitig verringert, was zu einer Verlebendigung des Dargestellten beiträgt und den Leser näher an das Geschehen heranrückt. In der szenischen Darstellung mit zitierter, direkter Figurenrede – „wer ist er, der da herbeikommt, / fragten die bauern. ich bin die stimme / meiner nachbarn, sagte der neue fürst“ – kommen die Figuren „samo“ und „die bauern“ scheinbar ungefiltert zu Wort, bevor mit dem Zusatz „und heiratete zwölf eroberte frauen“ die Erzählerpräsenz wieder hervortritt. Mit dem unmittelbar darauffolgenden Einschub transponierter Rede in die eigene Rede, „steinfreundlich sei er gewesen“, gibt die narrative Instanz zu erkennen, dass sie auf übermittelte Worte zurückgreift und somit die Samo zugeschriebene Eigenschaft und den Wahrheitsgehalt der Aussage selbst nicht verbürgen kann. Die Formel „sei er gewesen“ deutet über den Status einer Redewiedergabe hinaus auf die ursprüngliche Weitergabe von Mythen durch mündliche Erzählungen[31] hin. Die Bezeichnung ‚Nachbar‘, hier in der als Selbstcharakterisierung inszenierten Vorstellung Samos „ich bin die stimme meiner / nachbarn“, wird im letzten Gedicht des Zyklus wieder aufgegriffen. Wer diese „nachbarn“ jeweils sind und wessen „stimme“ Samo zu repräsentieren vorgibt, wird im Text nicht explizit erwähnt. Samo wird jedoch als Eroberer gekennzeichnet: „heiratete zwölf *eroberte* frauen.“ [Hervorhebung durch die Autorin] Die weitere Ausgestaltung der Figur Samo im Gedicht erscheint mythenhaft: „jahr / für jahr schritt er

Harro (Hg.): Sprache und Raum. Psychologische und linguistische Aspekte der Aneignung und Verarbeitung von Räumlichkeit. Stuttgart 1985, S. 246–261, hier S. 254.

29 Vgl. Winko, Simone: Lyrik und Figur. In: Lamping, Dieter (Hg.): Handbuch Lyrik. Theorie, Analyse, Geschichte. 2. Auflage. Stuttgart 2016, S. 66–73, hier S. 67.

30 Dazu Wolfram: „Samo war der erste König von Slawen und Herr des ältesten bekannten slawischen Regnum. […] Ob Samo nun ein fränkischer Waffenhändler, ein ‚reisiger Reisender‘, samt nichtslawischem Gefolge war, wie die zeitnahe Fredegar-Chronik überliefert, oder nicht, Samo galt noch zu Lebzeiten als ein *rex Sclavinorum* […]. Er schloß sich dem Aufstand westlicher Slawen gegen die Awaren an und bewährte sich im Kampf, so daß er zum König gewählt wurde, heißt es. Auf die Wahl Samos folgt die Mitteilung, er habe zwölf Frauen *ex genere Winodorum* […] gehabt“. Wolfram, Herwig: Die ostmitteleuropäischen Reichsbildungen um die erste Jahrtausendwende und ihre gescheiterten Vorläufer. In: Hlaváček, Ivan; Patschovsky, Alexander (Hg.): Böhmen und seine Nachbarn in der Přemyslidenzeit. Tagung auf der Insel Reichenau vom 2. bis 5. Oktober 2007. Ostfildern 2011 (Vorträge und Forschungen / Konstanzer Arbeitskreis für Mittelalterliche Geschichte 74), S. 49–90, hier S. 57f. Hervorhebung im Original.

31 Vgl. Brandt, Reinhard: Mythos und Mythologie. In: Ders.; Schmidt, Steffen (Hg.): Mythos und Mythologie. Berlin 2004, S. 9–22, hier S. 10.

sein land ab im / rückwärtsgang, sah die städte zu hügeln / mutieren und dörfer zu äckern, die ihre / schatten verwahrten." Diese raumvermessende und -einnehmende („*sein* land") Praxis des Abschreitens „im / rückwärtsgang", eine Zeit und Raum in spezifischer Weise hervorbringende Bewegung, unterstreicht die Fiktivität und den Konstruktionscharakter des Dargestellten in dieser summarischen Anfangserzählung. Zugleich versinnbildlicht die rückwärtsgewandte Bewegung den Akt des erzählenden Erinnerns, über die Schatten verwahrenden Äcker wird eine Erinnerungslandschaft evoziert. Insgesamt kommt hier etwas noch Unspezifisches in Gang. So schließt dieses erste Gedicht, bezogen auf die aus dem ‚Reich des Samo' hervortretenden „leibeigene[n] knappen", mit den Worten: „sie staunten, etwas bewegte sich doch."

Zur Perspektivierung des Dargestellten trägt neben der erzählerischen Vermittlung auch die Selektion und Verknüpfung der in intertextuellen Bezugnahmen eingespielten Quellen bei. Die über die *Cosmographia* angelegte Allusion auf den *ersten* Beleg für die *„Carantani"*[32] und die auf die Fredegar-Chronik zurückgreifende Charakterisierung der Figur Samo als „der *erste* slawische könig" [Hervorhebung durch die Autorin] deuten implizit auf eine – im Kontext von Ursprung und Herkunft – (noch) vage Gruppe, die im folgenden Gedicht von sich selbst erzählt, hin.

3. *Doing memory.* Vorgeführte Herrscher und ein intertextuelles Rätselspiel

Im zweiten Gedicht (II, S. 22) wechselt die Sprecherinstanz in das ‚kollektive Wir', wodurch die dargestellte Geschichte nun als Erzählung einer Gruppe und „Stimme einer Gemeinschaft"[33] gekennzeichnet wird. Das Pronomen ‚wir' perspektiviert das Dargestellte, lenkt die Aufmerksamkeit des Lesers auf die Sprecher[34] und wirft zugleich die Frage nach der In- und Exklusivität dieses ‚wir' auf.

II

Und wo immer man in unserem Buch der Siege
auf dem Schlachtfeld einen Sonnenschirm sah,
war innerhalb seines Schattens
der König zu erkennen
Michael Ondaatje

wohin immer wir unsere könige sandten,
sie kamen als bekehrte fürsten zurück,
blieben flüchtig, unsichtbar. domitian

32 Vgl. Bratož, Anfänge der slowenischen Ethnogenese (wie Anm. 25), S. 28.

33 Erll, Kollektives Gedächtnis (wie Anm. 13), S. 214.

34 Vgl. Winko, Lyrik und Figur (wie Anm. 29), S. 68.

barg seinen sohn vom grund des sees,
den er auslaufen ließ, und verschwand.
wundertätig sei er gewesen, konnte hügel
versetzen und blitze über den wolken
bezwingen, weit mehr als gorazd, borut
und hotimir wagten. der erste passierte
als venus verkleidet die grenze bei thörl,
wurde als sänger enttarnt. der zweite rollte
in wittenberg aus dem weinfass, machte
als bibelhändler karriere. der dritte ging in
den wald, sah eichen und tannen zu zedern
und palmen emporwachsen, glaubte dem
paradiesvogel zu lauschen. bis er als mönch
zurückfand, vergingen tausend jahr'.

Auch diesem Gedicht sind als Motto Verse aus Ondaatjes Buch *Handschrift* vorangestellt. Die über diese Verse beim Leser geweckte Erwartungshaltung im Hinblick auf die dargestellte Geschichte, etwa eine heroische, siegreiche Herrschergeschichte zu lesen, wird sich so nicht erfüllen. Denn was hier vorgeführt wird, ist schon an den Auftaktversen dieser kollektiv hervorgebrachten und vermittelten, um Sinnstiftung bemühten Erinnerungserzählung erkennbar: „wohin immer wir *unsere* könige sandten, / sie kamen als bekehrte fürsten zurück, / blieben flüchtig, unsichtbar" [Hervorhebung durch die Autorin]. Die „könige", die über das Pronomen ‚unsere' den von ihnen erzählenden und sich im Erinnerungsakt auf sie beziehenden Sprechern zugeordnet sind, werden über die textinterne, wertende Erzählerkommentierung, „blieben flüchtig, unsichtbar", als eher blasse, nicht zur epischen Mythen- und Legendenbildung taugende Helden gezeichnet. Unterstrichen wird dieser Eindruck durch die hierarchische Abstufung – aus den Königen werden „bekehrte fürsten". Zudem können diese Verse, insbesondere durch den direkten Rückbezug auf das Motto, als metanarrative Aussage, also als Reflexion der Erzähler auf den Akt des Erzählens[35] und den gemeinsamen Erinnerungsakt, verstanden werden. Erneut über den Stil, hier auch über den Stoff der Verse aufgerufene Anklänge an die Gattung Epos mit seiner gemeinschafts- und identitätsstiftenden Funktion für ein Kollektiv und den damit verbundenen Heldenmustern, werden durch die sich anschließende Darstellung *dieser* Herrscher konterkariert – sie weisen andere Merkmale auf als erwartet. Die Nominalphrase „bekehrte fürsten" deutet des Weiteren auf den Abriss der Missionierungsgeschichte in Karantanien voraus, die in extremer Verdichtung im Typus des summarischen Erzählens inszeniert wird. Wieder sind die Figuren mit Eigennamen ausgestattet und in Anlehnung an schriftliche Quellen, in denen die Fürsten Karantaniens Erwähnung finden, ausgestaltet. Hintereinander treten auf:

35 Vgl. Neumann/Nünning, Metanarration (wie Anm. 4), S. 204.

Domitian sowie Gorazd, Borut und Hotimir. Domitian wird durch seine sagenhaften Handlungen – und durch sein Verschwinden – charakterisiert, „barg seinen sohn vom grund des sees, / den er auslaufen ließ, und verschwand", zudem durch ihm zugesprochene Eigenschaften, „wundertätig sei er gewesen", und Fähigkeiten: „konnte hügel / versetzen und blitze über den wolken / bezwingen". Die Formulierung „sei er gewesen" markiert als transponierte Rede – hier wie schon im ersten Gedicht des Zyklus – diese Zuschreibung als Überlieferung. Die literarische Gestaltung Domitians erfolgt vor allem in Anspielung auf seine Verehrung als Heiliger.[36] Deutlich erkennbar ist der intertextuelle Verweis auf eine Sage aus Kärnten, *Der heilige Domitian und die Entstehung von Millstatt*,[37] in der die ‚Bekehrung' von Domitian, einem heidnischen Herzog, zum Christentum erzählt wird: Sein unfolgsamer Sohn fährt, den eindringlichen Warnungen seiner Eltern zum Trotz, bei starkem Wind mit einem Schiff hinaus auf den See und ertrinkt. Domitian gelobt, wenn er den Sohn findet, sich taufen zu lassen und an jener Stelle eine Kirche zu bauen, und lässt das Wasser des Sees ab. Die Stelle, an der er tatsächlich die Kirche baut, nennt Domitian Mille Statuae. Er hält sein Gelöbnis und wird Christ.[38] Die drei anderen Figuren, Gorazd, Borut und Hotimir, werden als reduktive Auflistung lediglich über ihre Eigennamen eingeführt und charakterisiert.[39] Verwendet werden ihre vor allem

36 Die Quellenlage zu Domitian ist undurchsichtig: Domitian von Millstatt, „auch DOMITIAN/DOMICIAN VON KÄRNTEN, slow. DOMICIJAN KOROŠKI (um 800), karantanischer Adliger und Volksheiliger. Im Mittelalter und in der frühen Neuzeit im Kloster […] Millstatt (Milštat/Milje), wo sich angeblich sein Grab befand, als seliger […] Stifter des Klosters […] verehrter, in der modernen Forschung jedoch lange für eine legendäre Gestalt gehaltener karantanischer Adliger. […] Durch die – teilweise hypothetische und nicht ganz unwidersprochene – Rekonstruktion der Inschrift auf seiner Grabplatte, von der ein Fragment wiedergefunden wurde, ließ er sich als historische Person etwa der Zeit 770–820 identifizieren. Anscheinend trat er selbst zum Christentum über und spielte in der Folge eine nicht unbedeutende Rolle bei der Organisation der Mission im Raum um Millstatt (Milštat), denn auf ihn geht nach der Grabinschrift die […] Christianisierung der regionalen Bevölkerung zurück […]. Obwohl ihn die Grabinschrift als *dux* bezeichnet […], war er sicher kein Herzog im späteren Sinn, und wohl auch kein gesamtkarantanischer Fürst, sondern Angehöriger der nächstunteren Ebene oder allenfalls ein Teilfürst." Wenniger, Markus: Domitian von Millstatt. In: Schnabl, Bojan-Ilija; Sturm-Schnabl, Katja (Hg.): Enzyklopädie der slowenischen Kulturgeschichte in Kärnten/Koroška. Von den Anfängen bis 1942, Band 1: A–I. Köln 2016, S. 265. Hervorhebung im Original.

37 Graber, Georg: Sagen aus Kärnten. Graz 1941. In: SAGEN.at (digitaler Reprint). URL: https://www.sagen.at/texte/sagen/oesterreich/kaernten/Graber/sagen_kaernten_graber.htm (26.07.2021)

38 Vgl. ebd.

39 Die drei werden zu den *duces carantanorum* gezählt: „*dux* BORUT", auch „BORUTH/BORUCH" sowie dessen „Sohn CACATIUS/KARASTUS/GORAZD" und „der Sohn seines Bruders CHEITMAR/CHENMARUS/HOTIMIR". Kronsteiner, Otto: Duces Carantanorum. In: Schnabl/Sturm-Schnabl, Enzyklopädie (wie Anm. 36), S. 276–277, hier S. 276. Hervorhebung im Original. Von ihrer ‚Bekehrung' wird in der aus dem letzten Drittel des 9. Jahrhunderts stammenden *Conversio Bagoariorum et Carantanorum* berichtet. Mühle bezeichnet sie als alleinige Quelle für ausführlichere Informationen zur Geschichte des karantanischen Fürstentums im 8. und frühen 9. Jahrhundert

in slowenischen Texten gebräuchlichen Namen – auch das stiftet Perspektivik und erlaubt Rückschlüsse auf die Sprecher, die über diese „fürsten“ auch von sich erzählen. In dem Figurenensemble werden die drei über den Vergleich mit Domitian und die ihm zugeschriebenen Wundertätigkeiten und -fähigkeiten abgewertet: „weit mehr als gorazd, borut / und hotimir wagten“. Was sie „wagten“, bietet offenbar kaum Stoff für ihre mythische Überhöhung als „könige“, und letztlich bleiben – wie in der Erzählerkommentierung in den Auftaktversen vorweggenommen – alle vier Figuren, auf die sich die Sprecher im gemeinschaftsbildenden Erzähl- und Erinnerungsakt beziehen, mit denen sie sich identifizieren (können), „flüchtig, unsichtbar“. Der Text führt somit auch die Art und Weise, wie sich Gruppen durch das Erinnern von Helden und im erzählenden Rückgriff auf Mythen ein kollektives Gedächtnis und Identität zu schaffen versuchen,[40] als Prozess vor.

Im Text setzt nun eine neue Strategie an. Die dargestellte Geschichte geht über in ein heiteres und verrätseltes intertextuelles Verweisspiel, das den medialen Konstruktionscharakter der sinn- und identitätsstiftenden Vergangenheitsaneignung weiter in Szene setzt. Im distanzierten narrativen Modus werden drei weitere Figuren hintereinander abgehandelt und vorgeführt – und zwar im mehrfachen Wortsinn von ‚vorführen‘: unterhaltsam dargeboten und zur Schau gestellt. Dieser Effekt wird durch die über nominalisierte Ordinalzahlen suggerierte Reihenfolge und den Aufrufcharakter in der wiederkehrenden, rhythmisierten Struktur „der erste […]. der zweite […]. der dritte […].“, die Assoziationen zu Ernst Jandls „einer raus / einer rein“[41] oder zur Auftritt-Abgang-Praxis im Theater weckt, erzeugt. Figuren

sowie eine „in Salzburg im Auftrag des Erzbischofs […] verfasste Propagandaschrift, der es um die Legitimierung Salzburger Ansprüche im Ostalpenraum und in Pannonien ging.“ Ihr zufolge wurde „jener Teil der slawischsprachigen Verbände des Ostalpengebietes, der sich wahrscheinlich bereits als *Carantani* bezeichnete, um 740 von einem herausgehobenen Anführer (*dux*) namens Boruth geführt.“ Boruth bat in einem militärischen Konflikt mit den Awaren zwischen 740 und 743 die Bayern um Hilfe und musste zum „Zeichen der karantanischen Anerkennung der bayrisch-karolingischen Oberherrschaft“ Geiseln stellen, darunter Cacatius und Cheitmar, die von bayrischen Klerikern christlich erzogen wurden. Fürst Boruth wurde noch zu Lebzeiten Christ, nach seinem Tod schickten die Bayern Cacatius zur Herrschaftsübernahme nach Karantanien zurück; als er starb, wurde Cheitmar „die Fürstenwürde verliehen (*ducatum dederunt*)“. Mühle, Eduard: Die Slawen im Mittelalter zwischen Idee und Wirklichkeit. Wien-Köln-Weimar 2020, hier S. 153f.

40 Die Funktion von Mythen in Erinnerungsprozessen formulieren Knabel, Rieger und Wodianka wie folgt: „Kollektive und ihre spezifischen Erinnerungskulturen greifen auf Mythen, Symbole und Allegorien zurück, um ihre Identität als gemeinsames Deutungsmuster von Vergangenheit, Gegenwart und Zukunft zu konstruieren, zu tradieren und in ästhetischen Konstruktionen zu repräsentieren.“ Knabel, Klaudia; Rieger, Dietmar; Wodianka, Stephanie: Einleitung. In: Dies. (Hg.): Nationale Mythen – kollektive Symbole. Funktionen, Konstruktionen und Medien der Erinnerung. Tagung „Nationale Mythen – kollektive Symbole“. Göttingen 2005 (Formen der Erinnerung 23), S. 9–14, hier S. 10.

41 Jandl, Ernst: fünfter sein. In: Ders.: Der künstliche Baum. Gedichte. Darmstadt-Neuwied 1970, S. 65.

werden aufgerufen, aber nicht (mehr) mit Namen belegt, sondern nur durch ihnen zugeordnete Handlungen charakterisiert, z. B. in: „der erste passierte / als venus verkleidet die grenze bei thörl, / wurde als sänger enttarnt." Wer „der erste" ist, erscheint verrätselt, denn der vermeintlich durch die sprachliche Konstruktion angelegte und herstellbare Rückbezug auf die erste der zuvor genannten Figuren des Dreiergespanns „gorazd, borut / und hotimir" funktioniert im Hinblick auf die intertextuelle Referenz nicht. In die Gestaltung der Verse spielt mit dem *Frauendienst* des Ulrich von Lichtenstein eine literarische Quelle hinein, die im Kontext dieses Gedichts vor allem der Allusion auf ein darin enthaltenes Zitat in slowenischer Sprache, auf das auch in der slowenischen Sprach-, Literatur- und Kulturgeschichte verwiesen wird,[42] dient. Im *Frauendienst* begrüßt Bernhard von Spanheim, Herzog von Kärnten, den als Venus verkleideten Ulrich bei Thörl auf Slowenisch: „Der fürste und die gesellen sîn / mich hiezen willekomen sîn. / ir gruoz was gegen mir alsus, / ‚buge waz primi, gralva Venus'."[43]

Auch die Figur des Zweiten ist intertextuell gestaltet und wird mit Komik über seine Handlung charakterisiert: „der zweite rollte / in wittenberg aus dem weinfass, machte / als bibelhändler karriere." In diesen Versen sind Anklänge an die durch den Protestantismus beförderte slowenische Schriftsprache bzw. die neue gesamtslowenische Literatursprache[44] auszumachen. Angespielt wird auf die erste Gesamtübersetzung der Bibel von Jurij Dalmatin, insbesondere auf ein Detail, das deren Verbreitung betrifft. Die Dalmatinbibel wurde 1584 in Wittenberg gedruckt[45] und einige Jahre später gelangten Exemplare von Dalmatins slowenischen Bibeln in Fässern versteckt nach Krain, in die Steiermark und nach Kärnten.[46]

42 So gilt dieses Zitat im *Frauendienst* des Ulrich von Lichtenstein z. B. als eine der ältesten Quellen für eine frühe Form des Slowenischen als Sprache. Vgl. Schnabl, Bojan-Ilija: Einleitung. Dimensionen einer modernen pluridisziplinären, interdisziplinären und interkulturellen Enzyklopädie zur slowenischen Kulturgeschichte in Kärnten/Koroška, von den Anfängen bis 1942. In: Schnabl/ Sturm-Schnabl, Enzyklopädie (wie Anm. 36), S. 15–37, hier S. 32.

43 Ulrich von Lichtenstein: Vrouwen Dienest. In: Lachmann, Karl: Ulrich von Lichtenstein. Mit Anmerkungen von Theodor von Karajan. Berlin 1841, S. 192. In den „Anmerkungen zum Frauendienst" ist die Übersetzung dieser Stelle angegeben mit „gott euch empfange, königliche Venus." Ebd., S. 672.

44 Vgl. Kronsteiner, Otto: Bibel. In: Schnabl/Sturm-Schnabl, Enzyklopädie (wie Anm. 36), S. 149–151, hier S. 150.

45 Schwarz, Karl W.: Dalmatinbibel. In: Schnabl/Sturm-Schnabl, Enzyklopädie (wie Anm. 36), S. 233–234, hier S. 233.

46 Sturm-Schnabl zitiert aus den Annotationen des Werks *Die Ehre des Hertzogthums Crain* von Janez Vajkard Valvasor, in dem er deutsche, lateinische und slowenische Bücher sowie Umstände des Transports beschreibt: *„Der Ubersetzer/ nemlich der Magister Dalmatin/ hat solches Werck allen dreyen Ländern/ als Steyer/ Kärndten/ und Crain gededicirt. Die gebundenen Exemplarien seynd in Fässer eingeschlagen/ auf deß Buchhändlers eigenen Kosten/ bis nach Leipzig von dannen aber/ auf der Löbl. Landschafft in Crain Unkosten/ nach Laybach/ geliefert."* Sturm-Schnabl, Katja: Die Rolle der Litera-

Mit der über das Motto und in den Auftaktversen angelegten Perspektivierung des Dargestellten durch das kollektive „wir" und die Art der Allusionen auf Quellen, die für das gemeinsame Erinnern bedeutsam sind, führt das zweite Gedicht aus dem Zyklus *karantanien* „die Funktionsweisen zur Erzeugung von Kollektivgedächtnis" und die „für jede Konstruktion von Vergangenheitsversionen notwendigen Auswahlmechanismen"[47] vor und macht sie beobachtbar. Die Strategie der Einbindung und Gestaltung intertextueller Referenzen in Form abstrakter, aufgezählter und nacheinander abgehandelter (Erinnerungs-)Figuren lässt diese Selektivität umso deutlicher hervortreten. Sie erzeugt einen spielerischen Rätsel- und Verweischarakter und lenkt die Aufmerksamkeit auf die sinn- und identitätsstiftenden Praktiken der von sich und für sich erzählenden Gruppe im Sinne eines *doing memory*. Die Referenzen auf frühe mittelalterliche Quellen der slowenischen (Schrift-)Sprache schaffen zudem eine thematische Überleitung zu den letzten beiden Gedichten von *karantanien*. Insbesondere in diesem zweiten Gedicht ist in der Art des literarischen Vergangenheitsbezugs ein „reflexiver Modus", der sich durch Gedächtnisreflexion und die literarische Beobachtung von Erinnerungskultur auszeichnet,[48] zu erkennen. Während Mythos im ersten Gedicht von *karantanien* vor allem als Erinnerung von Anfang und Herkunft aufschien, kommt in der Darstellungsweise des zweiten Gedichts noch stärker ein Mythos-Begriff zum Tragen, der ihn als die symbolische Sinnwelt einer Gruppe, ihre Wahrnehmungen und Selbstbilder prägendes ‚kollektives Imaginaire'[49] fasst und in dieser Hinsicht spielerisch vorführt.

4. Konstruktion eines mythischen (Sprach-)Lands der „slowenen"

Im dritten Gedicht (III, S. 23) treten „die slowenen", nun als explizit benannte Gruppe, aus dem Konstrukt *karantanien* hervor, im Fokus steht „ihre" sich entfaltende „sprache". Die wieder heterodiegetische Erinnerungserzählung nimmt noch stärker den Charakter einer kulturellen Selbstauslegung, einer Selbstverständigung an.

---

tur- und Sprachwissenschaft bei der Affirmation der slowenischen nationalen Identität. In: Trans. Internet-Zeitschrift für Kulturwissenschaften 6/1998. URL: https://www.inst.at/trans/6Nr/sturm.htm (26.07.2021). Hervorhebung im Original.

47 Erll, Kollektives Gedächtnis (wie Anm. 13), S. 218.

48 Ebd., S. 218.

49 Assmann, Jan; Assmann, Aleida: Mythos. In: Cancik, Hubert et al. (Hg.): Handwörterbuch religionswissenschaftlicher Grundbegriffe, Bd. IV. Stuttgart 1998, S. 179–200, hier S. 185. Mit Bezug zu den sieben, von den Assmanns unterschiedenen Mythos-Begriffen ist in diesem zweiten Gedicht von *karantanien* vor allem derjenige relevant, der auf Leitbilder, „die kollektives Handeln und Erleben prägen", zielt und somit auf Orientierungen, „die Wirklichkeitserfahrung von Gruppen" modellieren (Ebd., S. 180).

III

der könige müde, doch unverzagt,
nahmen die slowenen matjaž corvinus
gefangen und schlossen ihn in einen
berg ein, für bessere zeiten, zur not.
königslos, königfrei gewannen sie land,
festigten seine grenzen, indem sie
sie abschritten mit worten. mit namen
die schwellen und äcker bepflanzt und
besät, die wege gespurt, die fährten gelegt
zu sich. eine schwärende wortfrucht
gezüchtet, keine blumen entworfen,
kein tier je erfunden. während andere
kriege führten, rollte ihre sprache
die landzungen aus, markierte die raine
mit axiomen, erbat mit verwünschungen
schutz. jeder baum wuchs zum wächter
heran, sogar die ahnen kehrten als dohlen
zurück, zu den verlassenen feldern.
mehr noch, so schwer wog das wort,
dass man es lange für sich behielt, den
doppelgesichtigen schatz, mit den maßen
für groß und klein, richtig und falsch.

Auf die im zweiten Gedicht als wenig eindrücklich und bedeutsam darstellten Könige folgt zu Beginn dieses dritten Gedichts, eingeführt als „matjaž corvinus", noch ein weiterer. Die mehrsprachig gestaltete Benennung der Figur verweist auf das mehrperspektivische Ineinander von historischer Person und mythologischem Volkssagenheld; so wird Matthias Corvinus, König von Ungarn, in Sagen und Legenden auf Slowenisch als „Kralj Matjaž"[50] bezeichnet. Die Einbindung gerade dieser Figur in *karantanien* ist mit Blick auf den ausgeprägten Performance-Charakter dieser Erinnerungserzählung bezeichnend, denn sie taucht, verbunden mit dem „Mythos des volksnahen […] Herrschers […] in den Volksüberlieferungen unterschiedlicher Nationen Mittel- und Südosteuropas" auf, in denen „sie mit folkloristischen Elementen des jeweiligen kulturellen Kontinuitätsrahmens ausgeschmückt wurde".[51] Diese Vielzahl an Bezugnahmen auf Matthias Corvinus zeigt, dass er als flexible Ressource für sinnstiftende Erzählungen, Selbstauslegungen und Erinnerungsbedürfnisse von Gruppen dient. Hier im Text *karantanien* wird er in Anspielung auf seine Ausdeutung in Sagen und insbesondere in seiner Funktion für die Gruppe der „slowenen",

50 Francé, Maja: Kralj Matjaž. In: Schnabl/Sturm-Schnabl, Enzyklopädie (wie Anm. 36), S. 691–692, hier S. 691.

51 Ebd.

der sich die Erzählung nun exklusiv zuwendet, dargestellt. So beginnt dieses Gedicht mit den Versen: „der könige müde, doch unverzagt, / nahmen die slowenen matjaž corvinus / gefangen und schlossen ihn in einen / berg ein, für bessere zeiten, zur not". Die Formulierung „der könige müde, doch unverzagt" ist ein Rückverweis auf das zweite Gedicht mit dem darin für die Gruppe als wenig ergiebig dargestellten Reservoir an ‚Königen' bzw. an Figuren, die sich zwecks Identitätsbildung in kollektiven Erzählungen zu solchen überhöhen und stilisieren lassen. Der intertextuelle Verweis auf slowenische Sagen steckt in dem Einschließen des „matjaž corvinus" in einen Berg, mit dem auf das mythologische Motiv der „Bergentrückung"[52] bzw. der bergentrückten Helden rekurriert wird.[53] In *karantanien* dient den „slowenen" das Einschließen des „matjaž corvinus" in einen Berg der doppelten Absicherung: „für bessere zeiten, zur not".

In Abkehr von allen bisher aufgetauchten ‚Königen' als potenziellen Leitbildern, „königslos, königfrei", verlagert sich der Fokus des Dargestellten auf „die slowenen" und „ihre sprache", sodass nun Sprache als zentrales Element und Mittel der Gruppenbildung erscheint. Inszeniert wird eine Art mythisches Land der Slowenen als ein sprachlich hervorgebrachtes und abgestecktes, Landgewinnung und Grenzziehung werden als sprachliche – und friedliche – Prozesse vorgeführt: „königslos, königfrei gewannen sie land / festigten seine grenzen, indem sie / sie abschritten mit worten." Die dargestellten sprachbildenden symbolischen Handlungen an, in und mit der Natur werden zudem als gemeinschaftskonstituierend und -stiftend gekennzeichnet: „mit namen / die schwellen und äcker bepflanzt und / besät, die wege gespurt, die fährten gelegt / zu sich". Mit ihrer sich entfaltenden Sprache ist die Gruppe sich selbst auf der Spur. Diese Darbietung einer Praxis der Namensbildung und Sprachentwicklung entlang der Natur- und Landschaftselemente lässt die sich herausbildende Sprache als eine naturverbundene – und damit in besonderer Weise legitimierte – erscheinen.[54] Entworfen wird in diesem dritten Gedicht des

52 Vgl. Stammler, Wolfgang: Bergentrückt. In: Bächtold-Stäubli, Hanns (Hg.): Handwörterbuch des deutschen Aberglaubens, Bd. 1. Berlin-Leipzig 1987, S. 1056–1071.

53 So soll Kralj Matjaž z. B. „der Legende nach samt seinem schwarzen Heer unter dem Gipfel der Petzen/Peca schlafen und, sobald sich sein Bart drei Mal um seinen Elfenbeintisch gewickelt haben wird, erwachen, um sein Volk zu befreien"; um die Jahrhundertwende habe er sich geradezu „zur transhistorischen Metapher für die Befreiung der Slowenen" entwickelt. Francé, Kralj Matjaž (wie Anm. 50), S. 691.

54 Dieser Fokus auf Namensbildung könnte als Allusion auf die Toponymie in Kärnten/Koroška gelesen werden. Die überlieferten „slowenischen Flur- und Hofnamen in Kärnten" wurden 2010 als „wichtige Quelle zum Verständnis für die wirtschaftlichen, sozialgeschichtlichen und sprachlichen Entwicklungen des Kärntner Raumes" in die österreichische UNESCO-Liste des (gemeinsamen) immateriellen Kulturerbes aufgenommen. Österreichische UNESCO-Kommission: Immaterielles Kulturerbe. Bräuche, Wissen, Handwerkstechniken. URL: https://www.unesco.at/kultur/immaterielles-kulturerbe/oesterreichisches-verzeichnis/detail/article/slowenische-flur-und-hofnamen-in-kaernten (26.07.2021).

Zyklus *karantanien* eine zur Sprache kommende Landschaft und eine sich an sowie in der Natur und Landschaft herausbildende Sprache. Das Bepflanzen der Äcker mit Namen, das Spuren der Wege, das Fährtenlegen verbildlicht geradezu die (kulturelle) Kerbung des Raumes, die Herstellung von Bahnungsräumen „als Spuren- oder Indexräume“.[55] In diesen Praktiken manifestiert sich Topographie in der Bedeutung von „Graphien des Raums“, wobei Graphé „die Einritzung, Kerbung […] das Eingegrabene, aber auch das Bestimmte und Bezeichnete“[56] ist.

Die Perspektivierung des Dargestellten wird durch die textinternen impliziten Wertungen unterstützt. So wird etwa eine empathische Haltung des Lesers zu den Figuren, hier den „slowenen“, durch den kontrastierenden Vergleich von Handlungen[57], von figuralen Raumaneignungspraktiken, geweckt: „während *andere* / kriege führten, rollte *ihre* sprache / die landzungen aus“ [Hervorhebung durch die Autorin]. Kriegerische Aktivitäten nicht näher bestimmter ‚anderer‘ werden einem als friedlich ausgestellten, implizit ‚den Slowenen‘ zugeschriebenen sprachlichen Expansionshandeln gegenübergestellt. Implizit, denn durch die Anthropomorphisierung wird die Sprache selbst zum Agens (stilisiert). Dieses dritte Gedicht des Zyklus *karantanien* ist als eine implizite Referenz auf einen der slowenischen Nationalmythen zu verstehen; demzufolge habe Slowenien „seine Identität nie durch das Führen von Kriegen ausgebildet, sondern im Standhalten und in der Hingabe an die eigene Sprache.“[58] Haderlap verknüpft also den Mythos Karantanien mit dem Mythos der Sprache.

Mit ihrem produktiven Hervortreten, „eine schwärende wortfrucht / gezüchtet“, wird ‚die Sprache der Slowenen‘ als gefährdetes und schutzbedürftiges Konstrukt entworfen, die weiter selbst agierende, personifizierte Sprache „markierte die raine / mit axiomen, erbat mit verwünschungen / schutz“. Durch die Darstellung der Natur als Beschützer dieser Sprache wird erneut ihre Verwobenheit mit und ihr Verankertsein in der Natur unterstrichen: „jeder baum wuchs zum wächter / heran“. In der Kontinuität versprechenden und suggerierenden Rückkehr der „ahnen […] als dohlen […] zu den verlassenen feldern“ tritt besonders stark der mythische Charakter in der Inszenierung dieses projektiven ‚Lands der Slowenen‘ hervor. Die aufgebaute Ambivalenz im dargestellten Blick auf ‚die Sprache der Slowenen‘ kommt pointiert in den Schlussversen zum Ausdruck: „mehr noch, so schwer wog das wort, / dass man es lange für sich behielt, den / doppelgesichtigen schatz, mit den maßen / für groß und klein, richtig und falsch.“ Die hohe, aber ambige Bedeutung der Sprache für die Gruppe, „doppelgesichtige[r] schatz“, ihre wissensbezogene und handlungs-

55 Böhme, Hartmut: Einleitung: Raum, Bewegung, Topographie. In: Ders. (Hg.): Topographien der Literatur. Deutsche Literatur im transnationalen Kontext. Stuttgart 2005, S. IX–XXIII, hier S. XVIII.

56 Ebd.

57 Vgl. Winko, Lyrik und Figur (wie Anm. 29), S. 71.

58 Göritz, Matthias; Maček, Amalija; Šteger, Aleš: Nachwort. In: Dies. (Hg.): Mein Nachbar auf der Wolke. Slowenische Lyrik des 20. und 21. Jahrhunderts. München 2023, S. 267–271, hier S. 267.

orientierende Funktion, „mit den maßen für [...] richtig und falsch“, geht mit dem Bewusstsein ihres potenziellen Bedrohtseins einher.

5. Von *karantanien* zur Kärntner Sprachenproblematik

Über den Auftaktvers „als die keimende sprache ganz austrieb“ erfolgt in dem vierten und letzten Gedicht (IV, S. 24) der direkte Anschluss an die im dritten Gedicht dargestellte Geschichte und damit die Fortführung der Erzählung von ‚der Sprache der Slowenen‘ (vgl. S. 23) im Kontext des literarischen Erinnerungskonstrukts *karantanien*.

> *IV*
>
> als die keimende sprache ganz austrieb,
> buchtig, gezähnt, geflügelt, gefiedert,
> ihre grammatik ins alphabet geritzt schien,
> als die feinde aufs meer, in den wald,
> in die städte verbannt wurden mit
> erzählten geschichten und man von
> einigkeit sprach, sich im grundriss europas
> erkannte als kleinod, als zweig auf dem ast
> ihrer sprachen, kam der rivale als nachbar,
> vertrauter im umgang mit ihnen, freundlicher
> als ihre riesen, die ajdi, die auf den berggipfeln
> tobten seit jeher. er kam, um zu werten, zu
> zählen und fand ihre anzahl kaum einer menge
> wert. heruntergezählt, ohne schützende macht
> ihre sprecher, die schleunigst satzlanzen gegen
> die mehrzahl schleuderten. lanzettlich ins luftland
> gefeuert, verglüht. aufgereiht, aufgezäumt
> standen die reiter der kleinen nation, in voller
> tracht ihre bewehrte, verwehrte sprache,
> gerüstet für einen verdrießlichen kampf.
> nur ihre befürchtungen hielten das wort.

Das in diesem Gedicht besonders deutlich auszumachende Muster des erzählten ‚Schicksals einer Gemeinschaft‘[59] deutet erneut auf die Gattung Epos hin. An ein altertümliches Epos erinnert auch wieder der gehobene und leicht pathetische Stil der

59 Vgl. Lukács, Georg: Die Theorie des Romans. Ein geschichtsphilosophischer Versuch über die Formen der großen Epik. Berlin 1920, hier S. 58. Lukács schreibt: „Es ist von alters her als Wesenszeichen des Epos betrachtet worden, daß sein Gegenstand kein persönliches Schicksal, sondern das einer Gemeinschaft ist.“ (Ebd.).

Verse, der jedoch hier einen auffällig aktuell erscheinenden Stoff umkleidet. Evoziert wird zunächst eine Zeit, in der die ‚ganz austreibende' und vermeintlich gefestigte und abgesicherte Sprache, „als [...] ihre grammatik ins alphabet geritzt schien", nach der Verbannung nicht näher bestimmter „feinde aufs meer, in den wald, / in die städte" nicht mehr bedroht scheint. Diese Verbannung der „feinde" wird durch die nachgestellte Ergänzung „mit / erzählten geschichten" wieder als friedfertige Handlung markiert und bewertet. In der Erinnerungsinszenierung erfährt „ihre sprache" zu dieser als verheißungsvoll dargestellten Zeit, in der „man von / einigkeit sprach, sich im grundriss europas / erkannte als kleinod, als zweig auf dem ast / ihrer sprachen", eine jähe Zurückdrängung und es ist nur angedeutet, von wem dieser Prozess ausgeht. Es ist der andere, „der rivale als nachbar", der, im Vergleich zu den über das „ihre" als der Gruppe zugehörig markierten und auf den Bereich der Märchen verweisenden „ajdi"[60], „freundlicher" war und „vertrauter im umgang mit ihnen". Dass die je ‚anderen' unbestimmt, unbenannt bleiben, ist eine der zentralen Strategien im Zyklus *karantanien*. Zudem wird in diesem vierten Gedicht, im Gegensatz zum dritten, die Gruppe, von der weiter heterodiegetisch erzählt wird, nicht mehr mit „die slowenen" benannt. Die Aktualisierung des Textes in konkreten außertextlichen, historischen und aktuellen Bezugsrahmen ist dem Leser aufgegeben, wird durch die Strategie von Andeutung und Auslassung geradezu herausgefordert. Im Mittelpunkt der Inszenierung stehen die konkreten Auswirkungen dieser vermeintlichen Annäherung für die Gruppe, von der erzählt wird. Ihre „sprecher" werden – sozusagen durch eine exkludierende, Ab- und Ausgrenzung legitimierende sprachenpolitische Differenzkonstruktion – von dem ‚Rivalen', der als ‚Nachbar' auftritt, zu einer kleinen Gruppe, zu einer Minderheit gemacht und mit ihrer Sprache zurückgedrängt: „er kam, um zu werten, zu / zählen und fand ihre anzahl kaum einer menge / wert. heruntergezählt, ohne schützende macht / ihre sprecher, die schleunigst satzlanzen gegen / die mehrzahl schleuderten." In dieser inszenierten Abgrenzungspraxis scheint der sprachideologisch geleitete Topos der Sprecherzahl auf. Sprache wird in dieser literarisch konfigurierten Vergangenheitsversion, in der einer spezifischen Gruppe zugeschriebenen Gedächtniskonstruktion zu etwas, das gegen eine Mehrheit, eine „mehrzahl", behauptet und verteidigt werden muss. Diese Verteidigung der Sprache ist im Text mit dem Vokabular einer Kampfhandlung gestaltet – etwas gegen jemanden schleudern, feuern – und wird, wie es vor allem in der Wortneuschöpfung „satzlanzen" zum Ausdruck kommt, zu einem Kampf mit und in Worten stilisiert. Die auf die „satzlanzen" bezogene Alliteration „lanzettlich ins luftland / gefeuert" mit dem Zusatz „verglüht" deutet auf die Aussichtslosigkeit

60 Die hier genannten, „seit jeher" (S. 24) auf den Berggipfeln tobenden „ajdi" verweisen auf Sagengestalten, Riesen, die in den Bergen leben und durch ihre Größe von Gipfel zu Gipfel kommunizieren. In slowenischen Volksmärchen stellen sie Vorfahren des Menschen dar. Vgl. Kropej, Monika: The Giants. In: Dies.: Supernatural Beings from Slovenian Myth and Folktales. Ljubljana 2012 (Studia mythologica Slavica. Supplementa – Supplementum 6), S. 126–137.

der Bemühungen, die Sprache zu verteidigen, hin. Und so schließt das letzte Gedicht mit den Versen: „ihre bewehrte, verwehrte sprache, / gerüstet für einen verdrießlichen kampf. / nur ihre befürchtungen hielten das wort."

Der Gedichtzyklus beginnt also mit dem als mythisch inszenierten Ursprung des als fluid dargestellten Raums *karantanien* sowie einer sich aus diesem vagen Konstrukt herausbildenden, zunächst unbestimmten Gruppe und endet bei den *Kärntner* Slowenen, mit der historischen wie aktuellen Kärntner Sprachenproblematik, die im Sprachspiel des letzten Gedichts des Zyklus „bis zur Kenntlichkeit entstellt"[61] ist. Das literarische Sprachspiel, so Mecklenburg[62] in seinen Überlegungen zu kultureller und poetischer Alterität, inszeniere und verfremde kulturelle Sprachspiele und Sinnsysteme, es führe in seinen Präsentationen kulturell vorgegebene Repräsentationen, Projektionen, Inventionen vor, indem es sich ihrer verfremdend bedient. Gerade dadurch mache es im Medium ästhetischer Konstrukte die Mittel zur gesellschaftlichen Konstruktion der Wirklichkeit durchsichtig.

Noch einmal zurück zu den anfangs vorgestellten Versen von Ondaatje: „Wir begannen mit Mythen und ließen wirkliche / Begebenheiten mit einfließen". Sie lassen sich auf die im gesamten Zyklus *karantanien* herausgearbeiteten textuellen Strategien und Darstellungsweisen beziehen und zwar noch treffender in ihrer englischsprachigen Originalfassung: „We began with myths and later included actual events".[63] Zum einen geht in der deutschen Übersetzung die Polyvalenz des englischen „actual" verloren, das neben dem Bedeutungsfeld ‚faktisch existierend, tatsächlich, real' auch noch ‚gegenwärtig, jetzt vorhanden, aktuell'[64] umfasst, zum anderen fehlt in dem in *karantanien* als Motto fungierenden Zitat das ‚later' in „later included",[65] das, über das behauptete Einfließenlassen wirklicher Begebenheiten in die Erzählung hinaus, auf die spätere bzw. nachträgliche Bearbeitung der selektierten Elemente, ihre (um)formende Anreicherung im Erinnerungsakt und damit auf eine Spezifik sinnstiftender kollektiver Erzählpraktiken verweist, die der Text *karantanien* selbst ausstellt. Im Schlussgedicht dieser Erinnerungsperformance sind das Hineinreichen und -wirken des erzählten Vergangenen ins Gegenwärtige, die Aktualität und das Wiedererkennbare des erzählten Erinnerten in außertextlichen gesellschaftlichen und politischen Bezugsrahmen angelegt und können über die aktualisierende Rezeption des Lesers hergestellt werden.

61 Mecklenburg, Interkulturelle Literaturwissenschaft (wie Anm. 18), S. 25.

62 Ebd., S. 24.

63 Ondaatje, Handwriting (wie Anm. 2), S. 3.

64 Also in den Bedeutungen: „1. existing in fact; real", „2. existing now; current". The Concise Oxford Dictionary of Current English. 12. Auflage. Oxford u. a. 2011, S. 13.

65 In der deutschen Ausgabe *Handschrift* ist es wiederum enthalten. Die Verse hat Simon Werle wie folgt übersetzt: „Wir begannen mit Mythen und ließen später wirkliche / Begebenheiten mit einfließen." Ondaatje, Handschrift (wie Anm. 3), S. 9. Es handelt sich also entweder um ein Versehen oder um eine bewusste Auslassung.

6. Das erinnerungskulturelle Wirkungspotenzial von *karantanien*

Inwiefern und unter welchen Bedingungen könnte der Zyklus *karantanien* Wirkung in sozialen Erinnerungsprozessen entfalten und ‚Anderes' einspeisen? Wie aufgezeigt, wird das historische wie mythenbehaftete Raumkonstrukt Karantanien primär für die Erinnerungsinszenierung funktionalisiert. Der Text zeichnet sich durch unterschiedliche Strategien im literarischen Vergangenheitsbezug aus. Insbesondere die im zweiten Gedicht des Zyklus hervorstechende karnevaleske Inszenierung eines Kollektivgedächtnisses als sinnstiftendes Erzählen verweist auf einen reflexiven Modus, der nicht nur die Beobachtung von Erinnerungskultur und ein kritisches Hinterfragen der Selektionsmechanismen,[66] sondern auch der jedem Gedächtnismedium inhärenten Standortgebundenheit und Perspektivität[67] ermöglicht.

Aufgrund der Existenz einer Vielzahl an Kollektivgedächtnissen ist nicht nur von „Überlagerungen", sondern auch von „Rissen und Verwerfungen innerhalb der Vergangenheitsauslegungen"[68] in Gesellschaften auszugehen. Bereits mit der Selektion des Konstrukts Karantanien für die sprach- und gruppenbezogene Erinnerungsinszenierung scheint der Gedichtzyklus eine solche außertextliche Erinnerungskonkurrenz zu evozieren. Zur Veranschaulichung kann exemplarisch das folgende Zitat aus einem Artikel in der *Enzyklopädie der slowenischen Kulturgeschichte in Kärnten/Koroška* dienen:

> „In der deutschsprachigen Geschichte Karantaniens/Kärntens beginnt das älteste ‚Herzogtum' Österreichs mit der endgültigen Trennung Karantaniens von Baivarien durch Otto II. im Jahr 976. 1976 feierte man das Millenium des ‚Fürstentums' als *Tausend Jahre Herzogtum Kärnten* […] Das *ducatus Carantanorum* begann mit *duces*, eigentlich mit SAMO im 7. Jh. Der erste urkundlich gesicherte Fürst/Herzog ist *dux* Borut († 750). Das sind vier Jahrhunderte, die eigenartigerweise nicht zur Geschichte von Kärnten/Koroška gerechnet werden".[69]

Hier werden wertend, „eigenartigerweise", Differenzen in Geschichtsentwürfen und in der deutenden Vergangenheitsaneignung suggeriert. Das wirft grundsätzliche Fragen auf. Wer bezieht sich wozu, aus welcher Perspektive und in welcher Weise, wann, von wo aus und von welchem Anfangspunkt aus gedacht auf welche Elemente von Geschichte? Im Gespräch zu ihrer Lesung, die im Begleitprogramm zur Tagung „Shared Heritage – gemeinsames Erbe. Kulturelle Interferenzräume im östlichen Europa als Sujet der Gegenwartsliteratur" stattfand, deutete Maja Haderlap auf Erinnerungsbedürfnisse und Selbstvergewisserungen unterschiedlicher Gruppen

66 Erll, Kollektives Gedächtnis (wie Anm. 13), S. 222.

67 Vgl. ebd., S. 213.

68 Neumann, Erinnerung (wie Anm. 7), S. 163.

69 Kronsteiner, Duces Carantanorum (wie Anm. 39), S. 277. Hervorhebung im Original.

in der Bezugnahme auf Karantanien hin: „Es ranken sich jetzt um die Existenz Karantaniens natürlich Mythen. Und Karantanien wird also nicht nur von den Slowenen sozusagen als ‚Ursprungsland', unter Anführungszeichen, gesehen, sondern auch, ja, von den ‚deutschsprachigen Kärntnern'."[70] Zugleich problematisiert sie An- und Abgrenzungen in Konstruktionen solcher Gruppenzugehörigkeiten und in nationalen Geschichtsentwürfen und verweist auf sprachen- und machtpolitische Konstellationen, wenn sie hinzufügt:

> „Wobei es für mich ja sehr schwer zu trennen ist, wer ist was oder wie halte ich die Menschen oder die Bewohner auseinander… Das erscheint mir immer absurder. Trotzdem hat man versucht in der Geschichte dann immer auch zu sagen: ‚das gehört mir' oder ‚das gehört dir'. Was wir aber gelernt haben und was für mich auch wichtig ist, dass wir uns sozusagen die Geschichte teilen sollen. Und dass es diese Aufteilung in Nationalstaaten oder in nationale Geschichten oder spezielle Geschichten gar nicht gibt. Es gibt Elemente, die immer übergreifend sind, die aus einer Sprache in die nächste gehen und wieder zurück. Es gibt einen großen Austausch zwischen den Kulturen und Sprachen. WAS es an Problemen gibt, das sind natürlich politische Vormachtstellungen und Machtbehauptungen, die sagen, dass die Minderheit oder die Kleineren weniger zählen als die Großen. Das sind Machtverhältnisse, das ist aber eine aktuelle Thematik […] und Machtverhältnisse werden immer wieder ausgeübt. Darüber muss man sprechen. Aber ich denke, dass man den einzelnen Sprachen und den Kulturen, dass man die jetzt nicht nach ihrer Größe bewerten kann, überhaupt nicht, und dass man die Relativität dieser Bewertungen erkennen und sehen muss und dass man deswegen auch die kleineren Sprachen beschützen muss, dass sie erhalten bleiben und ihre Funktion haben."[71]

Literatur wird das Potenzial zugesprochen, mit ihren Inszenierungen von Erinnerung auf außertextuelle Erinnerungskulturen zurückzuwirken,[72] jedoch stellt sie Vergangenheit nicht nur dar, sondern

> „greift auch aktiv ein in aktuelle Erinnerungskonkurrenzen und das Ringen um Erinnerungshegemonie. Zu Medien der Aushandlung von Erinnerungskonkurrenzen werden literarische Texte dort, wo sie Gegen-Erinnerung entwerfen, etwa indem sie das Gedächtnis marginalisierter Gruppen darstellen oder andere Selbstbilder […] als die der dominierenden Erinnerungskultur inszenieren."[73]

70 Jacqueline Gutjahr im Gespräch mit Maja Haderlap: „was dringt durch die brennweite der zeit?". Lyriklesung und Gespräch mit Maja Haderlap. In: Bundesinstitut für Kultur und Geschichte der Deutschen im östlichen Europa (Hg.): Shared Heritage – gemeinsames Erbe. Kulturelle Interferenzräume im östlichen Europa als Sujet der Gegenwartsliteratur. Oldenburg 2021, S. 41–44, hier S. 44. Online abrufbar unter URL: https://www.literaturhaus-berlin.de/programm/shared-heritage-gemeinsames-erbe-3 (26.07.2021).

71 Ebd.

72 Vgl. Neumann, Erinnerung (wie Anm. 7), S. 120.

73 Erll, Kollektives Gedächtnis (wie Anm. 13), S. 212.

Über die Vorführung einer spielerisch konstruierten Erinnerungsperspektive anhand der herausgearbeiteten Strategien könnte der Zyklus *karantanien* eine Reflexion über die Konstruktion und Vermittlung von Geschichtsentwürfen, über „Prozesse und Probleme des kollektiven Gedächtnisses"[74] und über Mechanismen der kulturellen Selbstauslegung und Identitätsbildung von Gruppen anstoßen. In derartigen Reflexionen ist es „essential to question the role of power in determining the elements of commemorated collective memory".[75] Solche „erinnerungskulturelle[n] Funktionen"[76] vermag der Text natürlich nur zu erfüllen, wenn er überhaupt wahrgenommen wird. Zur Untersuchung des erinnerungskulturell relevanten Wirkungspotenzials eines Textes liegen bislang nur wenige Ansätze vor. Einer dieser Ansätze zielt auf die Rekonstruktion der plurimedialen Netzwerke, in denen ein literarischer Text verhandelt wird oder zumindest werden könnte, denn sein Potenzial entfaltet ein Text in Abhängigkeit von dem Grad der Vernetzung in sozialen und medialen Konstellationen.[77] In dieser Hinsicht hat es ein anspielungsreicher Zyklus wie *karantanien* sicherlich schwer. Erforderlich ist zudem die Bereitschaft zur Auseinandersetzung mit differenten, je anderen, auch marginalisierten Erfahrungsperspektiven unter Berücksichtigung gesellschaftlicher Kräfteverhältnisse. Aushandlungen zielen dann etwa auf die wechselseitige und selbstreflexive Aufklärung differenter Perspektiven der an solchen Kommunikationsprozessen Beteiligten.

Grundlage für die Bestimmung solcher Diskursräume, die bestimmte literarische Texte womöglich zu eröffnen vermögen, als *sharing heritage*, also auf Teilen und Teilhabe angelegte soziale Prozesse, müsste ein dynamisches Verständnis von *heritage* sein, das die „social complexities of public heritage as an entangled process of meaning-making that impacts the future […] rather than a self-evident and timeless reflection of the past"[78] anerkennt.

74 Ebd., S. 173.

75 Labrador, Angela M.; Silberman, Neil Asher: Introduction. Public Heritage as Social Practice. In: Dies. (Hg.): The Oxford Handbook of Public Heritage. Theory and Practice. New York 2018, S. 1–20, hier S. 6.

76 Erll, Kollektives Gedächtnis (wie Anm. 13), S. 173.

77 Erll, Astrid; Wodianka, Stephanie: Einleitung. Phänomenologie und Methodologie des ‚Erinnerungsfilms'. In: Dies. (Hg.): Film und kulturelle Erinnerung. Plurimediale Konstellationen. Berlin 2008, S. 1–20, hier S. 6.

78 Labrador/Silberman, Public Heritage (wie Anm. 75), S. 7.

Anhang

Autorinnen und Autoren

Aleksandra Burdziej, Dr., wiss. Mitarbeiterin am Lehrstuhl für Deutschsprachige Literatur und Kultur des 19.–21. Jahrhunderts an der Nikolaus-Kopernikus-Universität Toruń. Forschungsschwerpunkte: Deutschsprachige Literatur des 20. und des 21. Jahrhunderts; literarische Gedächtnis-, Erinnerungs- und Identitätsdiskurse in Deutschland; deutsch-polnische Beziehungen im 20. und 21. Jh.; literarische Katastrophendiskurse der Gegenwart. Ausgewählte Publikationen: Utracony *Heimat*. Pamięć rodzinna a tożsamość „niemieckich wnuków" we współczesnej prozie niemieckiej [Verlorene Heimat. Familiengedächtnis und Identität der deutschen Enkel in der deutschen Gegenwartsprosa] (Monographie, 2018).

Sabine Egger, Dr., Assistant Professor am Mary Immaculate College, University of Limerick, Direktorin des Irish Centre for Transnational Studies. Forschungsschwerpunkte: Erinnerung; Grenzräume; Europabilder; Alterität und Transnationalismus in der Literatur und Kultur des 18.–21. Jh.s; Formen der Bewegung und Intermedialität in postsowjetischen Diskursen. Ausgewählte Publikationen: Contemporary Ukrainian writers as an 'avant-garde' of exile in the German literary field? Katja Petrowskaja and Kateryna Mishchenko (Aufsatz, 2023); Sarmatien – Germania Slavica – Mitteleuropa (Mithrsg., 2021); Connections in Motion: Dance and Modernism in Irish and German Literature and Culture (Mithrsg., 2019); Magischer Realismus als Modus einer transgenerationellen „felt history" (Aufsatz, 2017); Vom Zugabteil zum Cabaret: Transiträume Sprache, Literatur und Kultur. Zeitschrift für interkulturelle Germanistik 7/2 (Mithrsg., 2016), Polish-Irish Encounters in the New and Old Europe (Mithrsg., 2011); Dialog mit dem Fremden. Erinnerung an den ‚Europäischen Osten' in der Lyrik Johannes Bobrowskis (Monographie, 2009).

Jacqueline Gutjahr, wiss. Mitarbeiterin an der Abteilung Interkulturelle Germanistik der Georg-August-Universität Göttingen. Forschungsschwerpunkte: Mehrsprachigkeit, insb. Poetiken der Mehrsprachigkeit; Literatur/Film und Interkulturalität; Sprachenpolitik und Sprachenvermittlung. Ausgewählte Publikationen: Linguistic Repertoires Beyond the Limiting Power of Ideologies: Fostering Reflexivity in Teacher Research on Multilingualism (Aufsatz, 2022, gem. mit Andrea Bogner); „während ich unentwegt kreise". Auf der Suche nach Sprache in Maja Haderlaps Gedichtband *langer transit* (Aufsatz, 2021); Sprachenbiografische Lehrforschungsprojekte als Ausgangspunkt für die Reflexion sprachenpolitischen Handelns (Aufsatz, 2020, gem. mit Andrea Bogner); Mehrsprachige Räume gestalten (Aufsatz, 2018, gem. mit Andrea Bogner); „Sich herschreiben, sich fortschreiben, sich einschreiben in Sprache". Themen und Verfahren des Transitorischen in José F.A. Olivers *kompass & dämmerung* (Aufsatz, 2016); Von Sprachen als Monstern und Wörtern im Sanatorium. Phänomene poetischer Mehrsprachigkeit (Aufsatz, 2010).

Gudrun Heidemann, Prof. Dr., Professorin am Institut für Germanistik der Universität Łódź. Forschungsschwerpunkte: west- und osteuropäische Literaturen vom 19. bis zum 21. Jh. im Vergleich; Literatur und Bildmedien; graphische Literatur; Medien und Poetik des Vergessens; Interkulturalität. Ausgewählte Publikationen: Doing Memory Revisited. Transmediale und transgenerationale Aktualisierungen (Hrsg., 2024); Offengelegte „Dämmerkonflikte". Zum gesellschaftspolitischen Sensorium von Olga Flors Literatur (Mithrsg., 2024); In und aus den Echokammern. Virale Krisen(auf)zeichnungen im Comic (Aufsatz, 2024); Herta Müllers literarischer Nachvollzug durch Ähnlichkeit (Aufsatz, 2022); (Licht)Bilder aus dem Off. Mehrfachbelichtetes Shoah-Erinnern in Graphic Memoirs (Aufsatz, 2022); Ein Bestiarium des nationalsozialistischen Grauens. Gezeichnete Tiere in Regina Hofers und Leopold Maurers Comic *Insekten* (Aufsatz, 2022); Zwischen Latenz, Evidenz und Transparenz. Zum Gebrauch des Fotografischen bei Olga Tokarczuk (Aufsatz, 2022); Lethe-Effekte. Forensik des Vergessens in Literatur, Comic, Theater und Film (Hrsg., 2021); Sehsüchte. Fotografische Rekurse in Literatur und Film (Monographie, 2017).

Anne Hultsch, PD Dr., Univ.-Assistentin für russische Literaturwissenschaft, derzeit Gastprofessorin für westslawische Literatur- und Kulturwissenschaft an der Universität Wien. Forschungsschwerpunkte: ost- und westslavische Literatur- und Kulturwissenschaft; Fragen kulturellen Transfers und des Übersetzens; Avantgarde und Buchgestaltung; experimentelle Poesie und Poetik. Ausgewählte Publikationen: Česká literatura v německých překladech (1989–2020) – Tschechische Literatur in deutscher Übersetzung (1989–2020) (Mitautorin, 2022); Die nordböhmisch-sächsische Grenzregion – ‚ein Ort des permanenten Dialogs'? (Aufsatz, 2016); Kafka-Rezeption in der ČSR bis 1957 (Aufsatz, 2014); Ein Russe in der Tschechoslowakei. Leben und Werk des Publizisten Valerij S. Vilinskij (1901–1955) (Monographie, 2011); zum Thema Erinnerung/Erbe: St. Petersburg, die ‚Stadt ohne Vergangenheit', als Erinnerungsmetropole (Aufsatz, 2010).

Joanna Jabłkowska, Prof. Dr., Literaturwissenschaftlerin am Institut für Germanistik der Universität Łódź. Forschungsschwerpunkte: deutschsprachige Literatur und Kultur des 20. und 21. Jahrhunderts; Literatur und Politik; Erinnerung und Gedächtnis; intellektuelle Debatten im deutschsprachigen Raum; Utopie, Dystopie und Apokalypse; literarische Komparatistik; die jüngste österreichische Literatur. Ausgewählte Publikationen: Das ‚Ehemalsdeutsche' à rebours. Die gescheiterte oder nie gewesene Multikulturalität in Joanna Bators Prosa (Aufsatz, 2022); Erosion der sozialen Ordnung. Zeitdiagnostik in neuesten dystopischen Entwürfen (Mithrsg., 2022), Neue Wege des literarischen Engagements im 21. Jahrhundert. Am Beispiel der Werke von Kathrin Röggla und Lukas Bärfuss (Aufsatz, 2022); Flucht und Vertreibung: Ulrike Draesners *Sieben Sprünge vom Rand der Welt* (2014), Reinhard Jirgls *Die Unvollendeten* (2003) (Aufsatz, 2021); Archäologie des Vergessens: zu

Durs Grünbein (Aufsatz, 2021); Die Unbequemen. Albtraumwelten von Wolfgang Hilbig und Tadeusz Konwicki (Aufsatz, 2021), CONVIVIUM. Germanistisches Jahrbuch Polen (Zeitschrift, Mithrsg.).

Jan V. König, 2021–2023 wiss. Mitarbeiter im Forschungsprojekt „Shared Heritage – Geteiltes Erbe. Kulturelle Interferenzräume im östlichen Europa als Sujet der Gegenwartsliteratur" im Bundesinstitut für Kultur und Geschichte der Deutschen im östlichen Europa; 2016–2021 DAAD-Lektor an der Südböhmischen Universität in České Budějovice. Forschungsschwerpunkte: Literatur des 19.–21. Jh.s (insb. Klassische Moderne, Exil und Gegenwartsliteratur); Literatur und Erinnerung; Alteritätsdiskurse in der Literatur; tschechische und slowakische Literatur- und Kulturgeschichte; Sozialgeschichte der Literatur. Ausgewählte Publikationen: Kritik als kulturelle Übersetzung. Franz Carl Weiskopf als interkultureller Mittler der Prager Avantgarde in den späten 1920er Jahren (Aufsatz, 2023); „Will we meet in Prague before New Years eve?" Das „Prager Erbe" in Franz Carl Weiskopfs Exil-Jahren (Aufsatz, 2019); Regionalität in der fremdsprachlichen Literaturvermittlung (Aufsatz, 2018); Vom Kaschauer Wochenblatt bis zur Kaschauer Zeitung: Die Anfänge der deutschsprachigen Presse in Kaschau (Aufsatz, 2017); „Die Zukunft fiebert": Egon Erwin Kisch und Franz Carl Weiskopf in der Sowjetunion (Aufsatz, 2017); Über Grenzen hinweg: Raumstrukturen und deren Semantik in der Erzählung *Mandelduft, Piratentuch und grüne Ringe* von Lenka Reinerová (Aufsatz, 2014).

Sabine Kyora, Prof. Dr., Professorin für Deutsche Literatur der Neuzeit am Institut für Germanistik der Carl von Ossietzky Universität Oldenburg. Forschungsschwerpunkte: Literatur der klassischen Moderne und der Gegenwartsliteratur, methodische Fragen der Literaturwissenschaft, Subjekt- und Autorschaftsentwürfe. Ausgewählte Publikationen: Arno Schmidt Handbuch (Mithrsg., 2022); Subjektform Autor. Autorschaftsinszenierungen als Praktiken der Subjektivierung (Hrsg., 2014); Paul Wühr. Strategien der Wissenspoesie (Mithrsg., 2014).

Csongor Lőrincz, Prof. Dr., Leiter des Fachgebiets „Ungarische Literatur und Kultur" an der Humboldt-Universität zu Berlin. Forschungsschwerpunkte: Geschichte der Lyrik im 19–21. Jh.; Verbindungen zwischen Sprachtheorie und Literaturwissenschaft; Medialität des Literarischen; Zeugenschaft; Biopoetik. Ausgewählte Publikationen: An den Rändern der Literatur. Dokument und Literatur in zentraleuropäischen Kulturen (Mithrsg., im Erscheinen); Herausforderung der Literatur: Péter Esterházy (Mithrsg., 2021); Sprachmodalitäten (Mithrsg., 2021); Sprachmedialität (Mithrsg., 2019); Zeugnisgaben. Zeugenschaft und Fiktion als sprachliche Ereignisse (Monographie, 2016); Signaturen des Geschehens. Ereignisse zwischen Öffentlichkeit und Latenz (Mithrsg., 2014); Zwischen Pygmalion und Gorgo. Die Gegenwart des Bildes in der Sprache (Hrsg., 2013); Ereignis Literatur (Hrsg., 2011).

Alina Molisak, Dr., Assistenzprofessorin am Institut für polnische Literatur an der Universität Warschau. Forschungsschwerpunkte: Polnisch-Jüdische Literatur- und Kulturstudien. Ausgewählte Publikationen: The Trilingual Literature of Polish Jews from Different Perspectives (Mithrsg., 2017); Żydowska Warszawa – żydowski Berlin. Literacki portret miasta w pierwszej połowie XX wieku (Monographie, 2016), englische Fassung: Jewish Warsaw – Jewish Berlin. A literary portrait of the city in the first half of the 20th century (2021, ausgezeichnet mit dem Rachel Feldhay Brenner-Preis für Polnisch-Jüdische Studien 2022); Galician Polyphony. Places and Voices (Mithrsg., 2015); Polish and Hebrew Literature and National Identity (Mithrsg., 2010); Nach dem Vergessen. Rekurse auf den Holocaust in Ostmitteleuropa nach 1989 (Mithrsg. 2010).

Michaela Nowotnick, Dr., wiss. Mitarbeiterin der Arno Schmidt Stiftung und Lehrbeauftragte an der Humboldt-Universität zu Berlin. Forschungsschwerpunkte: Literatur des 20. und 21. Jh.s (insb. Kriegs- und Nachkriegszeit, Literatur im geteilten Deutschland sowie Gegenwartsliteratur); rumäniendeutsche Literatur; literarische Archive. Ausgewählte Publikationen zur Literatur im östlichen Europa: Das Archiv als Werk und Forschungsgegenstand. Der Vorlass von Eginald Schlattner im Zentralarchiv der Evangelischen Landeskirche A. B. in Rumänien (Aufsatz, 2023); Der literarische Anschluss Siebenbürgens – Heinrich Zillich und *Das Innere Reich* (1934–1944) (Aufsatz, 2020); Wohnlockblues mit Hirtenflöte. Rumänien neu erzählen (Mithrsg., 2018); Archive in Rumänien. Themenschwerpunkt in der Zeitschrift *Spiegelungen* (Hrsg., 2018); Die Unentrinnbarkeit der Biographie. Der Roman *Rote Handschuhe* von Eginald Schlattner als Fallstudie zur rumäniendeutschen Literatur (Monographie, 2016).

Silke Pasewalck, Dr., wiss. Mitarbeiterin im Bundesinstitut für Kultur und Geschichte der Deutschen im östlichen Europa und Lehrbeauftragte an der Carl von Ossietzky Universität Oldenburg; 2010–2018 Assoziierte Professorin für deutsche Literatur an der Universität Tartu. Forschungsschwerpunkte: Literatur des 18.–21. Jh.s (insb. Aufklärung, klassische Moderne und Gegenwartsliteratur); Literatur und Erinnerung; Alteritätsdiskurse in der Literatur; Baltische Literatur- und Kulturgeschichte. Ausgewählte Publikationen zur aktuellen Erinnerungsliteratur: Erinnerung als Palimpsest. Geteiltes Erbe als Thema des Literaturunterrichts – am Beispiel von Katja Petrowskaja und Olga Tokarczuk (Aufsatz, 2024); „Die Sprache hat also einen Ort“. Zur Mehrsprachigkeit von Maja Haderlaps Roman *Engel des Vergessens* (Aufsatz, 2020, gem. mit Dieter Neidlinger); Die verliehene Stimme. Ein Frauenleben im Sozialismus am Beispiel von Noémi Kiss' Roman *Dürre Engel* (Aufsatz, 2019); Mit Sprache über Sprache hinausgehen – zum Sprachverständnis bei Wisława Szymborska und Ilma Rakusa (Aufsatz, 2018); Inszenierung kultureller Alterität als Vielstimmigkeit: Vladimir Vertlibs „Letzter Wunsch“ und Melinda Nadj

Abonjis „Tauben fliegen auf" (Aufsatz, 2017); Interkulturalität und (literarisches) Übersetzen (Mithrsg., 2014); Die Redlichkeit des Betrugs – Literarische Erinnerung und Totalitarismus bei Herta Müller und Vladimir Vertlib (Aufsatz, 2013, gem. mit Dieter Neidlinger); SCHRIFTsteller und DIKTATuren / Writers and dictatorship (Mithrsg., 2013).

Eszter Propszt, Dr. habil., Hochschulprofessorin am Lehrstuhl für Deutsch und Deutsch als Minderheitenkultur an der Universität Szeged. Forschungsschwerpunkte: literarische Identitätskonstruktion; Literatur der Ungarndeutschen. Ausgewählte Publikationen: Zsuzsa Bánks Beziehungssemantiken (Monographie, 2023); Überlegungen zur Untersuchung des Raumes in Zsuzsa Bánks Texten (Aufsatz, 2021); Raumkonstrukte als Identitätsangebote der ungarndeutschen Literatur (Aufsatz, 2019); Die Grenzen der Repräsentation: Bedeutungsbildung in Terézia Moras *Das Ungeheuer* (Aufsatz, 2019); Zur Forschungsmethodologie deutscher Literaturen in Mittel-, Ost- und Südosteuropa (am Beispiel der ungarndeutschen Literatur) (Aufsatz, 2016); Zum Studium der ungarndeutschen Literatur (Studienbuch, 2015); Be-Deutung und Identität. Zur Konstruktion der Identität in Werken von Agota Kristof und Terézia Mora (Monographie, 2012); Zur interdiskursiven Konstruktion ungarndeutscher Identität in der ungarndeutschen Gegenwartsliteratur (Monographie, 2007).

Erik Schilling, PD Dr., Vertretung einer Professur für Neuere deutsche Literatur an der Universität Bielefeld. Forschungsschwerpunkte: Literatur des 18.–21. Jh.s (v.a. um 1800 und seit der Postmoderne); Literaturtheorie; vergleichende Literaturwissenschaft. Ausgewählte Publikationen: Theorizing Literature: Literary Theory in Contemporary Novels – and Their Analysis (Monographie, im Erscheinen); Umberto-Eco-Handbuch. Leben – Werk – Wirkung (Hrsg., 2021); Authentizität. Karriere einer Sehnsucht (Monographie, 2020); Liminale Lyrik. Freirhythmische Hymnen von Klopstock bis zur Gegenwart (Monographie, 2018); Der historische Roman seit der Postmoderne. Umberto Eco und die deutsche Literatur (Monographie, 2012).

Katarzyna Śliwińska, Dr., wiss. Mitarbeiterin im Institut für Germanische Philologie an der Adam-Mickiewicz-Universität Poznań. Forschungsschwerpunkte: Literatur des 20.–21. Jh.s (insb. Gegenwartsliteratur); deutsch-polnische (Literatur-)Kontakte; Literatur und Erinnerungskultur(en) mit den Schwerpunkten Zweiter Weltkrieg und Holocaust, Flucht und Vertreibung. Ausgewählte Publikationen: „Denn hier ist das Reale nicht zu tilgen". Räume der Vernichtung, Zeugenschaft und Archiv bei Leopold Buczkowski (Aufsatz, 2019); „Weltgeschichte, die man erlebt, ist eine peinliche Häufung von Widerwärtigkeiten". Kriegsende 1945 in Ilse Langners Tagebuchroman *Flucht ohne Ziel* (Aufsatz, 2016); Literatur über Heimatverlust und

Vertreibung im deutsch-polnischen Erinnerungstransfer (Aufsatz, 2015); „Poniemieckie". Von Deutschen zurückgelassene Dinge und deren Ort in der neueren polnischen Literatur (Aufsatz, 2013).

Hans-Christian Trepte, Dr., emeritierter Literatur- und Kulturwissenschaftler, Slawist, Polonist, Anglist/Amerikanist an den Universitäten Leipzig, Bonn, Wrocław, Warschau, Dresden, Berlin. Forschungsschwerpunkte: westslawische Literaturen und Kulturen; deutsch-slawische Wechselseitigkeit; Exil und Migration; Sprach- und Codewechsel; Holocaustliteratur; Mythologie. Ausgewählte Publikationen: Zwischen Kap Arkona und dem Lausitzer Bergland. Westslawische Mythologie (Monographie, 2022); Westslawische Mythen, Sagen und Legenden auf dem Gebiet der Germania Slavica (Aufsatz, 2020); Zum Sprachwechsel in der zeitgenössischen „Migrationsliteratur" slawisch-russischer Provenienz, (Aufsatz, 2019); Zwischen Zentrum und Peripherie. Zu neuen und alten Fragen der (E)Migrationsliteratur (Aufsatz, 2016); Flüsse. Kultur und Literatur der Wasserwege (Mithrsg., 2015); Alteritäten: Literatur, Kultur, Sprache (Mithrsg., 2013); Zwischen Ost und West. Joseph Conrad im europäischen Gespräch (Mithrsg., 2010); Nationaltexturen. National-Dichtung als literarisches Konzept in Nordosteuropa (Mithrsg., 2007); Identität Niederschlesien – Dolny Śląsk (Mithrsg., 2007); Grundbegriffe und Autoren ostmitteleuropäischer Exilliteraturen 1945–1989. Ein Beitrag zur Systematisierung und Typologisierung (Monographie, 2004); Zwischen Oder und Peipussee. Zur Geschichtlichkeit literarischer Texte im 20. Jahrhundert (Mithrsg., 2001).

Autoren- und Werkregister

Aufgenommen sind die im Band erwähnten Titel der fiktionalen Literatur (inklusive Essays und literarische Reportagen).

Ortsregister mit Konkordanz

Aufgenommen sind Städte, Ortschaften und Regionen, hingegen keine Länder und topographischen Bezeichnungen (Berge, Flüsse, Inseln).